lonely planet

CROATIE

Lucie Grace, Anja Mutic, Isabel Putinja

Amphithéâtre, Pula (p. 109)

SOMMAIRE

Préparer son voyage

Sur la route

Dubrovnik (p. 270)

Carnet pratique

Comprendre la Croatie

Mađerkin Breg, Međimurje (p. 87)

CROATIE

LE VOYAGE COMMENCE ICI

Ayant passé mon enfance et mon adolescence en Croatie avant d'en partir pour deux décennies, ce fut une expérience fantastique de revenir m'installer à Zagreb en 2013, et d'être témoin du lent mais constant essor du tourisme dans le pays.

Beaucoup de gens s'étonnent que j'aie quitté New York pour Zagreb, pourtant ce fut l'une des meilleures décisions de ma vie. La double perspective que j'ai sur le pays est passionnante. D'un côté, je vois la Croatie avec les yeux d'un enfant du pays, qui en connaît les subtilités et les zones d'ombre ; de l'autre, je suis époustouflée comme une nouvelle venue par la beauté et les merveilles à découvrir aux quatre coins de la Croatie, à l'image des collines ondoyantes du Međimurje, semblant sorties d'un conte de fées, ou des charmants villages de la Baranja.

Anja Mutic

@everthenomad

Originaire de Zagreb, Anja dirige Storyline Studio, une agence de contenu créatif dans le domaine du tourisme, du voyage et de l'hôtellerie.

Mon expérience préférée Sillonner les routes qui serpentent à travers la bucolique région du Zagorje (p. 82) : lorsque le soleil se couche, la lumière et la vue sur les collines, les vignes, les ravissants villages et les châteaux médiévaux sont magiques.

SUR LE TERRAIN

Nos auteurs présentent les lieux qui, pour eux, incarnent le mieux la Croatie.

Z. CIZIC/SHUTTERSTOCK ©

Indépendamment de tout découpage politique, l'Istrie est avant tout une péninsule à cheval entre la Croatie, la Slovénie et l'Italie. En parcourant à vélo les 123 km de la Parenzana (p. 124), j'ai pensé au caractère symbolique du tracé de cette ancienne voie ferrée qui, en reliant les trois pays, rappelle que l'identité géographique de l'Istrie existe bel et bien malgré les divisions de la région au fil de l'histoire.

Isabel Putinja

@isabelswindow

Journaliste, marcheuse solitaire et adepte du voyage lent, Isabel Putinja vit aujourd'hui dans la région croate d'Istrie.

FOKKE BAARSSEN/SHUTTERSTOCK ©

Un vieil homme qui vendait des glaces à Zagreb m'a dit un jour : "C'est le pays de la joie et des rêves." Pour moi, cela résume parfaitement la Croatie. Avec des sites naturels aussi beaux que les lagunes de l'île de Mljet (p. 298) et les cascades du parc national de la Krka (p. 210), ainsi que des richesses architecturales allant des styles gothique et Renaissance à Šibenik (p. 205) au modernisme sur l'île de Krk (p. 162), ce pays ne cesse de me laisser bouche bée.

Lucie Grace

@80bathes

Rédactrice spécialisée dans les voyages et la culture, Lucie Grace partage son temps entre la Croatie et la Thaïlande. Sa plus grande passion est la nage en pleine nature.

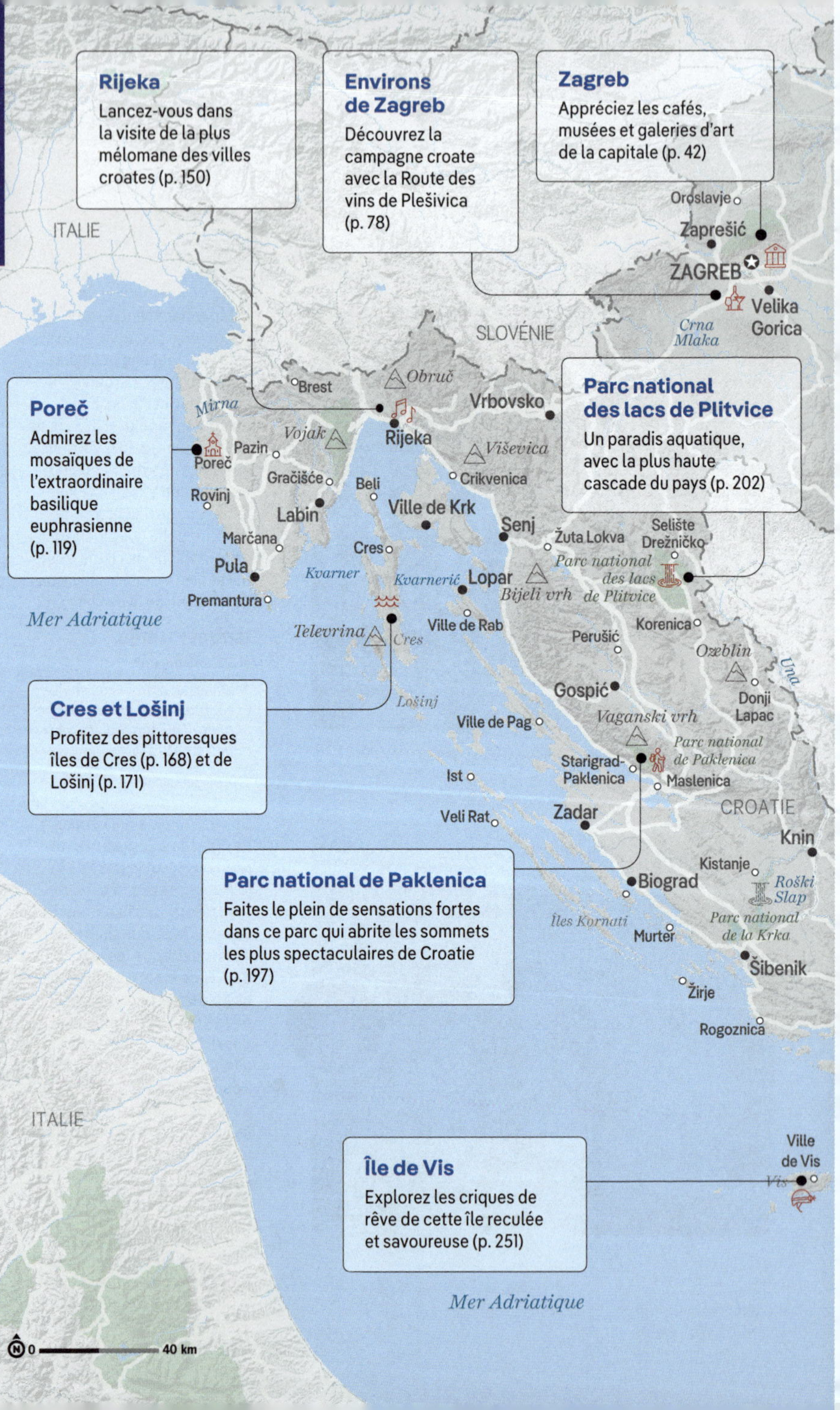
Rijeka
Lancez-vous dans la visite de la plus mélomane des villes croates (p. 150)
Environs de Zagreb
Découvrez la campagne croate avec la Route des vins de Plešivica (p. 78)
Zagreb
Appréciez les cafés, musées et galeries d'art de la capitale (p. 42)
Poreč
Admirez les mosaïques de l'extraordinaire basilique euphrasienne (p. 119)
Parc national des lacs de Plitvice
Un paradis aquatique, avec la plus haute cascade du pays (p. 202)
Cres et Lošinj
Profitez des pittoresques îles de Cres (p. 168) et de Lošinj (p. 171)
Parc national de Paklenica
Faites le plein de sensations fortes dans ce parc qui abrite les sommets les plus spectaculaires de Croatie (p. 197)
Île de Vis
Explorez les criques de rêve de cette île reculée et savoureuse (p. 251)
ITALIE
SLOVÉNIE
CROATIE
Oroslavje
Zaprešić
ZAGREB
Velika Gorica
Crna Mlaka
Brest
Obruč
Vrbovsko
Mirna
Poreč
Pazin
Vojak
Rijeka
Višević
Gračišće
Beli
Crikvenica
Rovinj
Labin
Ville de Krk
Senj
Žuta Lokva
Selište Drežničko
Marčana
Cres
Parc national des lacs de Plitvice
Pula
Kvarner
Kvarnerić
Lopar
Bijeli vrh
Premantura
Mer Adriatique
Televrina
Cres
Ville de Rab
Korenica
Perušić
Ozeblin
Una
Lošinj
Gospić
Donji Lapac
Ville de Pag
Vaganski vrh
Parc national de Paklenica
Starigrad-Paklenica
Maslenica
Ist
Veli Rat
Zadar
Knin
Kistanje
Biograd
Roški Slap
Îles Kornati
Parc national de la Krka
Murter
Šibenik
Žirje
Rogoznica
ITALIE
Ville de Vis
Vis
Mer Adriatique
0
40 km

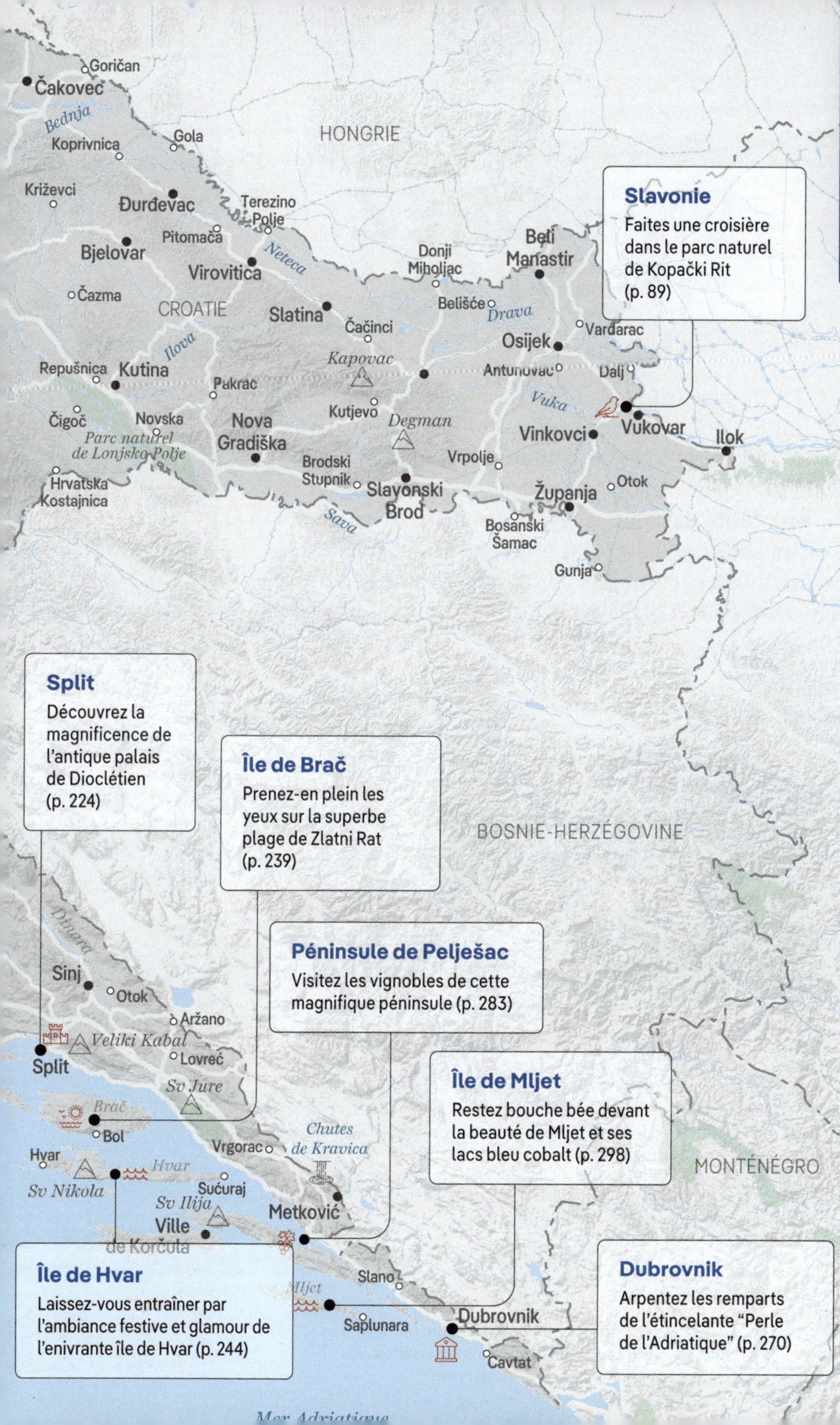
Slavonie
Faites une croisière dans le parc naturel de Kopački Rit (p. 89)
Split
Découvrez la magnificence de l'antique palais de Dioclétien (p. 224)
Île de Brač
Prenez-en plein les yeux sur la superbe plage de Zlatni Rat (p. 239)
Péninsule de Pelješac
Visitez les vignobles de cette magnifique péninsule (p. 283)
Île de Mljet
Restez bouche bée devant la beauté de Mljet et ses lacs bleu cobalt (p. 298)
Île de Hvar
Laissez-vous entraîner par l'ambiance festive et glamour de l'enivrante île de Hvar (p. 244)
Dubrovnik
Arpentez les remparts de l'étincelante "Perle de l'Adriatique" (p. 270)
HONGRIE
CROATIE
BOSNIE-HERZÉGOVINE
MONTÉNÉGRO
Goričan
Čakovec
Bednja
Koprivnica
Gola
Križevci
Đurđevac
Terezino Polje
Pitomača
Bjelovar
Virovitica
Neteca
Donji Miholjac
Beli Manastir
Čazma
Slatina
Belišće
Drava
Čačinci
Vardarac
Osijek
Ilova
Repušnica
Kutina
Kapovac
Antunovac
Dalj
Pakrac
Vuka
Kutjevo
Čigoč
Novska
Nova Gradiška
Degman
Vukovar
Vinkovci
Ilok
Parc naturel de Lonjsko Polje
Brodski Stupnik
Vrpolje
Hrvatska Kostajnica
Slavonski Brod
Županja
Otok
Sava
Bosanski Šamac
Gunja
Dinara
Sinj
Otok
Aržano
Veliki Kabal
Lovreć
Split
Sv Jure
Brač
Bol
Chutes de Kravica
Vrgorac
Hvar
Hvar
Sv Nikola
Sućuraj
Sv Ilija
Metković
Ville de Korčula
Slano
Mljet
Saplunara
Dubrovnik
Cavtat

EXPLOREZ LES ÎLES

La Croatie est souvent surnommée le "pays aux mille îles". Or, si les professionnels du tourisme n'hésitent généralement pas à manier les hyperboles, ils sont ici plutôt en deçà de la vérité. En réalité, les eaux cristallines de la Croatie sont parsemées d'un total de 1 244 îles et îlots. Ne manquez surtout pas d'intégrer à votre itinéraire la découverte d'au moins deux ou trois de ces merveilles.

DE GAUCHE À DROITE : STJEPAN TAFRA/SHUTTERSTOCK ©, RENATA SEDMAKOVA/SHUTTERSTOCK ©, XBRCHX/SHUTTERSTOCK ©

Le ferry

L'usage local tend à réserver le terme de "ferries" aux car-ferries, et les bateaux rapides pour passagers uniquement sont généralement appelés "catamarans" (p. 320). La fréquence des traversées augmente entre mai et septembre.

Parcs nationaux

Sur les huit parcs nationaux du pays, trois sont des archipels : Brijuni, Kornati et Mljet (en photo). Le site Internet parkovihrvatske.hr répertorie les 20 parcs nationaux et parcs naturels du pays.

Tous à bord !

Les croisières à bord de petits voiliers rencontrent de plus en plus de succès. À privilégier hors saison, au printemps ou en automne.

L'île de Marinkovac (p. 247)

ÎLES IMMANQUABLES

Faites la fête sur l'**île de Hvar** ❶, puis détendez-vous sur les plages secrètes des îles Pakleni, juste en face. (p. 244 et 197)

Visitez la plus reculée et mystérieuse des îles croates, l'**île de Vis** ❷, aux criques idylliques et aux villages historiques. (p. 151)

Rendez-vous aux îles voisines de **Cres** et de **Lošinj** ❸ : les amoureux de la nature y seront au paradis. La première est plus sauvage, la seconde, plus huppée. (p. 168 et p. 171)

Admirez les lacs couleur cobalt du parc national sur l'**île de Mljet** ❹, au sud de la Croatie. (p. 298)

Mettez sur le cap sur les **îles Kornati** ❺, le plus grand archipel de l'Adriatique, avec plus de 140 îles inhabitées, dont 89 forment un parc national. (p. 193)

LA BEAUTÉ DES SITES NATURELS

L'attrait de la Croatie réside en grande partie dans ses cascades, ses lacs, ses forêts, ses montagnes et, bien sûr, son époustouflant littoral. Près de la moitié du pays est couverte de forêts, abritant des milliers de plantes et d'animaux endémiques. Au total, la Croatie compte plus de 400 zones protégées, regroupant des îles (Brijuni, Kornati, Mljet), des lacs (Plitvice, Krka), des montagnes (Risnjak, Velebit Nord, Paklenica) et d'autres sites d'exception à découvrir.

Parcs et réserves

La Croatie dispose de huit parcs nationaux, douze parcs naturels, et deux réserves naturelles strictes. Les parcs naturels et nationaux couvrent près de 5 930 km², soit près d'un dixième de la superficie du pays.

La nature force le respect

Attention, en montagne comme en forêt, ne sous-estimez pas la dangerosité du terrain, notamment en cas d'intempéries. Prenez des chaussures de randonnée et des vêtements adaptés.

Parc naturel de Dinara

D'une surface de 630 km², le plus récent des parcs croates est situé dans les Alpes dinariques, à la frontière bosniaque. C'est ici qu'on trouve le mont Dinara, le plus haut sommet de Croatie (1 831 m).

Parc national des lacs de Plitvice (p. 202)

MERVEILLES NATURELLES

Participez à une excursion en bateau ou en canoë pour explorer les gigantesques marécages du **parc naturel de Kopački Rit** ❶, à l'affût des hérons, des aigles et des cigognes. (p. 91)

Promenez-vous dans le **parc national de la Krka** ❷ et admirez ses canyons, ses lacs et ses cascades. (p. 210)

Découvrez le spectacle inouï du **parc national des lacs de Plitvice** ❸, inscrit au Patrimoine mondial, où des cascades et chutes d'eau relient des lacs aux eaux turquoise. (p. 202)

Parcourez les circuits de randonnée et les canyons karstiques du **parc national de Paklenica** ❹. (p. 197)

Sortez des sentiers battus pour explorer les forêts denses du Gorski Kotar, et observer la faune et la flore dans le **parc national de Risnjak** ❺. (p. 96)

DES PLAGES POUR TOUS LES GOÛTS

De son littoral dentelé à ses innombrables îles, la Croatie possède des centaines de plages : vous voulez faire une sieste en toute discrétion ou parader dans votre maillot de bain neuf ? Vous trouverez forcément un endroit qui vous conviendra ! Qu'elles soient de sable, de galets ou de rochers, toutes les plages sont baignées des mêmes eaux incroyablement transparentes.

LES MEILLEURES PLAGES

À Bol, sur l'île de Brač, admirez la très photogénique plage de **Zlatni Rat** ❶ : sa forme atypique, ses galets dorés et ses bars animés vous raviront. (p. 240)

Prenez un bain de soleil sur la plage de **Sveti Jakov** ❷, située à deux pas des remparts de la splendide Dubrovnik. (p. 273)

Profitez d'un cadre plus intimiste sur la plage de **Beli** ❸, une petite crique idyllique bordée de villages de pêcheurs, sur l'île de Cres. (p. 169)

Explorez les plages magnifiques de l'île de Vis, comme celle de **Stiniva** ❹ ou encore celle de Srebrna, plus sauvage. (p. 254)

Rendez-vous sur la plage de **Bačvice** ❺, emblématique de Split, avec son ambiance festive et ses joueurs de *picigin*, un jeu de paume typique du coin. (p. 225)

À GAUCHE : FOTOSR52/SHUTTERSTOCK ©
À DROITE : XBRCHX/SHUTTERSTOCK ©

Attention aux oursins

Les nageurs feront attention aux oursins, dont les piquants sont très douloureux. Il est recommandé de porter des chaussures de plage.

Pas de réservation !

Si de nombreux touristes ont tendance à laisser leur serviette sur la plage pour réserver un emplacement, ne le faites pas. Partageons la plage !

Plages nudistes

Vous avez parfaitement le droit d'être seins nus sur n'importe quelle plage. Si vous préférez être dans le plus simple appareil, sachez qu'il existe également de nombreux campings et plages naturistes.

TRÉSORS DU PASSÉ

La Croatie a de quoi séduire les passionnés d'histoire. Certains édifices de l'époque romaine sont très bien conservés, voire toujours utilisés. On trouve des basiliques, des églises et des cathédrales de presque toutes les périodes, dont de superbes exemples d'architectures byzantine, gothique, Renaissance et vénitienne.

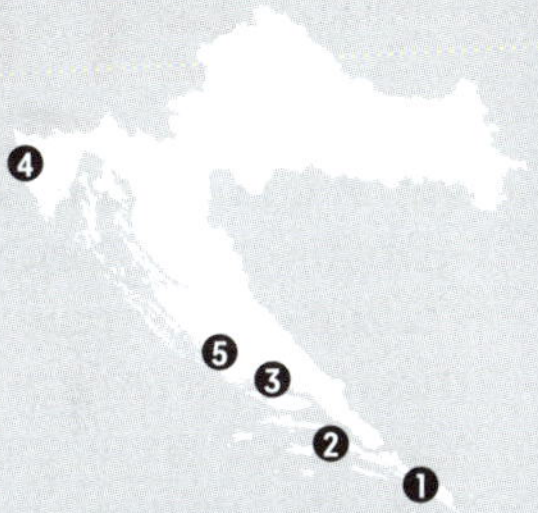

SITES HISTORIQUES D'EXCEPTION

La ville fortifiée de **Dubrovnik** ❶, dont la réputation n'est plus à faire, est bien la "Perle de l'Adriatique". (p. 270)

De sa magnifique cathédrale à ses imposants remparts, l'éblouissante ville balnéaire de **Korčula** ❷ vous captivera. (p. 293)

À Split, découvrez l'incroyable **palais de Dioclétien** ❸, et ne manquez pas les vestiges de l'ancienne cité romaine de Salone. (p. 226)

Admirez des mosaïques byzantines du VIe siècle dans la **basilique euphrasienne** ❹ de Poreč. (p. 120)

La **cathédrale Saint-Jacques** ❺ de Šibenik, conçue par Juraj Dalmatinac au XVe siècle, est un véritable chef-d'œuvre. (p. 205)

À GAUCHE : RAVENASH/SHUTTERSTOCK © ; À DROITE : GORAN_SAFAREK/SHUTTERSTOCK ©

À privilégier hors saison

Les plus beaux centres historiques, dont celui de Dubrovnik et le palais de Dioclétien à Split, sont pris d'assaut par les touristes. En été, mieux vaut s'y rendre tôt le matin, avant l'arrivée des foules.

Une perle rare

Capitale régionale aux XVIIe et XVIIIe siècles, Varaždin (p. 85) fut une vitrine de l'art baroque en Croatie. Les églises, les maisons et l'imposant château de cette destination de choix vous en mettront plein la vue.

Sites classés par l'Unesco

La Croatie possède pas moins de dix sites classés à l'Unesco, dont deux paysages naturels et huit trésors culturels et historiques.

PAYS DE CULTURE ET D'ART

Bien sûr, la Croatie est connue pour ses plages, son patrimoine historique et ses sites naturels, mais c'est aussi le terreau d'une culture contemporaine très fertile, à l'image des artistes indépendants de Zagreb et la scène musicale de Rijeka, sans oublier les artisans des villes médiévales de Labin et de Grožnjan, ou les festivals de musiques électroniques qui attirent à Tisno les foules du monde entier.

DE GAUCHE À DROITE : HAPPY WINDOW/SHUTTERSTOCK ©, FRANKA555/SHUTTERSTOCK ©, GRGO JELAVIC/PIXSELL ©

Réservez vos billets

Beaucoup d'événements sont gratuits, notamment pendant les festivals d'été, mais il vaut mieux réserver vos billets pour les plus fréquentés et convoités.

Le rendez-vous annuel

À Rovinj, le deuxième dimanche d'août, une manifestation artistique a lieu dans l'étroite rue Grisia. Chacun, des enfants aux peintres professionnels, peut y exposer ses œuvres. (p. 115)

Les villes d'artistes

À l'instar de Rovinj, de nombreuses localités abritent des galeries de créateurs, telles Trogir (p. 232) et Stari Grad (p. 250), en Dalmatie.

Danseurs traditionnels croates, Dubrovnik (p. 270)

HAUTS LIEUX CULTURELS

Découvrez la scène musicale alternative de **Rijeka** ❶, une ville portuaire branchée et avant-gardiste. (p. 150)

Assistez à un spectacle de théâtre, de danse ou à un concert lors du festival d'été de **Dubrovnik** ❷. (p. 170)

Visitez les galeries d'art contemporain de **Zagreb** ❸ pour découvrir les pièces les plus novatrices, ou bien arpentez les rues à la recherche de street art. (p. 42)

Rendez-vous dans les villes de la péninsule d'Istrie, notamment Grožnjan et Labin, véritables repaires d'artistes durant le festival d'été **Art Republika** ❹. (p. 126 et 134)

Vibrez au rythme des festivals électro de Tisno sur l'**île de Murter** ❺. (p. 208)

TOURISME VITICOLE

Si les vins de Croatie sont arrivés tardivement sur le marché mondial et y sont encore discrets, le *vino* croate fait partie de la culture du pays depuis plus de 2 500 ans. Aujourd'hui, la tradition est perpétuée par une nouvelle génération de vignerons, soucieux de préserver les cépages nationaux et de faire vivre les domaines ancestraux. Oh, et il y a aussi le *rakija* (eau-de-vie), bien sûr !

GRANDES RÉGIONS VITICOLES

Les *plavac mali* (vins rouges charpentés de caractère) de la **péninsule de Pelješac** ❶, près de Dubrovnik, sont souvent considérés comme les meilleurs vins du pays. (p. 283)

En **Istrie** ❷, goûtez aux excellents crus des collines de Motovun, comme les cépages *malvazija istarska* (souvent récompensés) ou le *teran*, un rouge intense. (p. 102)

Dégustez le cépage autochtone de l'**île de Vis** ❸, le *vugava*, dans un ancien bunker converti en cave. (p. 251)

Goûtez le fameux brandy de *lozovača*, produit à **Krk** ❹ à partir de raisins nobles. (p. 162)

Près de Zagreb, explorez les domaines viticoles familiaux en arpentant la **Route des vins de Plešivica** ❺. (p. 81)

À GAUCHE : HAPPY MOMENTS/SHUTTERSTOCK © ; À DROITE : MICHAL DZIEDZIAK/SHUTTERSTOCK ©

Trinquez en croate !

Au moment de trinquer, levez votre verre et dites *živjeli !* en regardant la personne droit dans les yeux.

Qualité du vin

Les vins croates sont classés et portent des labels en fonction de leur niveau de qualité : *stolno vino* (vin de table), *kvalitetno* (vin de qualité) et *vrhunsko vino* (vin de qualité supérieure). Les crus appartenant à une appellation d'origine protégée portent le label ZOI.

Après les vendanges

Le 11 novembre, la Martinje (Saint-Martin) est célébrée dans toutes les régions viticoles. De nombreuses dégustations sont organisées dans le cadre des festivités.

AVENTURES EN PLEIN AIR

Comment résister à l'appel de la nature dans un pays comme la Croatie ? Entre les montagnes escarpées, les forêts luxuriantes, les rivières, les cascades et les îles sauvages, le pays permet de s'adonner toute l'année à des activités de plein air, dans un cadre exceptionnel.

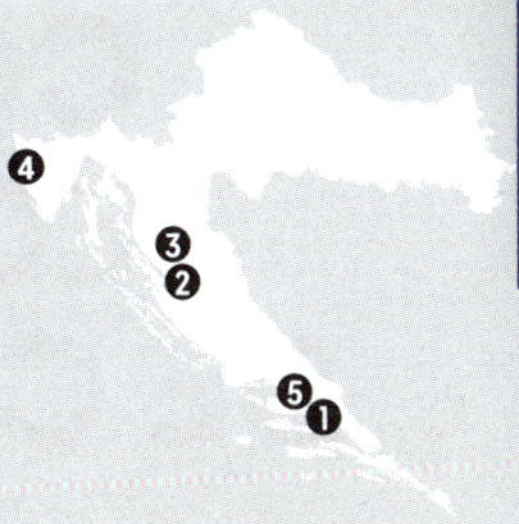

LE TOP DES ACTIVITÉS DE PLEIN AIR

Partez à l'ascension des sommets du **parc naturel de Biokovo** ❶, et admirez la vue exceptionnelle sur l'Adriatique, avec l'Italie au loin. (p. 256)

Véritable paradis pour l'escalade ou la rando, le **parc national de Paklenica** ❷ renferme des gorges magnifiques, des falaises karstiques et des circuits dans les Alpes dinariques. (p. 197)

La région de **Lika** ❸, moins fréquentée, offre de nombreuses possibilités d'activités : tyrolienne, découverte d'un refuge pour ours ou encore exploration des grottes de Grabovača. (p. 202)

Enfourchez votre vélo pour un circuit dans la péninsule d'Istrie, le long de la **Parenzana** ❹, qui suit une ancienne voie de chemin de fer et passe par l'Italie, la Slovénie et la Croatie. (p. 124)

Faites du rafting ou du canyoning sur **la rivière Cetina** ❺. (p. 234)

À GAUCHE : BAISA/SHUTTERSTOCK © ; À DROITE : XBRCHX/SHUTTERSTOCK ©

Attention à la météo

Pensez à regarder les prévisions à l'avance et vous équiper en conséquence : la météo est parfois capricieuse dans les zones les plus reculées.

Une région méconnue

Si vous avez soif d'aventure, la région autour de Zadar, avec ses archipels magnifiques et ses massifs montagneux, est un des secrets les mieux gardés (p. 193). Rendez-vous sur Feral Tours (feral-tours.com) pour en savoir plus.

Les tyroliennes

Les amateurs de sensations fortes pourront essayer les tyroliennes qui franchissent les gorges de la Cetina, près d'Omiš (p. 234), ou celle qui passe au-dessus du gouffre de Pazin, en Istrie (p. 128).

COINS SECRETS DE CROATIE

Durant la haute saison, il est parfois difficile de se retrouver loin des foules. Or, quel voyageur ne rêve pas de connaître des endroits qui gardent une part de mystère et procurent le frisson de la découverte ? Ne vous inquiétez pas, le pays recèle encore de nombreuses destinations hors des sentiers battus, des sites naturels reculés ou seulement fréquentés par les locaux, des îles plus sauvages ou authentiques et des villages traditionnels très peu visités.

Des tissus rares

Admirez d'incroyables pièces et costumes au musée ethnographique du Konavle (p. 291), au musée de la Dentelle de l'île de Pag (p. 201), ou lors du Festival des broderies de Đakovo (p. 92).

Les momies

L'église Saint-Blaise de la petite ville de Vodnjan (p. 113), en Istrie, est sans conteste l'un des lieux les plus étranges du pays : elle abrite une impressionnante collection de momies dans un état de conservation exceptionnel.

Demandez conseil aux habitants

N'hésitez pas à demander aux Croates où se trouvent leurs restaurants préférés ou leurs endroits fétiches. Ils vous donneront peut-être des adresses inattendues ou des pistes intéressantes à explorer.

L'Ombla, petite rivière croate (p. 283)

LA CROATIE HORS DES SENTIERS BATTUS

Près de Dubrovnik, baignez-vous dans les eaux fraîches de l'**Ombla** ❶, avec les montagnes en arrière-plan. (p. 283)

Rendez-vous sur la petite île reculée de **Susak** ❷ pour découvrir son histoire, son dialecte, sa culture insulaire et ses superbes paysages. (p. 171)

La caroube (fruit méditerranéen) fait son retour à **Šipan** ❸, la plus grande des îles Élaphites. Un habitant tente d'y relancer la culture traditionnelle du caroubier. (p. 287)

Admirez les ouvrages de l'école de tailleurs de pierre de Pučišća, créée en 1956, sur **l'île de Brač** ❹. (p. 239)

Appréciez les ruelles pavées, les maisons aux couleurs pastel et les bougainvilliers qui s'élèvent sur les collines de la petite ville côtière de **Vrsar** ❺, en Istrie. (p. 121)

VILLES ET RÉGIONS

Composez votre voyage selon vos envies.

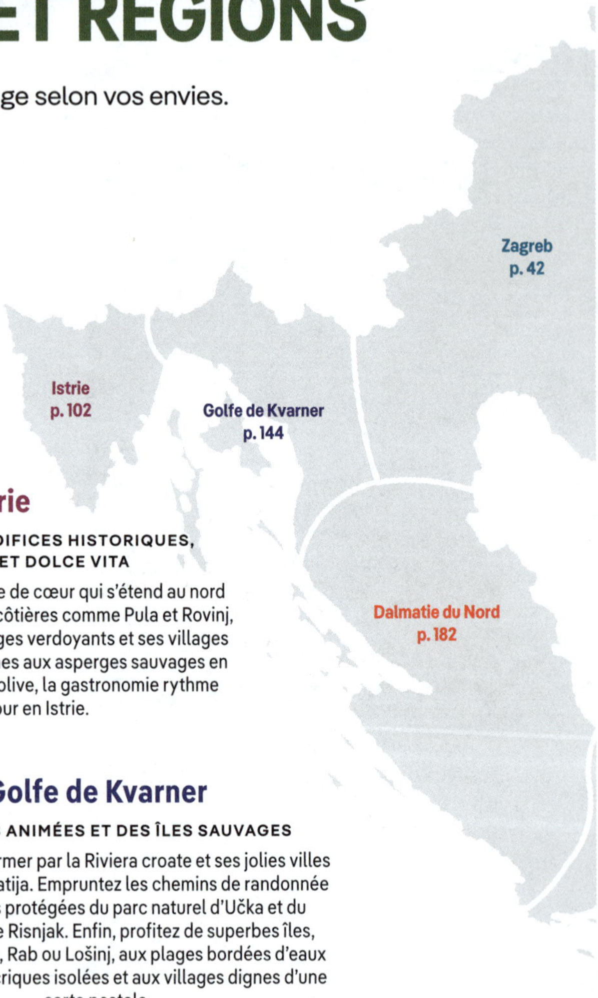

Istrie

VILLES CÔTIÈRES ET ÉDIFICES HISTORIQUES, GASTRONOMIE ET DOLCE VITA

Explorez la péninsule en forme de cœur qui s'étend au nord de l'Adriatique, avec ses villes côtières comme Pula et Rovinj, ses criques isolées, ses paysages verdoyants et ses villages médiévaux. Des truffes blanches aux asperges sauvages en passant par le vin et l'huile d'olive, la gastronomie rythme aussi un séjour en Istrie.

Golfe de Kvarner

DES VILLES ANIMÉES ET DES ÎLES SAUVAGES

Laissez-vous charmer par la Riviera croate et ses jolies villes de Rijeka et d'Opatija. Empruntez les chemins de randonnée dans les forêts protégées du parc naturel d'Učka et du parc national de Risnjak. Enfin, profitez de superbes îles, comme Krk, Cres, Rab ou Lošinj, aux plages bordées d'eaux cristallines, aux criques isolées et aux villages dignes d'une carte postale.

Dalmatie du Nord

INCROYABLES PARCS NATIONAUX, UN SÉJOUR ENTRE ÎLES ET MONTAGNES

La côte nord de la Dalmatie a tout pour plaire : des parcs nationaux exceptionnels (avec des cascades à n'en plus finir et de vertigineux massifs montagneux), un riche patrimoine historique (dont l'une des plus belles cathédrales du pays, à Šibenik), des villes côtières animées (comme Zadar), et l'archipel le plus dense et vaste de l'Adriatique, celui des superbes îles Kornati.

Zagreb

UNE CAPITALE À TAILLE HUMAINE

Zagreb est une capitale décontractée. Ses cafés, une véritable institution ses habitants, évoquent clairement Vienne, avec un soupçon de Venise et de Turquie. Grâce à sa diversité architecturale, ses musées singuliers, ses bons restaurants, ses brasseries locales et ses nombreux espaces verts, Zagreb est une véritable invitation à la flânerie.

Croatie continentale

UNE CAMPAGNE BUCOLIQUE ET PLEINE DE CARACTÈRE

Cette partie de la Croatie, souvent délaissée des touristes, invite à de charmants *road trips*. Profitez des vertes collines émaillées de charmants villages figés dans le temps, d'excellentes auberges-restaurants, de châteaux médiévaux et de vignobles. Découvrez également les pittoresques routes viticoles de Slavonie, les villes de Varaždin et d'Osijek chargées d'histoire, ainsi que les immenses marécages du parc naturel de Kopački Rit.

Split et la Dalmatie centrale

TRÉSORS HISTORIQUES ET EXCURSIONS SUR LES ÎLES

Rendez-vous en plein cœur de la Dalmatie pour découvrir des sites exceptionnels, comme le palais de Dioclétien à Split, la ville médiévale fortifiée de Trogir et la plaine de Stari Grad, sur l'île de Hvar. Avec ses jolies îles, ses plages paradisiaques, ses ports tranquilles, ses imposantes montagnes, ses nombreux châteaux et sa scène culinaire en plein essor, la région est des plus attractives.

Dubrovnik et la Dalmatie du Sud

LA PERLE DE L'ADRIATIQUE ET SES ÎLES TRANQUILLES

Depuis l'île de Korčula au nord jusqu'aux sublimes plaines du Konavle au sud, la Dalmatie du Sud ravira autant les inconditionnels de la plage que les amateurs de vin et les passionnés d'histoire et de patrimoine. La ville historique de Dubrovnik, unique et jouissant d'un cadre fabuleux, est le point culminant de tout voyage en Croatie.

ITINÉRAIRES

Les incontournables

Durée : 7 jours **Distance :** 456 km

Cet itinéraire est l'occasion d'une expérience typiquement croate : une journée à flâner dans la capitale avant de prendre le chemin de la côte dalmate. Un voyage ensoleillé entre îles et villes côtières, eaux scintillantes et paysages luxuriants, avec en prime trois sites classés à l'Unesco. Avec un aéroport au départ et à l'arrivée, l'itinéraire est très pratique.

Trogir (p. 232)

1 ZAGREB 1 JOUR

Envolez-vous pour **Zagreb** (p. 42), une capitale très agréable et adaptée aux piétons. Flânez dans les ruelles pavées de la vieille ville puis prenez le funiculaire jusqu'à la ville haute. Les amateurs de café, d'architecture et de street art seront ravis. La ville possède également d'étonnants musées, des galeries d'art contemporain et de nombreux espaces verts.

4 heures de route 45 min en avion

2 SPLIT 2 JOURS

Deuxième plus grande ville de Croatie, l'exubérante **Split** (p. 224) est aussi une excellente base pour explorer la côte dalmate. Arpentez le palais de Dioclétien, cœur battant de la cité balnéaire. Ce quartier antique abrite 220 monuments historiques et héberge aujourd'hui quelque 3 000 habitants.

***Détour :** passez par **Trogir** (p. 232) pour découvrir les ruelles pavées de marbre de cette superbe ville fortifiée.*

1 jour 1 heure en catamaran

3

HVAR ⏱ 2 JOURS

Prenez un catamaran (d'avril à octobre) pour rejoindre la ville historique de **Hvar** (p. 244), capitale dynamique de l'île du même nom. Ambiance à la fois festive, glamour et pittoresque garantie. Les beautés de l'île sont nombreuses : superbes plages, paysages luxuriants, domaines viticoles et paisibles villes côtières, comme **Stari Grad** (p. 250, en photo ci-dessus).

Détour : *lors de votre trajet vers Dubrovnik, faites escale à* ***Korčula*** *(p. 293), adorable ville fortifiée qui s'avance sur l'Adriatique.*

3 heures 30 en catamaran

4

DUBROVNIK ⏱ 2 JOURS

Prenez un catamaran pour **Dubrovnik** (p. 270). Vous aurez sans nul doute un coup de foudre pour cette ville unique et enchanteresse qui bénéficie d'un cadre sublime : séparée des eaux scintillantes de l'Adriatique par d'imposants remparts, Dubrovnik est la quintessence de la Méditerranée médiévale. Consacrez deux jours à sa découverte.

Hum (p. 133)

ITINÉRAIRES

L'Istrie

Durée : 6-7 jours **Distance :** 214 km

Complexes hôteliers face à la mer, jolies plages, ruines antiques, cités médiévales perchées, bons produits du terroir, ravissants hôtels de campagne... Autant de charmes de la péninsule à explorer grâce à cet itinétaire.

1

PULA ⏱ 2 JOURS

Commencez votre périple à **Pula** (p. 108), principale ville côtière de la péninsule. Admirez son amphithéâtre romain, très bien conservé, qui domine le port. Puis rendez-vous au **cap de RT Kamenjak** (p. 114) : collines ondoyantes, fleurs sauvages et quelque 30 km de plages et de criques vierges composent ce sublime cap, point le plus méridional de l'Istrie.

__Détour :__ en allant vers Rovinj, faites une escale dans le village de __Bale__ (p. 117), à 23 km de Pula, un des secrets les mieux gardés de la péninsule.

45 min de route

2

ROVINJ ⏱ 2 JOURS

Consacrez deux jours à **Rovinj** (p. 115), une des plus belles villes balnéaires de la côte. Arpentez ses places à l'italienne, ses rues pavées pentues qui mènent à l'église Sainte-Euphémie, dont le campanile domine la péninsule du haut de ses 60 m. Prenez le temps aussi de découvrir ses belles plages et quelques-unes des 14 îles verdoyantes qui forment l'archipel de Rovinj, juste au large.

__Détour :__ passez quelques heures dans le village côtier de __Vrsar__ (p. 121), à 30 km de Rovinj vers le nord.

2 heures 45 de route

3 POREČ 1-2 JOURS

Longez la côte jusqu'à **Poreč** (p. 119). Admirez la basilique euphrasienne, un des plus beaux exemples de l'art byzantin encore sur pied. Classée à l'Unesco, elle abrite d'exceptionnelles mosaïques du VIe siècle. Profitez de la plage, avant de prendre un après-midi pour découvrir l'arrière-pays istrien encore préservé, parsemé de grottes et de vignobles.

45 min de route

4 L'ISTRIE INTÉRIEURE 1 JOUR

Commencez par la visite de **Motovun** (p. 123), village perché le plus pittoresque d'Istrie. Découvrez ensuite **Grožnjan** (p. 126), avec ses galeries et ses concerts, puis **Buzet** (p. 133), la capitale gastronomique de la région. Mettez le cap sur le hameau de **Hum** (p. 133), autoproclamé "plus petit village au monde", avant de rejoindre **Pazin** (p. 128), au sud-ouest, pour faire de la tyrolienne ou une randonnée autour du fameux gouffre qui a fasciné Dante et Jules Verne.

MPANITI/SHUTTERSTOCK ©

Parc national des lacs de Plitvice (p. 202)

ITINÉRAIRES

Du Kvarner à la Dalmatie du Nord

Durée : 10 jours **Distance :** 295 km

Îles sauvages et festives, superbes parcs nationaux, villes côtières trépidantes... Conçu pour les amoureux du farniente et de l'aventure, cet itinéraire vous fera découvrir les délices du littoral septentrional et les trésors de l'arrière-pays bien préservé.

1

RIJEKA 2 JOURS

Débutez par la capitale du Kvarner, **Rijeka** (p. 150), port prospère à l'atmosphère détendue et aux cafés pleins de vie. Ne manquez pas la magnifique vue depuis le château de Trsat.

***Détour :** prenez une journée pour visiter **Opatija** (p. 156) et flâner sur le Lungomare jusqu'au joli village de pêcheurs de **Volosko** (p. 159).*

2 heures de route et ferry

2

LES ÎLES DE CRES ET DE LOŠINJ 2 JOURS

Embarquez pour les îles de **Cres** (p. 168, en photo ci-dessus) et de **Lošinj** (p. 171). Reliées entre elles, ces îles sont les plus originales du golfe de Kvarner. La première est sauvage et verdoyante, la seconde plus huppée et touristique.

3 heures 30 de route et ferry

3

L'ÎLE DE RAB 2 JOURS

Rendez-vous sur l'île de **Rab** (p. 176), pour vous détendre sur les plages de sable de la péninsule de Lopar ou randonner dans les forêts de pins. La ville de Rab est digne d'une carte postale, avec ses ruelles pavées et les quatre clochers qui s'élèvent entre les toits rouges des habitations.

2 heures 30 de route et ferry

DE GAUCHE À DROITE : TRABANTOS/SHUTTERSTOCK ©, BERNI0004/SHUTTERSTOCK ©, MICHAL HLAVICA/SHUTTERSTOCK ©

4

PAKLENICA 1 JOUR

De retour sur le continent, découvrez l'un des sites naturels les plus spectaculaires du pays, le **parc national de Paklenica** (p. 197). Si vous avez soif d'aventure, le parc compte de nombreux chemins de randonnée entre les canyons et même des voies d'escalade, parmi les plus belles d'Europe.

50 min de route

5

ZADAR 2 JOURS

Zadar (p. 188), dans le nord de la Dalmatie, est une ville côtière trépidante qui mêle ruines romaines, musées passionnants, architecture habsbourgeoise et ravissant front de mer. Prévoyez deux jours pour profiter de ses curiosités, de ses bars et ses restaurants gastronomiques.

1 heure de route

6

LES LACS DE PLITVICE 1 JOUR

Remontez vers l'intérieur des terres pour passer une journée inoubliable au **parc national des lacs de Plitvice** (p. 202). Explorez les nombreux sentiers balisés du plus beau site naturel de Croatie, qui offre aussi des excursions sur l'eau.

QUAND PARTIR

Si la haute saison est l'été, la Croatie est une destination également appréciée au printemps, en automne et même en hiver.

Au fil des ans, la Croatie s'est clairement imposée comme une destination estivale. Les mois de juillet et août marquent le pic de la saison sur la côte et les îles, avec l'arrivée massive de touristes sur les plages de l'Adriatique. Le printemps et l'automne, rythmés par de nombreux festivals et les récoltes, sont des périodes assez idéales.

Le pays est toutefois en voie de devenir une destination attrayante toute l'année. Ainsi, les festivités de Noël, les stations de ski près de Zagreb et dans le Gorski Kotar, ou encore le carnaval de Rijeka en février, entre autres, séduisent de plus en plus de visiteurs.

Le coût du logement

Les prix explosent en juillet et août du fait de la demande, et sont légèrement moins élevés en juin et septembre. En Istrie, la haute saison dure jusqu'en octobre, surtout dans l'intérieur des terres. Zagreb est plus chère pendant les fêtes de Noël. Finalement, c'est en novembre ou au printemps que les prix sont les plus abordables, notamment autour de Pâques.

PAROLE D'HABITANT

Morana Zibar est traductrice, présentatrice TV, et passionnée de vin, de gastronomie et de culture @moranazibar

La Croatie regorge de domaines familiaux qui perpétuent fièrement leurs traditions. Les vendanges, en août et en septembre, sont une période idéale pour visiter les vignobles et en découvrir plus sur la fabrication du vin. Venez mettre la main à la pâte et rencontrer une communauté soudée, qui vous accueillera à bras ouverts.

Station de ski du Sljeme, près de Zagreb (p. 42)

EN PISTE !

Des pentes du massif de la Medvednica, près de Zagreb, aux montagnes du Gorski Kotar, le ski est populaire en Croatie. C'est en février que l'enneigement est le meilleur, mais la saison dure parfois 3 à 4 mois grâce aux canons à neige. On peut aussi skier en nocturne.

La météo au fil des mois (Zagreb)

	JANVIER	FÉVRIER	MARS	AVRIL	MAI	JUIN
Temp. max. en journée :	**3,7°C**	**6,8°C**	**11,9°C**	**16,3°C**	**21,5°C**	**24,5°C**
Jours de pluie :	**9,8**	**9,4**	**11**	**13**	**13,5**	**13,5**

QUAND LES VENTS SOUFFLENT...

Le mistral venu de l'ouest favorise la navigation au printemps et au début de l'été. En hiver, la côte est balayée par la bora (*bura*), un vent froid et sec dévalant les montagnes vers l'Adriatique, qui contraint parfois à fermer les routes et suspendre le trafic des ferries. L'équivalent croate du sirocco est le *jugo*, venu du sud, qui apporte souvent de la pluie et donne une atmosphère des plus mystérieuses.

Les grands rendez-vous

Le **carnaval de Rijeka** (p. 152) est un des plus festifs et colorés du pays. Durant deux semaines, la ville vit au rythme de nombreuses animations, concerts, bals masqués... Le clou du spectacle est le défilé des *zvončari*, des hommes masqués vêtus de peaux de bête qui dansent et font sonner des cloches pour repousser les esprits maléfiques. **Février**

Cest is D'Best se déroule chaque année dans les rues de Zagreb (p. 61). Au programme : danse, théâtre, cirque, événements sportifs et autres divertissements. **Mai**

Cinehill, Motovun Film Festival (p. 123) est un des meilleurs festivals de cinéma, avec des projections de films indépendants et d'avant-garde. À partir de 2024, il aura lieu dans le Gorski Kotar (motovunfilmfestival.com). **Juillet**

Le **Špancirfest** (p. 86) anime les parcs et les places de Varaždin grâce à un riche éventail d'événements : musique du monde (afro-cubaine, gitane, tango), acrobatie, illusionnisme, artisanat traditionnel, expositions d'art contemporain... **Août**

Les festivals d'été sur la côte

Le **Full Moon Festival** se tient sur trois jours pendant la pleine lune du cœur de l'été. Les quais de Zadar (p. 188) sont recouverts de bougies, de torches et de stands croulant sous les spécialités locales, tandis que les bateaux amarrés aux quais se transforment en marché au poisson flottant. **fin juillet/début août**

Le **Festival d'été de Dubrovnik** (p. 274) a lieu depuis les années 1950. Des concerts de musique classique, ainsi que des spectacles de théâtre et de danse ont lieu dans toute la ville, au fort Saint-Laurent notamment. **de mi-juillet à fin août**

Le **Festival d'été de Split** (p. 224) met à l'honneur expositions artistiques, opéras, pièces de théâtre, ballets et concerts en plein air dans toute la ville. **de mi-juillet à mi-août**

Le **Festival d'été de Hvar** (p. 244) propose des concerts sur la place Saint-Étienne et dans le cloître du monastère franciscain. **de fin juin à mi-septembre**

PAROLE D'HABITANT

Veselka Huljić est originaire des îles et passionnée de nature. Organisatrice de voyages, elle est la fondatrice d'AndAdventure Croatia @andadventure

Mes périodes de l'année préférées sur la côte et sur l'île de Hvar sont le début du printemps ou de l'automne, lorsque la bora souffle moins. Avec ses couleurs et ses parfums uniques, l'Adriatique est magique en septembre. Ce n'est peut-être pas le moment où les plages sont les plus animées, mais c'est l'idéal pour apprécier les activités de plein air, loin des foules.

Vrboska, île de Hvar (p. 250)

FAITES LE PLEIN DE SOLEIL

Hvar se vante souvent d'être l'île la plus ensoleillée du pays, avec 2 726 heures de soleil par an au compteur, soit en moyenne 7,7 heures par jour. En réalité, toute la côte est très ensoleillée ; de nombreuses destinations (comme Dubrovnik) ont largement autant de soleil, peut-être même plus.

JUILLET	AOÛT	SEPTEMBRE	OCTOBRE	NOVEMBRE	DÉCEMBRE
Temp. max. en journée : **26,7°C**	Temp. max. en journée : **26,3°C**	Temp. max. en journée : **22,1°C**	Temp. max. en journée : **15,8°C**	Temp. max. en journée : **8,9°C**	Temp. max. en journée : **4,6°C**
Jours de pluie : **11,2**	Jours de pluie : **10.4**	Jours de pluie : **10.4**	Jours de pluie : **10.9**	Jours de pluie : **11.3**	Jours de pluie : **11**

GAUCHE : LLASZLO/SHUTTERSTOCK ©, DROITE : MIKE MARSLAND/WIREIMAGE/GETTY IMAGES ©

Île de Krk (p. 162)

AVANT DE PARTIR EN CROATIE

Nos recommandations pour bien se préparer

Dans sa valise

Chaussons de plage Indispensables pour se baigner à cause des rochers tranchants et des oursins. Croyez-nous, mieux vaut ne pas prendre le risque, ça peut faire très mal.

Chaussures Tongs et sandales sont idéales pour la plage, mais de bonnes chaussures seront plus adaptées à la ville. Les rues pavées de Croatie peuvent être très glissantes et les accès aux plages rocailleux et délicats. Enfin, les chaussures de marche sont essentielles pour les promenades en pleine nature.

Chapeau Le soleil peut brûler en Croatie, surtout en été. Badigeonnez-vous de crème solaire (respectueuse de la mer) et portez un chapeau, même les jours plus gris, car vous attraperiez alors un coup de soleil sans vous en rendre compte.

À savoir

N'appelez pas la Croatie "les Balkans" ou "l'Europe de l'Est". Il est préférable de ne pas mentionner la Yougoslavie ni les guerres qui l'ont déchirée, qui sont des sujets épineux.

Couvrez-vous dans les églises. Soyez sensible aux valeurs catholiques croates : n'entrez pas dans une église avec les épaules nues ou les jambes trop visibles, portez des vêtements couvrants.

Apportez un cadeau. Si vous êtes convié dans un foyer croate, apportez un présent en guise de remerciement et enlevez vos chaussures.

LIRE

L'Eau rouge (Jurica Pavičić, 2021) Grande fresque sur les bouleversements de la société croate, ce polar a fait sensation et remporté plusieurs grands prix littéraires.

Baba Yaga a pondu un œuf (Dubravka Ugrešić, 2021) Un roman plein d'humour et de dérision dans lequel l'une des plus grandes écrivaines croates réinvente le mythe de Baba Yaga.

Atlas géopolitique des Balkans (Amaël Cattaruzza, Pierre Sintès, 2016) Plus de cent cartes et infographies pour mieux comprendre l'histoire tourmentée de la région depuis les années 1990.

Adios, cow-boy (Olja Savičević Ivančević, 2020) Fabuleux premier roman d'une auteure basée à Split. Un livre parfait pour une lecture de vacances.

En quelques mots

Bok (bok) est la manière de dire "bonjour" en Croatie, surtout à Zagreb et sur le continent. En Dalmatie, on utilise "*bog*", ainsi que le "*ciao*" italien.
Da/Ne (da/nè) Oui/Non. Deux petits mots de grande importance au quotidien.
Molim (mo·lim), "s'il vous plaît", une politesse toujours bien accueillie.
Hvala (hva·la) signifie "merci", le mot magique toujours apprécié.
Nema na čemu (nè·ma na *tchè*·mou) est la réponse à un "Hvala", une sorte de "avec plaisir".
Kava, "café", est un mot important à connaître. Le café est une affaire sérieuse en Croatie.
Oprostite (o·pro·sti·tè), "excusez-moi", pour attirer l'attention de quelqu'un.
Kako ste/si ? (ka·ko stè/si) est l'équivalent de "comment allez-vous/vas-tu ?"
Dobro. A vi/ti ? (do·bro. A vi/ti) "ça va. Et vous/toi ?" est la réponse à donner.
Zovem se (zo·vem se) veut dire "mon nom est...", un bon moyen de vous présenter.
Kako se zovete/zoveš ? (ka·ko se zo·ve·te/zo·vesh), littéralement "quel est votre/ton nom ?"
Zbogom (zbo·gom) signifie "au revoir".
Govorite/Govoriš li (francuski) ? (go·vo·ri·te/go·vo·rish li [fran·tchou·ski]) pour "parlez-vous/parles-tu (français) ?"
Ja (ne) razumijem (ya [ne] ra·zou·mi·yem) veut dire "je (ne) comprends (pas)."
Što biste nam preporučili ? (chto bi·stè nam prè·po·rou·tchi·li), pour demander "que recommandez-vous ?", peut être utile au restaurant.
Mogu li vas/te slikati ? (mo·gou li vas/tè sli·ka·ti) veut dire "puis-je vous/te prendre en photo ?", c'est mieux de demander.
Koliko košta ? (ko·li·ko koch·ta) pour savoir "combien cela coûte-t-il ?"

VOIR

Murina (Antoneta Alamat Kusijanovic, 2021) Julija, une adolescente fougueuse, vit sur une île de l'archipel des Kornati avec son père autoritaire. Caméra d'Or à Cannes.

Mamma Mia! Here We Go Again (Ol Parker, 2018) La magnifique Vis joue le rôle de l'île grecque de Kalokairi dans cette suite de la fameuse comédie romantique.

Soleil de plomb (Dalibor Matanić, 2015) Trois histoires d'amour sur trois décennies dans deux villages des Balkans.

Comment la guerre a commencé sur mon île (Vinko Brešan, 1996) Comédie noire sur des événements qui se sont réellement déroulés en septembre 1991, peu de temps après la proclamation d'indépendance de la Croatie.

ÉCOUTER

Oliver Dragojević (*The Best of Collection*, 2015) Originaire de Dalmatie, ce chanteur et ses ballades entraînantes sont une légende en Croatie.

Josipa Lisac (*Dnevnik jedne ljubavi*, 1973) Premier album solo de cette chanteuse pop/funk/jazz connue pour son style excentrique.

Tamara Obrovac (*Nuvola*, 2023) Nouvel album de la diva du world jazz très attachée à son Istrie natale et qui chante depuis désormais 25 ans.

Let 3 (*Two Dogs Fuckin'*, 1989) Premier album du groupe de rock culte de Rijeka ayant représenté la Croatie à l'Eurovision en 2023.

JELENA990/SHUTTERSTOCK ©

Plat traditionnel de viande croate

À TABLE !

En Croatie, manger ensemble et bien manger est important : attendez-vous donc à un voyage assurément gastronomique.

La cuisine croate est traversée par mille et une saveurs qui sont autant de reflets de l'histoire du pays, au croisement de différentes cultures. Il existe une nette distinction entre la cuisine d'influence italienne, sur la côte, et les accents hongrois, autrichiens et turcs de la partie continentale. Partout, vous apprécierez la qualité des plats, préparés avec des produits frais de saison.

Si les Croates paraissent peu enclins à l'expérimentation dans le domaine culinaire, ils vouent une véritable passion à la cuisine et peuvent passer des heures à discuter de la qualité d'une viande ou d'un poisson et des raisons pour lesquelles ils sont meilleurs ici qu'ailleurs.

En outre, la culture gastronomique se développe, en grande partie grâce au mouvement Slow Food qui privilégie les ingrédients frais et locaux de saison et le plaisir d'un repas prolongé. L'Istrie et le golfe de Kvarner ont rapidement atteint le sommet de l'échelle gourmande, mais d'autres régions les talonnent. La production de vin et d'huile d'olive est en plein renouveau, un réseau d'itinéraires balisés ayant même été mis en place pour rendre hommage à ces précieux nectars.

Zagreb et le Zagorje, inspiration viennoise

Zagreb et le nord-ouest de la Croatie privilégient les plats de viande copieux à la mode viennoise. Les *pečenje* (viandes rôties à la broche) d'agneau (*janjetina*), de porc (*svinjetina*) et de canard (*patka*) s'accompagnent souvent d'un gratin de

Les essentiels

Peka
Viande ou poulpe accompagné de pommes de terre en cuisson lente sous cloche.

Fiš paprikaš
Incontournable de Slavonie, ragoût de poissons au paprika.

Štrukli
Chaussons au fromage gratinés ou bouillis, typiques du Zagorje.

Maneštra
Épaisse soupe de haricots et de légumes d'Istrie semblable au minestrone.

pâtes (*mlinci*) ou de pommes de terre sautées (*pečeni krumpir*). La viande lentement braisée sous *peka* (couvercle-cloche en fer recouvert de braises), particulièrement savoureuse, doit se commander à l'avance dans de nombreux restaurants.

La dinde (*purica*) aux *mlinci* fait figure d'institution sur les cartes de Zagreb et du Zagorje, de même que le *zagrebački odrezak* (cordon bleu à base de veau). Les *štrukli* (chaussons au fromage) sont particulièrement appréciés dans la région du Zagorje. Le *sir i vrhnje* (fromage blanc servi avec de la crème fraîche) est un autre classique, qu'on trouve au marché et qui se marie très bien avec du pain. Côté dessert, les *palačinke*, des crêpes aux garnitures variées, figurent fréquemment sur les cartes.

Slavonie, influence hongroise

Plus épicée que celle des autres régions et marquée par l'influence hongroise, la cuisine de Slavonie emploie généreusement l'ail et le paprika. L'influence hongroise se ressent surtout dans le nord-est, au point que de nombreux plats typiques, comme le *čobanac* (ragoût), sont des variantes du *gulaš* (goulasch). La proximité de la Drave permet de déguster des poissons tels que la carpe, le brochet et la perche ; mijotés dans une sauce au paprika et accompagnés de nouilles, ils composent le *fiš paprikaš*. Autre spécialité, la carpe à la broche (*šaran u rašljama*) est grillée sur le feu dans sa graisse. Les saucisses de la région sont également réputées, notamment la *kulen* : parfumée au paprika et affinée pendant neuf mois, elle est généralement servie avec du fromage frais, des poivrons, des tomates et des légumes marinés (*turšija*).

Vins croates

ÉVÉNEMENTS CULINAIRES

Journée caves ouvertes Chaque année, le dernier dimanche de mai, les viticulteurs ouvrent leurs caves pour des dégustations de leurs plus grands crus.

Festival Žlahtina (p. 165) Chaque été, le vin blanc local est à l'honneur durant trois jours de célébration dans le village de Vrbnik, sur l'île de Krk.

Festival des asperges (p. 160) Chaque mois d'avril, à Lovran, un chef confectionne une gigantesque omelette aux asperges, dont la récolte sur le mont Učka par dix volontaires prend trois jours.

Marathon du vin (p. 92) Course organisée fin septembre à Zmajevac, dans la Baranja. Les caves à vin sont ouvertes pour rafraîchir les coureurs.

Festival du thon, des sushis et du vin (p. 190) Le rendez-vous des gourmets de Zadar a lieu en avril et met à l'honneur le mélange des cultures japonaise et croate.

Plat de poulpe de Dalmatie

Brodet
Ragoût de fruits de mer servi avec de la polenta, un immanquable de Dalmatie.

Buzara
Ragoût de coquillages et de crustacés, avec un bouillon à l'ail et au vin blanc.

Fuži
Pâtes maison d'Istrie souvent servies avec des truffes (*tartufi*) ou du gibier (*divljač*).

Crni rižot
Risotto noir intense à l'encre de seiche et au poulpe.

Soparnik
Savoureuse tarte fourrée à la blette, aux oignons et à l'ail, originaire d'Omiš.

Istrie, une longue tradition gastronomique

Depuis quelques années, l'Istrie attire des gourmets du monde entier en raison de sa longue tradition gastronomique, de la fraîcheur de ses produits et de ses spécialités uniques. Parmi les classiques, citons la *maneštra*, une épaisse soupe de légumes et de haricots semblable au minestrone, les *fuži*, des pâtes maison souvent servies avec des *tartufi* (truffes) ou du *divljač* (gibier), et la *fritaja*, une omelette fréquemment accompagnée de légumes de saison, telles les asperges sauvages. Les truffes sont utilisées dans la plupart des plats y compris dans les établissements les plus audacieux, dans la préparation de glaces et de gâteaux au chocolat.

Nous recommandons les plats à base de *boškarin*, une race locale de bœuf. De fines tranches de *pršut* (jambon cru), également excellent en Dalmatie, font régulièrement partie des entrées ; le prix élevé s'explique par le travail long et attentif du fumage. L'huile d'olive d'Istrie, également très réputée, a été récompensée au niveau international. Les truffes blanches, ramassées en automne, et les asperges blanches, récoltées au printemps, comptent parmi les meilleurs produits de saison.

Golfe de Kvarner et Dalmatie, cuisines méditerranéennes

Les cuisines du golfe de Kvarner et de Dalmatie, sur la côte, sont essentiellement méditerranéennes. Elles utilisent beaucoup l'huile d'olive, l'ail, le persil plat, les feuilles de laurier et toutes sortes de produits de la mer. Les plats les plus appréciés sont le poisson cuit au four, les *lignje* frits (calamars, parfois fourrés au fromage et au jambon cru), et le *hobotnica* (poulpe), en carpaccio, en salade ou cuit sous *peka*.

Les repas commencent souvent par un plat de pâtes ou un *rižot* (risotto) aux fruits de mer. En entrée, vous pourrez aussi choisir du *paški sir*, le fromage au lait de brebis corsé de l'île de Pag. Les herbes fraîches que broutent les agneaux de Cres et de Pag donnent à leur viande une saveur particulière ; ces viandes sont considérées comme les meilleures du pays.

Autres spécialités dalmates, le *brodet*, un ragoût de poisson légèrement épicé, servi avec de la polenta (le plat se nomme aussi *brodetto*, *brudet* ou *brujet*, en fonction de la région), et la *pašticada* (du bœuf aux pruneaux mijoté dans du vin et des épices, accompagné de gnocchis). L'accompagnement le plus typique est la *blitva*, la blette, servie avec des pommes de terre et arrosée d'huile d'olive à l'ail.

Une nation viticole

Les vins du continent Les cépages blancs *graševina*, *traminac*, pinot, chardonnay et sauvignon dominent la zone continentale, donnant des vins fruités, légers et rafraîchissants dans le Nord, plus froid, et des blancs charpentés, puissants et de garde en Slavonie, où le climat est plus doux, sans oublier de bons vins sucrés (*predikatno*). Dans la campagne vallonnée du Međimurje, du Plešivica et du Zagorje, les hauts plateaux croates donnent des vins blancs frais et du bon pinot noir. En dehors du *graševina* et du *škrlet* locaux, les cépages internationaux chardonnay, pinot blanc, pinot gris et sauvignon blanc abondent.

Les vins de la zone côtière L'Istrie, qui couronne le nord de la côte adriatique, est la région de la *malvazija istarska*, un cépage qui permet d'obtenir des vins médaillés de diverses sortes : secs et légers ou doux et sucrés, frais et sans tanin ou vieillis en fûts d'acacia, ainsi que des vins orange (vins blancs macérés). L'Istrie propose aussi un rouge intense typique : le *teran*. Le Kvarner est le pays du *žlahtina*, un vin blanc idéal pour accompagner les fruits de mer et qu'on trouve sur l'île de Krk. Au sud, la beauté sauvage de la Dalmatie, dont les îles sont couvertes de vignes (Hvar, Vis, Brač, Korčula), favorise une grande variété de cépages régionaux profitant du climat méditerranéen. Il en résulte des vins charpentés de caractère : le *plavac mali* et le confidentiel *obričić*, roi des rouges. Les vins étiquetés “Dingač” sont des *plavac mali* d'un coteau particulier qui domine la mer dans la péninsule de Pelješac, souvent considérés comme les meilleurs vins rouges de Croatie. Enfin, n'oublions pas les excellents rosés dalmates qui conviennent à merveille pour les journées de farniente typiquement méditerranéennes.

Spécialités locales

Quelques plats incontournables.

Plaisirs sucrés

Fritules Beignets traditionnels ronds à la garniture variée.
Stonska torta Spécialité surprenante de Ston, gâteau à base de macaronis, de chocolat et de noix.
Rafioli Biscuits dalmatiens semblables à de petits raviolis fourrés aux amandes.
Paprenjaci Biscuits parfumés au miel et au poivre noir.
Međimurska gibanica Copieux gâteau en plusieurs couches originaire de Međimurje.
Kremšnite Le mille-feuille croate, originaire de Samobor, garni de crème aux œufs et de crème fouettée.

Cuisine de rue

Ćevapčići Petites boulettes de bœuf, d'agneau ou de porc hachés, épicées.
Pljeskavica Hamburger version ex-Yougoslavie.
Ražnjići Morceaux de porc grillé, en brochette.
Burek Feuilleté à la viande, aux épinards ou au fromage.

Fritules

Pour les amateurs de viande

Incontournable saucisse affinée et parfumée au paprika de Slavonie.
Patka sa mlincima Canard accompagné de pâtes au four, spécialité du Zagorje.
Boškarin Race de bœuf d'Istrie, dont la viande est souvent servie en carpaccio.
Janjetina Viande d'agneau cuit à la broche ou à la *peka*.
Pašticada Plat dalmatien de bœuf aux pruneaux mijoté dans du vin et des épices, accompagné de gnocchis.
Vitalac Brochettes d'abats et de viande d'agneau, spécialité de l'île de Brač.

TABLES D'EXCEPTION

Pelegrini Célébration de la cuisine méditerranéenne. Les vins dalmates sont à l'honneur dans ce joli établissement situé dans le centre de Šibenik (p. 206).

Restaurant 360 Temple de la gastronomie, ce restaurant chic est réputé pour sa cuisine savoureuse et créative. Son emplacement, au-dessus des remparts de Dubrovnik, offre une vue superbe sur le port (p. 273).

Noel Une escapade culinaire à travers les saveurs de la Croatie dans ce restaurant étoilé de Zagreb (p. 60).

Foša Restaurant gastronomique de front de mer à Zadar, où le chef prépare des plats de poisson plus originaux les uns que les autres (p. 190).

UNE ANNÉE DANS L'ASSIETTE

Printemps

En Istrie et dans le Kvarner, c'est la saison de l'asperge, qui bénéficie de sa propre fête. Fin mai, les vignerons d'Istrie proposent des dégustations lors de la Journée caves ouvertes.

Été

Dégustez sur la côte des produits de la mer tout frais pêchés, rafraîchissez-vous avec des glaces et des cocktails, et participez aux vendanges de fin d'été à Plešivica.

Automne

Les fêtes culinaires mettent à l'honneur les truffes (en Istrie), les châtaignes (dans le Kvarner) et le vin (particulièrement le 11 novembre, pour la fête de la Saint-Martin). C'est aussi la saison de la cueillette des olives.

Hiver

Il est temps de se réchauffer avec de copieux ragoûts et de se ravitailler en douceurs aux étals des marchés de Noël. À la saison du carnaval, ce sont les beignets que l'on dévore.

Parc national de Paklenica (p. 197)

ACTIVITÉS DE PLEIN AIR

Entre sa côte parsemée d'îles et ses terres plus sauvages, la Croatie est un terrain de jeu idéal pour des activités de plein air. Randonnée, escalade, plongée, planche à voile… Sur terre comme sur mer, vous serez comblé !

La Croatie, où des eaux cristallines côtoient des montagnes escarpées, offre de multiples possibilités aux voyageurs sportifs. Les plaisanciers profitent du superbe littoral et des myriades d'îles, tandis que ceux qui préfèrent la terre ferme ont tout le loisir d'arpenter un réseau de chemins de randonnée et de sentiers cyclables pour aller voir de plus près lacs, forêts, vallées verdoyantes et magnifiques hautes terres.

Baignade, plongée et snorkeling

La côte, avec ses eaux limpides et propres, offre de nombreuses possibilités pour l'une des activités préférées des touristes : la baignade. La température de l'eau dépasse souvent 20°C à la fin du printemps et en automne, et peut atteindre 25°C en été. La nature des plages est variable : sable, galets, rochers. Certaines des meilleures, comme la délicieuse petite plage de Stiniva (p. 254), sur l'île de Vis, et Dubovica (p. 247), sur l'île de Hvar, sont tapissées de grands galets blancs et lisses.

La limpidité de l'eau de l'Adriatique permet de pratiquer presque partout le snorkeling. Crveni Otok (p. 117), près de Rovinj, étant un site particulièrement apprécié. L'histoire de la région a laissé de nombreux vestiges sous-marins, dont des épaves datant de l'Antiquité et même un avion abattu pendant la Seconde Guerre mondiale.

Si vous aimez l'adrénaline

VOILE
Respirez l'air marin et filez comme le vent le temps d'une journée de voile à **Split** (p. 224) ou au large des îles Pakleni.

KAYAK
Admirez le coucher de soleil sur l'éclatante **Dubrovnik** (p. 270) depuis un kayak.

PLANCHE À VOILE
Essayez-vous à la planche à voile à **Zlatni Rat** (p. 240), la plus belle plage de l'île de Brač.

EN FAMILLE

Repérez les dauphins au cours d'une excursion d'observation avec l'**Institut marin éducatif de Lošinj** (p. 171), à Veli Lošinj.

Passez une journée dans le **parc national des îles Brijuni** (p. 113), en Istrie, et découvrez l'île principale à vélo.

Explorez les marécages du **parc naturel de Kopački Rit** (p. 91), en Slavonie. La migration des oiseaux, en automne, est particulièrement impressionnante.

Émerveillez-vous devant les lacs scintillants du **parc national de Plitvice** (p. 202) lors d'une petite balade ou d'une grande randonnée.

Enfourchez un vélo électrique et filez autour des lacs du **parc national de Mljet** (p. 298), digne d'un conte de fées.

Embarquez pour les éclatantes grottes des îles des environs de **Vis** (p. 251), la lumière y est magique.

Randonnée

La randonnée en Croatie va de la simple flânerie dans le parc national des lacs de Plitvice à la marche éprouvante sur les hauteurs de Paklenica. Le parc naturel de Žumberak-Samoborsko Gorje offre de magnifiques sentiers jalonnés de forêts, grottes, rivières, canyons, cascades et refuges de montagne. Le parc naturel de Medvednica est intéressant, tout comme le parc naturel de Risnjak. En Istrie, de nombreux sentiers panoramiques sont tracés au travers de la péninsule, à l'image de la boucle bien balisée de 11,5 km partant de Gračišće. La région du Kvarner propose des randonnées dans le parc naturel d'Učka et sur les chemins balisés des îles de Cres, de Krk, de Lošinj et de Rab. En Dalmatie, les parcs de la Krka, de Paklenica et de Biokovo valent le détour.

Le printemps, le début de l'été et l'automne sont des périodes à privilégier pour randonner : on évite ainsi la foule et les grandes chaleurs. Les offices de tourisme et les bureaux des parcs nationaux sauront vous recommander une randonnée en fonction de vos envies et capacités, et beaucoup d'entre eux vous offriront des cartes gratuites.

Cyclisme

Le cyclotourisme est de plus en plus populaire en Croatie, qu'il soit pratiqué seul ou en groupe. On peut facilement louer des vélos pour arpenter les routes, particulièrement tranquilles dans les îles, l'arrière-pays dalmatien et la Croatie continentale. La véloroute de la Méditerranée, l'EuroVelo 8 (eurovelo8.hr), longe l'Adriatique jusqu'à Dubrovnik. Nous vous la déconseillons toutefois en haute saison, car l'importante circulation la rend dangereuse. La Slavonie compte d'excellents itinéraires : la Via Pacis Pannoniae reliant Osijek et Sombor, en Serbie (80 km) ; un tronçon de 140 km de l'EuroVelo 6 le long des frontières avec la Hongrie et la Serbie ; la route des Amazones d'Europe (aoebiketrail.com) le long de la Mura, de la Drava et du Danube.

La Croatie abrite aussi des tronçons de l'EuroVelo 9 et de l'EuroVelo 13. L'Istrie a de jolies routes (istria-bike.com), dont l'itinéraire non asphalté Parenzana (parenzana.net), qui suit une ancienne voie ferrée entre Trieste, en Italie, et Poreč. Le golfe de Kvarner est intéressant pour ses chemins dans le Gorski Kotar (gorskikotarbike.com), dans le parc naturel d'Učka et sur les îles. La région de Lika (lika-active.com) est parfaite pour des vacances à vélo, grâce à ses rivières, lacs, vallées et montagnes. Enfin, vous pourrez profiter de routes panoramiques en Dalmatie sur les îles de Brač, Hvar et Korčula, ainsi que près de Zadar, Šibenik, Split et Dubrovnik.

RAFTING
Dévalez les tumultueux rapides de la **Cetina** (p. 234), près d'Omiš, en Dalmatie.

ESCALADE
Lancez-vous à l'assaut des voies d'escalade du **parc national de Paklenica** (p. 197).

SPÉLÉOLOGIE
Explorez les profondeurs de la **grotte de Pazin** (p. 128) pour une aventure souterraine.

VTT
Empruntez les chemins menant au point culminant de l'île de **Brač** (p. 239), Vidova Gora (778 m).

LES MEILLEURS SPOTS

Notre sélection d'activités de plein air.

Promenade/randonnée

1. Parc naturel de Žumberak-Samoborsko Gorje (p. 80)
2. Parc naturel de Medvednica (p. 78)
3. Parc national de Risnjak (p. 96)
4. Parc naturel d'Učka (p. 161)
5. Parc national de Paklenica (p. 197)

Plages

1. Plage de Zlatni Rat, île de Brač (p. 240)
2. Plage de Brela, Riviera de Makarska (p. 258)
3. Plage de Stiniva, île de Vis (p. 254)
4. Plage de Sveti Jakov, Dubrovnik (p. 273)
5. Plage de Beli, île de Cres (p. 169)

Parcs nationaux

1. Parc national des îles Brijuni (p. 113)
2. Parc national des lacs de Plitvice (p. 202)
3. Parc national de Mljet (p. 298)
4. Parc national de Paklenica (p. 197)
5. Parc national des îles Kornati (p. 193)

Cyclisme

1. Via Pacis Pannoniae (p. 93)
2. EuroVelo 6, portion du Danube (p. 93)
3. La Parenzana (p. 124)
4. Itinéraires dans la région de Lika (p. 202)
5. La colline de Marjan, à Split (p. 231)

Sports et sensations fortes

1. Rafting sur la Cetina (p. 234)
2. Escalade dans le parc national de Paklenica (p. 197)
3. Spéléologie dans la grotte de Pazin, en Istrie (p. 128)
4. VTT jusqu'à Vidova Gora, sur l'île de Brač (p. 241)
5. Tutoyer les sommets dans le parc naturel de Biokovo (p. 256)

CROATIE

SUR LA ROUTE

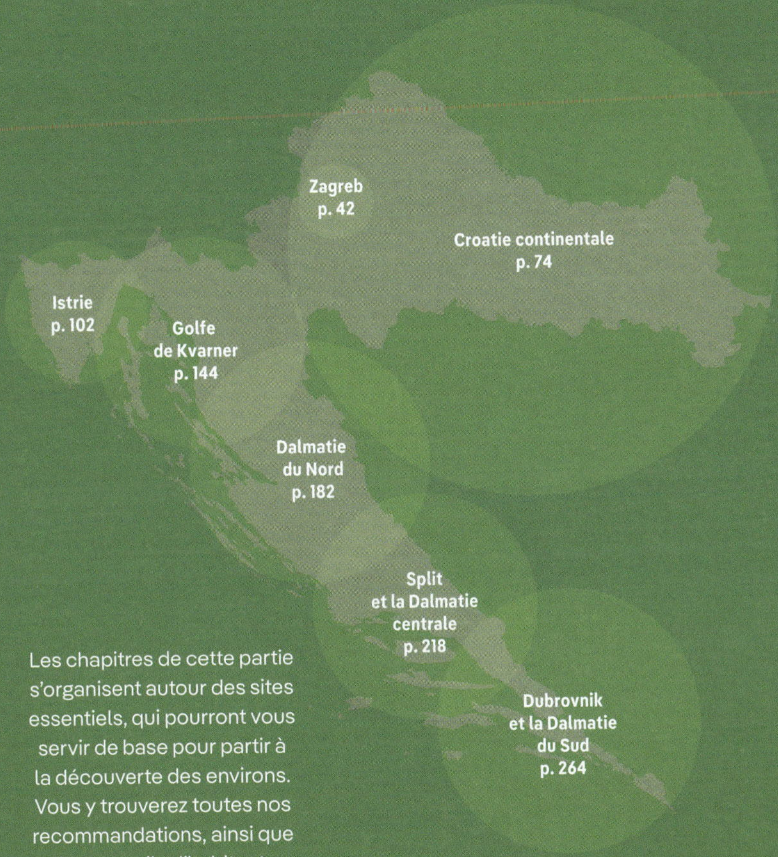

Les chapitres de cette partie s'organisent autour des sites essentiels, qui pourront vous servir de base pour partir à la découverte des environs. Vous y trouverez toutes nos recommandations, ainsi que des conseils d'habitants de la région pour vivre des expériences uniques.

Rovinj (p. 115)

Zagreb

UNE CAPITALE AGRÉABLE À TAILLE HUMAINE

Zagreb est une invitation à la flânerie. Cette ville décontractée aux rues animées toute l'année ravira les amateurs de café, d'art et de parcs.

Autrefois modeste escale sur la route des vacances vers la côte, la capitale croate gagne aujourd'hui en popularité.

Les marchés de Noël et les autres fêtes hivernales ont largement contribué au phénomène, attirant les visiteurs hors saison et réussissant ainsi à prolonger la saison touristique, une belle réussite pour la Croatie.

Zagreb a surtout un charme sous-estimé qui fait son œuvre avec le temps. Son secret ? Pour commencer, c'est une ville à taille humaine, décontractée et adaptée aux piétons.

ZDRAVKO T/SHUTTERSTOCK ©

Fermez les yeux et imaginez-vous déambulant dans les ruelles pavées de la ville haute, constellée de toits rouges et de clochers d'église. Une fois dans la ville basse, levez la tête : les dômes et les façades ouvragées des bâtiments forment un kaléidoscope des styles Sécession (version autrichienne de l'Art nouveau), néobaroque et Art déco. Les zones les plus bétonnées elles-mêmes ont pris de la couleur sous les mains expertes des maîtres locaux du street art. Croyez-nous, Zagreb s'offre véritablement à celui qui s'y promène.

Emboîtez le pas aux habitants partis boire un café, nectar érigé au rang d'institution. Les rues sont en effervescence, animées tout au long de l'année par des événements variés : musique, festivals, marchés éphémères et cuisine de rue s'invitent dans les parcs et sur les places de la ville. Même lorsqu'il n'accueille aucun événement, le centre de Zagreb vibre de toute l'énergie de la jeunesse. Avis à ceux qui apprécient les échappées urbaines : la capitale croate est tout indiquée.

En même temps, si les grands espaces et le calme vous manquent, ne vous inquiétez pas : l'un des autres atouts dont dispose la capitale croate réside dans ses espaces verts. Zagreb est en effet surplombée par le parc naturel de Medvednica, très apprécié des habitants, et compte pas moins de 17 parcs forestiers, qui offrent de nombreuses possibilités de sorties au grand air.

QUARTIERS PRINCIPAUX

LA VILLE HAUTE
Centre historique, églises, musées d'art et ruelles pavées.
p. 48

LA VILLE BASSE
Musées originaux, architecture remarquable, parcs et cafés.
p. 56

AU-DELÀ DU CENTRE
Forêts, lacs, musées, marché aux puces. p. 66

Église Saint-Marc (p. 52). Page de gauche : parc Maksimir (p. 67)

S'orienter

Zagreb est une petite ville très piétonne. Profitez-en pour l'explorer à pied. Vous pouvez également monter à bord de son emblématique tramway bleu pour rejoindre les sites les plus éloignés du centre.

DEPUIS L'AÉROPORT

Une navette circule régulièrement depuis l'aéroport (Franjo-Tuđman), situé à 17 km au sud-est de la ville. Vous pouvez aussi prendre le bus 290 vers la place Trg Kvaternikov, avec un départ toutes les 35 minutes.

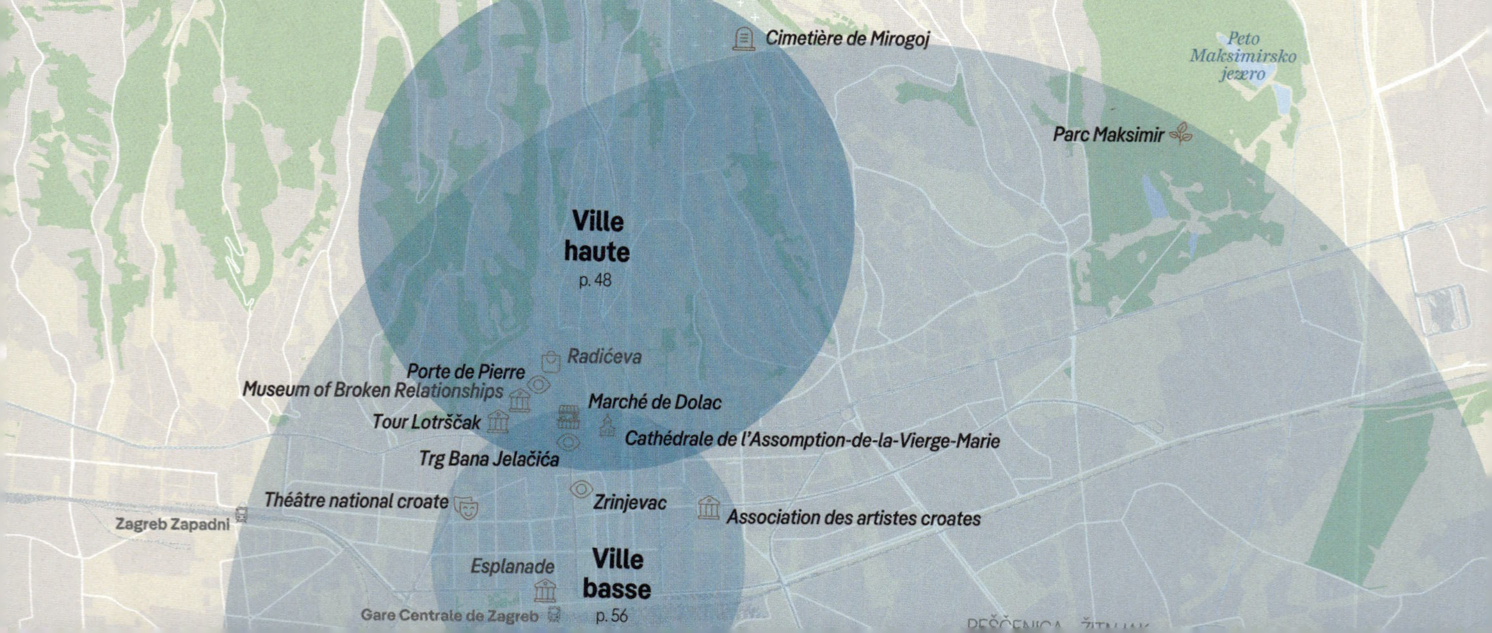

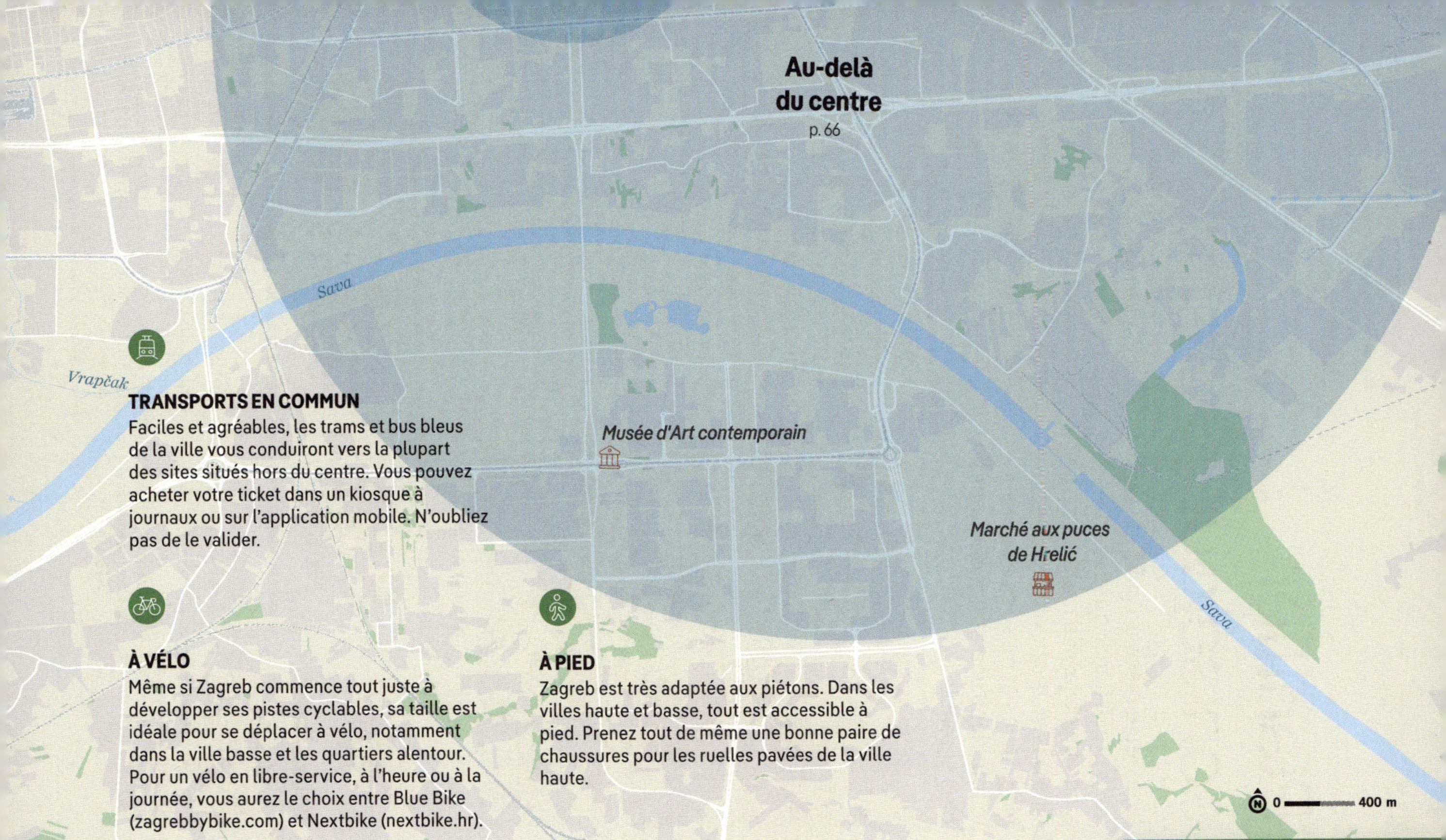

TRANSPORTS EN COMMUN

Faciles et agréables, les trams et bus bleus de la ville vous conduiront vers la plupart des sites situés hors du centre. Vous pouvez acheter votre ticket dans un kiosque à journaux ou sur l'application mobile. N'oubliez pas de le valider.

À VÉLO

Même si Zagreb commence tout juste à développer ses pistes cyclables, sa taille est idéale pour se déplacer à vélo, notamment dans la ville basse et les quartiers alentour. Pour un vélo en libre-service, à l'heure ou à la journée, vous aurez le choix entre Blue Bike (zagrebbybike.com) et Nextbike (nextbike.hr).

À PIED

Zagreb est très adaptée aux piétons. Dans les villes haute et basse, tout est accessible à pied. Prenez tout de même une bonne paire de chaussures pour les ruelles pavées de la ville haute.

Planifier son séjour

Une petite tasse de café, et vous voilà prêt à flâner dans les rues animées de la ville haute et de la ville basse, foisonnantes de sites historiques et musées étonnants, le tout dans une atmosphère des plus agréables.

FINN STOCK/SHUTTERSTOCK ©

Marché de Dolac (p. 49)

Jour 1

Matin

- Rendez-vous sur la place **Trg Bana Jelačića** (p. 58), cœur animé de la capitale, puis montez jusqu'aux échoppes colorées du **marché de Dolac** (p. 49). Rejoignez la néogothique **cathédrale de l'Assomption-de-la-Vierge-Marie** (p. 50), puis déambulez le long la **Tkalčićeva.**

Après-midi

- Arpentez la rue **Radićeva** (p. 54), une belle zone piétonne pleine de nombreuses boutiques, puis découvrez la **porte de Pierre** (p. 50). Ensuite, place à la visite de l'**église Saint-Marc** (p. 52) et du **Museum of Broken Relationships** (p. 51). Grimpez au sommet de la tour **Lotrščak** pour une vue panoramique sur la ville.

Soir

- Prenez le **funiculaire** (p. 52) jusqu'à la ville basse pour dîner et assister ensuite à un concert dans l'un des nombreux bars.

Vous aimerez aussi...

Découvrir des sites moins courus de la ville, et vous éloigner du centre pour profiter des nombreux parcs.

LES MUSÉES ET GALERIES DE LA VILLE HAUTE

Visiter le **musée croate d'Art naïf** (p. 53) et la **Galerija Klovićevi Dvori** (p. 53).

BIÈRES ARTISANALES

Déguster des bières artisanales de Zagreb dans la ville haute avant de visiter la **Garden Brewery** (p. 69).

VISITE GUIDÉE À VÉLO

Explorer la ville à vélo lors d'une amusante visite guidée (p. 61) avec plusieurs thèmes proposés.

ROBSON90/SHUTTERSTOCK ©, VIGO-S/SHUTTERSTOCK ©, IVICA DRUSANY/SHUTTERSTOCK ©

Jour 2

Matin

- Rendez-vous au **cimetière de Mirogoj** (p. 51), l'un des plus beaux d'Europe, où tout respire la grâce et le calme. Prenez un petit en-cas près de Dolac en redescendant vers la ville basse.

Après-midi

- Découvrez le **musée des Illusions** (p. 59), tout autre étonnant musée (p. 57) de la ville basse ou la magnificience des **Archives nationales** (p. 59), en ponctuant votre flânerie de quelques pauses café. Allez voir le verdoyant parc de **Zrinjevac** (p. 59), qui vous donnera envie de découvrir l'ensemble du "fer à cheval vert".

Soir

- Découvrez les expositions de l'**Association des artistes croates** (p. 58), puis rejoignez le "quartier design", près de la rue **Martićeva** (p. 62), pour dîner et prendre un verre.

Jour 3

Matin

- Pour admirer encore plus d'œuvres et prendre le pouls de la scène artistique, vous pouvez explorer une des **galeries d'art** (p. 61) de la ville basse, visiter le **musée d'Art contemporain** (p. 67), ou bien quitter le centre pour rejoindre **Lauba** (p. 67).

Après-midi

- Après le déjeuner, rendez-vous au **parc Maksimir** (p. 67) pour une promenade dans les bois, ou bien au parc de **Jarun** (p. 68) ou à celui de **Bundek** (p. 68) pour profiter de leur lac. Si vous avez plutôt la tête dans les étoiles, vous pouvez aussi faire le **tour du système solaire** (p. 63) de Zagreb.

Soir

- Assistez à un ballet ou à un opéra au **Théâtre national croate** (p. 60), ou bien à une pièce de théâtre contemporain au **ZKM** (p. 61), avant de siroter quelques cocktails à l'**OUT Rooftop** (p. 64).

LES CAFÉS

Profiter des excellents cafés, comme le **Cogito** (p. 63) ou le **Luta** (p. 62), qui se trouvent dans toute la ville.

LE ŠPICA DU SAMEDI

Enfiler votre plus belle tenue pour le ***špica*** (p. 63) du samedi matin et siroter un café en regardant les passants.

LES PARCS FORESTIERS

Explorer les 17 parcs forestiers de Zagreb, verdoyants et sauvages, le **Maksimir** (p. 67) en tête.

LE STREET ART

Admirer les œuvres de street art, et participer à une visite guidée conduite par l'artiste pionnier en la matière, **Leon GSK** (p. 65).

Ville haute

CENTRE HISTORIQUE ET RUELLES PAVÉES

Véritable dédale de rues pavées historiques et de places, la ville haute de Zagreb (Gornji Grad) est idéale pour flâner. Elle s'étend sur deux collines, Gradec et Kaptol, désormais reliées par une série d'escaliers. C'est ici que se situent les origines médiévales de la ville, qui devait naître de la fusion des deux villages en 1850.

La ville haute abrite un grand nombre de bâtiments emblématiques : des tours médiévales, des palais baroques, des demeures néoclassiques et des églises néogothiques, autant d'édifices qui témoignent de l'histoire de Zagreb. Si plusieurs zones peuvent paraître désertes, d'autres sont bien plus animées, à l'image de Tkalčićeva, avec ses éternels cafés, ses musées singuliers et ses points de vue ravissants.

La ville haute accueille tout au long de l'année de nombreux événements. Les fêtes de fin d'année et les marchés de Noël attirent notamment de plus en plus de visiteurs.

Pour les infos pratiques, voir le Carnet d'adresses p. 70

À SAVOIR

Attention, une forte détonation va retentir à midi pile ! Mais n'ayez crainte, il s'agit tout simplement du canon de Grič, situé dans la tour Lotrščak. Depuis le 1er janvier 1877, c'est lui qui, chaque jour, marque midi à Zagreb.

TRABANTOS/SHUTTERSTOCK ©

Vue sur le funiculaire et la ville haute de Zagreb

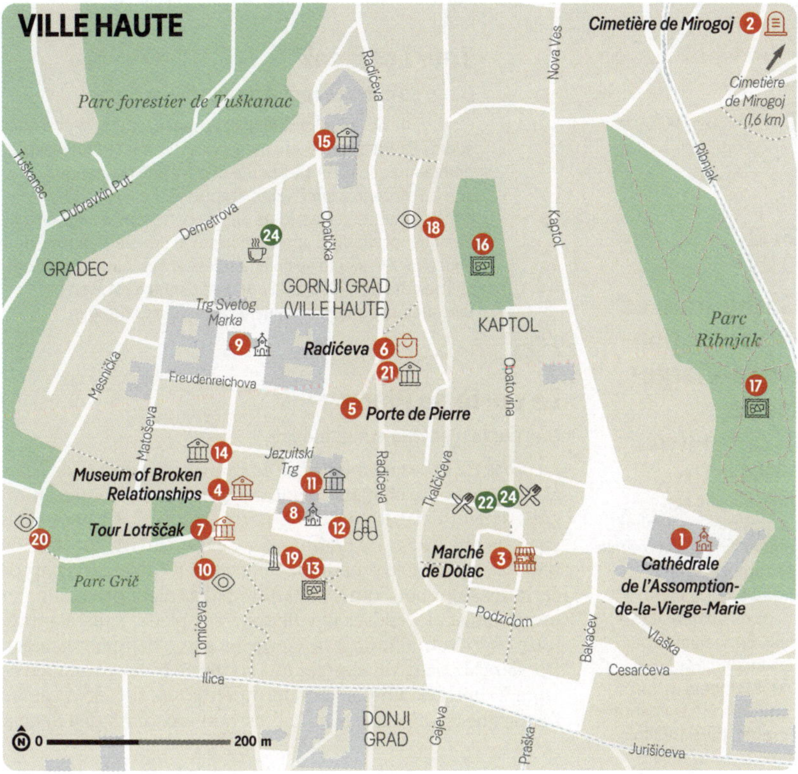

INCONTOURNABLES
1 Cathédrale de l'Assomption-de-la-Vierge-Marie
2 Cimetière de Mirogoj
3 Marché de Dolac
4 Museum of Broken Relationships
5 Porte de Pierre
6 Rue Radićeva
7 Tour Lotrščak

VOIR
8 Église Sainte-Catherine
9 Église Saint-Marc
10 Funiculaire
11 Galerija Klovićevi Dvori
12 Katarinin Trg
13 Marches de Zakmardi
14 Musée croate d'Art naïf
15 Musée de la Ville
16 Opatovina
17 Parc Ribnjak
18 Rue Tkalčićeva
19 Statue d'Antun Gustav Matoš
20 Tunnel Grič
21 Zagreb 80's Museum

SE RESTAURER
22 La Štruk
23 Kuhaona culinary studio

PRENDRE UN VERRE
24 Pod Starim Krovovima

Marché de Dolac

Un marché pittoresque et haut en couleur

Avec ses parasols rouges et ses innombrables étals de fruits et légumes, ce marché en a pour tous les goûts. Surnommé "le ventre de Zagreb", Dolac est né dans les années 1930 lorsque la municipalité installa un marché à la frontière entre ville haute et ville basse.

La partie principale s'étend sur une place surélevée ; au niveau de la rue, des étals couverts vendent de la viande, des produits laitiers et, un peu plus loin vers la place, des fleurs. Les étals au nord, eux, vendent plutôt du miel de la région et des huiles essentielles. On trouve également des stands d'artisanat et de street food.

Cathédrale de l'Assomption-de-la-Vierge-Marie

Un chef-d'œuvre néogothique

Voilà plus de huit siècles que les flèches jumelles de la cathédrale de Zagreb, le plus grand édifice sacré du pays, dominent la ville. Endommagé par des incendies et des tremblements de terre, l'édifice a été transformé et rebâti plusieurs fois depuis ses origines. C'est depuis le début du XXe siècle qu'il revêt un style néogothique. En 2020, un séisme a détruit, notamment, une partie de la flèche sud. Depuis, la cathédrale est fermée au public pour cause de restauration. Si, par chance, elle est rouverte lors de votre visite, ne manquez pas les autels, les statues et la chaire en marbre de style baroque, ainsi que le tombeau du cardinal Alojzije Stepinac (1898-1960), dessiné par le grand sculpteur croate Ivan Meštrović (1883-1962).

Tour Lotrščak

Coup de canon et point de vue panoramique

Construite au milieu du XIIIe siècle pour protéger la porte sud de Gradec, cette tour médiévale (fermée le lundi) est emblématique de la ville haute et offre une magnifique vue à 360 degrés sur Zagreb. Depuis 1877, un coup de canon retentit tous les jours depuis cette tour, à midi, en commémoration – d'après certains – d'une folle journée du milieu du XVe siècle où un tir eut raison des Turcs campés de l'autre côté de la Save. Ce coup de canon quotidien permet surtout aux églises de synchroniser leurs horloges.

La porte de Pierre

Une porte d'entrée majestueuse

La porte est de la cité médiévale de Gradec, dite porte de Pierre, abrite une petite chapelle. Selon la légende, un incendie aurait entièrement détruit en 1731 la porte d'origine, en bois, mais épargné une *Vierge à l'Enfant* peinte par un artiste inconnu du XVIIe siècle. D'où la vénération dont elle fait l'objet de la part de certains Zagrébois, qui viennent régulièrement prier, allumer des bougies et déposer des fleurs à ses pieds. Sans compter tous les ex-voto offerts à la Vierge en signe de remerciement. Derrière la porte, vous verrez une statue en bronze à l'effigie de Dora Krupićeva, un personnage du *Trésor de l'orfèvre,* roman historique du XVIIIe siècle de l'écrivain croate August Šenoa.

La porte de Pierre

NIGEL KILLEEN/GETTY IMAGES ©

Le cimetière de Mirogoj

Le cimetière de Mirogoj

Havre de paix pour repos éternel

À 10 minutes du centre-ville en bus (ou 30 minutes à pied), l'un des plus jolis cimetières d'Europe s'étend au pied du mont Medvednica. Il fut dessiné en 1876 par l'architecte autrichien Hermann Bollé, concepteur de nombreux bâtiments de Zagreb. Sous sa majestueuse galerie à arcades néo-Renaissance coiffée d'une série de coupoles, tout respire le calme et la grâce. Des allées sillonnent le cimetière verdoyant, parsemé de sculptures et de beaux tombeaux. Parmi les monuments les plus remarquables, citons les tombes du poète Petar Preradović (1818-1872) et le buste de Vladimir Becić (1886-1954), que l'ont doit à Ivan Meštrović.

Museum of Broken Relationships

À fleur de peau

Passions éteintes, familles déchirées… Cet excentrique "Musée des relations rompues" est né de la fin d'une histoire d'amour. Celle de ses fondateurs, Olinka Vištica et Dražen Grubišić. Le musée expose des objets de la vie quotidienne ayant appartenu à des amants dont la relation s'est terminée. Des donations arrivées des quatre coins de la planète sont présentées et commentées dans une enfilade de pièces entièrement blanches. On passe du rire (le grille-pain saboté pour que l'ex ne puisse plus l'utiliser) aux larmes (la lettre de suicide d'une mère). C'est tour à tour drôle, poignant ou émouvant. La collection a élu domicile à Zagreb après un tour du monde. La boutique vaut un petit détour (notamment pour sa "gomme à mauvais souvenirs"). Joli café en terrasse.

ZAGREB CARD

L'achat d'une Zagreb Card vous permet de circuler librement dans toute la ville à bord des trams, des bus et du funiculaire. Vous bénéficiez en plus de nombreuses réductions, ainsi que d'une entrée gratuite au zoo et pour les cinq musées suivants : Museum of Broken Relationships, musée du Chocolat, musée de la Ville, musée d'Art contemporain, musée des Techniques Nikola-Tesla.
Les cartes, valables soit 24 heures (pour 20 €), soit 72 heures (pour 26 €), sont en vente dans les offices de tourisme, mais aussi dans les hôtels et en ligne. Scannez ce QR-code pour vous procurer la Zagreb Card ou pour en savoir plus.

JURRE WOLTERS/SHUTTERSTOCK ©

Funiculaire de Zagreb

Le funiculaire et le tunnel

Sur les collines de Zagreb

Les ruelles de la ville haute sont parfois très raides. Heureusement, il existe plusieurs raccourcis et des sentiers pittoresques. Le fameux **funiculaire** bleu de Zagreb relie la ville basse à la vieille ville depuis 1890, et il pourrait bien être le plus petit au monde utilisé comme transport en commun. La montée dure un peu plus d'une minute et offre une très belle vue sur la ville. Vous pouvez l'emprunter depuis la rue Tomićeva, près d'Ilica, jusqu'à la tour Lotrščak.

En cas de fortes chaleurs, le **tunnel Grič**, long de 350 m, vous offrira un peu de répit. Construit en 1943 pour servir d'abri antiaérien, il est généralement désert, quand il n'accueille pas un festival ou des installations artistiques. Vous pouvez y entrer depuis la rue Mesnička ou le nouvel Art Park, et en ressortir dans un petit passage qui donne sur Ilica, près du grand magasin Nama.

Des lieux de culte impressionnants

Architecture sacrée de Zagreb

L'**église Saint-Marc**, du XIIIe siècle, est l'un des bâtiments les plus emblématiques de Zagreb. Son toit de tuiles vernissées (1880) arbore les armoiries médiévales de la Croatie. Le portail gothique et ses 15 personnages du Nouveau Testament placés dans des niches peu profondes datent du XIVe siècle. L'intérieur,

LES RESTAURANTS TRADITIONNELS DE LA VILLE HAUTE

Didov San
Taverne rustique, cuisine traditionnelle du delta de la Neretva. Anguille grillée et grenouilles au jambon. €€

Stari Fijaker
Plats typiques de Croatie et d'Europe de l'Est dans une ambiance nostalgique. €€

Amfora
Juste à côté du poissonnier de Dolac. Restaurant figé dans le temps, produits de la mer et poissons frais. €

accessible uniquement pendant la messe, recèle des sculptures d'Ivan Meštrović. Sur la place de l'église (Trg Svetog Marka) se dresse également le **Sabor** (Parlement) croate. Érigé en 1910 sur le site de maisons baroques des XVIIe et XVIIIe siècles, il occupe le côté est de la place – où son style néoclassique semble incongru. Il fut d'une importance historique majeure, puisque c'est de son balcon que fut proclamée l'indépendance de la Croatie en 1918, à la suite du démembrement de l'Empire austro-hongrois.

Construite par les jésuites au XVIIe siècle sur la place portant elle aussi le nom de la sainte (Katarinin Trg), l'**église Sainte-Catherine** ne se trouve qu'à quelques centaines de mètres de là. Elle a connu incendies et tremblements de terre, mais elle a conservé sa splendide façade blanche et une bonne partie de son intérieur baroque (accessible uniquement pendant la messe) : bel autel de 1762 et médaillons du XVIIIe siècle dépeignant la vie de sainte Catherine au plafond de la nef.

Musées et galeries

Remontez le temps ou admirez des œuvres récentes

La ville haute est presque, en soi, un musée à ciel ouvert. Mais on y trouve également de véritables musées, comme le **musée de la Ville**. Hôte des collections d'histoire locale depuis 1907, cet ancien couvent Sainte-Claire (XVIIe siècle) raconte, à travers des œuvres, documents, découvertes archéologiques, vieux plans de la ville et lithographies, l'histoire de Zagreb.

Les amateurs d'art naïf croate (particulièrement prisé ici et à l'international dans les années 1960 et 1970) passeront un excellent moment dans le petit **musée croate d'Art naïf** (fermé le week-end), où sont mises en avant 80 œuvres (sur les 1 900 que renferme la collection). On en parcourt les différents styles, toujours colorés, souvent enchanteurs, avec des artistes comme Generalić, Mraz, Rabuzin ou Smajić.

La **Galerija Klovićevi Dvori** (fermée le lundi) vaut vraiment le détour. Cette galerie comptant parmi les lieux d'art les plus prestigieux de la ville occupe un ancien monastère jésuite. Elle propose, au fil de l'année, de nombreuses expositions temporaires. Y ont été exposées des œuvres de Picasso et de Chagall, ainsi que d'artistes croates de premier plan. Son atrium accueille des concerts en juillet, dans le cadre du festival des **Grič Evenings**. On y trouve aussi un joli café.

Plongez dans l'univers rétro du **Zagreb 80's Museum**. Ce petit musée offre un aller simple pour le Zagreb des années 1980 : reproduction d'intérieurs typiques de l'époque, mise en avant de jeux emblématiques sur Commodore 64 et Atari, etc. Les visiteurs sont invités à jouer le jeu : les enfants, par

FESTIVALS D'ÉTÉ DE LA VILLE HAUTE

Ljeto na Strossu
Dans le cadre de ce festival se déroulant tout l'été sont organisés de nombreux événements le long de Stross, notamment des projections en plein air, des concerts et des ateliers artistiques.

Grič Evenings
Série de concerts au mois de juillet dans l'atrium de la Galerija Klovićevi Dvori. Musique de chambre, jazz, musique du monde.

Dvorišta / The Courtyards
En juillet, plusieurs cours privées de la ville haute ouvrent leurs portes pour des concerts avec buvette et restauration sur place.

Okolo//Around
Pendant dix jours au mois d'août, des installations artistiques sont exposées en extérieur, essentiellement dans les rues de la ville haute.

LES BARS À BIÈRES DE LA VILLE HAUTE

Craft Room
Un arrêt immanquable, dans le centre-ville, pour découvrir les bières artisanales croates.

Valhalla Beer Bar
Bar animé sur la rue Radićeva. Grand choix de bières à la pression, ambiance chaleureuse.

Mali Medo
Belle réputation. Bières artisanales dans l'artère piétonne Tkalčićeva. Ouvert jusqu'à tard. Menu correct.

exemple, peuvent porter des vêtements d'époque et essayer de comprendre comment marchaient les gadgets d'alors.

Les meilleurs panoramas

Prenez de la hauteur

La ville haute est sans doute le meilleur endroit pour admirer Zagreb. La promenade de Strossmayer, ou **Stross**, comme l'appellent les habitants, offre de très beaux points de vue. Aujourd'hui bordée de châtaigniers, cette allée a été le premier chemin public de la ville. Rendez-vous sur le banc proche de la statue de l'écrivain croate Antun Gustav Matoš (1873-1914), assis, l'air pensif.

La meilleure vue reste celle depuis le sommet de la **tour Lotrščak** (p. 50), mais il y a également celle du **Katarinin Trg**, un square situé derrière l'église Saint-Catherine et surplombant un parterre de tuiles rouges, avec la cathédrale en fond.

Les boutiques de la rue Radićeva

Souvenirs, souvenirs

Comptant parmi les chemins pittoresques qui mènent à la ville haute, cette charmante ruelle pavée, plutôt raide, est une des plus vieilles de Zagreb. Radićeva est, depuis le XIXe siècle, une rue commerçante prospère. Aujourd'hui, ce sont surtout les touristes qui l'empruntent pour rejoindre la ville haute et les vieilles maisons historiques côtoient désormais les boutiques de souvenirs, de vêtements et de produits locaux. N'hésitez pas à entrer, certains vendeurs vous proposeront volontiers à boire ou des produits à goûter : prêt pour une *rakija* avant de repartir ?

Tkalčićeva et ses couleurs pastel

Faites la tournée des cafés

C'est souvent le long de cette jolie rue piétonne qui monte en direction de Trg Bana Jelačića que se rassemblent les Zagrébois. Il y a plusieurs siècles, un ruisseau s'écoulait à cet endroit avec plusieurs moulins à eau, séparant les deux villages médiévaux de Kaptol et Gradec. Longée de maisons colorées et de cafés animés, la rue Tkalčićeva (ou Tkalča) a aujourd'hui remplacé le ruisseau.

Les meilleurs bars

Dégustez les meilleures bières artisanales

Les brasseries de Zagreb gagnent en popularité, et certains bars sont devenus des lieux de prédilection pour les amateurs

BOUTIQUES À NE PAS MANQUER

Dora Zoričić, co-gérante de Koza (@koza_gornjigrad), une boutique-atelier de la rue Basaričekova vendant sacs et accessoires en cuir faits main, nous présente ses magasins préférés de la rue Radićeva.

Boudoir
Le paradis de la mode. La boutique est tenue par deux sœurs couturières qui vendent des pièces uniques, tout en paillettes et dentelle.

Link Gallery
Superbe petit concept store qui rassemble le meilleur des produits croates. Stylos-plume, baskets ou sacs à dos : il y a forcément quelque chose pour vous.

Lapidarium
Bijouterie d'exception proposant des pièces contemporaines ou traditionnelles, réalisées sur place. La boutique sert également de plateforme pour d'autres joailliers croates.

OÙ PRENDRE UN BRUNCH DANS LA VILLE HAUTE

Salo
Bistrot-boulangerie sur Opatovina. Pain artisanal, petits en-cas originaux et café. €

Broom 44
Situé au cœur de Dolac, les tables donnant sur le marché. Cuisine du monde, essentiellement végane. €

Otto & Frank
Petit déjeuner copieux jusqu'à midi, avec des œufs et des tartines. Excellents burgers. Ambiance de bar. €

IVICA DRUSANY/SHUTTERSTOCK ©

Pod Starim Krovovima

de bières artisanales, notamment le long des rues Opatovina, Tkalča et Radićeva. Vous pouvez prendre un verre de *gemišt* (vin blanc avec de l'eau pétillante) au **Pod Starim Krovovima** (dans la rue Basaričekova), le plus vieux café de la ville (1830).

Les hauts lieux du street art

Ouvrez l'œil

Parcourez les deux parcs de la ville haute, puis empruntez la rue **Opatovina** jusqu'au quartier de **Ribnjak**. Vous découvrirez des œuvres de street art. Les **marches de Zakmardi** (Zakmardijeve), qui montent de la rue Radićeva jusqu'à Stross, restent un incontournable.

La scène culinaire croate

La bonne pâte

Le *štrukli*, une sorte de chausson au fromage, est un plat traditionnel de Croatie. **Zagreb Gourmet** propose des ateliers de cuisine au **Kuhaona culinary studio**, rue Opatovina, à deux pas du marché de Dolac. Ce cours de découverte vous permet de pétrir votre propre pâte, et de visiter le marché pendant la cuisson de vos *štrukli*. Si vous préférez vous contenter d'une dégustation, optez pour le bistrot **La Štruk**, à l'angle de la rue Skalinska, qui dispose de nombreux choix à la carte.

LA STATUE DE MARIJA JURIĆ ZAGORKA

Au n°25 de la rue Tkalčićeva, vous trouverez une statue de Marija Jurić Zagorka, la première journaliste et militante croate qui s'est exprimée en faveur des droits des femmes, au début du siècle dernier. On lui doit aussi plusieurs romans d'époque dont l'intrigue se déroule à Zagreb.

L'appartement qu'elle occupait au n°8 de la place Dolac a été aménagé en mémorial proposant une exposition sur sa vie et son œuvre réalisée par le Centre for Women's Studies. Il est ouvert pour des visites individuelles le jeudi de 11h à 19h.

DE DÉLICIEUX CHAUSSONS

Goûtez les fameux **štrukli** au **Bistro** (p. 64), à l'**Esplanade Hotel** (p. 62) ou dans n'importe quel restaurant de la région du **Zagorje**, où ils sont nés.

LES MEILLEURS BARS DE LA VILLE HAUTE

MK Krolo
Un des bars les plus appréciés de la rue Radićeva. Artistes, bobos, journalistes et autres habitués.

Bornstein
Un choix étonnant d'eaux-de-vie, de vins et de produits gastronomiques. Plus de 100 vins croates à la carte !

Tolkien's House
Avis aux amateurs de l'univers de Tolkien ! Joli décor, ambiance sympa et bon choix de bières artisanales.

Ville basse

PARCS, SQUARES ET CAFÉS

Pour les infos pratiques, voir le Carnet d'adresses p. 71

La ville basse (Donji Grad) correspond plus ou moins à toute la partie du centre-ville de Zagreb qui s'étend sous les collines historiques. Elle va de la ville haute à la gare, le long d'Ilica en direction de l'ouest, et jusqu'à la rue Martićeva et le "quartier design" apparu dans les rues adjacentes. La ville basse possède un charme nostalgique propre à l'Europe de l'Est, ainsi que plusieurs musées étonnants, des galeries d'art contemporain et les plus beaux exemples d'architecture des XIXe et XXe siècles. Avec son "fer à cheval vert" (ou "fer à cheval de Lenuci"), un ensemble de sept places ornées de parcs, c'est un des meilleurs endroits pour découvrir Zagreb au fil des cafés.

À SAVOIR

Pour vous déplacer dans la ville basse, vous pouvez utiliser Nextbike, système de vélos en libre-service 24h/24, avec plus d'une vingtaine de stations dans le centre-ville. Il est possible de payer au trajet ou prendre un pass à la semaine. Pour en savoir plus, rendez-vous sur nextbike.hr (ou sur l'appli mobile).

Gare Centrale de Zagreb

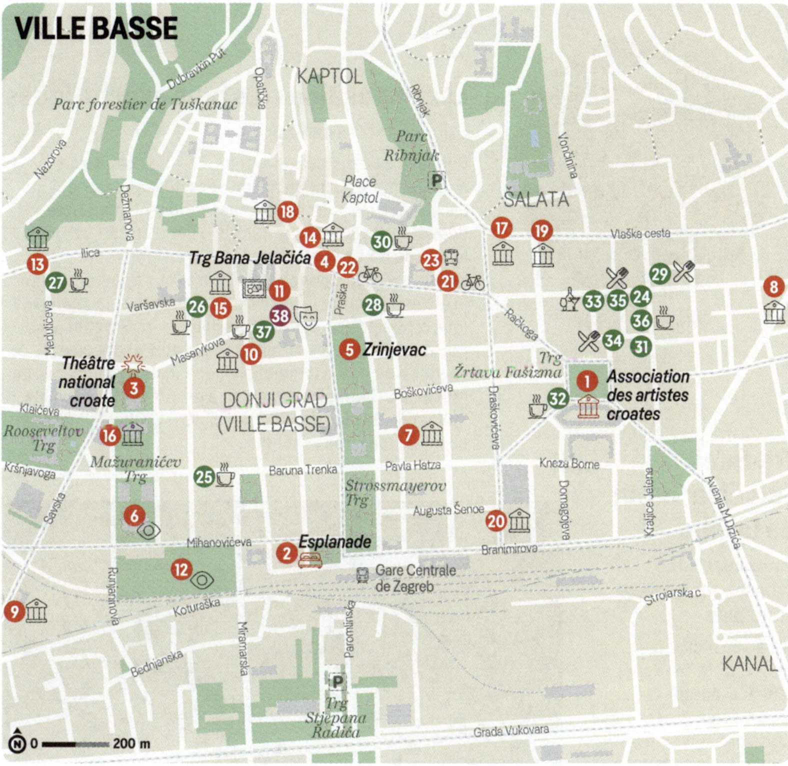

INCONTOURNABLES
1 Association des artistes croates
2 Esplanade
3 Théâtre national croate
4 Trg Bana Jelačića
5 Zrinjevac

VOIR
6 Archives nationales de Croatie
7 Cannabis Museum
8 Galerija Miroslav Kraljević
9 Galerija SC
10 Galerija Šira
11 Grounded Sun
12 Jardin botanique
13 Musée des Illusions
14 Musée du Champignon
15 Musée du Chocolat
16 Musée ethnographique
17 Museum of Hangovers
18 Museum of Selfie & Memories
19 New Wave Museum
20 Typhlological Museum

CIRCUITS ORGANISÉS
21 Blue Bike Tours
22 Bike Tours Zagreb
23 Zagreb City Tour

SE RESTAURER
24 Booksa
25 Cafe u Dvorištu
26 Cogito Coffee

PRENDRE UN VERRE ET FAIRE LA FÊTE
27 Eliscaffe
28 Express Bar
29 Fetiš
30 Filteraj
31 Luta
32 Monocycle
33 Mr. Fogg
34 Noel
35 Pizzeria Park
36 Program
37 Quahwa

SORTIR
38 ZKM

Des musées originaux

Drôles de collections

Au **Museum of Hangovers**, vous découvrirez toutes sortes d'histoires drôles liées à l'alcool et à la gueule de bois, et vous pourrez même jouer aux fléchettes. L'intéressant **Typhlological Museum** présente des œuvres créées par des artistes malvoyants. Vous pouvez y apprendre le braille ou visiter des pièces sombres… on ne vous en dit pas plus ! Avis aux amateurs de punk et de rock : le **New Wave Museum** est un voyage musical et culturel au cœur de l'âge d'or de Zagreb, de la fin des années 1970 aux années 1980. La visite du **Museum of Selfie & Memories** garantit également son lot de fous rires.

Zrinjevac (p. 59)

Les expositions les plus excentriques

Stimulez votre curiosité

Pour une ville de taille moyenne, Zagreb compte un nombre impressionnant de musées, tous plus étonnants les uns que les autres. Certains proposent même des dégustations comprises dans le billet d'entrée, comme le **musée du Chocolat**, dont les expositions sont interactives. Le **Cannabis Museum** vous apprendra à faire la différence entre le chanvre, le cannabis et la marijuana (qui, rappelons-le, est toujours illégale en Croatie). Vous pouvez observer les différentes variétés et découvrir l'histoire de la consommation médicinale du cannabis. Le **musée du Champignon**, quant à lui, présente une vaste collection de plus de 1 200 spécimens séchés, dont des champignons très vénéneux.

Trg Bana Jelačića, cœur de la ville

Rencontrez des Croates sur la place principale

Située en plein cœur de la ville, la Trg Bana Jelačića marque la séparation entre les villes basse et haute. Vous pouvez vous installer à la terrasse d'un de ses cafés pour observer le ballet des passants qui se saluent en descendant des tramways, au milieu des vendeurs de fleurs et de journaux.

La place doit son nom à Josip Jelačić, le *ban* (vice-roi) de Croatie qui, au milieu du XIXe siècle, entraîna ses troupes dans une lutte contre la Hongrie, dans l'espoir d'accroître l'autonomie de son peuple. Aujourd'hui, la statue représentant Jelačić sur son cheval et la tour de l'horloge sont les lieux de rendez-vous préférés des habitants.

Galerie de l'Association des artistes croates

Association des artistes croates

Une galerie d'art surprenante

En vous éloignant de la place Trg Bana Jelačića en direction de Trg Žrtava Fašizma, vous trouverez la galerie de l'Association des artistes croates, située dans un étrange pavillon circulaire conçu par l'architecte Ivan Meštrović. Ce lieu incontournable pour les amateurs d'art propose un programme d'exposition très varié et des événements toute l'année. Le bâtiment a été une mosquée dans les années 1940, avant l'avènement de la Yougoslavie socialiste. Certains Croates l'appellent d'ailleurs encore "l'ancienne mosquée".

Les arbres de Zrinjevac

Balades dans un parc verdoyant

De son nom officiel Trg Nikole Šubića Zrinskog, mais affectueusement surnommé Zrinjevac, ce parc est très apprécié lors de week-ends ensoleillés. Au printemps et en été, et même pendant les fêtes de fin d'année, des échoppes font leur apparition. Le parc abrite également la toute première fontaine de la ville, conçue par Hermann Bollé et construite en 1893. C'est à Zrinjevac que se déroulent de nombreux festivals, organisés en général dans le kiosque orné, datant de 1891. Zrinjevac fait partie du “fer à cheval de Lenuci” (ou “fer à cheval vert”), un ensemble de sept places ornées de parcs.

Musée des Illusions

Piégez vos sens

Les visiteurs de tout âge (et surtout les enfants) prendront plaisir à tester cette série d'attractions sensorielles qui a d'abord vu le jour à Zagreb en 2015, avant de s'exporter dans le monde entier (New York, Dubaï et Athènes, entre autres). La pièce inclinée ou le miroir de vérité comptent parmi les plus de 70 curiosités, hologrammes, puzzles et jeux éducatifs qui perturberont sans doute vos méninges. La boutique du musée vend de superbes puzzles en 3D et autres casse-têtes en tous genres.

Jardin botanique

La ville en fleur

Situé près de la gare, sur la place Trg Marulićev, ce très beau jardin au cœur de la ville et parcouru de nombreux sentiers offre un cadre exceptionnel pour une promenade relaxante ou une séance de méditation au milieu des fleurs. Conçu en 1892, il est riche de 10 000 espèces de plantes et possède un arboretum à l'anglaise, une serre avec des nénuphars géants, ainsi qu'un joli pont en acajou et en mélèze.

Les Archives nationales de Croatie

Chef-d'œuvre Art nouveau

C'est sans conteste le plus bel édifice d'architecture Art nouveau du pays. Levez les yeux pour voir les immenses hiboux sculptés trônant à chaque angle du toit. Construit en 1913 pour accueillir la Bibliothèque royale et les archives du cadastre, il abrite aujourd'hui les Archives nationales. En semaine, deux visites guidées par jour vous font découvrir les intérieurs grandioses et leurs splendides décors.

FAITES UN VŒU ET JETEZ UNE PIÈCE

Site très apprécié des habitants comme des touristes, la **fontaine de Manduševac**, sur la place Trg Bana Jelačića, renvoie à une légende croate bien connue. D'après celle-ci, une jeune fille du nom de Manda aurait puisé l'eau d'une source et l'aurait apportée à un chevalier revenu assoiffé d'une bataille.

Les habitants et les visiteurs jettent de nombreuses pièces dans la fontaine en faisant un vœu.

Selon une croyance populaire, ceux qui ont bu l'eau de la fontaine reviendront un jour à Zagreb. Pour d'évidentes raisons sanitaires, il est déconseillé de le faire.

RESTAURANTS TRADITIONNELS DE LA VILLE BASSE

Vinodol
Très apprécié des gens du cru, l'établissement revisite les recettes traditionnelles d'Europe centrale. €€

Heritage
Petit restaurant-traiteur servant des en-cas traditionnels. Succès oblige, les tables s'arrachent. €

Gostionica Ficlek
Plats typiques de Zagreb, recettes de grands-mères. Produits frais. Juste à côté de Dolac. €

ELENAPHOTOS/ISTOCK ©

Relève de la garde

LA RELÈVE DE LA GARDE

Entre la mi-avril et la mi-octobre, vous pouvez observer la cérémonie de relève de la garde, qui a lieu deux fois par mois (dates exactes consultables à l'office de tourisme).

À midi, le cortège va de la place Trg Bana Jelačića jusqu'à la cathédrale. Les cavaliers de la garde portent tous une cravate, inventée par les Croates pendant la guerre de Trente Ans (1618-1648), ainsi qu'une tenue de soldat traditionnelle d'époque.

Musée ethnographique

Héritage croate et explorations

Situé sur la place Trg Mažuranićev, cet édifice construit en 1903 et coiffé d'un dôme abrite le patrimoine ethnographique de Croatie. Quelque 2 750 objets sont exposés, sur les 70 000 que compte son fonds : céramiques, bijoux, instruments de musique, outils, armes et costumes traditionnels, notamment des foulards brodés d'or de Slavonie et des dentelles de l'île de Pag. Grâce aux dons des explorateurs croates Mirko (1871-1913) et Stjepan Seljan (1875-1936), le musée conserve aussi des objets archéologiques venus d'Amérique du Sud, d'Éthiopie, de Chine, du Japon et d'Australie.

Théâtre national croate

Divertissement d'exception

Situé sur la place Trg Republike Hrvatske, ce théâtre néobaroque construit par des architectes viennois et inauguré en 1895 par l'empereur d'Autriche-Hongrie

MEILLEURS RESTAURANTS GASTRONOMIQUES

NAV
Dans une petite cour de la rue Masarykova. Cuisine innovante du chef Tvrtko Šakota avec des ingrédients de qualité. **€€€**

Noel
Le premier et seul restaurant étoilé de la capitale, à l'angle de la rue Martićeva. Une ode à la cuisine croate. **€€€**

Theatrium by Filho
Cuisine du chef prodige Filip Horvat, dans l'atrium du ZKM. **€€€**

François-Joseph Ier, propose opéras, ballets et pièces toute l'année. Richard Strauss et Sarah Bernhardt y ont été accueillis ! Remarquez, devant l'édifice, la sculpture d'Ivan Meštrović, intitulée *Le Puits de la vie* (1905). Consultez la programmation sur hnk.hr.

Théâtre contemporain au Zagrebačko Kazalište Mladih

La programmation du ZKM

Le théâtre de la Jeunesse de Zagreb, dit ZKM, est le berceau du théâtre contemporain croate. Il accueille plusieurs festivals et des troupes du monde entier. Consultez la programmation en ligne sur le site zekaem.hr.

Des hauts lieux de l'art contemporain

Galeries d'art et performances

À Zagreb, l'énergie créative est d'abord le fait d'artistes, de conservateurs et de programmateurs ambitieux. La ville possède un grand nombre de centres artistiques qui présentent des travaux de créateurs de Croatie et d'ailleurs. Par exemple, à seulement 10 minutes à pied du Théâtre national croate, la **Galerija SC** du Studentski Centar fait la part belle aux jeunes artistes émergents, qu'ils soient photographes, sculpteurs ou danseurs. Située dans une petite salle aux confins du "quartier design", la **Galerija Miroslav Kraljević** explore les nouvelles tendances portées par des artistes croates et internationaux. Enfin, en plein cœur de la ville basse, la **Galerija Šira** (shira.alu.hr), tenue par l'Académie des beaux-arts, expose les plus belles œuvres des étudiants.

Visite guidée à vélo

Pédalez à la découverte de la capitale

Évidemment, Zagreb n'est pas la capitale la plus adaptée aux vélos, mais la pratique se répand et la ville s'efforce de rattraper son retard. Pour découvrir celle-ci, rien de tel qu'une visite guidée à vélo. **Bike Tours Zagreb** (biketours.life) propose un circuit classique en 3 heures. **Blue Bike Tours** (zagrebbybike.com) organise aussi des circuits thématiques, notamment le "Zagreb Highlights", qui permet de croiser les plus grands sites et monuments du cœur de la ville, le "Made in Zagreb", qui vous emmène à la découverte de l'artisanat local, ou encore le "Back to Socialism", qui vous montre les bâtiments les plus remarquables de Novi Zagreb. Circuits d'environ 2 heures 30, toute l'année. Sur réservation.

LES MEILLEURS FESTIVALS ET ÉVÉNEMENTS

ZagrebDox
Festival annuel du film documentaire, au mois d'avril. Pour en savoir plus : zagrebdox.net

Subversive Festival
Films et conférences politiques, militants, littéraires et artistiques, durant 2 semaines en mai. Pour en savoir plus : subversivefestival.com

Festival of Lights
Installations lumineuses dans les rues, les squares, et les parcs au mois de mars. Pour en savoir plus : festivalsvjetlazagreb.hr/en

Cest is d'Best
Entre mai et juin, festival de rue qui enchante les Zagrébois. Au programme : concerts, danse, théâtre, art et sport.

Artupunktura
Plateforme artistique et culturelle proposant de nombreux événements organisés à l'automne (octobre-novembre). Pour en savoir plus : artupunktura.hr.

MEILLEURES AUBERGES DE JEUNESSE DE LA VILLE BASSE

Swanky Mint Hostel
Dans une ancienne teinturerie du XIXe siècle. Bien située, avec terrasse, piscine, chambres privées et dortoirs, bar animé. €

Hostel 63
Auberge impeccable. Personnel agréable. Emplacement calme dans une cour de la rue Vlaška. €

Chillout Hostel
Auberge de jeunesse dans une ruelle près du funiculaire. Ambiance chaleureuse, bar, restaurant et guides. €

LES MEILLEURES PÂTISSERIES

Amélie
Dans la rue Vlaška, à côté de la cathédrale. Pâtisserie à la française, gâteaux à la crème et tables en terrasse.

Vincek
Véritable institution, rue Ilica. Pâtisserie réputée pour ses glaces et ses gâteaux depuis les années 1970.

Vis à Vis
Des pâtisseries sans sucre raffiné ni gluten. On adore le gâteau aux carottes, amandes et gingembre.

Meet Mia
Pour un en-cas sucré ou un brunch, rue Vlaška. Grand choix de desserts, notamment des donuts et des éclairs.

Korica
Boulangerie artisanale dans la ville basse. Excellents sandwichs et pâtisseries.

Théâtre national croate (p. 60)

Rue Martićeva, un quartier à la mode

L'endroit bobo, arty, intello et festif de la ville

Quasiment à l'abandon dans les années 1990, le quartier autour de la rue Martićeva, aujourd'hui très animé, est peut-être celui qui rencontre le plus de succès, notamment auprès des jeunes. Prisé par les intellectuels et les artistes, le quartier a accueilli pendant plusieurs années un grand festival de design et d'architecture, le Design District Zagreb. Mais c'est surtout **Booksa** qui a fait connaître le quartier. Ouvert en 2004, ce charmant café-librairie est un véritable repaire pour les écrivains, les amateurs d'art, les poètes, les comédiens ou encore les rats de bibliothèque. Certains y viennent pour travailler, d'autres pour lire, prendre un café ou assister à des lectures.

Situé près du petit square Grga Martić et le long de la partie piétonne de Mala Martićeva dont le trottoir est orné de belles fresques, **Program** est un café assez chic attirant les habitants du quartier. À l'angle de la rue Martićeva, **Fetiš** propose des plats sans gluten, tandis que **Luta**, en bas de la rue Bauerova, ravira les amateurs de *kava* (café). Un peu plus loin se trouvent l'une des tables d'exception de la capitale, **Noel**, mais aussi l'un de ses meilleurs bars, **Mr. Fogg**, à l'ambiance

LES MEILLEURS HÔTELS HISTORIQUES DE LA VILLE BASSE

Esplanade
L'élégance de la Belle Époque. Chambres confortables, architecture Art déco. Tout près de la gare. €€€

Amadria Park Hotel Capital
Hôtel historique, rue Jurišićeva, dans une ancienne banque, avec de subtiles touches Art déco. €€€

Hotel Jägerhorn
Le plus vieil hôtel de la capitale (1827). Un havre de paix dans une ruelle proche de Ilica. Très élégant. Café avec terrasse. €€

steampunk mystérieuse. Si votre passage au Booksa vous a ouvert l'appétit, sachez que la **Pizzeria Park**, juste à côté, sert de délicieuses pizzas.

Le système solaire

Une installation artistique pour découvrir les étoiles

Tout a commencé avec le *Grounded Sun*, une sphère dorée sculptée, en 1971, par l'artiste croate Ivan Kožarić, et installée rue Bogovićeva, où elle se trouve toujours. En 2004, un autre artiste croate, Davor Preis, a créé des répliques de toutes les planètes du système solaire, en utilisant la sphère dorée comme étalon pour les tailles et les distances. Les neuf planètes sont dispersées dans toute la ville. Certaines se retrouvent donc dans des endroits improbables. Parcourir Zagreb à la recherche de toutes ces planètes est une façon amusante et originale de découvrir la ville. Voici celles qui se trouvent dans le centre-ville : Mercure, au 3, rue Margaretska, Vénus, au 3, place Trg Bana Jelačića, la Terre, au 9, rue Varšavska et Mars, au 21, rue Tkalčićeva.

Zagreb ou l'amour du café

Du grain à la tasse, tout un rituel

Le café occupe une place prédominante dans la culture croate. Des affaires aux rendez-vous galants, tout se déroule autour d'un bon *kava*. Et dès qu'ils ont du temps libre, les Croates aiment à se retrouver au café du coin.

L'amour pour cette boisson a beaucoup contribué à l'essor du café de spécialité à Zagreb, qui attire beaucoup d'amateurs. **Eliscaffee**, à deux pas du musée des Illusions, a été précurseur en la matière en torréfiant ses propres grains 100% arabica, et en proposant un très bon *triestino* (grand *macchiato* originaire de Trieste servi dans un verre). Ensuite, **Cogito Coffee** est devenu l'un des meilleurs torréfacteurs du pays, tout comme le **Cafe u Dvorištu**, qui n'utilise que des grains de café frais et de saison que vous pourrez déguster dans un de ses établissements de Zagreb (il y en a deux autres à Dubrovnik et un à Philadelphie).

Quahwa est autre café et torréfacteur qui vaut le détour. Niché dans une petite cour près de la rue Teslina, il sert l'un des meilleurs arabicas de toute la ville, mais aussi de très corsés *latte* traditionnels turcs. D'autres établissements à ne pas manquer : **Express Bar**, rue Petrinjska, **Monocycle**, rue Kneza Mislava, et **Filteraj**, un café zéro déchet au milieu des plantes, rue Vlaška.

LE POINT CULMINANT DE LA SEMAINE

Pour une immersion complète dans la capitale croate, rien de tel qu'une tasse de café en terrasse en vue de la *špica*, cette tradition locale qui consiste à observer la foule, le samedi midi, près du marché de Dolac (p. 49). C'est devenu un véritable rituel pour certains, si bien que les terrasses se remplissent très vite sur les rues Bogovićeva, Preradovićeva et Tkalčićeva. On peut voir défiler des célébrités et les dernières tenues à la mode. Les samedis ensoleillés sont particulièrement animés.

MEILLEURES SALLES DE CONCERT DE LA VILLE BASSE

Tvornica Kulture
Une très bonne salle qui accueille toutes sortes de groupes, à quelques pas de la rue Martićeva.

Bacchus
Il faut être chanceux pour trouver une place dans le jardin du Bacchus pour une soirée jazz.

Booze & Blues
Repaire des amateurs de jazz, de blues et de soul. Concerts le week-end. Perché tout en haut de la rue Tkalča.

ZAGREB POUR LES ENFANTS

Zagreb est une ville agréable pour les enfants. Des activités leur sont dédiées, et l'on peut profiter en leur compagnie, de mai à septembre, des événements gratuits organisés dans la ville.

Dotés de bordures inclinées, notamment devant les passages piétons, les trottoirs sont pratiques pour les poussettes. Les transports publics sont gratuits pour les enfants de 7 ans et moins, tout comme certains sites. Les plus grands bénéficient généralement d'une réduction de 50%, et des forfaits famille sont parfois proposés.

Ne manquez pas le musée des Illusions (p. 59), Backo Mini Express et son immense réplique de train, ou encore le musée des Techniques Nikola-Tesla (p. 68).

Pour que les enfants se défoulent en plein air, rendez-vous à Boćarski Dom, près de la Save, au parc Maksimir (p. 67), ou près des lacs à Jarun et à Bundek (p. 68).

Brocante, place Trg Britanski

L'Esplanade, joyau de la Belle Époque

Visitez un hôtel à l'élégance intemporelle

Même si vous n'y séjournez pas, une visite de l'hôtel Esplanade s'impose, ne serait-ce que pour admirer ce chef-d'œuvre d'architecture Art déco conçu en 1925 pour accueillir les passagers de l'*Orient-Express* reliant Paris à Istanbul. Il n'a pas perdu de son charme : grand escalier de marbre, vitraux, salle de bal Émeraude, cette élégance se retrouvant dans les chambres, qui ont vu défiler rois et autres grands dirigeants.

Pour une expérience typique, réservez une table au **Bistro**, le restaurant de l'hôtel, pour déguster les fameux *štrukli*, des petits chaussons au fromage traditionnels qui ont fait la renommée de l'établissement depuis 1951. Si le ciel est dégagé, vous pouvez même vous installer sur l'**Oleander Terrace**, décrite par l'écrivain croate Miroslav Krleža (1893-1981) comme le lieu où les Balkans s'arrêtent et où l'Europe commence. Les plus gourmands apprécieront également la cuisine de la cheffe Ana Grgić Tomić, qui revisite les classiques croates en y ajoutant une touche moderne au **Zinfandel's**, le restaurant de l'Esplanade.

MEILLEURS BARS À AMBIANCE DE LA VILLE BASSE

OUT Rooftop
Tout près de la rue Ilica. Cocktails sur un toit-terrasse, ambiance animée.

Swanky Monkey Garden
Bar chic à la déco industrielle dans l'auberge Swanky Mint. Plusieurs terrasses et un jardin.

Ritam Grada
Soirées dansantes, salsa, bachata, DJ et jeux de société. Sur la place Trg Bana Jelačića.

Q'Art, une fête de quartier

Des œuvres d'art, de la musique et des jeux

Un des projets récents de la ville, **Q'Art**, rassemble des artistes et des artisans pour un festival dans la rue Ilica. Par le biais de concerts, de marchés d'art et de spectacles, cette fête de quartier a pour objectif de revaloriser les cours et les espaces négligés de la rue Ilica, la plus longue artère de Zagreb. Le festival, qui se tient plusieurs fois par an, s'est récemment étendu aux quartiers voisins.

PARC NATUREL DE MEDVEDNICA

Le mont Medvednica, au nord de Zagreb, abrite un très beau parc naturel (p. 78), qui offre de belles possibilités de randonnées, et de charmants logements dans les contreforts.

Animafest

Festival international du film d'animation

Événement incontournable de Zagreb depuis sa création en 1972, ce festival se déroule au mois de juin. Pendant cinq jours, des films d'animation et des courts-métrages venus du monde entier sont projetés dans toute la ville : dans les cinémas, en plein air dans la rue Tuškanac ou dans les parcs.

Visites guidées en bus

Découvrez Zagreb autrement

Si vous n'avez pas l'envie ou la possibilité de tout faire à pied, vous pouvez emprunter les bus panoramiques de **Zagreb City Tour**. Ils partent du n°2 de la rue Palmotićeva et vont jusqu'au cimetière de Mirogoj en passant notamment par Zrinjevac, Katarinin Trg et Kaptol (zagrebcitytour.com).

Pour une visite guidée à pied, prenez rendez-vous avec Iva Silla, de **Secret Zagreb** (secret-zagreb.com). Cette excellente guide propose des visites à thème : "Femmes badass de Zagreb", "Fantômes et dragons de Zagreb", ou encore "Real City Tour", qui comprend un trajet en tram jusqu'à Novi Zagreb. Vous pouvez aussi vous inscrire pour une visite historique dans les pas de Tito (walkwithtito.com) ou de Nikola Tesla (teslatourcroatia.com) pour découvrir quels sites de Zagreb ont pu inspirer le dirigeant yougoslave ou le célèbre inventeur.

La ville regorge également de street art. Ouvrez l'œil au cours de vos promenades, vous trouverez certainement d'incroyables fresques et graffitis. L'artiste Krešimir Golubić, aussi connu sous le nom de **Leon GSK** (leongsk.com), propose même des visites guidées.

BROCANTE DU WEEK-END

Une brocante se tient chaque week-end sur la place Trg Britanski, surnommée Britanac par les habitants. On y trouve des tables remplies de bibelots en tous genres, des meubles anciens, des œuvres insolites, etc. Elle a toujours lieu de 8h à 14h, quelle que soit la météo.

Une fois vos emplettes terminées, vous pouvez prendre un café aux abords du square.

Pendant la semaine, Britanac accueille aussi des marchés de producteurs et leurs étals de fruits et légumes.

CAFÉS-RESTAURANTS DE LA VILLE BASSE

Lari & Penati
Élégant petit café-restaurant, idéal pour un déjeuner le week-end. €

Pod Zidom
Café-restaurant proche du marché de Dolac. Cuisine moderne avec des produits frais. €€

Mali Bar
Excellent bar à tapas de la célèbre cheffe Ana Ugarković. Un voyage culinaire ! €€

Au-delà du centre

MUSÉES ET ARCHITECTURE, FORÊTS ET LACS

En périphérie des quartiers historiques et touristiques, Zagreb s'étend en direction de Novi Zagreb, au sud de la Save. D'anciennes zones industrielles voient aujourd'hui naître des quartiers revalorisés par les artistes, et plus résidentiels, comptant des bars en terrasse.

N'hésitez pas à vous aventurer dans les grands parcs boisés aux confins de la ville, et à explorer les berges des lacs pour un pique-nique, un concert ou une séance de sport en plein air.

Zagreb est une ville verdoyante, qui compte pas moins de 17 parcs forestiers. On trouve également des exemples remarquables d'architecture influencée par les principes modernistes de Le Corbusier ainsi que des immeubles de style brutaliste datant de l'époque de la Yougoslavie qui ont un certain charme.

Plusieurs musées de Zagreb ont dû fermer leurs portes pour être réhabilités à la suite des tremblements de terre de 2020, notamment le musée Mimara, le pavillon des Arts, l'atelier Meštrović, la galerie Strossmayer des Maîtres anciens et le musée des Arts décoratifs. N'hésitez pas à demander à l'office de tourisme si certains d'entre eux sont à nouveau ouverts au public. Vous pouvez aussi vous rendre à Novi Zagreb pour flâner dans le plus important marché aux puces de Croatie, un voyage en soi.

Pour les infos pratiques, voir le Carnet d'adresses p. 73

À SAVOIR

La Zagreb Electric Tram, ou ZET, dispose de plusieurs lignes de bus dans les zones non desservies par les trams. Vous pouvez donc atteindre en transports en commun tous les sites présentés ici. Il est possible d'acheter vos billets dans les kiosques à journaux ou directement sur l'application Moj ZET.

INCONTOURNABLES
1 Marché aux puces
2 Musée d'Art contemporain
3 Parc Maksimir

VOIR
4 Cmrok
5 Dubravkin put
6 Lac Bundek
7 Lac Jarun
8 Lauba
9 Musée des Techniques Nikola-Tesla
10 Parc forestier de Dotrščina
11 Parc forestier de Grmoščica
12 Parc forestier de Tuškanac
13 Parc naturel de Medvednica

PRENDRE UN VERRE ET FAIRE LA FÊTE
14 Garden Brewery

SORTIR
15 Pogon
16 Močvara

TRANSPORTS
17 Téléphérique de Sljeme

Lauba, galerie d'art contemporain

À la pointe de l'avant-garde

Cette collection d'art privée occupe une ancienne fabrique de textile dans une zone industrielle située à l'ouest de Zagreb. On y trouve un aperçu de l'art croate des années 1950 à nos jours. Les expositions changent fréquemment, et de nombreux événements y sont organisés. Sur place, un bar-café, le **Bez Naziva**, est ouvert toute la journée. Lauba ferme le dimanche.

Lauba

Parc Maksimir

Explorez les forêts et les lacs autour de la capitale

Parc Maksimir

Cette paisible enclave boisée de 18 ha est facilement accessible en 15 minutes de tram. Ouvert depuis 1794, ce parc public, le plus ancien d'Europe du Sud-Est, fut conçu comme un jardin anglais avec allées, pelouses et lacs artificiels. Outre le ravissant **Vidikovac** (pavillon Bellevue), construit en 1843 et souvent photographié, vous y découvrirez le pavillon de l'Écho et une maison qui ressemble à un chalet suisse. Le **zoo de Zagreb**, situé au cœur du parc, héberge quelques spécimens de la faune mondiale. Il permet d'assister aux repas des phoques, des otaries, des loutres et des piranhas.

Musée d'Art contemporain

Le musée de Novi Zagreb

Installé dans un bâtiment fonctionnaliste dessiné par l'emblématique Igor Franić, ce musée expose des œuvres contemporaines croates et étrangères sur 17 000 m². La collection permanente, appelée "Collection en mouvement", compte 620 œuvres avant-gardistes de 240 artistes, pour moitié croates. Films, pièces de théâtre, concerts et performances artistiques y sont proposés toute l'année. Remarquez l'amusante œuvre interactive *Double Slide* du Belge Carsten Holler, et la troublante installation *Ženska Kuća* de la célèbre artiste croate Sanja Iveković, sur le thème de la violence faite aux femmes. Entrée libre le 1er mercredi du mois. Assistez aux concerts sur le toit-terrasse le samedi, en été.

Les berges du lac Jarun

Découvrez la "mer de Zagreb"

Destination prisée des Zagrébois, le lac Jarun, au sud de la capitale, est un lieu idéal pour se ressourcer, en particulier l'été, où les visiteurs se baignent dans les eaux limpides du lac artificiel. Certaines parties sont réservées aux compétitions de kayak et d'aviron, mais il y a largement assez de surface pour une bonne séance de baignade.

Vous pouvez tout aussi bien explorer les berges à vélo ou à roller, ou encore profiter des aires de jeux en famille. À l'arrivée, prenez à gauche vers **Malo Jezero** pour louer des canoës ou un pédalo, ou bien à droite vers **Veliko Jezero** pour faire de la planche à voile ou rejoindre les plages de galets.

OBSERVER LES OISEAUX À SAVICA

La zone protégée des **lacs de Savica** offre un petit coin de nature insoupçonné, au nord de la Save. Cette zone marécageuse compte plusieurs petits lacs entre deux ponts, Most mladosti et Domovinski most.

Parcourez les sentiers de randonnée de cette petite réserve naturelle, dotée d'une station ornithologique, où vous pourrez observer plus de 30 espèces d'oiseaux, dont le martin-pêcheur, le guêpier d'Europe, le râle d'eau et le blongios nain. Cette réserve est un véritable havre de paix, où certains viennent écouter les oiseaux et pêcher.

Musée des Techniques Nikola-Tesla

Sur les traces du célèbre inventeur

Ce superbe musée ravira les esprits curieux et les scientifiques en herbe grâce à sa collection très variée, comprenant locomotives, répliques de satellites, et des sections consacrées à l'agriculture, la géologie, l'énergie et les transports. On trouve également une reproduction du laboratoire de Nikola Tesla et un planétarium (pour les enfants de plus de 7 ans).

Marché aux puces

Rendez-vous à Hrelić

C'est le plus grand et le plus coloré des marchés aux puces de Croatie, un immense espace où vous trouverez absolument de tout. Le marchandage est bien entendu de rigueur. Ici, on revend des pièces auto, des meubles anciens, des vêtements, des disques, des couverts, etc. La visite du marché est une expérience mémorable et fait découvrir une facette de Zagreb que vous ne retrouverez pas ailleurs : la présence de nombreux Roms, la musique, l'atmosphère effervescente, le fumet des viandes grillées... En été, prévoyez un chapeau et de l'écran solaire car il n'y a pas un brin d'ombre. Le marché se tient le mercredi et le dimanche, jusqu'à 15h.

Le parc de Bundek

Des jeux sur les berges

Situé à Novi Zagreb, le parc de Bundek compte deux étendues d'eau : le **Grand Lac** (Veliko Jezero), pour les baigneurs,

OÙ SÉJOURNER AU-DELÀ DU CENTRE

Zonar Zagreb
Hôtel neuf et élégant dans un gratte-ciel à 20 minutes du centre-ville. Terrasse sur le toit avec piscine. **€€€**

Puntijar
Charmante auberge dont la décoration est un musée en soi. Quartier résidentiel de Gračani. **€€**

Funk Lounge Hostel
Auberge de jeunesse moderne, à 15 minutes en tramway du centre-ville. Dortoirs et chambres privées. **€**

et le **Petit Lac** (Malo Jezero), une réserve pour la faune et la flore. On y trouve des sentiers, des aires de jeux, des terrains de volley, de handball, et même une scène flottante pouvant accueillir 2 500 spectateurs lors des festivals estivaux.

La Garden Brewery

Une petite mousse ?

Cette brasserie artisanale, l'une des plus récentes à avoir ouvert à Zagreb, vaut le détour jusqu'à Žitnjak, la zone industrielle située à l'est de la capitale. Dans une ancienne usine en brique rouge, un immense atrium sous verre abrite plus de 40 vieux arbres, et un bar disposant d'un très grand choix de bières à la pression (mention spéciale à la Session IPA, aux notes florales, et à la Kettle Sour, fruitée). Le jardin accueille toutes sortes d'événements : marchés de producteurs, quiz, mais aussi soirées avec DJ. Des stands de street food sont sur place, et la brasserie propose des visites guidées le week-end.

Culture alternative sur les berges de la Save

Pogon et Močvara, hors des sentiers battus

Les deux salles de concert Pogon et Močvara, côte à côte sur la rive nord de la Save, sont de véritables fers de lance de la culture alternative. Le **Pogon** accueille aussi bien des projections de films expérimentaux que des performances théâtrales ou le Festival du cirque contemporain (Cirko Balkana). La **Močvara** propose des concerts aux styles éclectiques, du black metal à la synthpop en passant par le surf rock et la country gothique.

Les forêts protégées de Zagreb

Promenons-nous dans les bois

Zagreb est une ville très verdoyante. En plus du fameux parc Maksimir (p. 67) et du **parc naturel de Medvednica** (p. 78), la ville compte pas moins de 17 réserves naturelles.

Essayez le sentier de Dubravka (**Dubravkin put**), qui part de la rue Ilica, longe un ruisseau et s'aventure dans le pittoresque **parc forestier de Tuškanac** jusqu'à **Cmrok**, dans la ville haute ; aventurez-vous dans le **parc forestier de Dotrščina** (jouxtant le parc Maksimir), l'un des plus grands de la ville, ou bien dans celui de **Grmoščica**, dans la banlieue ouest, entre les quartiers de Vrapče, Črnomerec et Kustošija.

LE TÉLÉPHÉRIQUE DE SLJEME

Le nouveau téléphérique de la gare de Dolje, accessible en tramway depuis le centre, vous conduit en une vingtaine de minutes à Sljeme, le sommet du mont Medvednica. La cabine est un peu secouée par le vent, mais offre une vue imprenable sur la ville et les collines verdoyantes qui s'étendent à l'horizon.

Une fois au sommet, visitez le nouveau **belvédère** de la tour Sljeme, à 1 118 m d'altitude, pour profiter des meilleurs panoramas. Un restaurant et une tyrolienne sont également en projet de construction.

ANNA LINDA KNOLL/SHUTTERSTOCK ©

Dubravkin put

MEILLEURES DISCOTHÈQUES AU-DELÀ DU CENTRE

Peti Kupe
Nouveau club, tout près de la gare, qui compte sur d'excellents DJ.

Katran
Grand complexe de la rue Radnička, sur cinq niveaux. À chaque salle son ambiance !

Masters Club
Un des clubs les plus underground de Zagreb, avec DJ croates et internationaux.

Carnet d'adresses

VILLE HAUTE

Cathédrale de l'Assomption-de-la-Vierge-Marie
Voir p. 50 (Katedrala Marijina Uznešenja ; 385 1481 4727 ; www.zg-nadbiskupija.hr ; Kaptol 31; 10h-17h lun-sam, 13h-17h dim)

Église jésuite Sainte-Catherine
Voir p. 53 (Crkva Svete Katarine ; 4851 950 ; Katarinin Trg bb ; office 18h lun-ven, 11h dim)

Église Saint-Marc
Voir p. 52 (Crkva Svetog Marka ; 385 1 4851 611 ; Trg Svetog Marka 5)

Funiculaire
Voir p. 52 (Tomiceva ; 6h30-22h)

Galerija Klovićevi Dvori
Voir p. 53 (01-48 51 926 ; www.gkd.hr ; Jezuitski Trg 4 ; 11h-19h mar-dim)

Maison de Marija Jurić Zagorka
Voir p. 55 (Memorijalni stan Marije Jurić Zagorke ; 385 1 4872 406 ; zagorka.net/stan-marije-juric-zagorke ; Dolac 8 ; 11h-19h jeu, sur rdv ven-mer)

Marché de Dolac
Voir p. 49 (3816422 501 ; en retrait de Trg Bana Jelačića ; marché extérieur 6h30-14h lun-sam, 6h30-13h dim, marché couvert 7h-15h lun-sam, 7h-13h dim)

Musée croate d'Art naïf
Voir p. 53 (Hrvatski Muzej Naivne Umjetnosti ; 01-48 51 911 ; www.hmnu.hr ; Ćirilometodska 3 ; 9h-17h lun-ven, 10h-14h sam)

Musée de la Ville
Voir p. 53 (Muzej Grada Zagreba ; 01-48 51 361 ; www.mgz.hr ; Opatička 20 ; tarif plein/enfant/famille 5/3/8 € ; 10h-18h mar-sam, 10h-14h dim)

Porte de Pierre
Voir p. 50 (Kamenita Vrata ; 385 1 4851 611 ; Kamenita ; 24/24)

Tour Lotrščak
Voir p. 50 (Kula Lotrščak ; 385 1485 1768 ; Strossmayerovo Šetalište 9 ; 9h-19h mar-ven, 11h-19h sam-dim)

Mirogoj
Voir p. 51 (385 1 4696 700 ; www.gradskagroblja.hr/mirogoj-702/702 ; Aleja Hermanna Bollea 27 ; 6h-20h avr-oct, 7h30-18h nov-mars)

Museum of Broken Relationships
Voir p. 51 (www.brokenships.com ; Ćirilometodska 2 ; 9h-22h juin-sept, 9h-21h oct-mai)

Tunnel Grič
Voir p. 52 (9h-21h). GRATUIT

Zagreb 80's Museum
Voir p. 53 (Musée du Zagreb des années 1980 ; www.zagreb80.com ; Radićeva 34, 1er ét.; 10h-22h)

Kuhaona culinary studio
Voir p. 55 (zagrebgourmet.com/tour/strukli-cooking-class-with-dolac-market-tour ; Opatovina 3 ; 11h, tlj)

Zagreb Gourmet
Voir p. 55 (385 99 665 1561 ; zagrebgourmet.com ; Koledinečka 3 ; tarif plein/réduit 65-90/40-75 € ; tlj)

Amfora
Voir p. 52 (01-48 16 455 ; amfora-dolac.com ; Dolac 2 ; 5h30-17h lun-sam, 7h-14h dim)

Broom 44
Voir p. 54 (385 95 907 4047 ; www.facebook.com/Broom44 ; Dolac 8 ; 6h30-15h lun-sam, 8h-14h dim)

Didov San
Voir p. 52 (01-48 51 154 ; www.konoba-didovsan.com ; Mletačka 11 ; 11h-23h30 lun-dim ;)

La Štruk
Voir p. 55 (01-48 37 701 ; www.facebook.com/LaStrukZagreb ; Skalinska 5 ; 11h-23h lun-sam, 11h-22h dim ;)

Otto & Frank
Voir p. 54 (01-48 24 288 ; www.otto-frank.com-dolac.com ; Tkalčića 20 ; 8h-23h lun-sam, 9h-17h dim)

Salo
Voir p. 54 (@salo_dolac ; Opatinova 13 ; 8h-16h mer-sam)

Stari Fijaker
Voir p. 52 (01-48 33 829 ; www.starifijaker.hr ; Mesnička 6 ; 11h-23h lun-sam, 11h-22h dim ;)

Bornstein
Voir p. 55 (01-48 12 361 ; www.bornstein.hr ; Kaptol 19 ; 10h-23h lun-jeu, 10h-0h ven-sam)

Craft Room
Voir p. 53 (01-62 68 337 ; www.facebook.com/craftroombeer ; Opatovina 35 ; 14h-23h dim-mer, 14h-0h jeu-sam ;)

Mali Medo
Voir p. 53 (01-49 29 613 ; www.facebook.com/pivnica.malimedo ; Tkalčićeva 36 ; 12h-0h dim-jeu, 10h-0h ven-sam)

MK Krolo
Voir p. 55 (01-48 30 980 ; Radićeva 7 ; 8h-minuit lun-sam, 9h-minuit dim)

Pod Starim Krovovima
Voir p. 55 (01-23 42 843 ; www.facebook.com/kodznidarsica ; Basaričekova 9 ; 7h-0h lun-jeu, 7h-2h ven, 8h-2h sam, 9h-23h dim)

Tolkien's House
Voir p. 55 (365 097 68 47 198 ; Opatinova 49 ; 7h30-23h30 lun-jeu, 8h-2h ven-sam, 8h-22h dim)

Valhalla Beer Bar
Voir p. 53 (www.facebook.com/valhallabeerbarzagreb ; Radićeva 25 ; 9h-1h lun-sam, 14h-1h sam, 14h-0h dim)

Dvorišta
Voir p. 53 (www.facebook.com/dvorista.in ; juil)

Grič Evenings
Voir p. 53 (www.facebook.com/VeceriNaGricu ; Jezuitski Trg 4 ; juil)

Ljeto na Štrosu
Voir p. 53 (@ljet_na_strossu ; Strossmayerovo Šetalište ; dates variables)

Okolo//Around
Voir p. 53 (www.facebook.com/okolozagreb ; Tomićeva 4)

Boudoir
Voir p. 54 (01-48 13 464 ; boudoir.hr ; Radićeva 22 ; 11h-19h lun-ven, 10h-14h sam)

Galerija Link
Voir p. 54 (01-48 13 294 ; galerija-link.hr ; Radićeva 27 ; 10h-19h lun-ven, 10h-15h sam)

Koza
Voir p. 54 (98 614 033 ; Basaričekova 18 ; 11h-19h lun-ven, 11h-16h sam)

Lapidarium
Voir p. 54 (01-55 30 649 ; lapidarium.eu ; Radićeva 10 ; 10h-21h lun-ven, 10h-15h sam)

VILLE BASSE

Archives nationales
Voir p. 58 (01-48 01 999 ; www.arhiv.hr ; Marulićev Trg 21 ; tarif plein/réduit 2,65/1,33 € ; visite guidée uniquement, 13h et 14h lun-ven)

Association des artistes croates
Voir p. 57 (Hrvatsko Društvo Likovnih Umjetnika ; 01-46 11 818 ; www.hdlu.hr ; Meštrović Pavilion, Trg Žrtava Fašizma 16 ; prix variables, jusqu'à 8 € ; 9h-12h et 16h-20h mar-dim)

Cannabis Museum
Voir p. 57 (95 2 420 420 ; cannabismuseum.hr ; Petrinjska 59 ; 8 € ; 11h-19h lun-jeu, 11h-20h ven-sam)

Musée du Chocolat
Voir p. 57 (01-20 92 966 ; muzejcokolade.hr ; Varšavska 5 ; 14h-20h lun, 10h-21h mar-jeu, 10h-19h dim)

Galerija Miroslav Kraljević
Voir p. 61 (91 88 31 721 ; g-mk.hr ; Šubićeva 29 ; 14h-20h mar-ven, 10h-15h sam) GRATUIT

Galerija SC
Voir p. 61 (Galerija Studentski Centar ; 01-45 93 602 ; www.sczg.unizg.hr/kultura ; Savska 25 ; 12h-20h lun-ven, 10h-13h sam) GRATUIT

Galerija Šira
Voir p. 61 (99 24 42 117 ; www.shira.alu.hr ; Preradovićeva 30 ; 9h-16h et 18h-20h lun-ven, 11h-16h sam)

Jardin botanique
Voir p. 58 (Botanički Vrt ; 01-48 98 066 ; botanickivrt.biol.pmf.hr/en ; Marulićev Trg 9a ; tarif plein/réduit 2/1 € ; 9h-14h30 lun-mar et 9h-19h mer-dim avr-nov)

Musée des Illusions
Voir p. 58 (95 878 71 07 ; www.muzejiluzija.com ; Ilica 72 ; tarif plein/réduit/famille 9/7/30 € ; 9h-22h tlj ;)

Musée ethnographique
Voir p. 60 (Etnografski Muzej ; 01-48 26 220 ; www.emz.hr ; Mažuranićev Trg 14 ; tarif plein/réduit/famille 4/2,65/6,64 € ; 10h-18h mar-sam, 10h-13h dim)

Museum of Hangovers
Voir p. 57 (98 829 747 ; www.museumofhangovers.com ; Vlaška 55 ; tarif plein/réduit/enfant 8/7/6 € ; 10h-22h lun-dim)

Museum of Selfie & Memories
Voir p. 57 (91 481 8002 ; selfiemuseumzagreb.hr ; Radićeva 14 ; tarif plein/réduit 8/6 € ; 10h-22h lun-dim)

Musée du Champignon
Voir p. 57 (Muzej gljiva ; 01-98 237 546 ; Splavnica 2 ; 2,50 € ; 13h-19h mer, 10h-17h ven-sam)

New Wave Museum
Voir p. 57 (01-46 36 923 ; www.muzejnovogvala.com ; Vlaška 67 ; 11h-21h lun-dim)

Théâtre national croate
Voir p. 60 (01-48 88 415 ; www.hnk.hr ; Trg Republika Hrvatska 15 ; spectacle tarif plein/réduit à partie de 9/6,30 € ; billetterie 10h-19h lun-ven, 10h-13h sam, 1 heure 30 avant le début du spectacle dim)

Typhlological Museum
Voir p. 57 (01-48 11 102 ; www.tifloloskimuzej.hr/en ; Draškovićeva 80 ; 9h-16h lun-mer et ven, 9h-18h jeu)

Zagrebačko Kazalište Mladih
Voir p. 61 (ZKM ; 01-48 72 554 ; www.zekaem.hr ; Teslina 7 ; spectacle tarif plein/réduit environ 12/9 € ; billetterie 10h-20h lun-ven, 10h-14h sam, 1 heure avant le spectacle le dim)

Zrinjevac
Voir p. 58 (Trg Nikole Šubića Zrinskog)

Bike Tours Zagreb
Voir p. 61 (98 99 77 838 ; www.biketours.life ; Nicole Jurišića 19 ; circuits tarif plein/réduit 35-60/31,50-54 € ; 9h-18h tlj oct-avr, 9h-20h tlj mai-sept, circuits 17h lun-ven juin-sept)

Blue Bike
Voir p. 61 (098 18 83 344 ; www.zagrebbybike.com ; Trg Bana Jelačića 15 ; tour plein/réduit à partir de 33/16,50 €)

Secret Zagreb
Voir p. 65 (097 67 38 738 ; www.secret-zagreb.com ; 15 €/pers ; 10h sam, 20h mer et dim mai-oct)

Amadria Park Hotel Capital
Voir p. 62 (01-55 62 700 ; capitalzagreb.com ; Jurišićeva 22 ; P)

Chillout Hostel
Voir p. 61 (095 44 44 012 ; www.chillout-hostel-zagreb.com ; Ilica 16 ; P)

Esplanade
Voir p. 62 (01-45 66 666 ; esplanade.hr ; Mihanovićeva 1 ; P)

Hostel 63
Voir p. 61 (95 45 20 557 ; www.facebook.com/hostel63zg ; Vlaška 63/7 ;)

Hotel Jägerhorn
Voir p. 62 (01-48 33 877 ; www.hotel-jagerhorn.hr ; Ilica 14 ; P @).

Swanky Mint Hostel
Voir p. 61 (01-40 04 248 ; stayswanky.com ; Ilica 50 ; @)

Amélie
Voir p. 62 (01-55 83 360 ; slasticeamelie.com ; Vlaška 6 ; 8h-23h lun-dim ;)

Gostionica Ficlek
Voir p. 58 (99 495 8909 ; Pod Zidom 5 ; 11h-23h lun-sam, 11h-17h dim ;)

Heritage
Voir p. 58 (www.facebook.com/heritagecroatianfood ; Petrinjska 14 ; 12h-17h ;)

Korica
Voir p. 62 (01-62 31 995 ; www.korica.hr ; Preradovićeva 39 ; 7h-19h lun-ven, 8h-15h sam)

Lari & Penati
Voir p. 65 (01-46 55 776 ; Petrinjska 42a ; 11h-23h lun-ven, 12h-17h sam)

Le Bistro
Voir p. 64 (01-45 66 611 ; lebistro.hr ; Mihanovićeva 1 ; 9h-23h tlj ;)

Mali Bar
Voir p. 65 (01-55 31 014 ; www.facebook.com/MaliBarZagreb ; Vlaška 63 ; 12h30-minuit lun-sam ;)

Meet Mia
Voir p. 62 (01-46 83 823 ; Vlaška 43 ; 9h-22h lun-sam, 10h-20h dim)

NAV
Voir p. 60 (01-20 29 961 ; nav-restaurant.com ; Masarykova 11 ; 19h-minuit mar-sam)

Noel
Voir p. 60 (01-48 44 297 ; noel.hr ; Popa Dukljanina 1 ; 18h-minuit lun-sam)

Pizzeria Park
Voir p. 63 (01-77 92 712 ; @pizzeria_park ; Martićeva ul. 14D ; 10h-23h)

Pod Zidom
Voir p. 65 (99 32 53 600 ; podzidom.hr ; Pod Zidom 5 ; 12h-0h mar-dim)

Teatrium by Filho
Voir p. 60 (99 58 44 652 ; theatrium.hr ; Teslina 7 ; 12h-23h lun-sam)

Vincek
Voir p. 62 (01-48 33 612 ; www.vincek.com.hr ; Ilica 18 ; 8h30-23h lun-sam)

Vinodol
Voir p. 58 (01-48 11 427 ; vinodol-zg.hr ; Teslina 10 ; 12h-minuit ;)

Vis à Vis
Voir p. 62 (01-48 31 551 ; www.vincek.com.hr ; Tomićeva 2 ; 9h-22h lun-sam ;)

Zinfandel's
Voir p. 64 (01-45 66 644 ; zinfandels.hr ; Mihanovićeva 1 ; 6h30-23h tlj ;)

Bacchus
Voir p. 63 (98-322 804 ; www.facebook.com/bacchusjazzbar ; Trg Kralja Tomislava 16 ; 9h-minuit lun-jeu, 9h-1h ven, 10h-1h sam, 16h-minuit dim ;)

Booksa
Voir p. 62 (01-46 16 124 ; www.booksa.hr ; Martićeva 14d ; 10h-17h30 mar-ven, 10h-15h sam ;)

Cafe u Dvorištu
Voir p. 63 (Jurja Žerjavića 7/2 ; 9h-20h lun-ven, 9h-15h sam-dim ;)

Cogito Coffee
Voir p. 63 (www.cogitocoffee.com ; Varšavska 11 ; 8h-20h lun-ven, 9h-19h sam, 9h-15h dim ;)

Eliscaffe
Voir p. 63 (91-45 55 608 ; www.eliscaffe.com ; Ilica 63 ; 8h-17h lun-ven, 9h-14h sam-dim ;)

Express Bar
Voir p. 63 (facebook.com/expresszg ; Petrinjska 4 ; 8h-23h lun-ven, 9h-23h sam)

Fetiš
Voir p. 62 (98-669 454; Antuna Bauera 9 ; 9h-22h lun-sam, 9h-14h dim)

Filteraj
Voir p. 63 (www.filteraj.com ; Vlaška 10 ; 8h-20h lun-sam, 9h-15h dim)

Luta
Voir p. 62 (@luta.coffee ; Radoslava Lopašića 14 ; 8h-15h lun, 8h-18h mar-ven, 9h-15h sam-dim)

Monocycle
Voir p. 63 (@monocyclecoffe ; Kneza Mislava 17 ; 7h-21h lun-ven, 8h-15h sam)

Mr. Fogg
Voir p. 62 (95-31 79 646 ; Martićeva 31 ; 7h-0h dim-jeu, 7h-2h ven-sam)

Program
Voir p. 62 (@ program_bar ; Martićeva 14F ; 7h-23h lun-ven, 8h-23h sam, 9h-23h dim)

Quahwa
Voir p. 63 (95-45 69 000 ; quahwa.hr ; Teslina 9 ; 9h-21h tlj-sam ;)

Animafest Zagreb
Voir p. 65 (Festival mondial du film d'animation ; 01-46 78 475 ; www.animafest.hr ; juin)

Artupunktura
Voir p. 61 (www.artupunktura.hr/en/ ; oct-nov)

Backo Mini Express
Voir p. 64 (01-48 33 226 ; www.backo.hr ; Gundulićeva 4 ; tarif plein/réduit/famille 8/6/25 € ; 12h-20h lun-sam)

Boćarski Dom
Voir p. 64 (01-60 60 877 ; www.facebook.com/eventcentarbocarski ; Prisavlje 2, par le tram 17 ; 24h/24)

Booze & Blues
Voir p. 63 (01-48 37 765 ; www.booze-and-blues.com ; Tkalčićeva 84 ; 9h-1h dim-mer, 9h-2h jeu-sam ;)

Cest is d'Best
Voir p. 61 (91-785 9969 ; www.cestisdbest.com ; mai 2024)

OUT Rooftop
Voir p. 64 (98 16 00 123 ; out.city/rooftop-terrace ; Ilica 16 ; 16h-0h tlj ;)

Ritam Grada
Voir p. 64 (01-48 45 345 ; www.facebook.com/Ritam.Grada.zg ; Gajeva 2 ; 8h-minuit dim-jeu, 8h-4h ven-sam ;)

Subversive Festival
Voir p. 61 (www.facebook.com/subversivefestival ; Cinema Tuškanac, Tuškanac 1 ; 3 € ; mai 2024)

Swanky Monkey Garden
Voir p. 64 (99-49 67 462 ; www.facebook.com/swankymonkeygarden ; Ilica 50 ; 8h-minuit lun-jeu, 8h-2h sam-dim)

Tvornica Kulture
Voir p. 63 (www.tvornicakulture.com ; Šubićeva 2 ; café 7h-23h lun-ven, 16h-23h sam-dim, club 20h-2h dim-jeu, jusqu'à 4h ven-sam)

ZagrebDox
Voir p. 61 (01-48 54 821 ; zagrebdox.net ; avr 2024)

Marchés de Britanac
Voir p. 65 (72-50 00 400 ; www.trznice-zg.hr ; Britanac ; 7h-18h jeu-ven, 7h-14h30 sam-dim)

AU-DELÀ DU CENTRE

Lauba
Voir p. 67 (01-63 02 100 ; www.lauba.hr ; Baruna Filipovića 23a ; tarif plein/réduit 6/3 € ; 16h-22h lun-dim)

Musée d'Art contemporain
Voir p. 67 (Muzej Suvremene Umjetnosti ; 01-60 52 700 ; www.msu.hr ; Avenija Dubrovnik 17 ; tarif plein/réduit 6/3 €, entrée libre 1er mer du mois ; 11h-19h mar-ven, 11h-18h sam-dim)

Musée des Techniques Nikola-Tesla
Voir p. 68 (Tehnički Muzej Nikola Tesla ; 01-48 44 050 ; tmnt.hr ; Savska 18 ; tarif plein/réduit/-7 ans 4/3 €/gratuit ; 9h-17h mar-ven, 9h-13h sam-dim)

Parc Maksimir
Voir p. 67 (01-23 20 460 ; park-maksimir.hr ; Maksimirski perivoj bb)

Tour de Sljeme
Voir p. 69 (Toranj Sljeme ; 099-48 76 587 ; sljeme360.hr/fr ; Sljemenska 6 ; tarif plein/réduit/enfant 10/7,50/5 € ; 8h30-18h30 lun-ven, 9h30-18h30 sam-dim)

Zoo de Zagreb
Voir p. 67 (01-23 02 198 ; zoo.hr ; parc Maksimir ; tarif plein/réduit 4/3 € ; 9h-16h, billetterie jusqu'à 15h)

Funk Lounge Hostel
Voir p. 68 (01-55 52 707 ; www.funklounge.hr ; Rendićeva 28 ;)

Puntijar
Voir p. 68 (01-64 57 900 ; hotelpuntijar.com ; Gračanska 67 ; tarif plein/réduit/enfant 10/7,50/5 € ; accueil 7h-23h ; P)

Zonar Zagreb
Voir p. 68 (01-52 808 400 ; www.maistra.com/properties/zonar-zagreb ; Trg Krešimira Ćosića 9 ; P)

Bez Naziva
Voir p. 67 (098-828 232 ; Baruna Filipovića 23a ; 9h-23h lun-jeu, 9h-minuit ven, 11h-minuit sam ;)

Garden Brewery
Voir p. 69 (01-56 34 101 ; thegarden.hr ; Slavonska avenija 26/1 ; 10h-minuit dim-jeu, 10h-2h ven-sam ;)

Katran
Voir p. 69 (www.facebook.com/SSI.Katran ; Radnička 27 ; entrée libre jusqu'à 23h, 5/8 € avant minuit/3h ; 22h30-5h ven-sam)

Masters Club
Voir p. 69 (@masters.zagreb ; Maksimirska 132 ; 10h-minuit lun-jeu, 10h-6h ven, 12h-6h sam, 12h-minuit dim)

Močvara
Voir p. 69 (01-61 59 667 ; mochvara.hr ; Trnjanska struga 34 ; entrée environ 5-15 €)

Petit Kupe
Voir p. 69 (091-15 58 555 ; petikupe.com ; Trnjanska 5 ; entrée environ 20 €)

Pogon
Voir p. 69 (01-46 42 463 ; www.pogon.hr ; Trnjanska struga 34)

Marché aux puces de Hrelić
Voir p. 68 (Sajmišna 8 ; hrelic.hr ; 6h-15h mer et dim)

Štrigova, dans le comitat de Međimurje (p. 87). Page de droite : parc national de Risnjak (p. 96)

SITES PRINCIPAUX

ENVIRONS DE ZAGREB
Randonnées, jolies villes et vignobles.
p. 78

ZAGORJE
Châteaux perchés et villages de contes de fées.
p. 82

VARAŽDIN
Chef-d'œuvre de l'architecture baroque.
p. 85

Croatie continentale

TERRES AGRICOLES, FAUNE ET HISTOIRE

Campagne bucolique, villages pittoresques, route des vins, villes historiques et marais : bienvenue dans le cœur vert et sauvage de la Croatie continentale.

Souvent délaissée par les touristes, cette vaste partie du pays invite pourtant à de charmants *road trips* et à une immersion dans la nature la plus sauvage de Croatie. Dans la région du Zagorje et au nord, on évolue dans un paysage bucolique constellé de petits villages et de collines viticoles, et abritant des châteaux médiévaux et des stations thermales.

Varaždin, à l'est, en direction de la Hongrie, est une perle baroque qui invite à la détente et au voyage dans le temps ; en août son festival mérite le détour.

Les plaines de Pannonie et les terres agricoles de Slavonie s'étendent au sud-est, vers la Serbie. On s'y offre un bain de culture grâce à la belle architecture de la ville animée d'Osijek, les musées de Vukovar, les caves à vin d'Ilok et la majestueuse cathédrale de Đakovo. Ensuite, retour à la campagne pour une balade dans les vignobles et des excursions en bateau au cœur du parc naturel de Kopački, dans la région de la Baranja.

En rejoignant la côte depuis Zagreb, faites un crochet pour vous enfoncer dans les épaisses forêts du Gorski Kotar, au cœur du parc national de Risnjak (photo). La découverte de la Croatie continentale permet d'échapper au tumulte des foules et des villes balnéaires.

MARIO KRPAN/SHUTTERSTOCK ©

MEĐIMURJE
Thermes et pistes cyclables.
p. 87

SLAVONIE
Osijek, une superbe capitale au bord de l'eau, imenses marécages et grands vignobles.
p. 89

GORSKI KOTAR
Épaisses forêts et parc national riches en faune et en flore.
p. 96

S'orienter

La Croatie continentale, qui constitue une grosse partie du pays, offre un large éventail de paysages et de curiosités.

VÉLO

Le vélo croît en popularité surtout en Slavonie et dans le Međimurje, dotés d'un réseau de voies cyclables. Situées en bord de routes souvent sinueuses et fréquentées, la prudence est de mise.

VOITURE

La voiture reste la meilleure façon d'explorer la région puisqu'elle vous laisse libre de vous arrêter en chemin. La conduite peut être délicate sur certaines routes de montagne étroites et parsemées de nids-de-poule.

Varaždin, p. 85
Déambulez dans le centre-ville doté d'un château à tourelles et d'édifices baroques magnifiquement conservés.

Međimurje, p. 87
En forme de triangle, cette région champêtre du nord de la Croatie dispose de thermes, de pistes cyclables et de vignobles.

Environs de Zagreb, p. 78
Appréciez le cœur historique du pays, dont les adorables bourgades, les vignobles et les montagnes offrent de nombreuses possibilités de balades hors des sentiers battus.

Slavonie, p. 89
Le comitat de Požega-Slavonie abrite un spectaculaire parc naturel riche en avifaune, une délicieuse ville baroque au bord de l'eau et des vignobles à profusion.

Zagorje, p. 82
Visitez les châteaux médiévaux de carte postale, les charmants villages, les musées exceptionnels et les stations thermales de cette région bucolique.

Gorski Kotar, p. 96
Une étendue sauvage et boisée, riche en faune et en flore, des trésors de la nature dont un parc national, une cuisine de la forêt à l'assiette et de charmants villages.

GORAN_SAFAREK/SHUTTERSTOCK ©

Château de Veliki Tabor, Zagorje (p. 83)

Planifier son séjour

La Croatie continentale se prête à de tranquilles escapades en voiture, à des balades à vélo, à des promenades en ville et à la randonnée. La traverser, c'est parcourir une Croatie moins courue.

Si vous avez peu de temps

- Lors de votre séjour à Zagreb, prévoyez deux jours de plus pour apprécier la beauté de **Varaždin** (p. 85), les eaux thermales du **Međimurje** (p. 87), et sillonner le **Zagorje** (p. 82), ses châteaux et ses musées. Puis prenez la **Route des vins de Plešivica** (p. 81) et randonnez au parc naturel de **Žumberak-Samoborsko Gorje** (p. 80).

Si vous avez cinq jours

- Passez deux jours dans les **environs de Zagreb** (p. 78), puis rendez-vous en Slavonie. Consacrez deux jours à **Osijek** (p. 89), capitale régionale au bord de l'eau. Découvrez les zones marécageuses du parc naturel de **Kopački Rit** (p. 91) et goûtez la cuisine traditionnelle de la **Baranja** (p. 91). Le dernier jour, visitez les musées et les monuments de **Vukovar** (p. 94).

Au fil des saisons

AU PRINTEMPS
Le moment idéal pour randonner dans les montagnes voisines de Zagreb et dans les forêts du Gorski Kotar.

EN ÉTÉ
Les touristes sont bien moins nombreux que sur la côte. En août, ne manquez pas le festival Špancirfest de Varaždin.

EN AUTOMNE
Pendant les vendanges, en Slavonie, ont lieu le Wine and Bike Tour d'Erdut et le marathon du vin de Zmajevac.

EN HIVER
Découvrez les pistes de ski du Sljeme, près de Zagreb, ou celles du Gorski Kotar, dans un paysage de rêve.

Environs de Zagreb

MERVEILLES DE LA NATURE | VILLES ÉTONNANTES | VIGNOBLES DE QUALITÉ

Pour les infos pratiques, voir le Carnet d'adresses p. 98

À SAVOIR

Le mont Medvednica, au nord de Zagreb, est accessible depuis la ville. Prenez le tram n°14 jusqu'au terminus, changez pour le tram n°15, jusqu'au terminus également (Gračansko Dolje), et prenez le téléphérique qui mène au sommet du Sljeme. Vous pouvez aussi prendre le bus n°140 de Mihaljevac à Tomislavov Dom.

On trouve au cœur du pays, autour de Zagreb, de charmantes petites villes, de délicieuses tables paysannes et des enclaves naturelles. À chaque saison, plusieurs options s'offrent aux voyageurs : randonneurs, skieurs et gourmets trouveront leur bonheur. Celles-ci vont de la randonnée ou du ski sur le mont Medvednica, qui se dresse au nord de la capitale, à la dégustation de vin dans la microrégion viticole de Plešivica. L'adorable petite ville de Samobor, réputée pour ses millefeuilles, donne accès au parc naturel de Žumberak-Samoborsko Gorje.

Passer la nuit dans un lieu charmant, partir à l'aventure pour la journée... Tout est là pour faire de votre séjour un moment des plus agréables !

COMMENT S'Y RENDRE ET CIRCULER

Les environs de Zagreb sont plutôt bien desservis par les bus, mais le vélo offre plus de flexibilité. On peut en louer à l'écocentre de Budinjak, dans le parc naturel de Žumberak-Samoborsko Gorje.

L'imposant massif de Medvednica

Randonnée forestière et forts médiévaux

Visible depuis Zagreb, le **mont Medvednica** est un lieu d'évasion privilégié pour les habitants de la capitale, qui y pratiquent le ski, la randonnée ou le vélo (100 km de pistes cyclables). La partie ouest du mont est un parc naturel protégé couvert d'épaisses forêts de sapins argentés, de hêtres de Pannonie et de chênes rouvres. Les Zagrébois appellent le mont Medvednica **Sljeme**, du nom de son pic le plus élevé, qui culmine à 1 035 m.

Les **itinéraires de randonnée** (plus de 70 sentiers de difficulté variable selon les aptitudes de chacun) les plus prisés sont les sentiers éducatifs de Bliznec et de Miroslavec, la boucle qui emprunte les chemins de Leustek et de Bikčević, et celui, difficile, grimpant jusqu'à l'Horvatove Stube.

En hiver, le Sljeme se mue en un fantastique cadre pour les skieurs, à 20 minutes seulement du centre de Zagreb. La neige est devenue plus rare ces dernières années mais, grâce aux canons à neige, les cinq pistes sont praticables, dont la plus facile et la plus longue étant la blanche. Le Sljeme est équipé de remontées mécaniques et d'un téléphérique qui se prend en ville. On peut aussi skier de nuit.

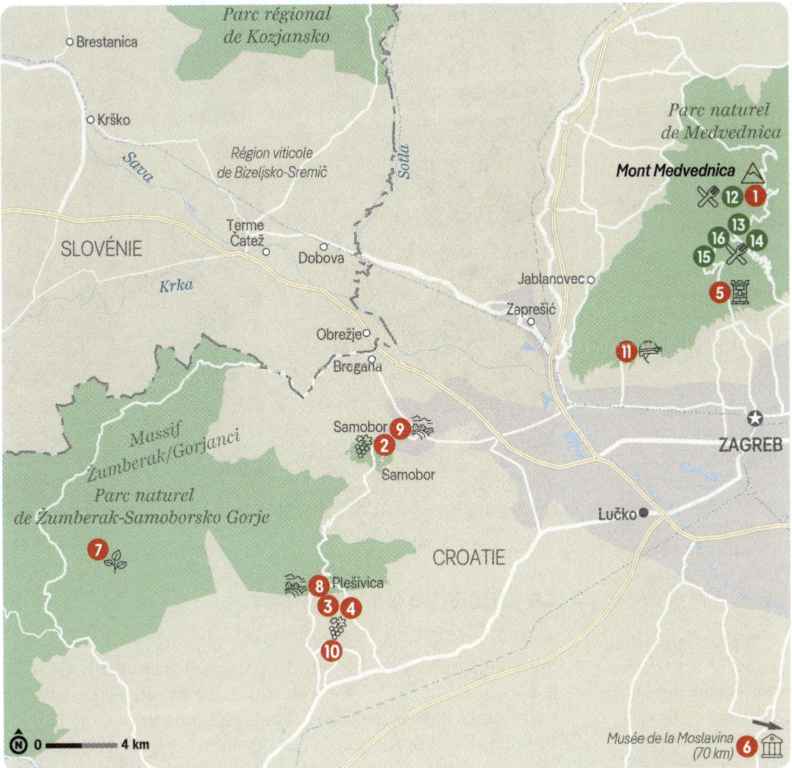

INCONTOURNABLE
1 Mont Medvednica

VOIR
2 Cave à vin de la famille Filipec
3 Domaine Korak
4 Domaine Lagradi
5 Forteresse de Medvedgrad
6 Musée de la Moslavina
7 Parc naturel de Žumberak-Samoborsko Gorje
8 Route des vins de Plešivica
9 Samobor
10 Šember

ACTIVITÉ
11 Grotte de Veternica

SE RESTAURER
12 Grafičar
13 Grofica
14 Puntijarka
15 Runolist
16 Zlatni Medvjed

La **grotte de Veternica**, aux 18 espèces protégées de chauves-souris, est ouverte le week-end. Une visite guidée (1 heure environ) explore les 380 premiers mètres, où l'on aperçoit des stalagmites aux formes étranges et des fossiles.

Ne manquez pas la **forteresse de Medvedgrad**, construite en 1254 pour protéger la ville des invasions tatares. Au tout nouveau centre d'accueil des visiteurs (fermé le lundi), on en apprend beaucoup sur ce fort historique prétendument hanté, nimbé de mythes et de légendes. Depuis la forteresse, vous profiterez d'une vue magnifique sur Zagreb.

OÙ SE LOGER DANS LES ENVIRONS DE ZAGREB

Hiže na Bregu
Une retraite adorable sur les contreforts nord du Medvednica. €

Tomislavov Dom
Hôtel montagnard du Sljeme, au milieu des bois. €€

Hotel Livadic
Petit hôtel historique au charme rustique sur la place principale de Samobor. €€

TRUCS, ASTUCES ET TIQUES

À moins de très bien connaître la montagne ou d'être accompagné de quelqu'un qui la connaît, prévoyez au moins trois heures pour le retour d'une randonnée sur le mont Medvednica. Il convient de rentrer avant le coucher du soleil, et de ne pas oublier de se munir d'eau et de vêtements chauds.

Au printemps, faites attention aux tiques : portez pantalons et manches longues, et inspectez-vous bien après la randonnée.

En période hivernale, chaussez-vous de manière à pouvoir descendre en toute sécurité.

Samobor

La jolie ville de Samobor

Millefeuilles et petits pains sucrés

Pour décompresser, les citadins filent à **Samobor**. C'est là, à 25 km à l'ouest de Zagreb, qu'ils viennent se ressourcer entre doux paysages, solide table paysanne et dégustation de millefeuilles. Vous pouvez vous promener le long de la Gradna, qui serpente en plein cœur de la ville, bordée de maisons aux tons pastel et d'églises baroques. Lors d'une pause gourmande, ne manquez pas de goûter aux fameux *kremšnite*. Côté boisson, dégustez du *bermet*, vin doux-amer à base d'armoise, de fruits et autres ingrédients secrets et que produit la cave familiale **Filipec**. En février, Samobor est aussi l'un des meilleurs endroits du pays pour assister au **carnaval**, en février.

Explorer le parc naturel de Žumberak-Samoborsko Gorje

Randonner dans une région sauvage

Samobor est un bon point de départ pour randonner dans le **parc naturel de Žumberak Samoborsko Gorje**, un massif montagneux qui relie les hauts sommets alpins aux grottes karstiques et aux précipices des Alpes dinariques. Son tapis

OÙ SE RESTAURER DANS LES ENVIRONS DE ZAGREB

U Prolazu
Sur la grande place de Samobor. Cette pâtisserie ferait les meilleurs *kremšnite* (millefeuilles) de la ville. **€**

Gabreku 1929
Restaurant géré par la même famille depuis les années 1920, réputé pour ses 40 sortes de *palačinke* (crêpes). **€€**

Korak
Magnifique cave et restaurant étoilé sur la Route des vins de Plešivica. **€€€**

de prairies et son manteau de forêts lui attirent depuis des lustres l'attention des randonneurs de tous niveaux. C'est aussi le berceau de l'alpinisme en Croatie, la première expédition y ayant eu lieu en 1875.

En 1999, la région (333 km²) a obtenu le statut de parc naturel pour sa biodiversité, ses forêts, ses grottes karstiques, ses gorges et ses cascades. La plupart des randonnées y sont faciles. Les itinéraires sont bien balisés, et neuf refuges de montagne offrent d'agréables haltes, la plupart d'entre eux étant toutefois ouverts uniquement le week-end (sauf en juillet-août). Le massif se divise en trois monts : l'Oštrc, au centre ; le Japetić, à l'ouest ; le Plešivica, à l'est. Les deux premiers sont accessibles depuis le refuge-restaurant Šoićeva Kuća, situé à 10 km à l'ouest de Samobor et desservi par le bus n°144 (direction Lipovac). De là, comptez 30 minutes de montée abrupte jusqu'au fort médiéval de Lipovac, puis 1 heure de marche jusqu'au pic d'Oštrc (752 m), où vous trouverez un refuge.

Autre randonnée très appréciée : l'ascension de 1 heure 30 entre Šoićeva Kuća et le Japetić (879 m), point culminant des monts Samobor et site de parapente (parafreek.hr). Vous pourrez aussi suivre un sentier de l'Oštrc au Japetić (2 heures). Dans le massif du Plešivica, on trouve les ruines d'un fort médiéval et un parc forestier protégé. C'est aussi un lieu d'escalade réputé. On y accède depuis le village de Rude (bus n°143). Là, allez vers l'est jusqu'au refuge de chasse de Srndać, situé au col de Poljanice (12 km) ; 40 minutes de montée assez raide sont ensuite nécessaires pour atteindre le sommet du Plešivica (779 m).

Pour en savoir plus sur les itinéraires, consultez le site du parc (park-zumberak.hr) ou arrêtez-vous à l'office de tourisme installé sur la place principale de Samobor. L'Association croate d'alpinisme (hps.hr) est aussi une bonne source d'information.

PRENDRE SON TEMPS EN MOSLAVINA

S'étendant à l'est de Zagreb, la Moslavina est une paisible région rurale parsemée de plaines fertiles, de grandes forêts, de vignobles et de rivières.

La charmante petite ville d'Ivanić-Grad mérite la visite pour son musée de la Moslavina, mais aussi pour son festival Bučijada qui, début octobre, célèbre la citrouille et le *škrlet*, un vin blanc léger.

À la ferme de la famille Kezele, à Šumećani, on déguste de copieux plats régionaux et des vins locaux (pensez à réserver, notamment le week-end), et il est possible de passer la nuit dans une petite maison rustique.

Sur la Route des vins de Plešivica

Déguster du vin dans un décor splendide

Aux portes de Zagreb, près de Jastrebarsko, se trouve une superbe région viticole où les amateurs peuvent se rendre le temps d'une journée pour déguster des vins parmi les plus fins et goûter à des produits régionaux de qualité. Il suffit de suivre la **Route des vins de Plešivica** qui serpente au milieu de villages aux toits rouges, de vignobles et de collines verdoyantes.

Dans ce pays de cocagne à 20 km au sud de Samobor (et 45 km au nord de Zagreb), on dénombre pas moins de 40 domaines. Des cépages locaux : le *portugizac* (portugais bleu), le *plavec* et le *zelenac* y sont cultivés, et le vin pétillant remporte un franc succès. Parmi les domaines à ne pas manquer, citons **Korak** (korakwinery.com), doté d'un restaurant étoilé (mention spéciale pour son chardonnay et son pinot noir) ; **Šember** (sember.hr), connu pour son chardonnay et son riesling ; et **Lagradi** (lagradi.com), qui a reçu une médaille de bronze pour son muscat. Pratiquement toutes les dégustations se font sur réservation.

REPAS COPIEUX POUR RANDONNEURS

Faites comme les Zagrébois, savourez un ragoût de haricots blancs et un strudel dans l'un des 20 refuges de montagne que l'on trouve sur les contreforts du Medvednica. En prime, décor rustique et repas traditionnels nourrissants pour randonneurs affamés. De tous les refuges, les plus fréquentés sont **Runolist**, **Grafičar**, **Grofica**, **Puntijarka** et **Zlatni Medvjed**.

Zagorje

CHÂTEAUX DE CONTES DE FÉES | HISTOIRE | STATIONS THERMALES

Pour les infos pratiques, voir le Carnet d'adresses p. 98

À SAVOIR

Dans le Zagorje, on se régale de *purica s mlincima* (dinde rôtie aux pâtes croates). C'est la spécialité régionale vedette, de même que les *štrukli* (sortes de beignets au fromage) et le *sir i vrhnje* (mélange de fromage blanc égoutté et de crème fermentée), qui s'accompagne de pain de maïs.

Bien que proche de Zagreb, la région bucolique du Zagorje est peu visitée, même en plein été. C'est d'autant plus surprenant que ses vertes collines sont émaillées de ravissants villages, de châteaux médiévaux et de vignobles, et qu'elles représentent une agréable alternative au Sud méditerranéen. Paisibles, les lieux s'animent davantage le week-end, lorsque les familles zagréboises y viennent en nombre.

Le Zagorje commence au nord du mont Medvednica. Il s'étend vers l'ouest jusqu'à la frontière slovène, et vers le nord jusqu'à Varaždin, qui dévoile de beaux exemples d'architecture baroque. Que vous choisissiez de découvrir la cuisine des restaurants rustiques ou de visiter les châteaux, une chose est certaine : le Zagorje vous fera sortir des sentiers battus.

COMMENT CIRCULER

Il faut avoir un véhicule pour partir à la découverte du Zagorje. La prudence est de mise sur les routes de montagne, étroites et sinueuses.

Musée du vieux village de Kumrovec

La vie d'un village au XIXe siècle

Niché dans la vallée de la Sutla, le charmant village de Kumrovec a été transformé en un musée ethnographique. Reconstitution d'une bourgade du XIXe siècle, le **musée Staro Selo** compte 30 maisons et granges restaurées en torchis et en bois.

Traversé par un cours d'eau, ce musée en plein air situé dans un cadre idyllique offre un bon aperçu de la vie paysanne et villageoise d'autrefois. Les maisons typiques de la région (*hiže*) sont pleines de meubles, de mannequins et de jouets. On y trouve un pressoir à vin et nombre d'outils de boulanger évoquant les coutumes, arts et artisanats traditionnels. Certains week-ends d'avril à septembre, des artisans reproduisent le travail

OÙ SE RESTAURER DANS LE ZAGORJE

Grešna Gorica
Table rustique montagnarde réputée. Plats traditionnels et vue exceptionnelle sur le château de Veliki Tabor. **€**

Bolfan Vinski Vrh
Restaurant aménagé dans une *klet* (petite maison traditionnelle) haut perchée. Beau panorama. **€€**

Vuglec Breg
Restaurant campagnard avec des spécialités locales comme les *štrukli* servis sur une terrasse panoramique. **€€**

des forgerons, des fabricants de bougies, des potiers et des tisserands de lin d'autrefois.

Les châteaux grandioses du Zagorje

Tour du propriétaire des châteaux médiévaux

Les châteaux construits pour protéger le cœur de la Croatie des envahisseurs de l'est et du nord sont caractéristiques du Zagorje. Varaždin et Varaždinske Toplice ont les leurs, mais les plus impressionnants, dans leur décor bucolique, sont ceux de Veliki Tabor et de Trakošćan.

À l'approche du pentagonal **château de Veliki Tabor**, situé à 57 km au nord-ouest de Zagreb, on découvre un ravissant paysage de vallons, de champs de maïs, de vignes et de forêts. C'est au XVIe siècle que l'aristocratie croate commença à bâtir des châteaux fortifiés dans la région, pour se protéger des Turcs.

Le château de Veliki Tabor, bâti sur le site d'une construction médiévale, date de cette époque. Ses tours semi-circulaires furent élevées plus tardivement. Occupant une position stratégique au sommet d'une colline, ce château-forteresse jaune or possède tout ce dont pouvait rêver un seigneur : tours, tourelles et meurtrières pour déverser de la poix ou divers liquides bouillants sur l'ennemi. D'après la légende, c'est dans cet édifice que Veronika Desinićka, malheureuse villageoise, fut emmurée pour avoir eu une liaison avec le fils du châtelain. En juillet, ce château accueille le festival cinématographique **Tabor Film Festival**. Les paysages de la région méritent à eux seuls un détour, tout comme ses restaurants traditionnels.

Le **château de Trakošćan**, à 80 km au nord-ouest de Zagreb, mérite la visite pour son musée et le parc qui l'entoure. Si l'on ne connaît pas la date exacte de sa construction, on sait qu'il en fut fait officiellement mention pour la première fois en 1334.

L'ENFANT LE PLUS CONNU DU ZAGORJE

Josip Broz Tito, l'ancien président de la Yougoslavie, considéré par certains comme l'un des plus illustres dirigeants du monde, est né à Kumrovec en 1892 d'un père croate et d'une mère slovène.

Son humble maison natale fait aujourd'hui partie du **musée Staro Selo**. Un bronze grandeur nature à l'effigie du maréchal se dresse à l'entrée. À l'intérieur ont été conservés le mobilier d'origine, des lettres de dirigeants étrangers et d'autres souvenirs. Le 25 mai, jour de l'anniversaire de Tito, des fidèles s'y retrouvent et animent le village.

Château de Trakošćan

Lors de sa restauration dans le style néogothique, au milieu du XIXe siècle, peu d'éléments romans d'origine furent conservés. À la même époque, le parc fut transformé en un jardin romantique à l'anglaise, agrémenté d'arbres exotiques et d'un lac artificiel.

Habité jusqu'en 1944 par les Drašković, une famille d'aristocrates, ce château se visite sur trois niveaux, où sont exposés le mobilier d'origine, ainsi que des portraits de famille. Les salles arborent divers styles : néo-Renaissance, gothique et baroque. On trouve aussi une collection d'épées et d'armes à feu, et une cuisine d'époque.

Villes et stations thermales du Zagorje

Le Zagorje côté bien-être

Les sources d'eaux sulfureuses du Zagorje, riches en magnésium et en calcium, sont exploitées par de nombreuses stations thermales. Celles-ci accueillent à la fois des Zagrébois pour la journée et des patients en cure.

La ville thermale de **Krapinske Toplice**, à 17 km au sud-ouest de Krapina et 54 km au nord de Zagreb, se trouve dans la campagne vallonnée du Zagorje. Les sources sulfureuses (58°C) attirent les visiteurs depuis que les Romains y bâtirent des thermes au Ier siècle. Aujourd'hui, c'est une bourgade tranquille dans un écrin de collines boisées, où l'on vient pour ses quatre sources thermales, toujours à plus de 39°C. Les bassins attirent surtout une clientèle âgée qui suit diverses formes de traitements. Cependant, **Aquae Vivae** a insufflé une énergie nouvelle à la ville. Cet établissement thermal chic est le plus grand et le plus moderne du pays. Couvrant 18 000 m², il comprend une piscine extérieure avec jets d'eau et cascades, une piscine à vagues, un toboggan et des bassins dédiés aux enfants, plus une vaste terrasse offrant une vue sur la vallée, et même un bassin de plongée sous-marine.

Les **Terme Tuhelj**, dans le village de **Tuheljske Toplice**, sont parfaits si l'on veut se tremper dans la piscine et jouer dans un parc aquatique. Mentionnons également les **Terme Jezerčica**, dans la ville de **Donja Stubica**, et les **Terme Stubaki**, dans le village de **Stubičke Toplice**.

KRAPINA ET SES DEUX TRÉSORS

La bourgade de Krapina abrite deux trésors.

Le premier est **Notre-Dame-de-Jérusalem**, église baroque qui, construite en 1761, est l'un des principaux lieux de pèlerinage du Zagorje. À l'extérieur, ses murs portent des scènes peintes figurant des miracles et des prières exaucées que les fidèles de la région attribuèrent à la Vierge Marie. L'intérieur recèle un décor baroque, des autels décorés et un orgue du XVIIIe siècle.

Le deuxième trésor de Krapina est le **musée** consacré à l'**Homme de Néandertal**. En 1899, une fouille archéologique sur la colline de Hušnjakovo permit d'excaver nombre d'ossements d'hommes et d'animaux, révélant ainsi l'occupation d'une grotte par une tribu néandertalienne entre 100 000 et 35 000 ans av. J.-C. Cette découverte reste la plus importante du genre en Europe. Avec des enfants, on peut se ruer sur ce musée qui explore l'histoire de l'univers, de la Terre et de l'humanité.

Varaždin

HISTOIRE MÉDIÉVALE | CULTURE EFFERVESCENTE | MUSÉES FASCINANTS

Varaždin, à 81 km au nord de Zagreb, est une destination méconnue. Pendant longtemps, elle n'a constitué qu'une simple halte sur la route de la Hongrie. Pourtant, cette ville mérite la visite et, depuis la capitale, l'on peut s'y rendre pour la journée. La vieille ville recèle une architecture baroque restaurée avec fidélité, ainsi que des jardins et des parcs impeccablement entretenus. Son passé de capitale de la Croatie et de ville la plus prospère du pays explique l'extraordinaire raffinement de ses édifices. La zone piétonne, ponctuée de superbes bâtiments du XVIIIe siècle, s'articule autour de Trg Kralja Tomislava, place d'où partent les rues les plus anciennes. De nombreuses maisons et élégantes églises ont été restaurées afin que la ville soit inscrite au Patrimoine mondial de l'Unesco.

Terminez votre balade par le château de Varaždin, magnifique forteresse aux tourelles d'un blanc étincelant, qui abrite le musée de la Ville.

Pour les infos pratiques, voir le Carnet d'adresses p. 99

À SAVOIR

Situé à 10 minutes à pied à l'ouest de la vieille ville, le cimetière de Varaždin est un chef-d'œuvre paysager, plein de sérénité. Il fut conçu en 1905 par l'architecte viennois Hermann Haller. Promenez-vous au milieu des pierres tombales et des allées, et découvrez un superbe parc de plus de 7 000 arbres, avec magnolias, hêtres et bouleaux.

Stari Grad, l'éblouissante vieille ville de Varaždin

Une forteresse à ne pas manquer

L'étincelante forteresse blanchie à la chaux située dans **Stari Grad** (la vieille ville) est un joyau d'architecture défensive d'origine médiévale, entouré d'un parc. La construction du bâtiment débuta au XIVe siècle. Son style gothico-Renaissance date du XVIe siècle, lorsqu'elle devint la principale fortification défensive contre l'assaillant turc.

Propriété privée jusqu'en 1925, la forteresse abrite aujourd'hui le **musée de la Ville**, présentant, dans 30 salles, des meubles, des tableaux, des montres, des poteries, des objets décoratifs, des écussons et des armes accumulés au fil des siècles. L'architecture est encore plus intéressante que les collections : après avoir franchi le pont-levis, flânez sous les arcades, dans les cours et dans les chapelles de ce château.

COMMENT S'Y RENDRE ET CIRCULER

Les bus qui partent de la gare routière de Zagreb en direction du nord desservent la ville, ainsi que les villages des environs.

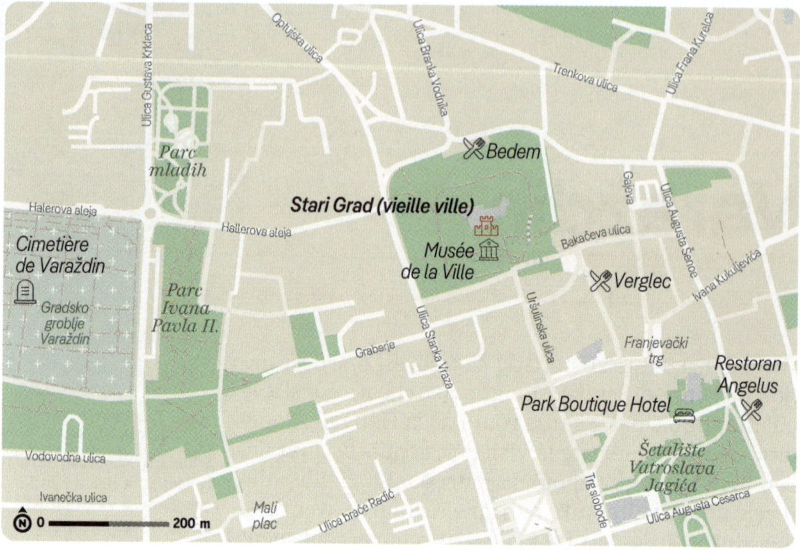

OÙ SE LOGER À VARAŽDIN

Park Boutique Hotel
Chambres chics tout en bois blond, avec baies vitrées donnant sur des arbres. L'hôtel dispose d'un restaurant. **€€€**

Maltar
Cette pension de famille bien tenue loue des chambres lambrissées désuètes, avec salles de bains étroites. **€**

Hotel Turist
Un tantinet impersonnel, mais bon emplacement et chambres bien aménagées. **€€**

Les événements culturels de Varaždin

Musique baroque et arts éclectiques

Fin août, l'éclectique festival **Špancirfest** (spancirfest.com) réunit musiques du monde, théâtre, art contemporain, artisanat et ateliers créatifs. Toute la ville est alors animée, c'est l'occasion idéale de la visiter. Et pendant la dernière quinzaine de septembre se déroulent les **soirées baroques de Varaždin** (Varaždinske Barokne Večeri), festival qui a lieu depuis 53 ans. Des orchestres locaux et internationaux se produisent alors dans la cathédrale, dans les églises et les théâtres de la ville (informations disponibles sur le site vbv.hr).

Escale entomologique à Varaždin

Observez des insectes

Appartenant au musée de la Ville, la collection entomologique du **Monde des insectes** est regroupée au sein du **palais Herzer**, à la façade classique. Elle comprend près de 4 500 insectes, issus d'un millier d'espèces différentes. Nids, habitats et modes de reproduction : tout y est présenté d'une façon qui saura éveiller l'intérêt des plus jeunes. Audioguides disponibles.

OÙ SE RESTAURER À VARAŽDIN

Bedem
Cuisine régionale créative. En semaine, excellent rapport qualité/prix des *gableci* (déjeuners). **€€**

Restoran Angelus
Restaurant populaire dans une cave voûtée. Pizzas, pâtes et risottos à la carte. **€**

Verglec
Bien situé, plats traditionnels à savourer dans la grande salle ou sur la terrasse. **€€**

Međimurje

PAYSAGES LUXURIANTS | VILLAGE THERMAL | PARADIS DU VÉLO

Les collines ondoyantes du Međimurje s'étendent au nord-est de Varaždin en direction de la frontière avec la Hongrie et la Slovénie. Que ce soit en voiture ou à vélo, la traversée de ce coin fertile, patchwork de champs, de villages minuscules et de collines bordées de vignobles escarpés, est une belle évasion champêtre.

En chemin s'offrent à vous, selon l'heure du jour, quelques caves, des tables paysannes et des piscines thermales dans le joli village de Sveti Martin.

On pourra consacrer une ou deux journées à l'exploration de cette région en forme de triangle, aux confins du nord de la Croatie.

Pour les infos pratiques, voir le Carnet d'adresses p. 99

À SAVOIR

Dans ce pays viticole vallonné, ne manquez pas de grimper en haut de la tour en bois de Mađerkin Breg, d'où l'on peut apercevoir quatre pays (sans compter la Croatie) : l'Autriche, la Slovénie, la Hongrie et même, par temps clair, la Slovaquie. Le haut de la tour est un poste d'observation, mais aussi un centre d'information sur le cyclotourisme.

Sur la route des vins du Međimurje

Dégustations dans des caves familiales

Dans cette région septentrionale, la vinification remonte au temps des Romains, qui furent les premiers à planter des vignobles sur ces coteaux. Aujourd'hui, la **route des vins du Međimurje** compte près de 30 salles de dégustation et caves. À **Sveti Urban**, à 20 km au nord-ouest de Čakovec,

COMMENT CIRCULER

Il vous faudra une voiture ou un vélo pour explorer le Međimurje car les transports en commun y sont quasi inexistants. Possibilité de louer des vélos aux thermes de Sveti Martin.

Paysage du Međimurje

RUDOLPH STEINER

Le polygraphe autrichien, fondateur de l'anthroposophie, Rudolf Steiner (1861-1925) est né en Croatie. Ses enseignements spirituels ont inspiré la pédagogie Waldorf. Steiner est également connu pour être le fondateur de l'approche biodynamique en agriculture.

Le **centre du Dr Rudolf Steiner** (centar-rudolf-steiner.com), à Donji Kraljevec, fait connaître son héritage. Sa maison natale est également ouverte aux visiteurs. Notons que les thermes de Sveti Martin se sont inspirés de la vie et l'œuvre de Steiner.

la capitale régionale, **Lovrec** (vino-lovrec.hr), dont la cave a 300 ans, propose une visite guidée (sur rendez-vous) de son domaine. Vous découvrirez l'histoire sur six générations de la fabrication d'un vin biologique, et terminerez par la dégustation de plusieurs crus, allant du chardonnay au *graševina* local.

Cmrečnjak (cmrecnjak.hr) est un autre domaine réputé. On y produit du vin depuis 1884.

Les thermes de Sveti Martin

Des eaux riches en minéraux

Le village thermal de **Sveti Martin** est la principale destination du Međimurje. Nul besoin d'être en cure pour profiter de ses piscines thermales intérieures et extérieures (billets à la journée). L'espace bien-être propose toutes sortes de soins (enveloppements d'argile verte, massages thaïs et réflexologie plantaire). Sur place également : un parc aquatique, des courts de tennis, des sentiers forestiers et des restaurants (le **Batat** sert d'excellents plats à base de produits locaux).

Sachez également que le Međimurje est une destination idéale pour le cyclotourisme, le secteur comptant plus de 700 km de pistes.

OÙ SE RESTAURER DANS LE MEĐIMURJE

Goričanec
Cadre idyllique avec lac et chevaux dans une nature verdoyante. Savoureux plats traditionnels. **€**

Mala Hiža
Les gourmets zagrébois vont jusqu'au village de Mačkovec pour se délecter de plats traditionnels revisités. **€€€**

Terbotz
Joli restaurant et cave familiale sur une colline de Železna Gora. **€€**

Slavonie

ROUTES PANORAMIQUES | TERRES AGRICOLES | VILLES EN BORD DE RIVIÈRE

Si la Slavonie reste peu touristique, elle n'en recèle pas moins des merveilles naturelles et une délicieuse cuisine régionale. Les marais de Kopački Rit forment l'une des plus belles réserves ornithologiques d'Europe. Osijek, la plus grande ville de Slavonie, possède un cadre fluvial charmant et une citadelle. La région de la Baranja est réputée pour ses vignobles.
La cité de Vukovar et ses musées historiques attirent les visiteurs. Les amateurs de vin, eux, manifestent de l'intérêt pour Ilok, sur la frontière serbe.

Bordée par trois fleuves majeurs (la Save, la Drave et le Danube), la Slavonie est le grenier de la Croatie. Des champs défilent sur des kilomètres le long de la route. La région a longtemps entretenu des liens étroits avec la Hongrie, la Serbie et l'Allemagne. C'est dans ce mélange de cultures, qui la rend plus proche de l'Europe centrale que de la Croatie côtière, que réside son principal attrait.

Pour les infos pratiques, voir le Carnet d'adresses p. 100

À SAVOIR

Osijek et ses environs ont été lourdement minés pendant la guerre serbo-croate. Si la majeure partie du territoire a été déminée, mieux vaut ne pas s'aventurer dans la zone marécageuse qui s'étend au nord de la Drave. En été, le Kopački Rit est envahi par les moustiques. Portez manches longues et pantalon, ou badigeonnez-vous de répulsif.

COMMENT CIRCULER

Les bus desservent toutes les grandes villes de la Slavonie mais, pour accéder aux petites villes et aux villages de la Baranja, vous devrez être motorisé.

La bourdonnante Osijek et sa citadelle

Beauté baroque de la capitale slavonne

Animé, verdoyant, riche d'un superbe patrimoine architectural, Osijek est le joyau de la Slovénie. La ville a lourdement souffert des bombardements serbes des années 1990 et quelques bâtiments en conservent les cicatrices. Néanmoins, la plupart de ses édifices (dont de belles demeures de style Sécession, baroque ou Art nouveau) ont été rénovés. Une balade dans la ville est donc un festin d'architecture. Osijek est doté d'une splendide promenade le long de la Drave et, surtout, d'une imposante citadelle du XVIIIe siècle, la **Tvrđa**.
Construite par les Habsbourg pour défendre la ville contre les Turcs, cette forteresse a relativement peu souffert durant la guerre serbo-croate. Ensemble baroque de rues pavées, de vastes places et de demeures majestueuses, elle présente une remarquable homogénéité architecturale qui lui donne une allure de musée à ciel ouvert. Les demeures, aujourd'hui,

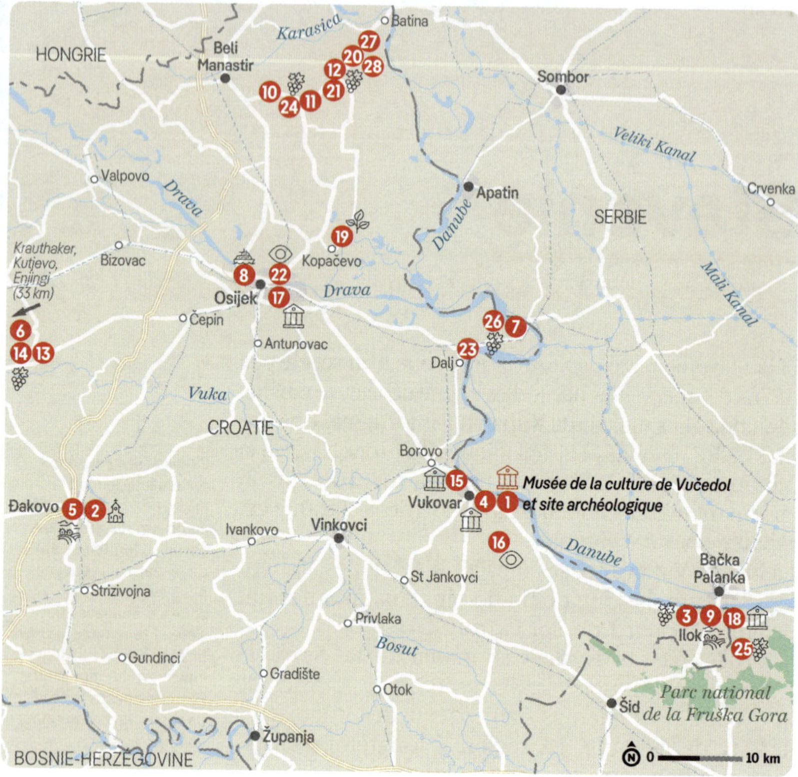

INCONTOURNABLE

1 Musée de la culture de Vučedol et site archéologique

VOIR

2 Cathédrale Saint-Pierre
3 Celliers d'Ilok
4 Château d'eau de Vukovar
5 Đakovo
6 Enjingi
7 Erdutski Vinogradi
8 Gornjodravska obala
9 Ilok
10 Karanac
11 Kneževi Vinogradi
12 Kolar
13 Krauthaker
14 Kutjevo
15 Lieu de mémoire : l'hôpital de Vukovar de 1991
16 Mémorial d'Ovčara
17 Musée de la Slavonie
18 Musée municipal d'Ilok
19 Parc naturel de Kopački Rit
20 Restaurant et cave Josić
21 Suza
22 Tvrđa
23 Vina Antunovic
24 Vina Belje
25 Vina Papak
26 Vinarija Brzica
27 Vinarija Gerstmajer
28 Zmajevac

OÙ SE LOGER À OSIJEK

Maksimilian
Au cœur de la vieille ville, superbe pension aux chambres douillettes tenue par une équipe accueillante. €€

Boutique Hotel Tvrđa
Hôtel élégant dans une maison de ville historique avec petite piscine sur le toit. €€

Hostel Stara Pekara
Idéalement situé à Tvrđa, avec jardin, terrasse, salon et chambres extrêmement propres et bien tenues. €

sont largement occupées par des universités ou ont été transformées en écoles, ce qui explique l'atmosphère estudiantine qui règne dans les cafés alentour.

Osijek abrite l'incontournable **musée de la Slavonie**, plus vieux musée du pays, qui occupe l'ancien poste de garde de la ville, aujourd'hui rénové, dont la galerie à arcades est surmontée d'un dôme de verre. De la section néolithique aux stèles et tombeaux romains, les pièces exposées ont bénéficié d'un excellent travail de conservation. Un autre musée, **Gloria Maris**, est consacré aux coquillages et aux créatures marines et d'eau douce. Ne manquez pas la créature marine la plus venimeuse au monde (une pieuvre des Philippines) et des fossiles vieux de 650 millions d'années, ainsi qu'une dent de mégalodon.

PROMENADES SUR L'EAU

Rien de tel que de découvrir Osijek en bateau. On découvre de sublimes paysages, on fait une halte dans des restaurants de pêcheurs et on visite des domaines viticoles. Les excursions durent entre une heure et une demi-journée. La plupart partent d'un quai de la Drave, sur **Gornjodravska obala**.

Les marais luxuriants de Kopački Rit

Une des plus grandes zones marécageuses d'Europe

À 12 km au nord-est d'Osijek se trouve le **parc naturel de Kopački Rit**. Cette zone marécageuse, l'une des plus grandes d'Europe, abrite plus de 290 espèces d'oiseaux, une flore aquatique (nénuphars, iris, lentilles d'eau et ivraie) et des forêts de chênes et de peupliers. Cet ensemble d'étangs et de marais comprend aussi deux grands lacs : Sakadaško et Kopačevo. C'est une vaste plaine inondable au confluent de la Drave et du Danube. Ces deux cours d'eau forment avec la Mur (Mura en croate) une réserve de biosphère classée par l'Unesco. Parmi les oiseaux qui vivent là, citons la cigogne noire, le pygargue à queue blanche, le grèbe huppé, le héron pourpré, la spatule blanche et l'oie sauvage, que l'on pourra observer le mieux lors des migrations d'automne. Vous pouvez vous offrir une balade de 2 km en suivant les chemins de planches avant de partir en bateau sur le lac Sakadaško pour un safari photo ou une observation ornithologique.

À l'entrée principale, sur la route Bilje-Kopačevo, vous trouverez un agréable centre d'interprétation qui propose des expositions interactives et dispose d'un café.

La Baranja, terres agricoles et route des vins

Arpentez l'un des plus jolis recoins de la Croatie

Petit triangle à l'extrême nord-est de la Croatie, au confluent de la Drave et du Danube, la Baranja s'étend à l'est d'Osijek en direction de la Serbie, au nord vers les villes de Beli Manastir et au sud-ouest vers Đakovo.

LAND ART

Ne manquez pas les créations de land art de Nikola Faller. Dans le cadre d'un de ses projets, intitulé *Quatre Saisons*, ce brillant artiste travaille sur les matières saisonnières : les feuilles mortes en automne, la glace en hiver, l'herbe au printemps, et le sable de la Drave en été. L'artiste parvient ainsi à créer une saisissante beauté éphémère.

Ses sculptures en paille sont entreposées dans son studio, à Tvrđa, que l'on peut visiter sur demande. Le festival **Slama Land Art** a lieu en été à Kozjak, site abandonné de la Baranja que Faller transforme en colonie artistique.

OÙ SE LOGER À OSIJEK

Waldinger
Beau petit hôtel de centre-ville au charme rétro, avec restaurant haut de gamme et café élégant. **€€**

Hotel Osijek
Dans une tour de béton et de verre, hôtel huppé avec chambres donnant sur la Drave. **€€€**

Hotel Central
Idéalement situé sur la grande place. Chambres bien aménagées et bon petit-déjeuner. **€€**

Cette région très agricole faite de marais, de collines ondoyantes, de jolis villages, de vergers et de champs de blé voit sa popularité s'accroître grâce à quelques bonnes routes cyclables et des caves, disséminées le long des *surduci* ou routes des vins traditionnelles. Plusieurs villages sont dotés d'excellentes caves ainsi que des restaurants. Citons parmi eux **Karanac**, **Suza**, **Zmajevac** et **Kneževi Vinogradi**.

Situé à 8 km à l'est de Beli Manastir, l'ethno-village et communauté agricole de Karanac offre un aperçu de la vie rurale slavonne tout en étant aménagé pour recevoir les visiteurs. Jalonné de cerisiers et de jardins soignés, il compte trois églises (réformée, catholique et orthodoxe) et des bâtiments pannoniens bien conservés.

Mettez les mains dans la terre avec Daniel Asztalos, dans son moulin centenaire de Suza, où vous pourrez vous initier à la poterie traditionnelle de la Baranja. Vous pourrez également acquérir une des magnifiques pièces qu'il fabrique avec l'argile locale. Inscrivez-vous à un atelier (facebook.com/asztaloskeramika).

FESTIVAL DES BRODERIES

Le meilleur moment pour voir Đakovo est le premier week-end de juillet, pendant le Đakovački Vezovi (Festival des broderies de Đakovo). Depuis sa première édition en 1967, cet événement annuel haut en couleur s'accompagne d'un défilé de chevaux lipizzans et d'un spectacle folklorique. Au programme : danses, chants, artisanats et cuisine locale. Ce festival attire des groupes folkloriques du monde entier, chacun venant présenter un style de broderie qui lui est propre. Le festival attire quelques milliers de visiteurs chaque année.

Đakovo, cathédrale néoromane et chevaux lipizzans

Chevaux de race et cathédrale d'exception

La paisible bourgade de **Đakovo**, à 35 km au nord d'Osijek, se visite facilement dans la journée. On y vient surtout pour son impressionnante **cathédrale Saint-Pierre**, sur la place centrale. Cette église de brique rouge qui domine le centre-ville avec ses deux clochers de 84 m est la fierté de la ville. Commandée par l'évêque Strossmayer en 1862, cette structure néoromane à trois nefs est peintes de scènes bibliques colorées. Si quatre ans furent nécessaires à sa construction, sa décoration en réclama 12 !

Autre curiosité de la ville : les **chevaux lipizzans**, dont la lignée remonte au XVIe siècle. Ces nobles pur-sang sont dressés à Ergela, non loin de la cathédrale, pour constituer plus tard de prestigieux attelages ou devenir des montures distinguées. Sont proposées des visites guidées du haras, mais aussi de la ferme d'élevage de ces lipizzans, **Ivandor**, située à 6 km de la ville.

Dégustation de vins en Slavonie

Une promenade de vignoble en vignoble

Millénaire en Slavonie, la culture de la vigne connaît actuellement un renouveau après une période de stagnation. Si les vins blancs à base de cépages locaux, dont le *graševina*, sont à juste titre réputés, la région produit aussi des vins rouges corsés, essentiellement issus de cépages *frankovka*

OÙ SE RESTAURER À OSIJEK

Čarda Kod Baranjca
Restaurant-étape connu pour ses plats à base de poissons d'eau douce, notamment le *fiš paprikaš* et le *perkelt*. €

Lipov Hlad
Un favori des habitants d'Osijek, proposant d'excellentes pizzas et de savoureux plats, avec déclinaisons végétariennes. €€

Lumiere
Restaurant chic et décontracté dans le bâtiment Art nouveau du cinéma Urania. Fruits de mer et plats à base de viande. €€

Cathédrale Saint-Pierre, Đakovo

(*Blaufränkisch*), merlot et cabernet sauvignon. Prenez rendez-vous pour votre visite.

Kutjevo (kutjevo.com), du nom du village où se trouve le domaine, dispose d'une cave à vin médiévale datant de 1232, ancienne propriété d'une abbaye cistercienne. La visite guidée inclut une dégustation. Deux des meilleures exploitations viticoles de Slavonie se trouvent à proximité : **Krauthaker** (krauthaker.hr), dont le *graševina* et les vins doux sont régulièrement récompensés, et **Enjingi** (enjingi.hr), l'un des plus gros producteurs à la fibre écologique de Croatie, fort d'une histoire qui a commencé à 1890.

Dans la Baranja – mot qui viendrait du hongrois "mère du vin" – la viticulture est répartie sur les coteaux autour de **Kneževi Vinogradi**. Des producteurs dynamiques ont repris ces vignobles séculaires, principalement dans les villages de Zmajevac et de Suza. Privilégiant les techniques traditionnelles, **Vinarija Gerštmajer** (facebook.com/vinarija.gerstmajer) propose la visite, avec dégustation, de ses 11 ha de vignobles et de sa cave. Situé en bas de la colline, le plus grand producteur régional, **Josić** (www.josic.hr), s'est lui aussi doté d'un bon restaurant. Non loin de là, sur la route principale de Suza, **Kolar** réunit dans sa cave centenaire un restaurant, une boutique et un espace de dégustation. Avec ses caves anciennes, **Vina Belje** (vinabelje.hr), à Kneževi Vinogradi, est un incontournable, et offre un superbe point de vue au milieu des vignes. La Slavonie compte aussi des

LA SLAVONIE À VÉLO

La pratique du vélo est très populaire dans la région, où une piste cyclable relie Bilje à Osijek. La **Via Pacis Pannoniae**, de 80 km, va d'Osijek à la ville serbe de Sombor en longeant le Danube et en traversant le parc naturel Kopački Rit.

Également prisée, la **route du Danube**, tronçon de l'**EuroVelo 6**, longe sur 140 km la frontière orientale de la Croatie avec la Hongrie et la Serbie, avant de poursuivre jusqu'à la mer Noire.

La **route des Amazones d'Europe** (aoebiketrail.com) longe la Mur, la Drave et le Danube.

On peut louer des vélos en passant par Nextbike (nextbike.hr), système public de partage de vélo, ou bien des vélos électriques au Decathlon d'Osijek.

OÙ SE RESTAURER DANS LA BARANJA

Čingi Lingi Čarda
À 10 minutes de route d'Osijek, au bord de l'eau, un restaurant aux allures de grange. Généreux plats régionaux. €€

Citadela
Bons plats traditionnels de la Baranja dans ce routier de Vardarac. Goûtez le *perkelt od podolca* (ragoût de bœuf). €€

Kovač Čarda
À Suza, restaurant sans chichis tenu par des Hongrois. Le meilleur et le plus épicé *fiš paprikaš* de la Baranja. €

domaines historiques à **Ilok** : **Iločki Podrumi** (ilocki-podrumi.hr) et, non loin de là, **Vina Papak** (vinapapak.com).

Les domaines d'Erdut, le long du Danube, méritent également la visite. Ainsi, à **Erdutski Vinogradi** (erdutski-vinogradi.hr), vous pourrez visiter une cave datant de 1730 et vous promener dans un joli passage couvert de vigne. Plus petit, **Vinarija Brzica** (brzica.com) propose un espace de dégustation à l'ombre d'un noyer, avec une vue imprenable sur le fleuve.

Au nord de Vukovar, à Dalj, **Vina Antunović** (vina-antunovic.hr) a été récompensé pour son *graševina*.

ÉVÉNEMENTS À NE PAS MANQUER EN SLAVONIE

HeadOnEast
Ce festival de deux jours célèbre la nourriture, le vin, l'art, la culture et l'hédonisme. Il a lieu entre fin septembre et début octobre à Tvrđa, la vieille ville d'Osijek.

Le Wine and Bike Tour d'Erdut
Le deuxième week-end de septembre se déroule une course cycliste sur la route des vins, ponctuée de concerts dans le décor naturel des vignobles.

Le marathon des vins
Ce marathon des vins a lieu fin septembre à Zmajevac, village de la Baranja. La course inclut évidemment une dégustation de vin à chaque cave de la *surduci* (route traditionnelle des vins).

Les secrets de la "Troie européenne"

La culture de Vučedol dans son écrin

Le **musée de la culture de Vučedol**, à 5 km de Vukovar, est implanté sur l'un des sites archéologiques les plus significatifs d'Europe. Superbe, ce site en bord de fleuve fut habité par des fermiers à partir de 6000 av. J.-C., la culture de Vučedol atteignant son apogée entre 3000 et 2500 av. J.-C.

Sur deux niveaux, les 19 salles d'exposition donnent un aperçu de cette riche culture chalcolithique, qui créa le premier calendrier et brassa peut-être la première bière d'Europe. Sont exposés des poteries, des répliques des fours où on fondait le cuivre, des crânes et des os trouvés sur place, des canoës de bois et des aiguilles en arête de poisson.

Une belle animation retrace le peuplement du site durant son âge d'or, lorsque cette culture compta jusqu'à 2 000 âmes. La visite guidée, en anglais, est intéressante.

À 5 minutes à pied en sortant du musée principal se trouve le **Megaron**. Ce bâtiment ressemblant à un bunker, fenêtres en plus, abrite des squelettes humains dans une fosse, ainsi que des traces de probables rituels chamaniques.

Commémoration de la guerre à Vukovar

De poignants rappels du siège de 1991

Difficile aujourd'hui d'imaginer que Vukovar fut une charmante petite ville au bord du Danube. Avant la guerre de Croatie, on y trouvait autant de demeures baroques que de galeries d'art et de musées. Tout changea avec le siège de 1991, qui anéantit son économie, son patrimoine, ses infrastructures, son harmonie sociale et son âme.

Depuis le retour de cette ville dans le giron croate en 1998, sa reconstruction avance à grands pas. Subsistent toutefois de nombreuses façades criblées de balles ou effondrées. L'ancien **château d'eau** de Vukovar, sur la route d'Ilok, a rouvert sous forme de musée retraçant la destruction de la ville.

OÙ SE RESTAURER DANS LA BARANJA

Josić
Meilleur restaurant de la Baranja, sur la route de Zmajevac. Goûtez au *perkelt* de canard avec un *graševina*. €€€

Piroš Čizma
À Suza, des plats de Slavonie mitonnés au goût du jour dans un restaurant doublé d'un hôtel. €€

Baranjska Kuća
À Karanac, belle carte de plats traditionnels, tels les ragoûts de viande et de poisson. Concerts le week-end. €€

Visitez le **Lieu de mémoire : l'hôpital de Vukovar de 1991**. Ce musée multimédia témoigne des événements tragiques qui se sont déroulés à l'hôpital pendant le siège de 1991. Au **mémorial d'Ovčara**, à 6 km de la ville en direction d'Ilok, on visite le hangar où les 194 personnes enlevées dans cet hôpital furent battues et torturées après la chute de la ville en novembre 1991. Leurs portraits sont projetés dans une pièce noire au milieu de laquelle brûle une bougie.

Atmosphère médiévale et vin au bord de l'eau

Caves à vin historiques et châteaux

Ilok, la plus orientale des villes croates, à 37 km à l'est de Vukovar, est juchée sur une colline qui domine le Danube.

Entourée des collines de la Fruška Gora, renommées pour leurs vignobles, cette cité médiévale bien conservée possède un château qui abrite l'un des meilleurs musées de Slavonie, et deux rares spécimens de son héritage ottoman : un hammam du XVIe siècle et la *turbe* (tombe) d'un noble turc.

L'excellent **Musée municipal** se trouve dans le **château Odescalchi**, en surplomb du Danube. Ce château, bâti sur les fondations d'un édifice du XVe siècle, fut remanié par la famille italienne des Odescalchi dans le style baroque classique qu'on lui connaît aujourd'hui. Belle collection de costumes dans la section ethnographique du musée, situé au dernier étage.

La production du vin connaît un renouveau dans la région, désormais forte de 20 domaines à visiter. Les vieilles caves d'**Iločki Podrumi** (ilocki-podrumi.hr) valent la visite. Ne manquez pas de déguster le traminac, un vin blanc sec qui fut servi lors le couronnement de la reine Élisabeth II. Une visite d'une demi-heure vous conduit dans la cave, remplie de barils de chêne.

POURQUOI J'ADORE LA BARANJA

Anja Mutic, écrivain
Je suis tombée amoureuse de la Baranja dès que j'y ai mis les pieds, au début des années 2000. La région portait encore les stigmates de la guerre des années 1990, mais les habitants étaient si contents d'accueillir des visiteurs !

Il y a quelque chose de pur et d'authentique dans ces villages de bord de route, comme Karanac et Suza, et sur la route traditionnelle des vins. Quant au parc de Kopački Rit, la parcourir donne parfois l'impression de traverser l'Amazonie !

Vue aérienne du parc naturel de Kopački Rit (p. 91)

Gorski Kotar

FORÊT MAJESTUEUSE | FAUNE ABONDANTE | RÉGION SAUVAGE PAISIBLE

Pour les infos pratiques, voir le Carnet d'adresses p. 101

À SAVOIR

Intéressez-vous aux excursions guidées de Lynx and Fox (lynxandfox.com), qui conduisent dans des endroits secrets du Gorski Kotar. Les guides connaissent parfaitement les lieux. On peut se joindre à un départ de groupe ou réserver une visite privée.

COMMENT CIRCULER

C'est à pied ou à vélo que l'on visite le mieux la région. Si vous êtes véhiculé, tenez compte de la neige en hiver et soyez prudent sur les routes sinueuses de montagne.

Le Gorski Kotar est une région montagneuse qui s'étend entre Rijeka et Karlovac. Couverte à 85% de forêt et faiblement peuplée, elle fait office de "poumon vert" pour la Croatie. Elle est un repaire d'ours bruns, de loups, de lynx européens (en voie de disparition) et d'une abondante avifaune. Depuis quelque temps, cette région suscite l'intérêt des citadins de Zagreb et de Rijeka qui viennent s'y ressourcer, mais elle reste peu connue des visiteurs extérieurs.

Avec ses lacs, ses rivières cristallines et ses cascades, cette destination ravira n'importe quel voyageur, et ce en toute saison. En été, on y pratique la randonnée, le rafting et la spéléologie ; en hiver, on profite du merveilleux paysage blanc pour faire du ski.

Beaucoup de refuges et établissements – cabanes isolées, chalets douillets et hôtels chics – ont récemment ouvert leurs portes : raison de plus pour explorer le cœur vert et sauvage de la Croatie.

S'aventurer dans le parc national de Risnjak

Fabuleuses randonnées et observation de la faune

Relativement isolé et rarement visité, même s'il ne se situe qu'à 32 km au nord-est de Rijeka, le **parc national de Risnjak** couvre une surface de 63 km² et culmine à 1 528 m, au pic Veliki Risnjak. Ce paysage de forêt dense entre la chaîne des Alpes et les Alpes dinariques est le royaume des hêtres et des pins, avec un tapis de prairies et fleurs sauvages. La brise alpine vivifie et offre un bol d'air bienvenu quand le soleil brûle sur les plages bondées. Le parc est très peu construit, et invite à l'observation de la faune et de la flore.

Le point de départ du **sentier de Leska**, une randonnée facile et ombragée de 4,2 km, se trouve au bureau d'information du parc. Des panneaux explicatifs (traduction en anglais) sur l'histoire, la topographie, la géologie, la flore et la faune du parc jalonnent cet itinéraire. Prévoyez environ 2 heures

pour le parcourir entièrement. Vous passerez par des cours d'eau limpides, des forêts de sapins vertigineux, d'étranges formations rocheuses, un poste où l'on nourrit les cerfs et un refuge avec une table de pique-nique.

Une autre randonnée agréable mène à la **source de la Kupa**. Pêche sportive et balades à VTT sont également possibles. Pour des randonnées un peu plus intenses à destination des petits sommets de **Risnjak** ou **Snježnik**, tournez-vous vers le bureau d'information du parc, où on sera de bon conseil. Celui-ci se situe à l'ouest du village de **Crni Lug**. Il y a un restaurant adjacent et des chambres propres et simples en B&B juste au-dessus.

LA FAUNE DE RISNJAK

Le parc national de Risnjak abrite trois “grands” du règne animal : l'ours brun, le loup et le lynx européen, très gros chat sauvage aux oreilles duveteuses. Le parc est l'un de ses derniers refuges dans le pays. Il lui a d'ailleurs donné son nom (lynx se dit *ris* en croate). Pour croiser l'un d'eux, il vous faudra avant tout de la chance, être accompagné d'un guide et peut-être y retourner plusieurs fois. Parmi les autres habitants de ces contrées on trouve le chat sauvage, le sanglier, le cerf, le chamois et quelque 500 espèces de papillons. Au dernier recensement, 114 espèces d'oiseaux vivaient au sein du parc. Les ornithologues se félicitent notamment d'y croiser des grands tétras, faucons pèlerins, chevêchettes d'Europe, chouettes de l'Oural, chouettes hulottes, pics à dos blanc et pics tridactyles.

OÙ SE RESTAURER ET DORMIR DANS LE GORSKI KOTAR

Hotel Bitoraj Fužine
À Fužine, jolie petite ville du Gorski Kotar, établissement douillet datant des années 1930. Bon restaurant et petit spa. €

Japodi Boutique Hotel
Dans le tout petit village de Sunger, hôtel de style chalet dans un décor de prairies. €€

Vagabundina Koliba
Dans un abri de montagne au milieu des bois, ce restaurant sert la meilleure cuisine “de la forêt à l'assiette”. €

Carnet d'adresses

ENVIRONS DE ZAGREB

Grotte de Veternica
Voir p. 79 (01-45 86 317 ; www.pp-medvednica.hr/en/tourist-offer/veternica-cave ; visite 1h tarif plein/réduit/famille 8/4/20 € ; 10h-16h sam-dim avr-nov, sur rdv lun-ven 8h-16h)

Musée de la Moslavina
Voir p. 81 (01-44 683 548 ; muzej-moslavine.hr ; visite 1h tarif plein/réduit 2/1 € ; 8h-14h lun-ven, sur rdv sam-dim)

Parc naturel de Žumberak-Samoborsko Gorje
Voir p. 80 (01-33 24 514, 01-33 27 660 ; www.pp-zumberak-samoborsko-gorje.hr ; entrée libre)

Eco-center Budinjak
Voir p. 78 (01-33 27 677 lun-ven, 01-33 85 740 sam-dim ; www.pp-zumberak-samoborsko-gorje.hr/activities/cycling-2 ; e-bike 14 €/jour ; 10h-17h sam-dim mai-sept)

Filipec
Voir p. 80 (01-33 64 835 ; Stražnička 1a, Samobor ; www.bermetfilipec.hr ; dégustation 12-25 €, sur rdv ; 10h-8h-16h lun-ven, 8h-14h sam)

Lagradi
Voir p. 81 (099 62 93 310 ; www.lagradi.com ; Vlaškovec 156, Jastrebarsko ; dégustation tarifs variables ; sur rendez-vous)

Šember
Voir p. 81 (01-62 82 476 ; www.sember.hr ; Donji Pavlovčani 11b, Jastrebarsko ; dégustations 20€/pers ; sur rendez-vous)

Hiže na Bregu
Voir p. 79 (098 92 90 881 ; www.hizenabregu.com ; Hižakovec 2/1, Donja Stubica ; séjour 2 nuits min ; P)

Hotel Livadić
Voir p. 79 (01 33 65 850 ; www.hotel-livadic.hr ; Trg kralja Tomislava 1, Samobor)

Tomislavov Dom
Voir p. 79 (01 45 60 400 ; www.facebook.com/tomislavov.dom ; Sljemenska 24, Sljeme ; P)

Gabreku 1929
Voir p. 80 (01 33 60 722 ; www.gabrek.hr ; Starogradska 46 ; 12h-minuit)

Grafičar
Voir p. 81 (01-45 55 844 ; www.pp-medvednica.hr/en/tourist-offer/other-offer/catering-and-accommodation-facilities ; Brešćenskoga 4, 1er ét., Zagreb ; 9h-21h mar-ven, 8h-21h sam-dim)

Grofica
Voir p. 81 (01-45 59 701, 91 51 95 428 ; planinarskidomgrofica.eatbu.hr ; Sljemenska 885, Sljeme ; 10h-21h lun-ven, 8h-21h sam-dim ; P)

Kezele
Voir p. 81 (01-28 20 496, 01 28 89 900 ; www.kezele-vino.hr ; Vinogradska 6, Šumećani ; 10h-22h tlj)

Korak
Voir p. 80 (099 27 64 204 ; www.korakwinery.com ; Plešivica 34 ; dégustation 35-55 € ; début du repas 17h-20h mer-ven, 13h-14h et 19h-20h sam, 13h-14h dim, dégustation sur rendez-vous)

Puntijarka
Voir p. 81 (01-45 80 384 ; Sljemenska, Sljeme ; 9h-21h lun-ven, 7h-21h sam-dim)

Runolist
Voir p. 81 (09-84 58 404 ; runolistsljeme.com ; Šumarov Put, Zagreb ; 10h-20h lun-ven, 8h-20h sam-dim)

U Prolazu
Voir p. 80 (099 82 77 904 ; www.facebook.com/pages/Slastičarnica-u-Prolazu/169702689756109. ; Trg Kralja Tomislava 5 ; 7h-23h)

Zlatni Medvjed
Voir p. 81 (01-45 59 704 ; Sjleme ; 9h-22h mar-dim)

Bučijada
Voir p. 81 (Festival de la citrouille ; office de tourisme 01 28 81 591 ; www.facebook.com/bucijada ; Ivanić-Grad ; oct)

Carnaval de Samobor
Voir p. 80 (Samoborski Fašnik ; office de tourisme 01 33 60 044 ; www.facebook.com/SamoborskiFasnik ; Samobor ; fév)

ZAGORJE

Château de Trakošćan
Voir p. 83 (042-796 281 ; trakoscan.hr ; Trakošćan 1 ; tarif plein/enfant 7/4 € ; 10h-18h avr-oct, 9h-16h nov-mars)

Château de Veliki Tabor
Voir p. 83 (049-374 970 ; www.veliki-tabor.hr ; Košnički Hum 1, Desinić ; tarif plein/réduit/famille 5/4/10,50 € ; 9h-17h mar-dim mars, 9h-17h mar-ven, jusqu'à 18h sam-dim avr-oct, 9h-16h mar-dim nov-fév)

Musée de l'Homme de Néandertal de Krapina
Voir p. 84 (049-371 491 ; www.mkn.mhz.hr ; Šetalište Vilibalda Sluge bb ; tarif plein/enfant/famille 10/5/20,50 € ; 9h-17h mar-ven et 10h-18h sam-dim avr-oct, 9h-17h mar-dim nov-mars, dernière entrée 1h avant)

Musée Staro Selo
Voir p. 82 (049-225 830 ; www.mss.mhz.hr ; Josipa Broza 19, Kumrovec ; tarif plein/réduit/famille 5/4/10,50 € ; 9h-16h nov-avr)

Terme Jezerčica
Voir p. 84 (052-877 300 ; terme-jezercica.hr ; Toplička 80, Donja Stubica ; tlj)

Terme Stubaki
Voir p. 84 (042-796 281 ; www.hotelmatijagubec.com/wellness ; Trakošcan 1 ; entrée journée 11 € ; 8h-22h dim-jeu, 8h-minuit ven-sam)

Terme Tuhelj
Voir p. 84 (049-203 000 ; www.terme-tuhelj.hr ; Ljudevita Gaja 4, Tuheljske Toplice ; entrée simple journée tarif plein/enfant 13/9 € ; 8h-22h dim-jeu, 8h-minuit ven-sam)

Bolfan Vinski Vrh
Voir p. 82 (095 15 15 000 ; www.bolfanvinskivrh.hr ; Gornjaki 56, Hraščina ; 12h-20h mer-sam, 12h-18h dim, dégustation sur rendez-vous ;)

Grešna Gorica
Voir p. 82 (049-343 001 ; gresna-gorica.hr ; Taborgradska Klet 35, Desinić ; 10h-20h mar-ven, 10h-22h sam, 10h-21h dim ;)

Vuglec Breg
Voir p. 82 (049-345 015 ; vuglec-breg.hr ; Škarićevo 151, Škarićevo ; 7h-22h tlj, sur rdv ; P)

Tabor Film Festival
Voir p. 83 (office de tourisme 049-233 653 ; taborfilmfestival.com ; Château de Veliki Tabor, Košnički Hum 1, Desinić ; juil)

VARAŽDIN

Cimetière de Varaždin
Voir p. 85 (042 332 777 ; Hallerova Aleja 8 ; 7h-21h mai-sept, 7h-20h mars, avr et oct, 7h-19h jan, fév, nov et déc)

Paysage du Gorski Kotar en hiver

Musée de la Ville
Voir p. 85 (Gradski Muzej ; 042 658 751 ; www.gmv.hr ; Strossmayerovo Šetalište 3 ; tarif plein/réduit/famille 5/3/13 € ; 9h-17h mar-ven, 9h-13h sam-dim)

Palais Herzer – Le monde des insectes
Voir p. 86 (Entomološka Zbirka ; 042 658 760 ; Franjevački Trg 10 ; tarif plein/réduit/famille 5/3/13 € ; 9h-17h mar-ven, jusqu'à 13h sam-dim)

Hotel Turist
Voir p. 86 (042-395 395 ; www.hotel-turist.hr ; Zvonimira 1 ;)

Maltar
Voir p. 86 (042-311 100 ; www.maltar.hr ; Prešerna 1 ; P)

Park Boutique Hotel
Voir p. 86 (042-420 300 ; www.park-boutique-hotel.eu ; Jurja Habdelića 6 ; P)

Bedem
Voir p. 86 (042-557 545 ; bedem-varazdin.com ; Vladimira Nazora 9 ; 10h-22h lun-jeu et dim, 10h-23h ven-sam ;)

Restoran Angelus
Voir p. 86 (042-303 868 ; angelus.hr ; Alojzija Stepinca 3 ; 11h-22h mar-jeu, 11h-23h ven, 12h-23h sam, 12h-22h dim)

Verglec
Voir p. 86 (042-211 131 ; gastrocom-ugostiteljstvo.com/en/restaurants-en/restaurant-pizzeria-verglec-en ; Kranjčevića 14 ; 7h-22h lun-ven, 9h-0h sam, 9h-22h dim)

Špancirfest
Voir p. 86 (042-210 987 ; www.spancirfest.com ; août)

Varaždinske Barokne Večeri
Voir p. 86 (042-212 907 ; vbv.hr ; 10-40 € ; sept)

MEĐIMURJE

Centre du Dr Rudolf Steiner
Voir p. 88 (040-655 612 ; centar-rudolf-steiner.com ; Prvomajska 4, Donji Kraljevec ; 5/2 € ; tlj sur rendez-vous)

Mađerkin Breg
Voir p. 87 (91-276 70 58 ; www.facebook.com/maderkinbreg ; Robadje 59, Štrigova ; tarif plein/réduit/famille/-6 ans

4/2,70/10 €/gratuit ; 9h-17h lun-jeu, 9h-19h ven-dim)

Cmrečnjak
Voir p. 88 (098-295 206 ; cmrecnjak.hr ; Sveti Urban 273, Štrigova ; 8h-16h lun-mar, jusqu'à 17h mer-jeu, jusqu'à 19h ven-sam)

LifeClass Terme Sveti Martin
Voir p. 88 (040-371 111 ; www.termesvetimartin.com ; Izvorska, Sveti Martin Na Muri ; entrée piscine à la journée tarif plein/réduit en semaine 14/10,50 €, le week-end 17/13 € ; 9h-21h lun-jeu et dim, jusqu'à 22h ven-sam)

Lovrec
Voir p. 88 (040-830 171 ; vino-lovrec.hr ; Sveti Urban 133, Štrigova ; visite et dégustation 6-8 vins 25 € ; sur rendez-vous avr-nov)

Goričanec
Voir p. 88 (040-868 800 ; @ izletistegoricanec ; Dunajska 26, Sveti Martin Na Muri ; 9h-0h jeu-dim, ven-dim hiver)

Le Batat
Voir p. 88 (040-371 111 ; www.facebook.com/lebatathealthydining ; Izvorska 3, Sveti Martin Na Muri ; 12h-17h lun-jeu et dim, 12h-22h ven-sam)

Mala Hiža
Voir p. 88 (040-341 101 ; mala-hiza.hr ; Balogovec 1, Mačkovec ; 12h-21h lun-ven et jusqu'à 22h sam, 12h-18h dim)

Terbotz
Voir p. 88 (040-857 444 ; www.terbotz.hr ; Železna Gora 113, Štrigova ; 11h-23h mar-jeu et dim, 11h-1h ven-sam)

SLAVONIE

Musée de la Slavonie
Voir p. 91 (Muzej Slavonije ; 31 250 730 ; mso.hr ; Trg Svetog Trojstva 6 ; tarif plein/réduit 2,65/1,33 € ; 10h-18h mar-sam)

Musée Gloria Maris
Voir p. 91 (31 322 907 ; www.gloria-maris.hr ; Fakultetska ulica 4 ; tarif plein/réduit 5/4 € ; 10h-16h mar, mer et ven, 10h-20h jeu,10h-13h sam-dim)

Parc naturel de Kopački Rit
Voir p. 91 (Park Prirode Kopački Rit ; 31 445 445 ; pp-kopacki-rit.hr ; entrée 2 €, circuit en bateau tarif plein/réduit 20/10 €, en canoë 25 €, gratuit -4 ans ; 9h-17h avr-oct, 8h-16h nov-mars)

Cathédrale Saint-Pierre de Đakovo
Voir p. 92 (031-802 225 ; Strossmayerov Trg 6 ; 6h30-12h et 15h-19h30)

Ergela
Voir p. 92 (031-822 535 ; ergela-djakovo.hr ; Auga Šenoe 45 ; tarif plein/réduit 2,65/1,33 €, visite guidée 30 min 4/2,65 €, en attelage 20 €/15 min ; 7h-17h lun-ven, 9h-13h sam-dim mars-oct, 7h-15h lun-ven et 9h-13h sam-dim nov-fév)

Musée de la culture de Vučedol
Voir p. 94 (032-639 999 ; vucedol.hr ; Vučedol 252 ; tarif plein/enfant/famille 6/5/12 €, visite guidée en anglais 25 € ; 10h-18h mar-dim)

Château d'eau de Vukovar
Voir p. 94 (32 452 111 ; turizamvukovar.hr/en/discover/vukovarski-nokturno ; Jelačića 3 ; tarif plein/réduit 8,50-10/6-7,50 € ; 9h-21h tlj)

Lieu de mémoire : l'hôpital de Vukovar de 1991
Voir p. 95 (32 452 111 ; turizamvukovar.hr/istrazite/vukovarski-nokturno ; Županijska 37 ; tarif plein/réduit 2,65/1,33 € ; 8h-15h lun-ven)

Mémorial d'Ovčara
Voir p. 95 (32 512 345 ; turizamvukovar.hr/en/discover/vukovarski-nokturno ; Ovčara bb ; entrée libre ; 9h-17h tlj)

Musée municipal d'Ilok
Voir p. 95 (Muzej Grada Iloka ; 32 827 410 ; www.mgi.hr ; Šetalište Oca Mladena Barbarića 5 ; tarif plein/réduit/enfant 5,31/2,65/2 € ; 7h30-14h30 mar-jeu, 11h-18h ven-sam)

Asztalos Keramika
Voir p. 92 (098 945 599 0 ; Maršala Tita 96, Suza)

Celliers d'Ilok
Voir p. 94 (Iločki Podrumi ; 032-590 088 ; www.ilocki-podrumi.hr ; Šetalište OM Barbarića 4 ; visite et dégustation 10-24 € ; 10h-20h tlj)

Enjingi
Voir p. 93 (034-267 200 ; www.enjingi.hr ; Hrnjevac 87, Vetovo ; dégustation et visite 6,50 €)

Erdutski Vinogradi
Voir p. 94 (31 596 555 ; erdutski-vinogradi.hr ; Trg Branka Hercega 1 ; sur rendez-vous avr-nov)

Josić
Voir p. 93 (031 734 410 ; josic.hr ; Planina 194, Zmajevac)

Kolar
Voir p. 93 (031-733 006 ; winetasting.suzabaranje.com ; Maršala Tita 141, Suza ; dégustation 3 vins 3 € ; sur rendez-vous)

Krauthaker
Voir p. 93 (034-315 000 ; www.krauthaker.hr ; Ivana Jambrovića 6, Kutjevo ; dégustation 5/7/10 vins 10/15/20 € ; sur rendez-vous)

Kutjevo
Voir p. 93 (034-255 002 ; www.kutjevo.com ; Kralja Tomislava 1, Kutjevo ; visite guidée et dégustation 8 € ; sur rendez-vous)

Vina Antunović
Voir p. 94 (031-590 350 ; vina-antunovic.hr ; Braće Radić 19, Dalj ; sur rendez-vous)

Vina Belje
Voir p. 93 (091 17 90 881 ; shop.belje.hr ; Šandora Petefija 2, Kneževi Vinogradi ; visite et dégustation de 3-4 vins 6-12 € ; 9h-16h lun-sam)

Vina Papak
Voir p. 94 (98 346 851 ; www.vinapapak.com ; Radoš 51 ; dégustation 2,50-6,50 €/pers ; sur rdv)

Vinarija Brzica
Voir p. 94 (91 297 34 10 ; brzica.com ; Rudina Busija 42 ; dégustation de 3-7 vins 6-12 € ; sur rendez-vous)

Vinarija Gerstmajer
Voir p. 93 (091 449 9200 ; gerstmajer.com ; Petefi Šandora 31, Zmajevac ; dégustation 3 vins 10 € ; sur rendez-vous)

Boutique Hotel Tvrđa
Voir p. 90 (031-201 555 ; www.hoteltvrdja.hr ; Franjevačka 7 ;)

Hostel Stara Pekara
Voir p. 90 (099-608 60 17 ; starapekara.traveleto.com ; Trg Vatroslava Lisinskog 1 ;)

Hotel Central
Voir p. 91 (91-283 39 99 ; www.hotel-central-os.hr ; Trg Ante Starčevića 6 ; P)

Hotel Osijek
Voir p. 91 (031-230 333 ; www.hotelosijek.hr ; Šamačka 4 ; P)

Maksimilian
Voir p. 90 (031-497 567 ; www.maksimilian.hr ; Franjevačka 12 ; petit-déj inclus ;)

Waldinger
Voir p. 91 (031-250 450 ; waldinger.hr ; Županijska 8 ; P)

Baranjska Kuća
Voir p. 94 (031-720 180 ; www.baranjska-kuca.com ; Kolodvorska 99, Karanac ; musée 3 € ; sur rdv lun-mer, 12h-19h jeu, 12h-23h30 ven-sam, 11h30-17h dim, concerts ven-sam soir)

Čarda Kod Baranjca
Voir p. 92 (91 501 17 22 ; cardakodbaranjca.eatbu.hr ; Biljska cesta 54 Šepera 8 ; 10h-20h mar-jeu, 10h-22h ven-sam, 10h-17h dim ; P)

Čingi Lingi Čarda
Voir p. 93 (31 281 700 ; cingilingicarda.hr ; Zvonimira 98 ; 11h-23h tlj)

Citadela
Voir p. 93 (31 753 184 ; citadela.com.hr ; Šandora Petefija 39 ; 9h-23h lun-jeu, 9h-1h ven-sam, 9h-23h dim ;)

Josić
Voir p. 94 (031-734 410 ; josic.hr ; Planina 194, Zmajevac ; 12h-22h mar-jeu, 12-23h ven-sam, 12h-18h dim)

Kovač Čarda
Voir p. 93 (31 733 101 ; kovaccarda.eatbu.com ; Maršala Tita 215, Suza ; 10h-22h tlj)

Lipov Hlad
Voir p. 92 (91 450 88 15 ; www.lipov-hlad.hr ; Trg bana Josipa Jelačića 2 ; 9h-23h lun-sam, 11h-23h dim)

Lumiere
Voir p. 92 (31 201 088 ; lumiere.com.hr ; Franje Šepera 8 ; 11h30-23h lun-jeu et dim, 11h30-0h ven-sam ;)

Piroš Čizma
Voir p. 94 (031-733 806 ; www.piroscizma.hr ; Maršala Tita 101, Suza ; 7h-22h lun-jeu et dim, 7h-minuit ven-sam; P)

Đakovački Vezovi
Voir p. 92 (Festival des broderies de Đakovo ; 31 812 319 ; djakovacki-vezovi.hr ; juil)

HeadOnEast
Voir p. 94 (31 214 852 ; headoneastcroatia.com ; sept-oct)

Slama Land Art
Voir p. 91 (91 462 33 10 ; www.facebook.com/slama.land.art3 ; juil 2024)

Marathon des vins
Voir p. 94 (91 601 76 12 ; www.facebook.com/vinskiwinemaraton ; sept)

Wine & Bike Tour Erdut
Voir p. 94 (www.facebook.com/WineBikeTourErdut ; Trg Branka Hercega 1, Erdut ; sept)

Decathlon
Voir p. 93 (31 544 100 ; www.decathlon.hr/content/49-magasin-osijek ; Svilajska 36 ; 8h-21h lun-sam, 10h-20h dim)

GORSKI KOTAR

Parc national de Risnjak
Voir p. 96 (Nacionalni Park Risnjak ; 051-836 133 ; www.np-risnjak.hr ; pass 2 jours tarif plein/réduit/famille 10/8/20 € juil/août, 7/5/15 € sept-juin)

Lynx and Fox
Voir p. 96 (91 182 98 92 ; www.lynxandfox.com ; Vučnik 100, Delnice ; circuit 18 € ; 10h sam-dim, sur rdv lun-ven)

Hotel Bitoraj Fužine
Voir p. 97 (51 830 005 ; bitoraj.hr ; Sveti Križ 1, Fužine ; restaurant 7-21h tlj ; P)

Japodi Boutique Hotel
Voir p. 97 (91 781 92 30 ; japodi.com ; Sunger 3A, Mrkopalj)

Vagabundina Koliba
Voir p. 97 (98 943 28 85 ; pd-vagabundina-koliba.hr ; Ravno 7, Bribir ; 9h-21h tlj)

Istrie

VILLAGES CÔTIERS, COLLINES VERDOYANTES, DÉLICES GASTRONOMIQUES

Lovée dans le nord de la mer Adriatique, cette péninsule baignée de soleil foisonne de monuments historiques, de paysages paradisiaques et de trésors cachés.

Trait d'union entre la Croatie continentale et l'Adriatique, l'Istrie (Istra, en croate) est une péninsule en forme de cœur située dans le nord-ouest du pays. Occupée au nord par de douces collines et au sud par des plaines fertiles, la région est protégée par le majestueux massif de l'Učka, au nord-est, marquant une frontière régionale visible depuis toute la péninsule.

MISLAW/SHUTTERSTOCK ©

Le littoral forme l'"Istrie bleue". Les traditions maritimes et piscicoles ainsi que l'influence des Vénitiens qui régnaient autrefois sur la région sont sensibles. Cette partie de la péninsule est très prisée des amateurs de soleil et de plage. Ces côtes pâtissent aujourd'hui de la présence de complexes hôteliers et leurs plages sont rocailleuses, mais la propreté de l'eau et les nombreuses destinations encore secrètes compensent ces désagréments.

Les voyageurs affamés de culture et de gastronomie affluent vers les villages perchés, les hôtels de campagne et les restaurants à la ferme des vallées bucoliques. C'est l'"Istrie verte", où vignes et oliveraies témoignent de l'histoire agricole de la région.

Si le littoral istrien est envahi par les estivants en haute saison, l'arrière-pays offre calme et isolement, même à la mi-août. Ajoutez à cela une excellente cuisine faisant appel aux produits de la mer tout frais pêchés, aux divines truffes blanches, aux asperges sauvages, aux huiles d'olive sublimes et aux grands crus, et vous obtenez un vrai petit paradis !

SITES PRINCIPAUX

PULA
Où un superbe amphithéâtre romain, remarquablement préservé, domine le port.
p. 108

ROVINJ
Une ville de carte postale tout en façades pastel.
p. 115

POREČ
Une basilique euphrasienne aux exceptionnelles mosaïques byzantines.
p. 119

INU/SHUTTERSTOCK ©

Page de gauche : Motovun (p. 123) ; ci-dessus : Rovinj (p. 115)

MOTOVUN
Perché au sommet d'une colline, un village de conte de fées où la truffe est reine.
p. 123

PAZIN
Charme provincial, château médiéval et gouffre célèbre.
p. 128

LABIN
Du haut de sa butte, ce joyau respire l'influence vénitienne.
p. 134

S'orienter

De petite taille, l'Istrie est une région facile à explorer dans ses moindres recoins. Et n'oubliez pas : c'est une péninsule, donc la mer n'est jamais bien loin !

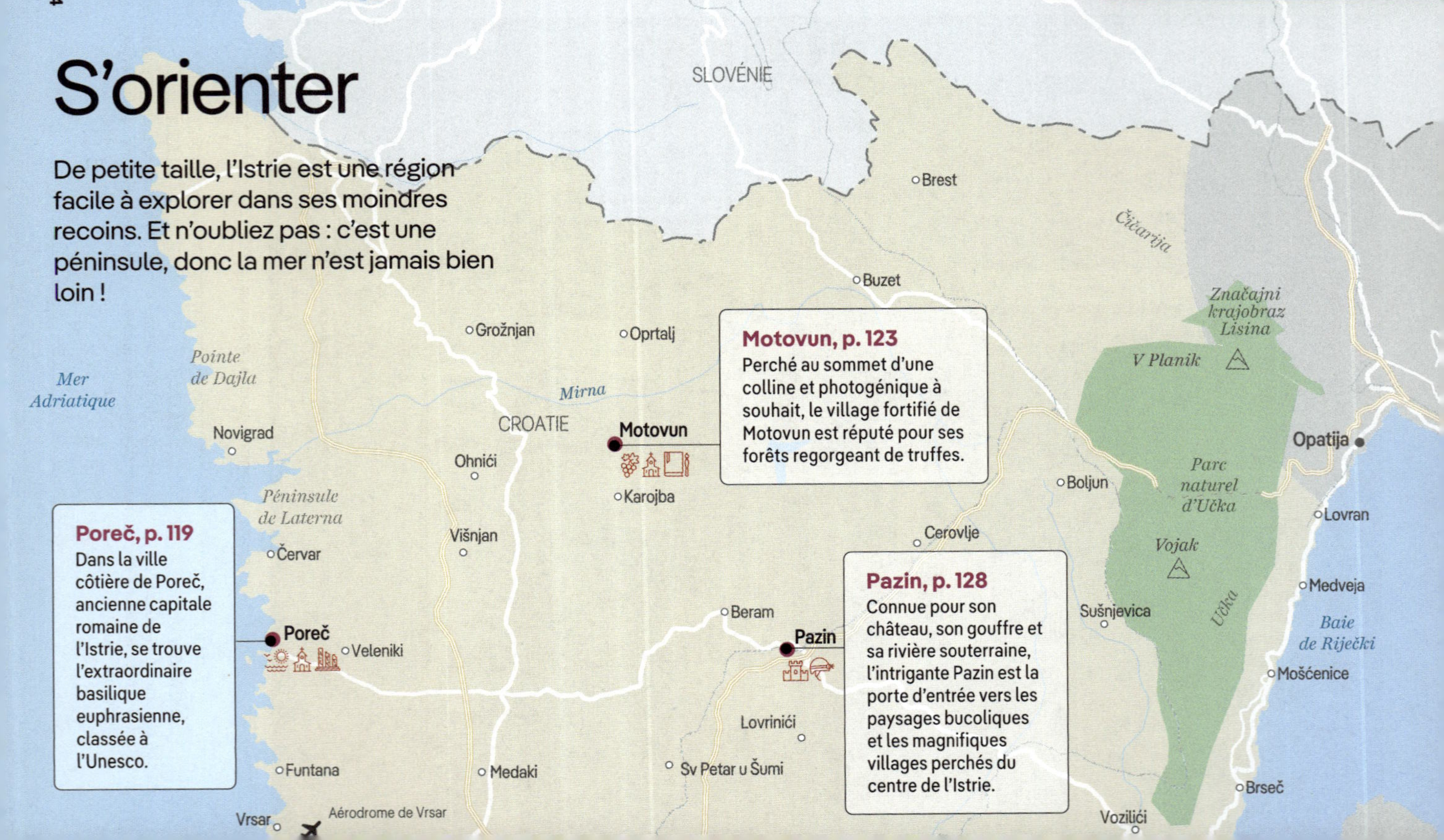

Motovun, p. 123
Perché au sommet d'une colline et photogénique à souhait, le village fortifié de Motovun est réputé pour ses forêts regorgeant de truffes.

Poreč, p. 119
Dans la ville côtière de Poreč, ancienne capitale romaine de l'Istrie, se trouve l'extraordinaire basilique euphrasienne, classée à l'Unesco.

Pazin, p. 128
Connue pour son château, son gouffre et sa rivière souterraine, l'intrigante Pazin est la porte d'entrée vers les paysages bucoliques et les magnifiques villages perchés du centre de l'Istrie.

Rovinj, p. 115

S'avançant dans la mer, Rovinj émerveille par son architecture vénitienne tout en façades pastel. Le spectacle du soleil couchant sur la vieille ville vaut tous les détours.

Labin, p. 134

Au sommet d'une colline, Labin captive par son style vénitien coloré, ses ruelles pavées en pente raide, ses galeries d'art et son intéressant passé minier.

Pula, p. 108

Un arc de triomphe, un temple romain et un impressionnant amphithéâtre font de la plus grande ville d'Istrie une étape incontournable pour les férus d'histoire et de patrimoine.

VOITURE

L'Istrie dispose d'un excellent réseau routier comprenant une autoroute. Il faut un peu plus d'une heure pour traverser la région du nord au sud ou d'ouest en est.

BUS

Les principales villes d'Istrie sont reliées par des bus gérés par Arriva et Brioni, mais leur fréquence est très limitée. Horaires et réservations sur www.arriva.com.hr ou www.brioni.hr.

TRAIN

Une voie ferrée relie Pula à Buzet, desservant plusieurs villes au passage. Horaires, tarifs et réservations sur le site des chemins de fer croates (www.prodaja.hzpp.hr/en/ticket).

TRABANTOS/SHUTTERSTOCK ©

Planifier son séjour

L'Istrie s'apprécie tout au long de l'année. Si l'été permet de profiter de la chaleur, l'hiver, encore ensoleillé, est idéal pour faire du vélo ou de la randonnée. Côté gastronomie, on se régale à chaque saison.

Amphithéâtre romain, Pula (p. 109)

Si vous avez peu de temps

- Si vous manquez de temps, découvrez en voiture les destinations les plus cotées de l'Istrie. Commencez par la ville de **Rovinj** (p. 115), fleuron de la côte, pour explorer ses richesses : ses places à l'italienne et ses rues pavées pentues qui mènent à l'église Sainte-Euphémie, dont le campanile domine la péninsule du haut de ses 60 m.

- Ensuite, allez visiter **Motovun** (p. 123), village perché au sommet d'une colline, à 277 m d'altitude, et entouré d'imposants remparts du XIIIe siècle qui enchantent au premier coup d'œil. Profitez des paysages verdoyants et du village le plus pittoresque d'Istrie.

- Enfin, filez à **Grožnjan** (p. 126) vous imprégner du charme intemporel de cette bourgade médiévale. Gastronomie, culture et art sont au rendez-vous.

Au fil des saisons

En haute saison, les températures, la fréquentation et les prix atteignent des sommets. Les journées restent chaudes au printemps et à l'automne. Les hivers sont doux et ensoleillés.

AVRIL

Le printemps est idéal pour visiter la région. C'est aussi la saison des fameuses asperges d'Istrie, un met des plus raffinés.

MAI

Le dernier dimanche de mai, c'est la Journée caves ouvertes. Les vignerons proposent des dégustations.

JUILLET

Les cinéphiles se retrouvent à Pula pour le Pula Film Festival et ses projections nocturnes à la belle étoile.

Si vous avez quelques jours

- Si vous disposez de plusieurs jours, mettez le cap sur **Pula** (p. 108) pour admirer ses trésors d'architecture romaine, notamment son amphithéâtre, l'un des mieux conservés au monde.

- Après avoir profiter de la grande ville côtière de la péninsule, allez à **Poreč** (p. 119), où se trouve le seul site d'Istrie classé à l'Unesco : la basilique euphrasienne, splendide ensemble épiscopal du VIe siècle orné d'étincelantes mosaïques dorées.

- Enfin, marchez sur les traces de Jules Verne à **Pazin** (p. 128) pour voir le gouffre et le château bâti au bord d'une falaise qui enflammèrent l'imagination de l'écrivain. Visitez le village de **Beram** (p. 131) et la minuscule église Sainte-Marie-des-Ardoises, dont les murs et le plafond sont ornés de magnifiques fresques du XVe siècle.

Si vous avez une semaine

- Si vous passez une semaine entière en Istrie, ajoutez une escapade à **Labin** (p. 134), ville perchée sur une colline dominant la côte orientale. Visitez les multiples galeries et ateliers d'artistes avant de grimper au clocher de l'église Saint-Just pour admirer le panorama sur les îles du golfe de Kvarner.

- À **Fažana** (p. 113), prenez un bateau pour le **parc national des îles Brijuni** (p. 113). Explorer à vélo l'île de Veli Brijun est idéal. Ne manquez pas le Safari Park et les ruines de la villa romaine.

- Un séjour en Istrie ne saurait être complet sans profiter de la gastronomie locale. Découvrez les vins et les huiles d'olive de la région lors de **dégustations** (p. 122 et 125) menées par les producteurs eux-mêmes, ou participez à une **chasse aux truffes** (p. 125).

AOÛT

Le deuxième dimanche d'août, Grisia, la rue pavée la plus animée de Rovinj, se mue en galerie d'art à ciel ouvert.

SEPTEMBRE

Les cueilleurs de champignons fouillent les forêts à la recherche de la truffe blanche. C'est également la saison des vendanges.

OCTOBRE

Dégustez les premières gouttes de l'huile d'olive de la saison, pressée aussitôt les olives récoltées.

NOVEMBRE

Le 11 novembre est célébrée la Martinje (Saint-Martin), honorant le patron des vignerons et des producteurs d'olives.

Pula

LABYRINTHE SOUTERRAIN | ARCHITECTURE ROMAINE | VIE CULTURELLE

COMMENT CIRCULER

Pendant la saison estivale, une navette relie régulièrement l'aéroport de Pula à la gare routière principale de la ville. Consultez le site Internet de l'aéroport de Pula pour plus d'informations (www.airport-pula.hr/en). Les tarifs des taxis sont prohibitifs.

La compagnie Venezia Lines fait la liaison par bateau entre Venise et Pula ainsi que d'autres villes côtières de l'Istrie (www.venezialines.com).

Des bus Pulapromet (www.pulapromet.hr/en) desservent les environs de la ville et d'autres localités.

Vous pourrez louer à l'heure trottinettes et vélos électriques avec l'appli NextBike (www.nextbike.hr).

Cammeo (www.cammeo.hr/en/cities/pula) est une appli de VTC opérant à Pula.

Ce qui rend Pula (Polensium dans l'Antiquité, Pola en italien) particulièrement intéressante, c'est la richesse de ses vestiges d'architecture romaine. Situé en plein centre-ville dont il est le point d'orgue, l'amphithéâtre, remarquablement préservé, domine le paysage urbain et accueille des concerts et des festivals en été.

Malgré sa forte activité commerciale, Pula a le charme d'une petite ville côtière. Un court trajet en bus mène aux plages des stations de la péninsule de Verudela, au sud. Quoique enlaidi par des complexes résidentiels et hôteliers, le littoral est émaillé de pinèdes, de cafés de bord de mer et de tables réputées.

Pula est aussi une bonne base pour visiter le parc naturel du cap de RT Kamenjak, au sud, et le parc national des îles Brijuni, au nord.

Amphithéâtre romain, Pula

ALEXEY FEDORENKO/ADOBE STOCK ©

VOIR
1 Arc de triomphe des Sergii
2 Amphithéâtre romain (Arena)
3 Forum
4 Maison de l'huile d'olive d'Istrie
5 MeMo Museum
6 Palais communal
7 Pavement en mosaïque romaine
8 Petit théâtre romain
9 Temple d'Auguste
10 Zerostrasse

SORTIR
11 Les géants lumineux

SHOPPING
12 Marché de Pula

Merveilles architecturales de Pula

Sur les traces des Romains

Peut-on vraiment visiter Pula sans se rendre d'abord au superbe **amphithéâtre romain**, que les habitants appellent l'**Arena**, situé face au port ? Bâti au Ier siècle, il est le monument le plus emblématique et le plus imposant de la ville. Il fut entièrement construit en pierre calcaire locale. Les combats de gladiateurs y rassemblaient jadis 20 000 spectateurs. Aujourd'hui, 5 000 personnes peuvent y assister à des concerts et aux projections en plein air du **Pula Film Festival**. Avec ses 133 m de long, ses 105 m de large et ses 32 m de hauteur, l'amphithéâtre de Pula est le sixième du genre au monde par la taille. En haut des murs, une gouttière recueille l'eau de pluie et l'on aperçoit encore les pavés qui servaient à fixer le velum protégeant les spectateurs du soleil, deux signes de l'ingéniosité des architectes romains. Vous aurez une bonne vue de l'Arena en en faisant le tour, mais le ticket d'entrée permet de crapahuter parmi les pierres et de visiter les salles souterraines. Après avoir servi à loger les fauves et à évacuer les gladiateurs, elles renferment aujourd'hui des amphores et du matériel servant à la fabrication d'huile d'olive. En été, allez voir le spectacle de gladiateurs Spectacvla Antiqva, donné le soir au moins une fois par semaine.

Pour les infos pratiques, voir le Carnet d'adresses p. 138

À SAVOIR

Assistez à l'un des magnifiques concerts organisés chaque été dans l'amphithéâtre de Pula. S'installer, sous les étoiles, sur les pierres millénaires de cet édifice magique est un moment inoubliable.

OÙ SE LOGER À PULA

Rock Hostel
Chambres et dortoirs propres et confortables décorés sur le thème du rock, idéalement situés, en plein centre-ville. **€€**

Boutique Hotel Valsabbion
Petit hôtel au bord d'une baie paisible. Chambres élégantes, piscine extérieure et bar de plage. **€€€**

Grand Hotel Brioni Pula
Hôtel de luxe tout juste rénové, chambres chics avec balcons sur la mer, et centre de bien-être avec spa. **€€€**

LE TOP DES BARS ET CAFÉS DE PULA

Lorena Boljunčić, fondatrice de la Maison de l'huile d'olive d'Istrie (@ museumoleihistriae), nous dévoile ses bars et cafés préférés de Pula.

Shipyard Pub
Dans une superbe cour à l'écart des regards ; il faut connaître l'endroit. Ambiance jeune et animée le soir.

Boca
Bar à vin et tapas à l'atmosphère toujours agréable. Concerts de jazz fréquents.

Pomidor Beach Bar
Au bord du Lungomare. Je viens ici pour le cadre : proche de la mer mais niché au cœur d'un bois de vieux pins.

Uliks
Juste à côté de l'arc de triomphe des Sergii, ce bar est connu pour la statue de James Joyce ornant son patio. Ouvert toute l'année.

Dvojka
Sur Giardini, la promenade arborée de Pula. Atmosphère culturelle, bonne musique et service impeccable.

VERONIKA KOVALENKO/SHUTTERSTOCK ©

Zerostrasse

À quelques pas de là, la **Maison de l'huile d'olive d'Istrie** (Kuća istarskog maslinovog ulja) retrace l'histoire de la culture de l'olive dans la péninsule – une tradition remontant à l'époque romaine – et propose une dégustation d'huiles d'olive locales.

Tout proche, le **petit théâtre romain** (Malo rimsko kazalište), érigé au Ier siècle, connaît une nouvelle jeunesse depuis que sa scène et ses gradins en pierres anciennes ont été rénovés, en 2023. Ce lieu plein de cachet peut recevoir 1 700 spectateurs lors de concerts et autres événements culturels.

Le majestueux **arc de triomphe des Sergii** (Slavoluk Sergijevaca), également appelé porte Dorée, fut érigé en 27 av. J.-C. en l'honneur de trois frères de la famille Sergius ayant combattu lors de la bataille d'Actium (où le futur empereur Auguste défit Marc Antoine et Cléopâtre, en 31 av. J.-C.). Il se dresse à l'entrée de la ville romaine, dont on peut voir une partie des remparts, non loin, sur Trg Portarata et dans Carrarina. Passez sous cet arc, avancez sur Sergijevaca, une rue pavée flanquée de boutiques et de restaurants, et repérez sur la gauche les panneaux indiquant le **pavement en mosaïque romaine**. C'est aussi cela le charme de Pula : des vestiges romains surgissant dans les recoins les plus inattendus de la ville. Remarquablement préservées, ces mosaïques du IIIe siècle qui ornaient jadis le sol d'une villa romaine représentent notamment Dircé, figure de la mythologie grecque qui fut attachée aux cornes d'un taureau en punition de sa méchanceté.

Revenez sur Sergijevaca et poursuivez jusqu'au **Forum**, cœur de Pula aux époques romaine et médiévale. Admirez le magnifique **temple d'Auguste** (Augustov Hram), construit entre l'an 2 av. J.-C. et l'an 14. Sa façade est ornée d'un grand porche soutenu par six imposantes colonnes corinthiennes. Grâce à sa conversion en église, l'édifice a pu survivre à l'avènement du christianisme. Mais il a été détruit par une bome en 1944. Sa reconstitution pierre par pierre lui a restitué presque toute sa beauté. Cet édifice, qui abrite aujourd'hui une petite exposition archéologique, était l'un des deux temples jumeaux placés à l'entrée du Forum. Les vestiges du second, dédié à Diane, sont incorporés (et visibles) dans le mur arrière du **palais communal** (XIIIe siècle), juste à côté.

À la découverte de la Pula contemporaine

La nouvelle vie des sites antiques

La vie de Pula tourne autour de son **marché**, situé dans un magnifique édifice en verre et fer forgé de style Sécession, construit en 1903. Le marché aux poissons occupe le rez-de-chaussée tandis que boutiques et petits restaurants se lovent à l'étage. L'agréable marché aux fruits et légumes s'étend à l'extérieur, à l'ombre de majestueux marronniers. Un lieu idéal pour prendre son café du matin.

Faites ensuite un voyage nostalgique au **MeMo Museum**, où des objets quotidiens des années 1950 à 1980 donnent un aperçu de la vie à l'époque socialiste. Les enfants adoreront les vieux ordinateurs, machines à écrire, patins à roulettes et trains miniatures. Clou de la visite, la petite Zastava 750, une voiture qui évoque pour tous les Croates le "bon vieux temps" de la Yougoslavie. Les amateurs d'art pourront se rendre au **musée d'Art contemporain d'Istrie** (Muzej suvremene umjetnosti Istre), installé dans les locaux d'une imprimerie de 1862, tandis que les férus d'histoire choisiront le **Musée historique et maritime d'Istrie** (Povijesni i pomorski muzej Istre), qui offre depuis la colline une vue justifiant à elle seule la visite.

Ensuite, enfoncez-vous dans **Zerostrasse**, étonnant labyrinthe de tunnels datant de la Première Guerre mondiale qui servaient d'abris antiaériens et de dépôts de munitions. On peut arpenter plusieurs de ses branches, toutes conduisant au centre, où se tient une exposition photographique sur les débuts de l'aviation à Pula. Des trois entrées, la plus facile à trouver se situe à côté de la station de taxis, sur la promenade Giardini. Pensez à consulter l'agenda culturel du site, car cet obscur monde souterrain accueille des événements, dont des concerts de musique électronique.

Les enfants apprécieront aussi l'exceptionnel **aquarium** de Pula. Celui-ci occupe l'intégralité d'un fort du XIXe siècle – l'un des 55 construits pour défendre la principale base navale de l'Empire austro-hongrois. Une ancienne caserne d'artillerie héberge des requins. Tout est bien agencé, selon des thèmes distincts, l'accent étant mis sur la protection de l'environnement.

De juin à septembre, à la tombée de la nuit, ne manquez pas l'attraction phare des soirées de Pula : **les géants lumineux**, un impressionnant spectacle de lumière sur Uljanik. L'éclairagiste de renom Dean Skira a illuminé de 16 000 combinaisons de couleurs différentes les grues emblématiques de ce chantier naval, l'un des plus vieux au monde (XIXe siècle) toujours en activité.

OÙ SE RESTAURER À PULA

Fresh Sandwiches & Salads
Snack-bar apprécié pour ses en-cas et smoothies, dont des options végétariennes. **€**

Jupiter
Pizzeria animée avec belle terrasse servant pizzas, pâtes et viandes grillées. **€**

Pjero Istrian Gourmet
Spécialités d'Istrie dans un cadre fabuleux, à l'ombre des grands marronniers du marché de Pula. **€**

Trattoria Vodnjanka
Les habitants ne jurent que par la cuisine traditionnelle de ce restaurant familial. **€**

Environs de Pula

Histoire, îles et plages sauvages, ainsi qu'une ville pleine de surprises, Vodnjan.

Pour les infos pratiques, voir le Carnet d'adresses p. 139

À SAVOIR

Au crépuscule, suivez les panneaux indiquant "Vidikovac", un point de vue situé à l'extrémité sud de Kamenjak et offrant un panorama inoubliable sur l'Adriatique.

COMMENT CIRCULER

Vodnjan est bien reliée par bus à Pula, Rovinj, Poreč, Rijeka et Zagreb. Il existe des lignes de train directes pour Pula, Pazin et Roč.

Vodnjan est aussi desservie depuis Pula par le bus n°22, qui dessert également Fažana (où l'on prend le bateau pour les îles Brijuni).

La traversée en ferry depuis le port de Fažana dure 20 minutes.

Ville côtière, Pula attire naturellement les amateurs de plage et de bronzette. L'été, les hôtels balnéaires et les campings de Medulin et Premantura, au sud-est de la ville, grouillent d'estivants.

Juste au sud de Pula, la péninsule du cap de RT Kamenjak, très découpée, est composée d'un chapelet de baies de galets et de plages de rochers, baignées d'une mer bleu-vert ultra limpide. Pour la baignade et le snorkeling, optez pour la côte ouest. La côte est, balayée par les vents, se prête mieux à la planche à voile et au kitesurf. Les impressionnantes falaises du sud de la péninsule attirent les amateurs de sensations fortes. Certains tentent des plongeons épiques quand d'autres préfèrent explorer les labyrinthes magiques de grottes sous-marines, en contrebas.

Vue aérienne du parc national des îles Brijuni

VISITEZ UNE OLIVERAIE À VODNJAN

Brist
Paul et Lena proposent une visite de leurs plantations familiales suivie d'une dégustation guidée en plein air.

Oio Vivo
Dégustez une sélection d'huiles d'olive d'Istrie accompagnées de spécialités locales, avec vue sur les îles Brijuni.

Chiavalon
Découvrez l'ensemble du processus de production pendant les dégustations au moulin de Chiavalon.

À la découverte de Vodnjan

Momies et street art

Depuis Pula, prenez le bus n°22 pour rejoindre **Vodnjan**, à 12 km plus au nord. Les façades défraîchies donnent à cette ville un aspect négligé, mais en grattant un peu la surface, le charme opère. Des monuments gothiques, Renaissance et baroques jalonnent les rues, éclairées par des lanternes. N'hésitez pas à vous faufiler sous les arches pour découvrir des cours fleuries, des ruelles cachées et de jolies places.

Ouvrez l'œil pour découvrir de belles **œuvres de street art** ornant les façades d'édifices anciens ; la ville est une véritable galerie d'art à ciel ouvert (plan disponible à l'office de tourisme, sur Trg Narodni, la place centrale de la ville).

Plongez dans le passé à l'**Ecomuseum des us et coutumes de l'Istrie** (Istrian de Dignan), qui donne un aperçu de la vie quotidienne des habitants de Vodnjan il y a plus d'un demi-siècle. On peut notamment voir une cuisine de ferme avec foyer central, ainsi que les ateliers d'une couturière et d'un cordonnier.

Mais l'attraction la plus connue et la plus insolite de Vodnjan, ce sont les momies que recèlent l'**église Saint-Blaise** (Crkva sv Blaža). Avec son campanile de 63 m inspiré de celui de Saint-Marc à Venise, cette église paroissiale est la plus grande d'Istrie, ses autels valant la visite à eux seuls. Les **momies** occupent un emplacement protégé par des rideaux derrière le maître-autel. Placés dans la pénombre, les corps préservés de sainte Nikolosa Bursa, saint Jean Olini de Venise et saint Léon Bembo évoquent, dans leurs cercueils de verre, des poupées de bois. Considérée comme la mieux conservée d'Europe, la dépouille momifiée de sainte Nikolosa Bursa est créditée d'une cinquantaine de guérisons miraculeuses. Si les momies ont aiguisé votre curiosité en matière de reliques, dirigez vos pas vers la **collection d'Art sacré** (Zbirka Sakralne Umjetnosti), dans la sacristie. Celle-ci compte des centaines de reliques de quelque 150 saints, parmi lesquelles figure un coffret renfermant la langue de sainte Marie d'Égypte.

Parc national des îles Brijuni

Un musée insulaire à ciel ouvert

Situé au nord-ouest de Pula, l'archipel des Brijuni comprend deux grandes îles tapissées de pins et douze îlots éparpillés au large de la côte. Couvert de prairies, de parcs, de forêts de chênes et de lauriers, et abritant des plantes rares comme le concombre grimpant et la glaucienne jaune, cet archipel servit, à partir de 1949, de base militaire mais aussi de résidence d'été pour le président yougoslave Tito. Son accès fut ainsi strictement interdit jusqu'à sa transformation en parc national, en 1983. Téléchargez l'appli mobile *Brijuni Pocket Guide*, qui détaille en huit langues tous les sites et services du parc.

Une courte traversée en ferry conduit de la petite ville portuaire de Fažana, sur la côte sud-ouest de l'Istrie, à **Veliki Brijun**, l'île principale du **parc national des îles Brijuni**, où sont concentrés les sites d'intérêt. Cette île sans voitures est un étonnant musée en plein air constitué de ruines d'une villa

TITO ET LES ÎLES BRIJUNI

Si l'on y trouve des traces d'occupation humaine remontant à l'ère romaine, l'archipel doit sa célébrité au maréchal Tito, qui en avait fait son jardin d'Éden privé. De 1947 à 1980, peu avant sa mort, il passa 6 mois par an aux Brijuni. Pour créer un cadre luxuriant, il fit importer des plantes subtropicales et créer un parc pour accueillir les animaux exotiques dont lui faisaient cadeau les grands de ce monde, tels le mouton de Somalie en provenance d'Éthiopie et le *cobe defassa* (antilope) offert par un dirigeant zambien.

Dans cette résidence d'été, Tito reçut, dans un luxe inouï, 90 chefs d'État et une kyrielle de vedettes de cinéma. *Bijela Vila*, sur l'île de Veli Brijun, était sa "Maison-Blanche" : il y signait les décrets et les déclarations, mais c'est aussi là qu'il recevait. Si les îles accueillent toujours des visites officielles, elles sont également devenues l'un des hauts lieux du circuit international de la navigation de plaisance ainsi qu'une destination de choix pour les têtes couronnées et les nouveaux milliardaires, qui prisent son atmosphère glamour désuète.

romaine du Ier siècle av. J.-C., d'empreintes de dinosaures, d'un musée archéologique installé dans une villégiature vénitienne du XVIe siècle, et abrite en outre une faune et une flore diverses. Louez un vélo ou une voiturette électrique pour la parcourir à votre rythme.

Dans la **baie de Dobrika**, errez entre les pierres antiques d'un castrum byzantin. Cherchez les vestiges des fours à briques, des caves à vin et des pressoirs à olives de cet ancien village fortifié.

Couvrant 9 ha à l'extrémité nord de l'île, le **Safari Park**, créé par Tito, est peuplé de lamas d'Amérique du Sud, d'autruches d'Afrique, de zèbres de Guinée, de moutons de Somalie, ainsi que de chèvres et de bœufs indigènes. Lanka, éléphant offert à Tito par la Première ministre indienne Indira Gandhi en 1974, vit également dans le parc.

Les enfants adoreront chercher les **empreintes de dinosaures** parmi les rochers des plages des caps de Ploče, de Kamnik et de Trstike. Au cap de Vrbanj, la statue grandeur nature d'un théropode de 7 m de haut accueille les visiteurs.

Ne manquez pas l'**exposition Tito aux Brijuni**, installée dans un bâtiment derrière l'Hotel Karmen, qui présente plus de 200 photographies d'époque prises lors des visites de dirigeants étrangers à Tito, dont Winston Churchill, la reine Élisabeth II et Che Guevara, ainsi que de vedettes de cinéma telles que Sophia Loren, Richard Burton et Elizabeth Taylor. À l'entrée de l'exposition, on peut admirer la Cadillac Eldorado de 1953 qu'utilisait Tito pour faire découvrir l'île à ses invités de marque.

HUILE D'OLIVE D'ISTRIE : DE L'OR EN BOUTEILLE

L'Istrie produit de l'huile d'olive depuis l'époque romaine, comme en témoigne la présence, sur l'île de Veli Brijun, d'un olivier vieux de 1 600 ans.

Il y a à peine plus de vingt ans, l'Istrie comptait 350 000 et trois pressoirs. Aujourd'hui, on y dénombre plus de 1,8 million d'oliviers (dont près de la moitié dans la municipalité de Vodnjan), et plus de 30 pressoirs.

Près de 100 producteurs d'huile d'olive travaillent dans la région, dont beaucoup de petites exploitations familiales récompensées à l'échelle internationale pour la qualité de leurs huiles d'olive vierges extra.

Beauté sauvage au cap de RT Kamenjak

Le point le plus méridional d'Istrie

Ce cap sauvage sur la **péninsule de Premantura**, à 10 km au sud de Pula, est le point le plus méridional d'Istrie. Superbe et totalement inhabité, il se compose de collines, de fleurs sauvages (dont 30 espèces d'orchidées), de maquis méditerranéen, d'arbres fruitiers, de plantes médicinales et de quelque 30 km de plages et de criques. Le labyrinthe de routes et de sentiers qui sillonne la péninsule en facilite la découverte à pied ou à vélo.

Près de la pointe sud de la péninsule, un **point de vue** offre un panorama extraordinaire sur l'île de Cres et les sommets du Velebit. Non loin se tient un bar de plage à moitié caché par le maquis qui semble bâti en bois flotté. Certains casse-cou plongent des collines voisines et nagent dans les grottes aux eaux peu profondes qui se trouvent à proximité.

De mai à septembre, l'accès au cap en voiture est payant (paiement de 7h à 21h à l'entrée). On peut également prendre à l'entrée du cap le bus n°28 reliant Pula à Premantura, puis continuer à pied ou louer un vélo au Windsurf Centar Premantura.

SE RENDRE AU PARC NATIONAL DES ÎLES BRIJUNI

Achetez vos billets sur Internet ou à la billetterie de l'embarcadère de Fažana, d'où partent les ferries pour ces îles. Scannez ce QR-code pour en savoir plus.

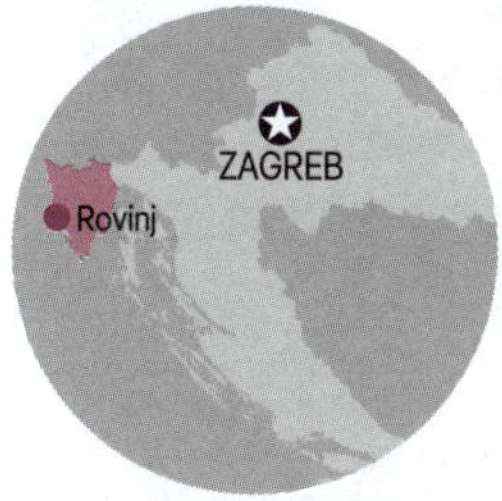

Rovinj

SITES EMBLÉMATIQUES | ARCHITECTURE D'EXCEPTION | PLAISIRS BALNÉAIRES

Détentrice du record croate de nuitées réservées chaque année, la ville balnéaire de Rovinj est la destination phare de la côte istrienne.

Posée sur une péninsule accidentée, Rovinj semble jaillir des eaux. La vieille ville est sillonnée de rues pavées pentues et de petites places. Le front de mer, flanqué de jolis édifices pastel, alignés en rang serrés, est dominé par l'église Sainte-Euphémie et son campanile qui se dresse au-dessus des toits. L'influence vénitienne sur leur architecture, ponctuée d'accents Renaissance et baroques, saute aux yeux.

Du fait de sa beauté, l'endroit est envahi de touristes en été, mais les 14 îles de l'archipel de Rovinj permettent d'échapper à la foule le temps d'un après-midi.

Pour les infos pratiques, voir le Carnet d'adresses p. 139

À SAVOIR

Nul besoin de plan des principaux sites pour explorer Rovinj : l'atout principal de cette ville est son atmosphère. Arpentez au hasard ses antiques ruelles et laissez la magie opérer.

COMMENT CIRCULER

La vieille ville de Rovinj, fermée à la circulation, est entièrement piétonne. Certains hôtels proposent des voiturettes électriques pour les déplacements et le transport des bagages.

Flânez au gré des monuments de Rovinj

De Grisia à Sainte-Euphémie

Vous ne pourrez pas manquer l'une des rues les plus emblématiques de Rovinj, **Grisia**. Bordée de galeries et de boutiques de souvenirs, cette rue pavée grimpe dans la vieille ville jusqu'à Sainte-Euphémie. Fenêtres, balcons, portails et places mêlent joliment les styles gothique, Renaissance, baroque et néoclassique. Prêtez attention aux étonnantes cheminées extérieures (*fumaioli*), apparues lors de l'explosion démographique, lorsque des familles entières s'entassaient dans une seule pièce autour de l'âtre.

Au départ de la rue, place Trg Maršala Tita, vous remarquerez l'**arc de Balbi qui**, érigé en 1679, était autrefois la porte principale de la ville. Le sommet est orné d'une tête de Turc du côté extérieur et d'une tête de Vénitien du côté intérieur. Le lion ailé qui le surmonte, symbole de Venise, présente la particularité d'avoir des parties génitales apparentes.

Grimpez jusqu'à l'**église Sainte-Euphémie**, la plus grande église baroque d'Istrie. Construite en 1725 et 1736, cet imposant édifice domine la vieille ville de Rovinj. La construction du **clocher** de 61 m débuta en 1654 et dura 26 ans. Inspiré du

OÙ SE LOGER À ROVINJ

Porton Biondi
Camping de 7 ha en bord de mer. On y trouve un restaurant, un snack-bar et beaucoup d'ombre. **€**

B&B Baron Gautsch
Située dans une rue paisible et arborée, cette pension propose des chambres confortables, certaines avec vue sur la mer et la vieille ville. **€€**

Angelo d'Oro Hotel
Hôtel historique de la vieille ville. Chambres élégantes avec mobilier ancien et joli jardin. **€€€**

Spirito Santo Palazzo Storico
Hôtel de charme avec chambres soignées dans une maison de ville restaurée du centre historique. **€€€**

Casa Alice
Échappez à la foule dans ce bel hôtel, à 20 minutes à pied du centre et seulement 5 minutes de la mer. Vous pouvez tout aussi bien lézarder près de la piscine carrelée de bleu. **€€€**

campanile de la place Saint-Marc de Venise, il est surmonté d'une statue en cuivre de sainte Euphémie, haute de 4 m, qui sert de girouette. L'ascension des 200 marches menant au sommet du campanile est récompensée par un splendide panorama sur les toits en tuiles de la ville et les îles voisines. L'église renferme plusieurs œuvres intéressantes et le plafond du sanctuaire est orné de fresques. La dépouille de sainte Euphémie reposerait dans le sarcophage romain situé derrière l'autel de droite.

Ecomuseum de la batana

Hommage à un modeste bateau emblématique de Rovinj

La *batana,* modeste barque de pêche à fond plat d'origine vénitienne, est un emblème du patrimoine maritime de Rovinj. Cette embarcation traditionnelle est célébrée dans un petit musée installé sur le front de mer.

On peut y découvrir divers modèles, des objets et instruments maritimes donnés par des habitants de Rovinj, mais aussi les techniques de fabrication de la *batana*. Des vidéos et des enregistrements audio témoignent aussi de l'importance culturelle et socio-économique de ce bateau.

FÊTES ET FESTIVALS À ROVINJ

Festival d'été de la musique et des traditions
Musique, traditions et cuisine croates sont mises à l'honneur sur la place principale.

Festival de musique d'été de Rovinj
Concerts sur la plage de Porton Biondi et l'île de Crveni Otok. Grands noms du jazz.

Grisia Art Show
Le deuxième dimanche d'août, l'étroite Grisia accueille une exposition à ciel ouvert. Un grand rendez-vous artistique.

Environs de Rovinj

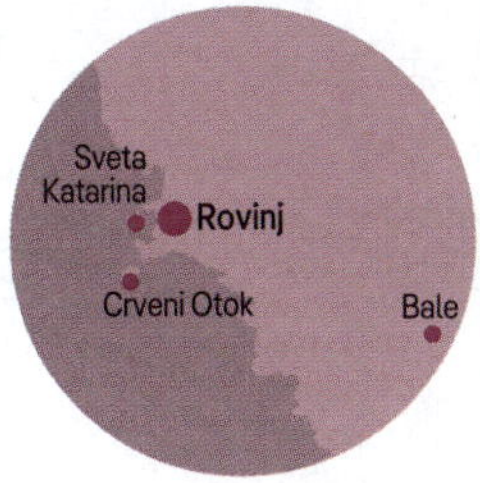

Au-delà des murs de la ville, Rovinj et ses alentours proposent parc, plages et îles, quand le village voisin de Bale vous plonge de nouveau dans l'histoire.

Au sud, passé le port, on atteint la plage de Mulini, puis, un peu plus loin, les criques de galets de Zlatni Rt, sur la petite péninsule où se trouve le parc forestier du cap doré appelé Punta Corrente. Tapissée d'immenses pins parasols et de chênes, et riche également de 10 variétés de cyprès et d'arbres exotiques importés de contrées lointaines, notamment du Mexique et du Japon, cette réserve boisée fut fondée en 1890 par le baron Hütterott, un amiral autrichien propriétaire d'une villa sur l'île de Crveni Otok.

Au large s'étend l'archipel de Rovinj, composé de 14 îles minuscules, dont certaines sont des destinations balnéaires prisées desservies par de nombreux ferries.

Pour les infos pratiques, voir le Carnet d'adresses p. 140

À SAVOIR

La voie cyclable n°221 est un itinéraire de 9,2 km serpentant entre les majestueux cyprès, pins et cèdres de l'Himalaya du parc forestier du cap doré (Punta Corrente).

Cap sur les îles Crveni Otok et Sveta Katarina

Snorkeling, plages paisibles et criques isolées

Prisée des excursionnistes, la charmante **Crveni Otok** (île Rouge) n'est qu'à 2 km du port de Rovinj. Longue de 1,9 km seulement, cette île se compose de deux îlots, Sveti Andrija (Saint-André) et Maškin, reliés par une digue. Au XIXe siècle, Sveti Andrija fut racheté par le baron Hütterott, qui en fit un parc à la végétation luxuriante. Les familles l'aiment pour ses petites plages de gravier, son aire de jeux et l'immense complexe hôtelier Island Hotel Istra. Maškin, plus paisible et plus boisé, compte quantité de criques isolées. Apportez un masque et un tuba pour pratiquer le snorkeling autour des rochers.

Plus proche de Rovinj (elle se trouve juste à la sortie du port), s'étend **Sveta Katarina** (Sainte-Catherine), petite île qui fut plantée d'arbres par un comte polonais en 1905. Elle accueille aujourd'hui un vaste hôtel. En été, des bateaux partent toutes les heures de l'embarcadère de Delfin, à Rovinj, pour cette île (10 minutes) et pour Crveni Otok (20 minutes).

COMMENT CIRCULER

En été, de 5h30 à 0h30, les bateaux pour Sveta Katarina et Sveta Andrija partent toutes les heures de l'embarcadère de Delfin, à Rovinj.

Jusqu'à 10 bus Arriva circulent par jour entre Rovinj et Bale.

Les jolies ruelles de Bale

Le secret bien gardé de l'Istrie

Situé à 6 km de la mer, entre Rovinj et Vodjnan, le village médiévale de **Bale** est l'un des secrets les mieux gardés de la région. Il se compose d'un entrelacs d'étroites rues pavées et de maisons anciennes, regroupées autour du **château de Soardo-Bembo** (XVe siècle ; fermé au public), de styles gothique et Renaissance. Bale est cependant bien antérieur à cette époque : les Romains et, avant eux les Illyriens, y avaient bâti un fort.

NATURISME EN ISTRIE

Vous verrez certainement des panneaux "FKK" le long du littoral. Ils indiquent des plages naturistes. Le mouvement naturiste, initié par la *Freikörperkultur* allemande (FKK, "culture du corps libre"), s'est développé en Croatie sous l'influence autrichienne, dès le début du XXe siècle sur l'île de Rab. Mais les vrais pionniers dans l'Adriatique furent le roi britannique Édouard VIII (qui finira par abdiquer) et sa future épouse Wallis Simpson, qui lancèrent la mode en se baignant nus sur la côte de Rab en 1936.

Le littoral de l'Istrie compte d'excellents complexes hôteliers et campings naturistes. Au nord de Rovinj, vous trouverez le **FKK Beach Punta Križ** et le **camping naturiste Valalta**, ainsi que le plus vieux camping naturiste d'Europe sur l'île de **Koversada**.

Citons également le **camping naturiste Ulika**, au nord de Poreč, le **Naturist Resort Solaris**, près de Tar, et le **camping Kanegra FKK**, près de la frontière slovène.

LERO/SHUTTERSTOCK ©

Hôtel de ville de Bale

Admirez également l'**hôtel de ville** du XIVe siècle, avec son beau porche gothique cintré, ainsi que l'immense **église de la Visitation**, tout en pierre blanche, et son campanile de 36 m qui dominent la petite bourgade. D'autres églises sont disséminées dans la ville, on l'on trouve aussi une loggia du XIVe siècle. Tout proches, les 9 km de rivage sont certainement les plus paradisiaques d'Istrie, avec des plages délicieuses aux eaux peu profondes.

Pour vous imprégner du charme typique des villages de la région, asseyez-vous devant un verre de vin à l'une des tables installées sous les arches de pierre qui se trouvent devant le **Kamene Priče**, un restaurant qui organise des concerts de jazz.

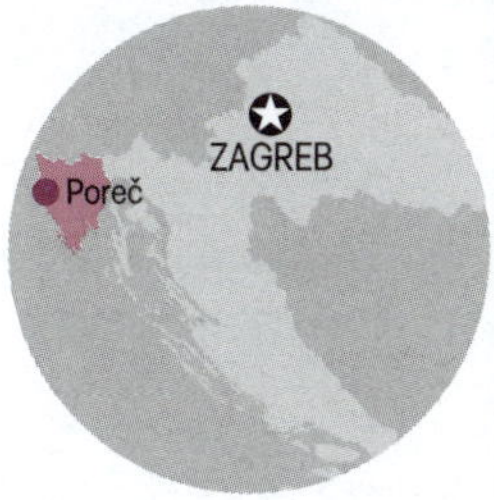

Poreč

PATRIMOINE MONDIAL | ARCHITECTURE ROMAINE | ART BYZANTIN

L'ancienne ville de Poreč (Parenzo en italien), d'origine romaine, et sa région forment une contrée distincte, vouée au tourisme estival. Poreč est le centre d'une longue série de complexes hôteliers qui s'étendent tout le long de la côte ouest de l'Istrie et attirent les vacanciers par dizaines de milliers, de juin à septembre.

Si le lieu n'est pas idéal pour une escapade tranquille (excepté hors saison), on y trouve une basilique classée, un mélange d'édifices gothiques, romans et baroques, et une infrastructure touristique bien développée. De là, on accède aussi facilement à l'arrière-pays istrien encore préservé. Depuis quelques années, c'est devenu le pôle festif de l'Istrie, qui attire des jeunes fêtards de toute l'Europe. Poreč accueille également chaque année le salon international du vin VinIstra.

Pour les infos pratiques, voir le Carnet d'adresses p. 140

À SAVOIR

Entre août et mi-septembre, une des plus anciennes expositions d'art croate contemporain, Poreč Annale, se déroule dans le Parlement d'Istrie.

COMMENT CIRCULER

Le petit centre historique de Poreč, où les voitures sont bannies, s'explore facilement à pied. Vous pouvez aussi louer un vélo standard ou électrique via Poreč Bike Share (www.porecbikeshare.com).

Vieille ville de Poreč

Ruines et ruelles

Le petit centre-ville de Poreč occupe une péninsule d'à peine plus de 500 m de long et 200 m de large. Ses ruelles pavées sont flanquées d'un mélange de *palazzi* gothiques et de bâtiments romans et baroques occupés par des restaurants et des boutiques.

Trois **tours vénitiennes** du XVe siècle ponctuent le rempart oriental de la ville : la tour circulaire, la tour pentagonale de style gothique, et la tour septentrionale. L'ancien Decumanus romain aux pierres polies demeure l'artère principale et centrale de la péninsule.

Au croisement avec l'axe nord-sud Cardo Maximus, admirez les fenêtres bifores du **palais Zuccato**, édifice gothique du XVe siècle abritant la galerie d'art d'avant-garde **Galerija Zuccato**.

À l'emplacement de Trg Marafor se tenait le forum romain, dont le dallage d'origine a été conservé le long des maisons encadrant la partie nord de cette place rectangulaire. Remarquez la **maison romane** du XIIIe siècle avec son balcon supérieur en bois (fermée au public). Non loin s'étendent les vestiges du **temple de Neptune**, le dieu des mers, datant du Ier siècle.

OÙ SE RESTAURER À POREČ

Artha Bistro
Spécialités de pâtes véganes et savoureux plateaux de tofu, *tempeh* et *seitan*. **€**

Chili Fusion Streetfood
Petit restaurant servant *poke bowls*, sushis, wraps et autres délices panasiatiques. **€**

Restaurant Spinnaker
Restaurant gastronomique, avec terrasse sur le front de mer, servant des menus dégustation composés de poissons, viandes et plats végétariens. **€€**

Sv Nikola
Restaurant chic, vue sur l'île de Sveti Nikola. On y va pour ses bons produits de la mer. **€€**

Art et architecture byzantins

Ensemble épiscopal de la basilique euphrasienne

Principal centre d'intérêt de Poreč, la **basilique euphrasienne** est l'un des plus beaux témoignages encore intacts de l'art byzantin en Europe. Érigée à l'emplacement d'un oratoire du IVe siècle, cette basilique est classée au Patrimoine mondial de l'Unesco. Elle comprend une église, un atrium et un baptistère. Les **mosaïques** scintillantes (VIe siècle) de l'abside sont sa plus belle réussite. Le **beffroi**, auquel on accède par le **baptistère** octogonal, offre une vue privilégiée sur la vieille ville.

En observant les mosaïques, vous remarquerez que Jésus et ses apôtres, en haut, trouvent leur pendant dans les 12 saintes de l'arc surmontées de l'Agneau de Dieu. Le groupe principal, situé dans l'arrondi de l'abside, se déploie autour de la Vierge et de l'Enfant, entourés d'anges, de saints et de l'évêque Euphrasius (au gauche, portant une maquette de l'édifice), commanditaire de la basilique. Sous les mosaïques, le sanctuaire est enchâssé dans une belle marqueterie géométrique de marbre. Remarquez aussi les chapiteaux des colonnes soutenant les arcs romans de la nef : chaque paire, ornée d'oiseaux, de fleurs et de fruits, est unique.

L'été, le site accueille des concerts de musique classique (www.poup.hr).

Environs de Poreč

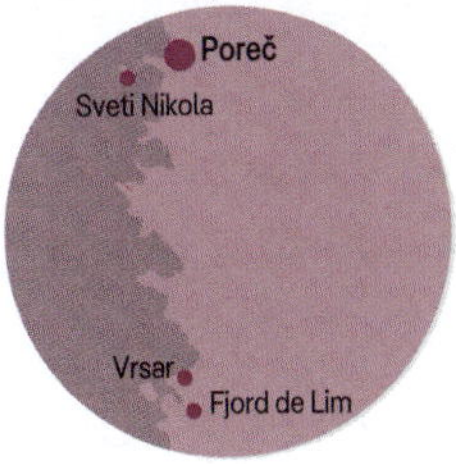

Entre mystères géologiques, villages pittoresques de la côte, île sans voitures et dégustations de vins fameux, les environs de Poreč ne manquent pas d'attraits.

Une croisière en bateau vers le sud, au-delà des bourgades côtières de Funtana et Vrsar, vous conduira à l'embouchure du Limski Kanal, large de 600 m. Flanqué de parois abruptes s'élevant à 100 m, ce bras de mer aux eaux d'un vert sombre est l'un des sites les plus spectaculaires d'Istrie. L'endroit est également accessible par la route, ponctuée de belvédères permettant d'admirer de splendides panoramas.

Après une baignade sur l'île de Sveti Nikola, prenez la route en direction du nord, où vous aurez le choix entre la visite de grottes ou celle de domaines viticoles.

Pour les infos pratiques, voir le Carnet d'adresses p. 140

À SAVOIR

Une succession de pistes cyclables serpente depuis Poreč le long de la côte ainsi qu'à l'intérieur des terres. Consultez le site d'Istria Bike (www.istria-bike.com/en) pour des détails techniques sur les différentes pistes.

COMMENT CIRCULER

Cammeo est une appli de VTC similaire à Uber pour circuler à Poreč. Mais pour sortir de l'agglomération, il est préférable d'avoir votre propre voiture.

Vrsar, une idylle sur la côte

Sculptures et vue sur la mer

Situé à 10 km au sud de Poreč, **Vrsar** est un joli village tout en ruelles pavées, bougainvilliers et façades pastel, perché sur une colline face à la mer. Immortalisé par une **statue en bronze** près de la petite église Saint-Antoine de Padoue, Casanova s'y est rendu à deux reprises au XVIIIe siècle.

Le clocher de l'**église Saint-Martin**, construit en 1991, en a remplacé un autre, démoli dans les années 1920. Grimpez-y pour profiter d'une vue inégalée sur les toits du village et les îles voisines. Derrière l'église, un escalier de pierre descend vers la marina et les plages.

Ne manquez pas les **sculptures en pierre** qui ornent de nombreuses places de la bourgade, ainsi que ses parcs et sa promenade du front de mer. Ces œuvres ont été réalisées lors des sessions estivales de l'école internationale de sculpture Montraker à partir de pierres extraites de la carrière du même nom, voisine. D'autres créations en pierre vous attendent au **parc des sculptures de Džamonja**, un lieu de 24 000 m^2 dont le calme se prête à la contemplation des œuvres de l'artiste et créateur du parc, Dušan Džamonja.

Pause fraîcheur à la plage

Escapade sur une île sans voitures

Pour lézarder sur les plages d'une île sans voitures, prenez le ferry pour une courte traversée vers celle de **Sveti Nikola** (Saint-Nicolas) depuis l'embarcadère de Poreč. Cette île appartenait jadis à une famille de l'aristocratie italienne, qui y fit construire un château en guise de résidence d'été. L'édifice, auquel ont été adjoints annexes et jardins paysagers, abrite désormais un vaste hôtel haut de gamme, le **Valamar Isabella Island**. Les plages sont cependant restées publiques. Elles offrent une vue magnifique sur la vieille ville de Poreč.

Le spectacle du fjord de Lim

Une curiosité géologique

Long de 10 km, large de 600 m et coulant entre des falaises abruptes atteignant 100 m de haut, le **Limski kanal** est la curiosité géologique la plus spectaculaire d'Istrie. Il s'est formé à l'ère glaciaire quand l'affaissement du littoral istrien a permis à la mer de s'engouffrer dans la vallée de Draga. Ses eaux d'un vert profond servent à la pêche et à l'élevage des huîtres et des moules. Jules Verne l'évoque dans l'un de ses romans d'aventures (p. 129).

Pour vous y rendre, inscrivez-vous à une excursion au départ de Poreč, ou suivez les panneaux indiquant le Limski kanal après le village de Sveti Lovreč. De petits bateaux d'excursion vous emmènent pour 1 heure sur le canal ; ces croisières sont fréquentes en juillet-août mais plus sporadiques en juin et septembre.

Évasion entre grottes et chais

Les bonnes surprises de l'arrière-pays de Poreč

Si vous parvenez à délaisser la plage, prenez quelques heures pour découvrir l'arrière-pays de Poreč, dont les grottes et les chais constituent des haltes qui valent le détour.

La **grotte de Baredine**, facilement accessible depuis Poreč, est un ensemble de salles souterraines remplies de stalagmites et de stalactites. On les découvre généralement à l'occasion d'une visite guidée de 30 minutes qui vous emmène à 60 m de profondeur dans des passages bien éclairés.

Après la fraîcheur souterraine, place à la visite de caves et à la dégustation de vins locaux. Et pour cela, rendez-vous au **domaine viticole de Cossetto**, à 12 km au nord-est de Poreč. On y produit des vins rouges et des vins blancs parmi les meilleurs du pays. La *malvazija* (malvoisie) est particulièrement bonne, mais les amateurs de chardonnay et de cabernet-sauvignon trouveront aussi leur bonheur. Pensez à appeler au préalable pour une séance de dégustation. Quelques kilomètres plus loin, vous trouverez le **domaine de Geržinić**, qui appartient à la même famille depuis un siècle. Il comprend 10 ha de vignes, mais produit aussi de la *rajika* (eau-de-vie) et une huile d'olive classée parmi les 100 meilleures du monde. Belle adresse pour une dégustation, mais, là aussi, mieux vaut appeler avant de s'y rendre.

OÙ SE LOGER À POREČ

Camping Zelena Laguna
Immense camping à 5 km de la vieille ville ; piscine avec toboggan et plusieurs plages. **€**

Boutique Hotel Mauro
Cet hôtel datant de l'Empire austro-hongrois loue des chambres élégantes avec balcons sur la mer et offre le transport jusqu'aux plages. **€€€**

Valamar Riviera Hotel
Propriété du front de mer de la vieille ville avec chambres douillettes et transferts gratuits vers l'île de Sveti Nikola. **€€€**

Hotel Parentium Plava Laguna
Vaste hôtel hors de la ville qui compte trois piscines et des balcons dans toutes les chambres, dont la plupart donnent sur la mer. **€€€**

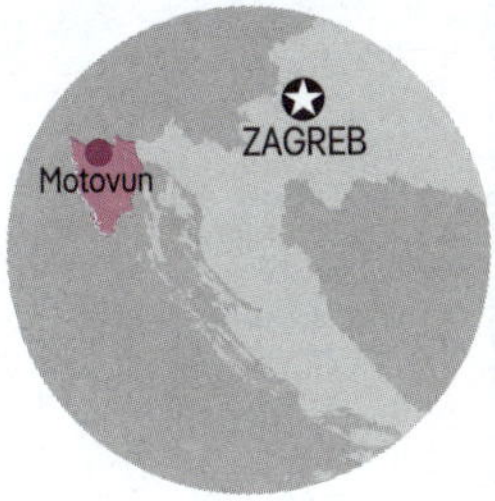

Motovun

PANORAMAS | ARCHITECTURE GOTHIQUE | GASTRONOMIE

Motovun (Montona en italien) est un village fortifié juché sur une colline de 277 m d'altitude, dans la vallée de la Mirna. Le cadre étant de toute beauté, une grande part de l'attrait du village, semblant tout droit sorti d'un conte de fées, vient de la vue qu'il offre sur cette vallée. La forêt sombre et humide de Motovun, située en contrebas du village, a aussi quelque chose de magique, d'autant qu'elle recèle de véritables trésors : les fameuses truffes istriennes.

Ce sont les Vénitiens qui, au XIVe siècle, ont fortifié la localité, l'entourant de deux épaisses murailles. Entre ces remparts, de pittoresques édifices romans et gothiques accueillent quelques ateliers d'artistes, restaurants et magasins touristiques. Des maisons et boutiques plus récentes se sont répandues sur les pentes menant au vieux bourg.

Motovun fut pendant des années un haut lieu de la culture. Le village a ainsi accueilli chaque été de 1999 à 2023 le festival du film le plus réputé de Croatie, qui se tiendra à Petehovac, dans le Gorski Kotar, au nord-ouest du pays, à partir de 2024.

En haute saison, les ruelles pavées sont envahies de touristes, mais en hiver, vous aurez le village pour vous seul.

Pour les infos pratiques, voir le Carnet d'adresses p. 141

À SAVOIR

Téléchargez le guide touristique numérique de Motovun (www.app.skeniraj.me/en/1-6306) pour des précisions sur les sites historiques, les hébergements, les vignobles, les restaurants, les fermes familiales, etc.

COMMENT CIRCULER

Difficile de venir à Motovun si vous ne disposez pas d'une voiture ou d'un vélo. Un service de bus relie le parking situé au pied du village au vieux bourg, au sommet de la colline. Si vous préférez marcher, vous emprunterez des chemins pavés grimpant en lacets à travers un quartier aux maisons en pierre fleuries et offrant ainsi un aperçu de la vie de tous les jours.

Balade sur les remparts de Motovun

Églises, châteaux et panoramas d'exception

Commencez votre visite par la **loggia vénitienne** à piliers, qui offre une belle vue sur la verdoyante vallée de la Mirna, en contrebas. C'est sous ce toit que se réglaient jadis les affaires juridiques et que se faisaient les annonces importantes. À quelques pas de là, l'arche de la porte principale de la cité donne sur la **Trg Andrea Antico**, la place principale. Cette arche est couronnée du lion ailé de saint Marc, emblème de l'ancienne république de Venise. L'élégante place aux pavés polis par des siècles de passage est flanquée du **palais communal**

VOIR
1 Église Saint-Étienne
2 Loggia vénitienne
3 Palais communal
4 Palais Polesini
5 Tiskara Antico
6 Trg Andrea Antico
7 Vignoble Roxanich
8 Vignoble Tomaz
9 Vina Fakin

ACTIVITÉS
10 Miro Tartufi

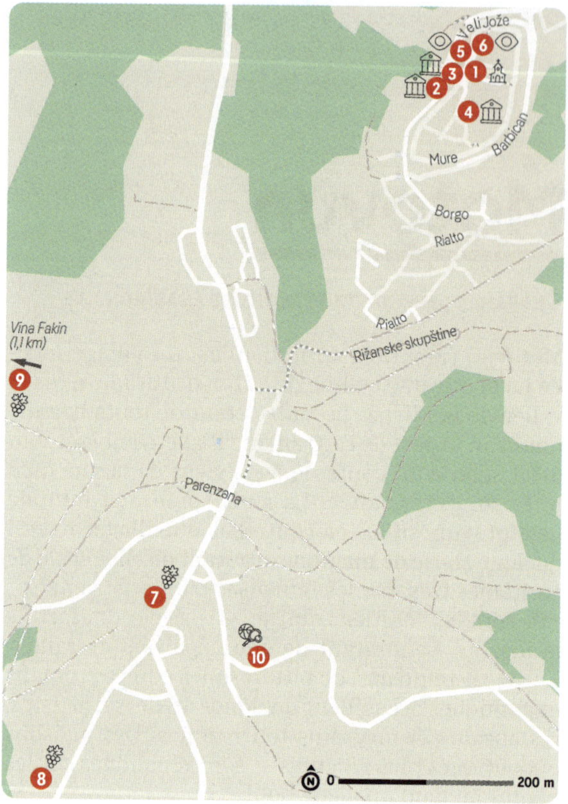

LA PARENZANA, VOIE CYCLABLE ET PÉDESTRE

Cet itinéraire prisé tient son nom du chemin de fer à voie étroite qu'il longe. Ouvert à en 1903 par les Austro-Hongrois, cette voie ferrée reliait la ville portuaire italienne de Trieste à Poreč, sur la côte ouest de l'Istrie, jusqu'à l'arrêt de la ligne par les Italiens en 1935.

En 2006, la voie désaffectée fut ressuscitée sous la forme d'une piste cyclable serpentant à travers les paysages bucoliques et les jolis villages perchés sur des collines de Buje, Grožnjan, Završje, Oprtalj, Livade, Motovun et Vižinada. Des panneaux signalent les emplacements des 35 anciennes gares de la ligne.

L'itinéraire, de 123 km, s'étire sur trois pays : l'Italie, la Slovénie et la Croatie. Le tronçon le plus long (78 km) traverse la partie croate de l'Istrie.

roman, du XIIIe siècle, l'un des plus imposants d'Istrie, qui sert toujours de bureau municipal et abrite l'office de tourisme dans l'une de ses ailes. Mais la pièce maîtresse de la place est l'**église Saint-Étienne**, bâtie au XVIIIe siècle mais dont la tour crénelée, qui détonne, est un vestige d'une église médiévale du XIIIe siècle.

L'Hotel Kaštel occupe les murs magenta du **palais Polesini** (XVIIIe siècle), ancienne résidence d'une puissante famille patricienne. Faites une pause pour prendre un rafraîchissement sur son agréable terrasse à l'ombre de majestueux marronniers.

Ensuite, passez à l'office de tourisme, sur la place Trg Andrea Antico, pour acheter votre billet pour les remparts. Il ne faut pas plus de 15 minutes pour parcourir l'enceinte qui protège la bourgade depuis des siècles, mais la contemplation des panoramas exceptionnels, la découverte de jardins secrets et une expo de photos des paysages alentour complètent la visite.

Terminez par un voyage dans le passé à l'imprimerie médiévale **Tiskara Antico**, où vous pourrez assister à une démonstration d'impression traditionnelle à la main sur une réplique de presse de Gutenberg.

Chasse aux truffes et aventures gustatives

À la recherche de trésors enfouis

C'est dans les épaisses forêts au pied de Motovun que les chasseurs de truffes viennent chercher ces tubercules rares et précieux, notamment la très recherchée truffe blanche (*Tuber magnatum Pico*). Inscrivez-vous à la chasse aux truffes, assortie d'une dégustation de trois heures, repas inclus, de **Miro Tartufi** (www.miro-tartufi.com).

Mirjana vous accueillera avec une boisson avant un cours d'introduction aux caractéristiques des truffes noires et blanches. Vous suivrez ensuite dans la forêt son époux Miro et leurs chiennes Bela et Nera qui dénicheront à l'odorat des truffes enfouies 25 cm sous terre. Lorsqu'une truffe est repérée, Miro la déterre précautionneusement.

Après la chasse, Mirjana concote des plats de pâtes locaux, des œufs brouillés, du fromage et des saucisses maison, le tout agrémenté des délices récoltés en forêt.

Dégustations de vins de l'Istrie

Tournée des vignobles de Motovun

Les contreforts de Motovun sont tapissés de vignes, de nombreux vignobles accueillant les épicuriens pour des dégustations de leurs excellents crus.

Avec 30 ha de vignes, **Vina Fakin** (www.fakinwines.com) est un vignoble local qui a remporté des prix prestigieux pour ses *malvazija* et ses *teran*. Goûtez ces vins typiques de l'Istrie dans la boutique/salle de dégustation baignée de lumière.

Le **vignoble Tomaz** (www.vina-tomaz.hr) propose des dégustations de vins pétillants, supérieurs et vieillis dans une salle chic et contemporaine offrant une belle vue sur Motovun et le verdoyant domaine familial.

Le **vignoble Roxanich** (www.roxanich.com) met l'accent sur les vins bio. Faites une visite guidée pour découvrir cette cave ultramoderne dont chacun des quatre niveaux est consacré à une étape du processus de vinification. Cette visite s'achève par une dégustation de vins rouges, blancs et orange.

LA PLUS GROSSE TRUFFE DU MONDE

La truffe est un champignon noble poussant sous terre, auquel les amateurs attribuent un arôme incomparable et des pouvoirs presque magiques. Tout le monde connaît la réputation de la truffe noire du Périgord et de la truffe blanche du Piémont, mais ce n'est que depuis une dizaine d'années que l'on parle de la truffe de l'Istrie.

Les pays producteurs de truffe sont traditionnellement l'Italie, la France et l'Espagne, mais les forêts istriennes renferment trois variétés de truffe noire (truffe d'été, d'hiver et truffe noble) ainsi que la grosse truffe blanche – une des plus prisées au monde, vendue autour de 4 500 € le kilo. Le plus grand exportateur croate, Zigante Tartufi, concentre 90% du marché de l'export. En 1999, Giancarlo Zigante, propriétaire de l'entreprise, et son chien Diana ont trouvé une truffe de 1,31 kg, la plus grosse jamais découverte.

OÙ SE LOGER À MOTOVUN

Hotel Kaštel
Chambres de charme dans une bâtisse du XVIIe siècle ; piscine intérieure, sauna et spa. €€€

Villa Borgo B&B
Au cœur du centre historique ; petit-déjeuner avec vue servi sur le toit-terrasse. €€€

Roxanich Design Hotel
Chambres douillettes, piscine à débordement et restaurant gastronomique. En surplomb du vignoble. €€€

Environs de Motovun

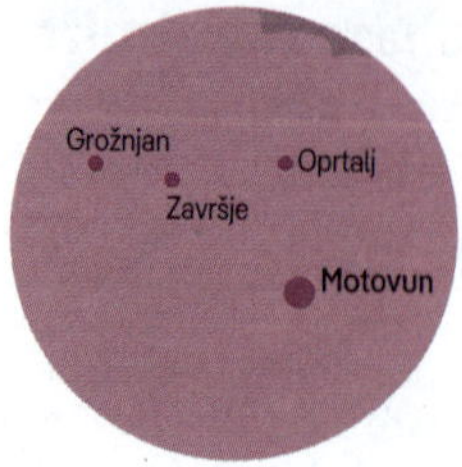

Hors des sentiers battus, le centre-ouest de la campagne d'Istrie, que l'on compare parfois à la Toscane, propose au visiteur épicurien de ralentir un peu le temps.

Pour les infos pratiques, voir le Carnet d'adresses p. 141

À SAVOIR

Repérez les panneaux verts de la Route de l'huile d'olive (*Cesta Maslinova Ulja*), qui indiquent les salles de dégustation des producteurs locaux.

La Mirna, que l'on voit depuis Motovun, est la plus longue rivière d'Istrie. Elle prend sa source à Kotli et file vers l'ouest sur 53 km pour se jeter dans la mer Adriatique. Dans cette vallée verdoyante bordée de forêts, le rythme est davantage calqué sur les impératifs des récoltes plutôt que sur ceux des touristes. Les visiteurs en quête d'authenticité y apprécient la générosité des producteurs locaux et les tavernes rustiques où la *slow food* est de mise, arrosée des bons crus régionaux. Un charme qui a attiré de nombreux artistes, artisans et étrangers fortunés, et qui a redonné vie à de nombreux villages qui semblaient promis à la ruine.

COMMENT CIRCULER

Les sportifs pourront explorer la campagne et les villages des environs à vélo, ou même à pied, via la piste de la Parenzana. Les autres auront besoin d'une voiture.

Prenez de la hauteur dans l'arrière-pays bucolique

Villages cachés et vallée gourmande

Roulez 18 km au nord-ouest pour découvrir **Grožnjan**, l'un des plus beaux villages des collines de l'Istrie, et l'un des mieux restaurés. Place forte vénitienne au Moyen Âge, ce village fut pratiquement vidé de ses habitants quand les Italiens qui le peuplaient prirent la fuite après le passage de l'Istrie sous contrôle yougoslave, à la fin de la Première Guerre mondiale. En 1965, le sculpteur Aleksandar Rukavina s'éprit de son charme médiéval. Il fut suivi par un petit groupe d'artistes et tous installèrent leurs ateliers dans des bâtiments abandonnés. Cette renaissance attira l'attention des Jeunesses musicales internationales, un programme de formation de jeunes musiciens. En 1969, une académie musicale d'été fut créée, qui propose depuis un cursus estival ainsi que des récitals et des concerts donnés dans le château et sur les places ombragées.

Une route en lacets serrés grimpe à travers les pins jusqu'au charmant village d'**Oprtalj**, perché à 366 m d'altitude. Commencez par visiter la belle loggia du XVIIIe siècle pour y admirer une tablette en pierre représentant le lion de Venise et contempler le panorama sur la vallée à travers

Oprtalj

ses fenêtres gothiques cintrées. Traversez la porte du bourg et errez dans les ruelles au petit bonheur la chance. De nombreux édifices en ruine côtoient encore les bâtiments en pierre restaurés.

Après Oprtalj, la route, splendide, poursuit ses lacets dans la pinède et arrive à **Završje**. Comme figé dans le passé, ce petit village peuplé de quelques dizaines d'habitants est véritablement préservé des regards. En observant de plus près, vous remarquerez que le clocher de l'**église de la Vierge Marie** penche. L'intérieur de cette église recèle le plus vieil orgue d'Istrie, qui date de 1740. Son trésor le plus précieux, un calice du XVe siècle, a quant à lui déjà été exposé au Louvre.

EXPÉRIENCES GASTRONOMIQUES DANS LA VALLÉE DE LA MIRNA

Konoba Mondo, Motovun
Cette charmante taverne du centre historique de Motovun propose des spécialités istriennes à base d'ingrédients locaux. **€€**

Stara Škola, Krasica
Expérience gastronomique "de la ferme à la table" dans une ancienne école élégamment rénovée. **€€**

Restaurant Zigante, Livade
Les gourmets viennent de loin pour ce restaurant. Au programme : dîner élégant et truffes en vedette sur la carte, qui évolue à chaque saison. Les *fettuccine* maison, elles, toutes simples, sont parsemées de truffe râpée devant vous : un spectacle en soi. **€€**

Agroturizam Tončić, Čabarnica
Pour un repas roboratif au cours duquel vous mangerez un agneau aux pommes de terre cuit à la *peka* (sous cloche), allez dans cette taverne. On vous sert dans une salle rustique ou sur la terrasse avec vue sur les montagnes. Réservation obligatoire. **€€**

Pazin

PAYSAGES NATURELS | CHÂTEAU MÉDIÉVAL | ACTION ET AVENTURE

Pour les infos pratiques, voir le Carnet d'adresses p. 141

À SAVOIR

Pazin est bien reliée par le bus et le train à de nombreuses villes de la région, ce qui en fait une base pratique pour ceux qui ne disposent pas de leur propre moyen de transport.

Située au cœur de l'Istrie, dans un bassin naturel entouré de collines verdoyantes, Pazin, en tant que capitale administrative de la péninsule, est bien desservie, mais conserve une ambiance provinciale.

Bien que le célèbre écrivain n'y ait jamais mis les pieds, Jules Verne fut tellement intrigué par son gouffre de 100 m de profondeur, sa rivière souterraine et sa falaise surmontée d'un château du IXe siècle qu'il en fit le cadre d'une partie de son roman d'aventures *Mathias Sandorf* (1885). Et il ne fut pas le seul : auparavant, l'Italien Dante, qui lui y était allé, s'en inspira pour la partie du premier chant de sa *Divine Comédie* consacrée à l'arrivée en enfer.

L'étonnant cadre naturel de la ville, posée au bord d'une falaise de 130 m de hauteur surplombant le gouffre, attire de nombreux visiteurs, de même que les sentiers de randonnée le long de la Pazinčica, la plus grande rivière souterraine du pays, et de ses nombreuses cascades.

COMMENT CIRCULER

Pazin s'explore aisément à pied : sa traversée ne prend pas plus de 15 minutes. C'est également une bonne base pour explorer la région.

Un château sur la falaise

Plongée dans le passé

Le château de Pazin est la forteresse médiévale la mieux conservée d'Istrie. Il est mentionné pour la première fois en 983 sous le nom de *Castrum Pisinum* dans un document écrit par l'empereur du Saint-Empire Otton II.

Avec ses murs massifs, ce château est l'emblème de la ville, comme en attestent les armoiries de celle-ci. Résidence d'une succession d'évêques et de souverains au fil du temps, il servit ensuite d'hôtel de ville pendant plusieurs siècles.

L'édifice abrite aujourd'hui deux musées se partageant l'espace et le billet d'entrée : le **musée de la Ville** et le **musée ethnographique d'Istrie**. Les collections de ce dernier dépeignent un tableau fascinant de la vie quotidienne en Istrie à la fin du XIXe et au début du XXe siècle. D'évocateurs portraits multimédias permettent de se mettre dans la peau d'un tisserand, d'un pêcheur, d'un potier, d'un mineur ou d'un tonnelier.

PLUS DE SENSATIONS FORTES

Pour d'autres tyroliennes et aventures en plein air, voir p. 17.

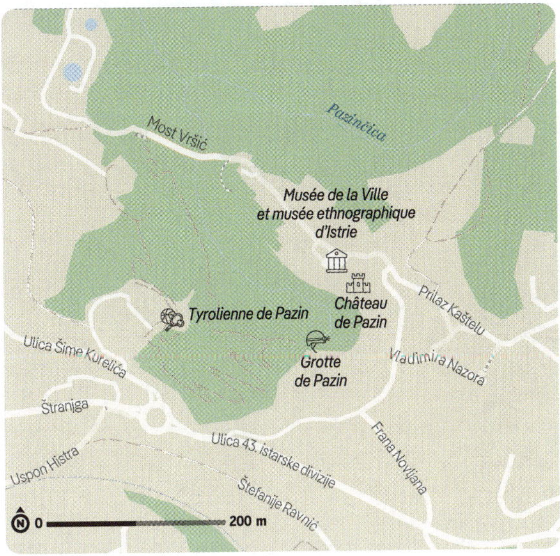

Voyage au centre de l'Istrie

Tyroliennes et grottes

Pour des sensations fortes et un coup d'œil au célèbre gouffre, essayez les **tyroliennes de Pazin**. Départ depuis la plateforme perchée au sommet de la falaise que surplombe l'Hotel Lovac. Enfilez un harnais, lancez-vous au-dessus de la cime des arbres et survolez le gouffre. Vous avez le choix entre deux tyroliennes : pour faire le plein d'adrénaline, optez pour la plus longue (280 m), qui est aussi la plus rapide (50 km/h).

Ensuite, engouffrez-vous sous terre pour une aventure de trois heures sous la conduite de spéléologues aguerris et découvrez les profondeurs mystérieuses de la **grotte de Pazin** (www.pazin-cave.com/en). Après avoir enfilé un casque et allumé votre lampe frontale, vous descendrez sur 100 m à travers ce réseau souterrain de grottes calcaires jusqu'au canyon de la Pazinčica. Un sentier vous mènera, via des ponts de rochers, à un petit lac souterrain où vous prendrez une petite tyrolienne jusqu'à un banc de sable.

JULES VERNE ET L'ISTRIE

C'est dans le château et le gouffre de Pazin que Jules Verne (1828-1905) situa une partie de l'action de *Mathias Sandorf* (1885). Dans ce roman, le comte Mathias Sandorf et deux de ses acolytes sont arrêtés par la police autrichienne pour activités révolutionnaires et emprisonnés dans la forteresse de Pazin. Sandorf s'évade en descendant par la tige métallique d'un paratonnerre, lequel est frappé par la foudre. Précipité dans la tumultueuse rivière Pazinčica, notre héros est alors emporté vers les profondeurs du gouffre, mais s'agrippe à un tronc d'arbre et... six heures plus tard, les flots le déposent à l'entrée du fjord de Lim (p. 122). Il marche alors jusqu'à Rovinj et, la dernière fois qu'on le voit, il saute d'une falaise au milieu d'une pluie de balles. S'il ne se rendit jamais sur place, ce sont des photos et des récits de voyageurs qui inspirèrent cette épopée à Jules Verne.

OÙ SE LOGER À PAZIN ET DANS LE CENTRE DE L'ISTRIE

Apartments and Rooms Laura, Pazin
Chambres, studios et appartements confortables. Près du château de Pazin. **€€**

Apartments Pruga, Lovrinići
Élégants appartements indépendants dans une maison en pierre restaurée. La piscine à débordement est un régal. **€€€**

Casa della Grofica, Kringa
Ravissante maison istrienne proposant un duplex tout équipé, de belles chambres et une piscine extérieure. **€€€**

ELISABETTA DANIELLI/SHUTTERSTOCK ©

Danse macabre, église Sainte-Marie-des-Ardoises

Environs de Pazin

Échappez-vous loin de l'agitation touristique du littoral et rendez-vous au centre de l'Istrie, parsemé de minuscules villages médiévaux.

Le cœur de l'Istrie, où le massif de l'Učka se profile toujours au loin, dévoile à qui veut bien s'y attarder des villages perchés autrefois fortifiés où se dressent encore de minuscules églises aux fresques colorées datant du Moyen Âge. Même les lieux peu touristiques possèdent un charme ancestral, sans parler des panoramas, fabuleux.

Comme un peu plus à l'ouest, l'accueil chaleureux et le rythme de vie tranquille de la région permettent de savourer des paysages préservés, une cuisine qui sait prendre son temps et d'excellents vins, en toute décontraction. L'âme de l'Istrie est au rendez-vous !

Pour les infos pratiques, voir le Carnet d'adresses p. 142

À SAVOIR

L'offre d'hébergement dans cette région consiste essentiellement en des villas et appartements indépendants, souvent dotés d'une piscine.

Trésors cachés de Beram et Draguć

Un festin de fresques médiévales

Roulez 10 minutes vers l'ouest de Pazin pour atteindre **Beram**, ou allez-y à pied par l'agréable sentier forestier balisé de 6 km (sentier de randonnée n°711). Nichée dans une forêt au pied de ce village perché, la petite **église Sainte-Marie-des-Ardoises** (Crkva sveta Marija) renferme contre toute attente des fresques parmi les plus belles d'Istrie. Chaque centimètre des murs et du plafond est couvert des tons multicolores peints, au XVe siècle, par Vincent de Kastav (Vicencius de Kastua).

La plus saisissante des fresques est sans doute la *Danse macabre*, qui orne le mur au-dessus de l'entrée principale. On y voit des squelettes danser, l'un d'eux tenant une faux représentant la mort et conduisant une procession de personnages qui comprend un pape, un cardinal, un évêque, un roi, une reine consort, un aubergiste, un enfant, un estropié, un mendiant et un soldat. La fresque rappelle que nous sommes tous égaux face à la mort. Pour admirer ces peintures, prenez rendez-vous en appelant au ☎052-622 903 ou au 091 580 6083.

Tout aussi splendides sont les fresques ornant murs et plafonds de la petite **église Saint-Roch** (Crkva svetog Roka), dans le ravissant village de **Draguć**, à 25 minutes au nord-est de Pazin par la jolie route de Dubravica. Peintes au XVIe siècle comme offrande votive pour la délivrance de

COMMENT CIRCULER

Vous aurez besoin de votre propre moyen de transport pour explorer les villages du centre de l'Istrie, où il n'y a ni transports publics ni taxis.

la peste, elles représentent des scènes de la Bible. Tentez de repérer l'Adoration des mages, le Baptême du Christ ou encore la Tentation du Christ. Pour obtenir la clé de l'église, frappez à la porte de la maison n°21 ou appelez au 052-665 186.

LES FRESQUES DE L'ISTRIE

L'Istrie compte plus de 140 églises et chapelles dont l'intérieur est orné de fresques aux couleurs chatoyantes. Au XVe siècle, une église n'était pas considérée comme achevée tant que ses murs et ses plafonds n'étaient pas recouverts de peintures.

Au siècle suivant, tombées en désuétude, ces fresques furent enduites, avant d'être redécouvertes des siècles plus tard et, enfin, restaurées au début du XXe.

Les églises sont souvent fermées en dehors des messes, mais une clé est généralement confiée à un habitant du village, qui ouvrira volontiers les portes aux curieux. Faites-vous faire indiquer la personne concernée.

Escapade dans les collines

Villages secrets et panoramas extraordinaires

Depuis Pazin, prenez la route de Draželj et roulez 8 km vers le sud-est jusqu'au ravissant village médiéval de **Gračišće**. Franchissez la porte du village, passez devant la loggia vénitienne, et, sur votre droite, vous trouverez la petite **église Sainte-Marie-sur-la-Place** (crkva Majke Božje na Placu). Édifiée en 1425, elle renferme des fresques du XVe siècle – demandez la clé à la maison n°31. Non loin de là, l'**église Sainte-Euphémie** (crkva sveta Eufemije), bâtie en 1383, de style roman, vaut également le coup d'œil. En face se dresse le saisissant, quoique décrépit, **palais Salomon**, que jouxte l'ancien **grenier à blé**, également impressionnant. Ne manquez pas la vue, pour le moins époustouflante, depuis le jardin qui se trouve à l'arrière de l'**église Saint-Guy** (crkva svetog Vida), sur les collines verdoyantes et le massif de l'Učka. Une demi-heure suffit pour visiter ce village à l'ambiance vraiment charmante d'où part le chemin de saint Siméon (Pješačka staza sv Šimuna), un sentier de randonnée bien balisé formant une boucle de 11,5 km. Un autre chemin (n°716) descend à travers bois et vignes vers la colline magique de **Pićan**, 4 km plus loin. Jusqu'au XVIIIe siècle, cette bourgade médiévale fortifiée était le siège épiscopal du diocèse de Padena. À côté de l'**église de l'Annonciation-de-la-Bienheureuse-Vierge-Marie** (crkva Navještenja Blažene Djevice Marije), faites une halte au **point de vue François-Ferdinand** : l'archiduc d'Autriche aimait y admirer la vue sur une partie de son royaume.

Château médiéval de Svetvinčenat

Escape game et festival renommé

Située à mi-chemin entre Pazin et Pula dans le sud de l'Istrie, **Svetvinčenat** est un joli village bâti autour d'une place Renaissance. Les cyprès qui l'entourent, les bâtiments harmonieux qui le composent et l'atmosphère décontractée qui règne font de ce village un délicieux endroit pour une étape lors d'une balade.

Remontez le temps jusqu'à l'époque des chevaliers du Moyen Âge en vous aventurant au **château Morosini-Grimani**. Ce beau palais fortifié du XIIIe siècle occupe la

OÙ SE RESTAURER DANS LE CENTRE DE L'ISTRIE

Konoba Vela Vrata, Beram
Restaurant rustique servant une cuisine traditionnelle. Terrasse avec vue. **€€**

Konoba Marino, Gračišće
Savourez de copieuses spécialités istriennes dans cette sympathique taverne. **€€**

Konoba 2. Peron, Cerovlje
Spécialités istriennes, pizzas et pâtes dans une salle élégante ou en terrasse. **€€**

Svetvinčenat

partie nord de la place principale. Son apparence actuelle, les tours incluses, est le résultat de transformations effectuées par les Vénitiens au XVIe siècle. En été, vous pourrez explorer les moindres recoins de l'édifice à l'occasion d'un escape game, **Escape Castle Svetvinčenat**, garantie d'un amusant après-midi en famille à crapahuter à travers les tours et les salles secrètes pour tenter de résoudre une énigme. On peut aussi s'inscrire à un spectacle avec combats à l'épée et sorcière brûlée sur le bûcher.

À noter également qu'à la fin du mois de juillet, Svetvinčenat accueille un festival de danse et de théâtre non verbal auquel participent des artistes venus de toute l'Europe. Durant quatre jours sont à l'honneur danse contemporaine, théâtre de rue, cirque, mime et à autres formes d'expression non verbale.

VILLAGES À NE PAS MANQUER

Buzet
Village perché assoupi offrant un aperçu de la grâce intemporelle de l'Istrie historique, Buzet est notamment réputé pour ses truffes. Allez flâner dans son dédale de ruelles et de places pleines de charme.

Roč
Ce village fortifié du XVe siècle abrite des églises médiévales et romanes, ainsi que des vestiges romains et vénitiens.

Hum
Découvrez le pittoresque "plus petit village du monde", ses remparts et ses monuments ornés d'inscriptions en glagolitique, le plus ancien des alphabets slaves.

Kotli
Village presque abandonné à 2,5 km de la route menant à Roč. Après le pont se dressent des ruines pittoresques – jardins clos, escaliers, passages voûtés et cheminées, entre autres.

Boljun
Ravissant et mystérieux village perché, édifié autour d'un château médiéval. La vue sur massif de l'Učka est superbe.

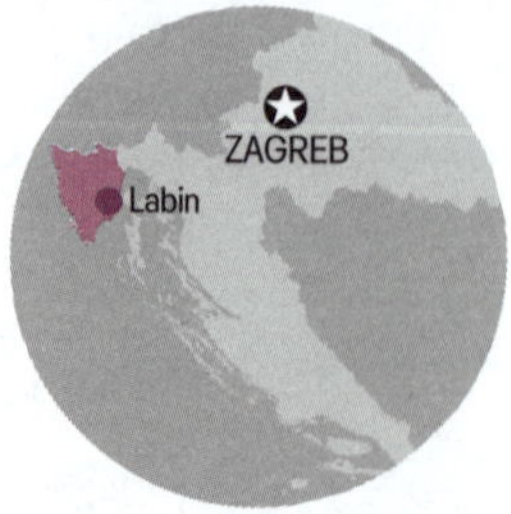

Labin

HISTOIRE | ARCHITECTURE VÉNITIENNE | ART ET CULTURE

Pour les infos pratiques, voir le Carnet d'adresses p. 142

À SAVOIR

En été, des visites nocturnes gratuites permettent d'explorer la vieille ville de nuit. Ces promenades à pied sont organisées le mardi. Rendez-vous à 21h30 au comptoir d'information de la vieille ville.

Au sommet d'une colline dominant la côte, Labin est sans conteste le joyau de l'Istrie orientale, ainsi que son coeur historique et administratif. Superbe, la vieille ville offre un patchwork fascinant de rues escarpées, de venelles pavées et de maisons aux teintes pastel, ornées de dentelles de pierre. Les points de vue n'y manquent pas pour admirer les collines verdoyantes et la mer étincelante.

En contrebas se trouve Podlabin, une ville nouvelle sans charme qui a poussé là pour les besoins de l'industrie du charbon. Capitale minière de l'Istrie jusqu'aux années 1970, la colline de Labin fut exploitée de façon si intensive qu'elle menaçait de s'effondrer. Les forages ont cessé en 1999, les galeries ont été comblées et la ville s'est donné une vocation touristique.

Labin est également connue pour son esprit rebelle. En 1921 y éclata ce qui pourrait bien être le premier soulèvement antifasciste au monde, sous la forme d'une grève de 38 jours menée contre le gouvernement italien par les mineurs, qui ont proclamé au passage l'indépendance de la "république d'Albône".

Chaque été, la ville est en fête pendant la "République des arts de Labin", festival artistique au cours duquel sont proposés des expositions, des concerts, et des spectacles de danse et théâtraux.

COMMENT CIRCULER

La vieille ville de Labin, qui concentre tous les sites d'intérêt, est petite et entièrement piétonne. Ses ruelles pavées, pentues et inégales, peuvent s'avérer un défi pour les personnes à mobilité réduite. Vous pouvez vous garer gratuitement au parking du cimetière de Labin, puis prendre une navette électrique gratuite (de juin à septembre uniquement) jusqu'à la vieille ville, à 1 km de là.

Sur les traces des Vénitiens

Trésors de la vieille ville

L'architecture vénitienne domine dans la vieille ville de Labin. Située juste à l'extérieur des remparts du XVIIe siècle, la **loggia** de la place Tito en est l'un des premiers exemples visibles. Datant de 1550, cet édifice était le centre névralgique de Labin au XVIe siècle. C'est ici que l'on annonçait les nouvelles et les décisions de justice, que se tenaient les foires et que les criminels étaient menés au pilori.

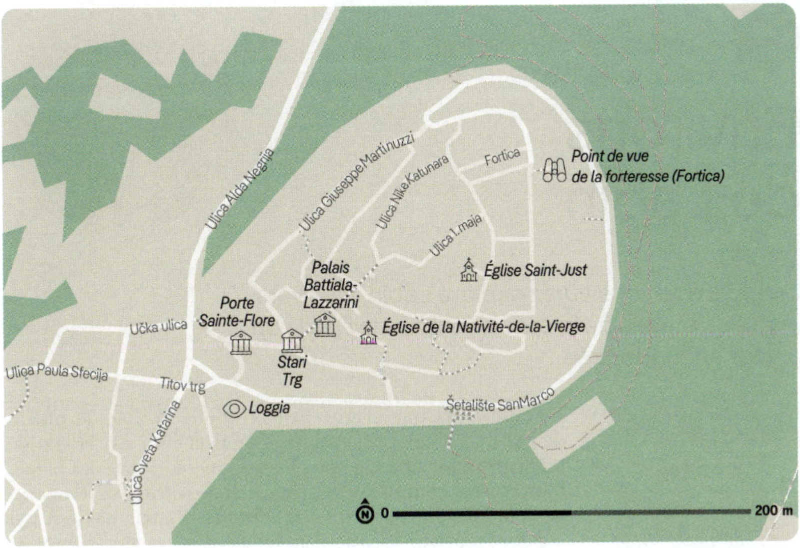

Le lion ailé de Saint-Marc ornant la **porte Sainte-Flore** (XVIe siècle) marque l'entrée principale de la ville. De là, une rue pavée monte en pente douce jusqu'à la charmante **Stari Trg**, flanquée d'édifices aux tons ocre, terre de Sienne et rose pastel. D'un jaune éclatant, l'ancien hôtel de ville abrite aujourd'hui le tribunal municipal, tandis que le bâtiment roman coiffé d'une tour d'horloge est le **Teatrino** (petit théâtre).

En remontant la ruelle juste en face, on trouve d'autres merveilles architecturales. Datant du XIe siècle mais modifiée au XVIIIe, l'**église de la Nativité-de-la-Vierge** (Župna crkva rođenja Blažene Djevice Marije) est également ornée de l'omniprésent lion de Venise. Tout près se dresse la belle façade rouge vif du **palais Battiala-Lazzarini**, édifice baroque du XVIIIe siècle qui abrite l'excellent **Musée populaire** (Narodni muzej Labin) de Labin. Dans ce vaste palais aux hauts plafonds peints et aux parquets grinçants sont présentées des collections d'objets et ustensiles du quotidien, d'instruments de musique traditionnels d'Istrie et des animations interactives. Ce musée ne se distinguerait pas des autres de ce type s'il n'était construit sur un puits de mine aménagé pour reconstituer une mine de charbon.

Passé ce palais, suivez les panneaux jusqu'au **point de vue de la forteresse** (Fortica) pour un superbe panorama sur la station balnéaire de Rabac, en contrebas. Une perspective différente vous attend au sommet du clocher de 35 m de haut de l'**église Saint-Just** (crkva svetog Justa), d'où l'on peut contempler le littoral, le massif de l'Učka ainsi que l'île voisine de Cres.

POURQUOI J'AIME LABIN

Isabel Putinja,
auteure

Ma partie préférée de l'Istrie est sans aucun doute l'intérieur des terres, tout en collines ondulantes coiffées de villages médiévaux. C'est dans ces paysages spectaculaires et ces ruelles pavées que l'on peut s'imprégner de la véritable âme de l'Istrie. Labin ne fait pas exception. Je ne me lasse jamais d'arpenter ses ruelles polies par les siècles, d'admirer ses façades colorées et d'explorer ses innombrables recoins secrets. Rien d'étonnant à ce que l'endroit inspire les artistes. Il y a toujours une exposition à voir, une galerie d'art ou un atelier de poterie à visiter.

Environs de Labin

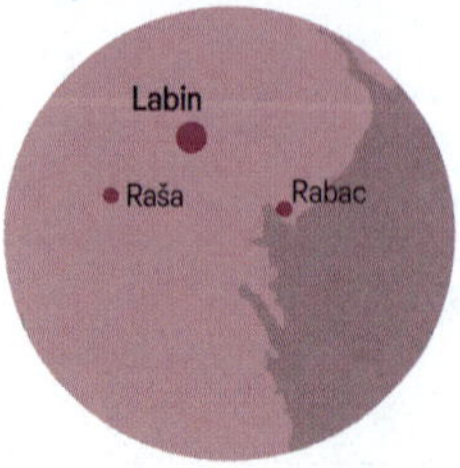

Une fois que vous aurez exploré Labin, filez vers les jolies plages de la côte orientale de l'Istrie ou partez en randonnée.

Pour les infos pratiques, voir le Carnet d'adresses p. 142

À SAVOIR

Ne manquez pas les *krafi*, mets traditionnel de la région de Labin. Ces gros raviolis sont fourrés d'un mélange de fromage, de raisins secs et de sucre.

Installé dans une crique peu profonde bordée de plages de galets, Rabac, ancien village de pêcheurs, est la station balnéaire de Labin. Un peu plus au sud, on trouve des plages plus isolées comme Sv Marina, Drenje et Ravni. Certains des plus beaux sentiers de randonnée d'Istrie passent par ici, dont plusieurs descendent en lacets à travers la forêt de Labin à Rabac. Les marcheurs aguerris pourront se lancer sur des sentiers longue distance longeant ruisseaux et cascades à travers d'épaisses forêts, ou grimpant au sommet des montagnes vers des panoramas sur la mer et les îles du golfe de Kvarner.

Pour une plongée dans le passé minier de la région, cap sur la ville la plus récente d'Istrie, la colonie minière de Raša, construite par Mussolini en 547 jours.

COMMENT CIRCULER

Des bus Arriva (www.arriva.com.hr/en-us/home) et Brioni (www.brioni.hr/en-gb) relient Labin à Pula, s'arrêtant dans plusieurs localités en chemin, dont Raša. Les bus reliant Labin à Rabac sont rares.

Les plages de Rabac

Baignade en eaux turquoise

Il n'y a que 5 km à descendre depuis Labin jusqu'à Rabac, ancien village de pêcheurs devenu station balnéaire dotée de plusieurs grands complexes hôteliers. Les plus belles plages sont à l'est de la ville. Si vous longez le front de mer, vous n'aurez qu'à admirer les criques de galets blancs et l'eau turquoise qui font la réputation de cette partie de l'Istrie.

La jolie **plage de sveti Andrija** est une succession de petites criques de galets. Avec ses parasols en chaume et ses eaux d'un bleu irréel, la **plage de Lanterna** ferait presque penser aux Caraïbes si les galets n'y remplaçaient pas le sable des tropiques. La **Girandella**, la plus belle plage de Rabac, consiste en une série de criques abritées dont les pentes douces sont appréciées des familles avec jeunes enfants.

La ville la plus récente d'Istrie

À la découverte du passé minier de la région

Raša est une ancienne ville minière située dans un magnifique cadre naturel à 5 km de route à l'ouest de Labin. Construite en 547 jours et inaugurée sous Mussolini en 1937, cette ville fut exclusivement conçue pour satisfaire aux besoins des mineurs.

FOKKE BAARSSEN/SHUTTERSTOCK ©

Plage de Rabac

La **mine** a fermé en 1966, mais l'endroit demeure un saisissant exemple d'architecture rationaliste italienne. L'**église Sainte-Barbe** (crkva sveta Barbare), qui porte le nom de la patronne des mineurs, a la forme d'un wagon de charbon renversé, et son clocher évoque une lampe de mineur.

Raša abrite la **maison du mineur "Arsia"**, un fascinant petit musée sur le passé minier de l'Istrie. On y découvre une collection multimédia constituée d'objets, d'images, de films et de sons. Un jeu de lumière contrasté évoque l'obscurité des tunnels miniers et le travail éreintant des mineurs, tandis que les bruits d'explosions rappellent que la vie à la mine n'était jamais sans danger. Deux pièces sont aménagées de manière à reconstituer l'intérieur d'une maison de mineur, offrant un aperçu du quotidien modeste des familles de mineurs. Les meubles, le parquet et les poêles à charbon sont d'époque.

RANDONNÉES AVEC VUE SUR LA MER

Andrej Đapić (@outbackcircle), guide de randonnée pédestre, cycliste et en quad, évoque ses balades préférées dans l'est de l'Istrie. Leur point commun ? Elles offrent toute une vue sur la mer.

Sentiers des Sources divines et de Sentona
Tous deux suivent un joli ruisseau émaillé de cascades. Ils peuvent être combinés pour former une boucle.

Sentier Terra magica
Marche magnifique et paisible entre Labin et Rabac à travers une forêt protégée de chênes noirs.

Sentier Bellavista
Ce sentier démarre sur le front de mer de Rabac et grimpe au sommet du mont Standar (474 m), où vous attend une vue fantastique sur les îles du golfe de Kvarner.

Sentier Quarnero
Cette boucle débute à Sveta Marina, en bord de mer, et à plus de 500 m d'altitude à travers la forêt jusqu'à Oštri, un pic rocheux évoquant la haute montagne.

Carnet d'adresses

PULA

Amphithéâtre romain
Voir p. 109 (52 351 300 ; Flavijevska bb ; tarif plein/réduit 10/5 € ; 8h-22h juin-août, 8h-21h sept et mai, 8h-20h oct et avr, 9h-17h nov-mars)

Aquarium
Voir p. 111 (052-381 402 ; www.aquarium.hr ; Verudela bb ; visite tarif plein/réduit/-3ans 20/16 €/gratuit ; 9h-22h tlj juil-août)

Arc de triomphe des Sergii
Voir p. 110 (Slavoluk Sergijevaca ; Flanatička 2)

Les géants lumineux
Voir p. 111 (Port de Pula ; de la tombée de la nuit jusqu'à 22h, ou minuit en été)

Maison de l'huile d'olive d'Istrie
Voir p. 110 (52 661 235 ; oleumhistriae.com ; Istarska 30 ; visite tarif plein/réduit/famille 15/7,50/40-45/10/56 €, audioguide en français ; tlj)

MeMo Museum
Voir p. 111 (95 820 54 34 ; www.facebook.com/memomuseumpula ; Scalierova 4 ; visite tarif plein/réduit/-7ans 8/6 €/gratuit ; sur rdv jan-mai et sept-déc, 10h-20h juin-août)

Musée d'Art contemporain d'Istrie
Voir p. 111 (5052-351 541 ; www.msu-istre.hr ; Sv Ivana 1 ; visite tarif plein/réduit/famille 2,65/1,33/5,31 € ; 10h-19h mar-dim)

Musée historique et maritime d'Istrie
Voir p. 111 (052-211 566 ; www.ppmi.hr ; Gradinski uspon 6 ; visite tarif plein/réduit/-5 ans 6/3 €/gratuit ; 9h-17h oct-avr, 9h-21h mai-sept)

Palais communal
Voir p. 111 (52 371 714 ; Forum 1)

Pavement en mosaïque romaine
Voir p. 110 (Près de Sergijevaca 12 ; entrée libre)

Petit théâtre romain
Voir p. 110 (52 351 300 ; Herculov prolaz 1)

Temple d'Auguste
Voir p. 110 (Augustov hram ; Forum ; tarif plein/réduit 2/1 € ; 9h-20h)

Zerostrasse
Voir p. 111 (052-211 566 ; www.ppmi.hr ; Carrarina 3a ; tarif plein/réduit 6/3 € ; 9h-17h oct-avr, 9h-21h mai-sept)

Boutique Hotel Valsabbion
Voir p. 109 (052-218 033 ; valsabbion.hr ; Pješčana Uvala IX/26 ;)

Grand Hotel Brioni Pula
Voir p. 109 (052-378 700 ; www.grandhotelbrioni.com ; Verudela 16 ;)

Rock Hostel
Voir p. 109 (052-255 906 ; www.pularockhostel.com ; Dubrovačke bratovštine 4-8 ;)

Fresh
Voir p. 111 (052-418 888 ; @freshsandwichessalads www.pizzeriajupiter.com ; Anticova 5 ; 8h-15h30 lun-ven, jusqu'à 14h en hiver ;)

Jupiter
Voir p. 111 (052-214 333 ; @jupiterpizzeria ; Castropola 42 ; 12h-23h lun-sam, 13h-23h dim, fermé lun nov-juin)

Pjero Istrian Gourmet
Voir p. 111 (99 582 53 39 ; www.facebook.com/pjeroistriangourmet ; Ivana Matetića Ronjgova 2 ; 7h-22h lun-sam)

Trattoria Vodnjanka
Voir p. 111 (098-175 7343 ; www.facebook.com/p/Trattoria-Vodnjanka-100082961960816 ; D. Vitezića 4, Monte Zaro ; 12h-21h mar-jeu et 12h-22h ven-sam)

Boca Wine Bar
Voir p. 110 (052-382 390 ; www.facebook.com/bocabarpula ; Kandlerova 34 ; 18h-0h lun-jeu, 18h-2h ven-sam)

Dvojka
Voir p. 110 (98 913 59 98 ; www.facebook.com/DvojkaCaffeBar ; Giardini 3 ; 7h-15h tlj sauf dim)

Pomidor Bar
Voir p. 110 (99 366 86 66 ; www.facebook.com/pomidorbar ; Lungomare 5 ; 8h-22h tlj)

Shipyard Pub
Voir p. 110 (91 200 91 16 ; www.facebook.com/theshipyardpub ; Svetog Teodora 1 ; 8h-0h lun-jeu, 8h-2h ven, 9h-3h sam)

Uliks
Voir p. 110 (052-219 158 ; www.facebook.com/caffe.uliks ; Trg Portarata 1 ; 6h-2h tlj, 6h-0h dim-jeu hiver)

Pula Film Festival
Voir p. 109 (52 393 321 ; pulafilmfestival.hr ; billet tarif plein/réduit 5/2,5-3,5 € ; juil)

Marché de Pula
Voir p. 111 (52 218 122 ; www.pula-usluge.hr/trznica ; Narodni

Trg 9 ; 7h-20h30 lun-sam, 7h-12h dim, fermé dim nov-mai)

ENVIRONS DE PULA

Ecomuseum des us et coutumes de l'Istrie
Voir p. 113 (99 350 35 90 ; www.istrian.org ; Narodni Trg 8, Vodnjan ; 9h-14h lun-ven et dim, 19h-22h ven, 9h-22h sam, sur rdv nov-mars)

Église Saint-Blaise
Voir p. 113 (Crkva sv Blaža ; 052-511 420 ; www.zupavodnjan.com ; Župni Trg 1, Vodnjan ; site complet tarif plein/réduit/7-18 ans 10/7/4 € ; 9h30-18h lun-sam, 11h30-18h dim juin-sept, sur rdv oct-mai)

Exposition Tito aux Brijuni
Voir p. 114 (www.np-brijuni.hr/fr/decouvrez-les-iles-de-brijuni/les-personnes-que-vous-devez-decouvrir/josip-broz-tito ; horaires variables)

Parc national des îles Brijuni
Voir p. 113 (052-525 600 ; www.np-brijuni.hr ; bureau du parc Brijunska 10, Fažana ; bateau et visite tarif plein/réduit/enfant 40/35/16 € juin-sept, 30/25/14 € ; vente d'excursions 8h-16h, autres horaires variables)

Parc Safari
Voir p. 114 (52 525 882 ; www.np-brijuni.hr/fr/decouvrez-les-iles-de-brijuni/les-endroits-a-visiter/le-parc-safari ; Veliki Brijun)

Brist
Voir p. 112 (095 56 24 111 ; brist-olive.hr ; Trgovačka 40 ; visite tarif plein/réduit/enfant 20/12,50/7,50 €, juin-sept 40/25/15 € ; 10h-16h lun-ven, 10h-14h sam mai-sept, 10h-14h lun-sam oct-avr)

Chiavalon
Voir p. 112 (052-655 050 ; chiavalon.hr ; Salvela 50, Vodnjan ; visite 1-2 heures 30/60 €/pers ; 08h-16h lun-ven, 10h-14h sam)

Oio Vivo
Voir p. 112 (052 512 351 ; oio-vivo.com ; Puljska cesta 200, Galižana ; dégustation 12-40 €/pers ; 8h-17h tlj sauf dim)

ROVINJ

Arc de Balbi
Voir p. 115 (Garzotto bb)

Ecomuseum de la batana
Voir p. 116 (52 812 593 ; www.batana.org ; Obala Pina Budicina 2 ; tarif plein/réduit 3,50/2,70 € ; 10h-15h lun-ven jan-fév et déc, 10h-16h lun-sam mars-avr et oct-nov, 10h-13h et 16h-19h lun-sam mai et sept, 10h-13h et 19h-23h lun-sam juin-août)

Église Sainte-Euphémie
Voir p. 115 (Crkva Sv Eufemije ; 52 815 615 ; Trg sv Eufemije bb ; entrée libre, tour 4 € ; 10h-18h juin-sept, 10h-16h mai, 10h-14h avr)

Grisia Art Show
Voir p. 116 (août)

Angelo d'Oro Hotel
Voir p. 116 (52 853 920 ; www.angelodoro.com ; Vladimira Švalbe 40 ;)

B&B Baron Gautsch
Voir p. 116 (99 465 43 28 ; rooms-barongautsch.com ; IM Ronjgova 7 ;)

Casa Alice
Voir p. 116 (052-821 104 ; www.hotel-casaalice.hr ; Paola Deperisa 1)

Basilique euphrasienne, Poreč (p. 120)

Porton Biondi
Voir p. 116 (052-813 557 ; www.porton.hr ; Aleja Porton Biondi 1)

Spirito Santo Palazzo Storico
Voir p. 116 (52 634 750 ; hotel-spiritosanto.com ; Augusto Ferri 44)

ENVIRONS DE ROVINJ

Château Soardo-Bembo
Voir p. 117 (052-824 184 ; Castel 1, Bale ; 4 € ; 9h-12h et 18h-21h lun-ven)

Église de la Visitation
Voir p. 118 (Castel 96, Bale)

Hôtel de ville de Bale
Voir p. 118 (052 824 045 ; Trg Tomaso Bembo 1)

Camping Kanegra FKK
Voir p. 118 (052-709 000 ; www.istracamping.com ; Kanegra 2 ; fin avr à fin sept)

Camping naturiste Ulika
Voir p. 118 (052-436 325 ; www.istracamping.com ; Červar bb ; mi-avr à oct)

Camping naturiste Valalta
Voir p. 118 (052-804 800 ; valalta.hr/en/ ; Cesta za Valaltu, Lim 7)

Island Hotel Istra
Voir p. 118 (052-800 250 ; www.maistra.com ; Crveni Otok 1 ; avr-oct ; P)

Maistra Select Island Hotel Katarina
Voir p. 118 (052-800 250 ; www.maistra.com/properties/island-hotel-katarina ; Otok Katarina 1 ; avr-oct ; P)

Naturist Park Koversada Apartments
Voir p. 118 (052-800 250 ; www.maistra.com/properties/koversada-naturist-park-apartments ; Koversada 15 ; mai-sept ; P)

Naturist Resort Solaris
Voir p. 118 (052-404 000 ; www.valamar.hr ; Solaris 1, Tar ; avr-sept ; P)

Kamene Priče
Voir p. 118 (052-824 235 ; www.kameneprice.com ; Castel 57 ; 12h-15h et 18h-23h avr-oct)

FKK Beach Punta Križ
Voir p. 118 (Punta Križ, Rovinj)

POREČ

Basilique euphrasienne
Voir p. 120 (052 432 064 ; www.myporec.com/en/discover-porec/euphrasius-basilica/25 ; Eufrazijeva bb ; tarif plein/réduit/-8 ans 10/5 €/gratuit ; 9h-16h jan-mars et nov-déc, 9h-18h avr-juin et sept, 9h-21h juil-août, 9h-17h oct, fermé sam jan-fév, fermé dim)

Palais Zuccato et Galerija Zuccato
Voir p. 119 (052 887 217 ; www.poup.hr/programi/likovni-odjel/galerija-zuccato ; Trg Matije Gupca ; entrée libre ; 10h-22h tlj juil-août, 10h-12h et 17h-21h tlj sauf dim sept-déc et avr-juin)

Temple de Neptune
Voir p. 119 (Obala Maršala Tita 23 ; entrée libre ; 24h/24)

Poreč Bike Share
Voir p. 119 (385 17 77 65 34 ; www.porecbikeshare.com ; 1,30 €/30 min, e-bike 2,50 €/30 min, 20 €/24h ; 8h-20h lun-ven, 8h-16h sam-dim)

Camping Zelena Laguna
Voir p. 122 (052-410 700 ; www.istracamping.com/en/camping/zelena-laguna ; Zelena Laguna ; mi-avr à sept)

Hotel Laguna Parentium Porec
Voir p. 122 (052-411 500 ; www.plavalaguna.com/en/hotels/parentium ; Zelena laguna 6 ; mi-mars à mi-nov ; P)

Hotel Mauro
Voir p. 122 (052-219 500 ; hotelmauro.com ; Obala Maršala Tita 15 ; P)

Valamar Riviera
Voir p. 122 (052-400 800, réservations 052-465 000 ; www.valamar.com ; Obala Maršala Tita 15 ; P)

Artha Bistro
Voir p. 120 (052-435 495 ; www.facebook.com/bistroartha ; Jože Šurana 10 ; 12h-15h et 18h-22h lun-sam, 10h-15h dim mai-oct)

Chili Fusion Streetfood
Voir p. 120 (99-213 29 20 ; www.facebook.com/chilifusion ; Ribarski Trg 1 ; 12h-23h tlj mi-mai à sept)

Restaurant Spinnaker
Voir p. 120 (052-400 804 ; www.restaurantspinnaker.com ; Obala Maršala Tita 15 ; 18h-0h tlj sauf lun ; P)

Sv. Nikola
Voir p. 120 (052-423 018 ; www.svnikola.com ; Obala Maršala Tita 23 ; 11h-0h tlj)

ENVIRONS DE POREČ

Église Saint-Martin
Voir p. 121 (052-441 109 ; Rade Končara 54, Vrsar)

Džamonja Sculpture Park
Voir p. 121 (Valkanela 5, Vrsar ; entrée libre ; tlj sauf lun 9h-17h

jan-fév et nov-déc, 9h-19h mars-mai et sept-oct, 9h-20h juin-août)

Cammeo
Voir p. 121 (052-313 314 ; cammeo.hr/en/cities/porec)

Montraker International Sculpture School
Voir p. 121 (052-441 746 ; infovrsar.com/en/experience/history-culture/contemporary-art/montraker-international-summer-school-of-sculpture ; Vrsar ; sept)

Valamar Isabella Island
Voir p. 122 (052-406 000, réservations 052-465 000 ; www.valamar.com/fr/hotels-porec/valamar-isabella-island-resort ; Sveti Nikola ; P @)

MOTOVUN

Église Saint-Étienne
Voir p. 124 (Crkva svetog Stjepana ; Trg Andrea Antico bb ; horaires variables)

Loggia vénitienne
Voir p. 123 (Joakima Rakovca 1)

Palais communal
Voir p. 123 (052-681 726 ; www.tz-motovun.hr/en/culture/municipal-palace.com ; Trg Andrea Antico 1)

Tiskara Antico
Voir p. 124 (99 331 70 20 ; www.facebook.com/tiskaraanticomotovun ; Trg Andrea Antico bb ; 10-200 € ; horaires variables, 15h-22h tlj sauf lun et sur rdv)

Miro Tartufi
Voir p. 125 (052 681 724 ; miro-tartufi.com/en ; Kanal 27 ; 90 €/pers ; tlj avr-nov)

Parenzana
Voir p. 124 (052-351 603 ; www.parenzana.net)

Roxanich Winery
Voir p. 125 (052 205 700 ; www.roxanich.com ; Kanal 30 ; dégustation 43 €/pers ; dégustation sur rdv, 12h-14h et 16h-18h tlj sauf lun)

Tomaz Winery
Voir p. 125 (99 495 85 89 ; vina-tomaz.hr ; Kanal 36 ; dégustation 3/5/7 vins 12/24/33 €/pers, avec accompagnement 24/36/45 €/pers ; 10h-18h tlj sauf dim)

Vina Fakin
Voir p. 125 (92 239 94 00 ; fakin-wines.com ; Bataji 20a, Brkač ; dégustation 1/4/7 vins 2-14/10-20/20-30 €, circuit 60-130 €/pers ; 10h-19h tlj)

Hotel Kaštel
Voir p. 125 (052-681 607 ; www.hotel-kastel-motovun.hr ; Trg Andrea Antico 7 ; avr à mi-nov ; P)

Roxanich Design Hotel
Voir p. 125 (052-205 700 ; www.roxanich.com/hotel ; Kanal 30 ; P)

Villa Borgo B&B
Voir p. 125 (052-681 708 ; www.villaborgo.com ; Borgo 4 ; P)

Konoba Mondo
Voir p. 127 (052-681 791 ; www.konoba-mondo.com ; Barbacan 1 ; 13h-0h tlj ;)

ENVIRONS DE MOTOVUN

Jeunesses musicales internationales
Voir p. 126 (98 456 107 ; www.facebook.com/summerjazzschoolgroznjan, www.hgm.hr ; Umberta Gorjana 2, Grožnjan ; juil-août)

Restoran Stara Škola
Voir p. 127 (052-770 870 ; www.staraskola.hr ; Krasica 35, Buje ; 12h-21h tlj sauf mer)

Zigante
Voir p. 127 (052-664 302 ; restaurantzigante.com ; Livade 7 ; 12h-22h tj, fermé ou horaires réduits jan-avr)

PAZIN

Château de Pazin
Voir p. 128 (Kaštel ; 052-623 054, 052 622 220 ; www.muzej-pazin.hr, www.emi.hr ; Trg Istarskog Razvoda 1 ; tarif plein/réduit/-7 ans 6/3 €/gratuit, visite guidée musée ethnographique 25 € ; 10h-15h mar-jeu, 11h-16h ven, 10h-16h sam-dim, musée ethnographique tlj sauf lun 10h-18h mi-avr à mi-oct)

Gouffre de Pazin
Voir p. 129 (Pazinska jama ; 052-512 15 28 ; pazin-cave.com ; Valvasorova bb ; tarif plein/réduit 30/25 €, 2 heures 30 ; sur rdv tte l'année, 10h, 13h30 et 15h juil-sept avec rdv)

Musée de la Ville
Voir p. 128 (052-623 054 ; www.muzej-pazin.hr ; Trg Istarskog Razvoda 1 ; tarif plein/réduit/-7 ans 6/3 €/gratuit ; 10h-15h mar-jeu, 11h-16h ven, 10h-16h sam-dim)

Musée ethnographique d'Istrie
Voir p. 128 (052 622 220 ; www.emi.hr ; Trg Istarskog Razvoda 1 ; tarif plein/réduit/-7 ans 6/3 €/gratuit, visite guidée 25 € ; 10h-18h tlj sauf lun mi-avr à mi-oct, 10h-15h mar-jeu, 11h-16h ven, 10h-16h sam-dim mi-oct à mi-avr)

ZipLine Pazinska Jama
Voir p. 129 (091 54 37 718 ; www.facebook.com/zipline.pazin ; Šime Kurelića 4 ; 24 € ; 10h-18h tlj mai-sept, sur rdv oct-avr)

Apartments and Rooms Laura
Voir p. 129 (98 206 818 ; Antuna Kalca 10A ; avr-sept ; P)

ENVIRONS DE PAZIN

Château Morosini-Grimani
Voir p. 132 (052-384 318 ; grimanicastle.com ; Svetvinčenat 47 ; tarif plein/réduit/famille/-7 ans 10/7/27 €/gratuit juin-sept, 7/4/17,25 €/gratuit oct-mai ; 10h-16h vacances de Pâques et sam-dim avr, 9h-17 h sam-dim mai, 9h-17h mar-dim juin et sept, 12h-20h mer-dim juil-août, 10h-16h mar-dim oct et ven-dim nov, sur demande jan-mars)

Église de l'Annonciation-de-la-Bienheureuse-Vierge-Marie
Voir p. 132 (052-869 358 ; Pićan 60 ; sur réservation)

Église Sainte-Marie
Voir p. 132 (Gračišće)

Église Sainte-Marie-des-Ardoises
Voir p. 131 (052-622 903, 91 580 60 83 ; Trg Sant Elena 11, Beram ; tarif plein/réduit 2,65/0,66 € ; sur rdv)

Église Saint-Guy
Voir p. 132 (052-687 115 ; župa-sv-vida.hr ; Gračišće)

Église Saint-Roch
Voir p. 131 (052-665 196 ; Dragué)

Granary
Voir p. 132 (Gračišće)

Palais Salomon
Voir p. 132 (Gračišće)

Point de vue François-Ferdinand
Voir p. 132 (Pićan)

Escape Castle Svetvinčenat
Voir p. 133 (052-384 318 ; grimanicastle.com/en/escape-castle-svetvincenat ; Svetvinčenat 47 ; tarif plein/réduit/famille/-7 ans 15/11/40 €/gratuit juin-sept, 10/7/27 €/gratuit oct-mai ; sur demande)

Apartments Pruga
Voir p. 129 (091 78 17 263 ; apartments-pruga.com ; Lovrinići 14, Bazgalji ; mai-sept ; P)

Casa della Grofica
Voir p. 129 (06 43 47 58 27 ; www.casadellagrofica.com ; Tomicini 57, Kringa ; petitdéj inclus ; P)

Konoba Marino
Voir p. 132 (91 524 92 09 ; @ konoba.marino ; Gračišće 75 ; 14h-22h lun-mar et jeu-sam, 13h-22h dim)

Konoba Vela Vrata
Voir p. 132 (052-622 801 ; @ konobavelavrata ; Beram 41 ; 12h-23h mar-dim)

Konoba 2. Peron
Voir p. 132 (052-684 099 ; konoba-pizzeria2peron.com ; Cerovlje 6, Cerovlje ; 12h-23h tlj sauf lun)

LABIN

Église de la Nativité-de-la-Vierge
Voir p. 135 (Župna crkva rođenja Blažene Djevice Marije ; 1 Maja bb ; horaires variables)

Église Saint-Just
Voir p. 135 (Zvonik Justa Labin ; 052 852 482, 098 959 75 32 ; Šetalište San Marco 77, Labin ; clocher tarif plein/réduit/7-18 ans 2/1,5/1 € ; clocher 9h-14h et 15h-20h tlj mai-sept, sur rdv oct-avr)

Forteresse
Voir p. 135 (Fortica bb)

Loggia
Voir p. 134 (Titov Trg bb)

Musée populaire de Labin
Voir p. 135 (Narodni muzej Labin ; 052 852 477 ; www.facebook.com/muzej.labin ; 1 Maja 6 ; tarif plein/réduit/enfant/famille/-7 ans 4,5/4/3/11 €/gratuit fin juin à fin sept, 3,5/3/2/8 €/gratuit reste de l'année ; 11h-17h lun-sam avr-mai, 10h-13h lun-sam juin-oct, 17h-20h lun-sam juin-sept, 11h-15h dim juin-août, sur rdv nov-mars)

Teatrino
Voir p. 135

ENVIRONS DE LABIN

Église Sainte-Barbe
Voir p. 137 (Crkva Svete Barbare ; 052 852 482, 052 874 635 ; Trg 2. marta bb, Raša ; sur demande)

Maison du mineur 'Arsia'
Voir p. 137 (Kovarska kuća "Arsia" ; 91 363 61 39 ; arsiana.hr/otkrij/kovarska-kuca-arsia ; Trg Gustavo Pulitzer Finali 2, Raša ; tarif plein/enfant/-7 ans 2/1 €/gratuit ; 10h-14h lun, mer et ven, 16h-19h mar et jeu, 9h-13h sam juil-sept, 16h-19h mar et jeu, 9h-12h sam oct-juin)

Outback Circle
Voir p. 137 (98 183 55 80 ; www.facebook.com/outback.circle.9 ; Istarska 24, Labin ; tte l'année)

Vue aérienne du village de Motovun (p. 123)

Île de Rab (p. 176). Page de droite : Opatija (p. 156)

SITES PRINCIPAUX

RIJEKA
Une ville mélomane et un carnaval grandiose. **p. 150**

OPATIJA
Splendeur de l'Empire austro-hongrois et superbe littoral. **p. 156**

ÎLE DE KRK
Île splendide aux ambitions écologiques. **p. 162**

Golfe de Kvarner

ENTRE VILLES ANIMÉES ET ÎLES PLUS RETIRÉES

Plages paradisiaques, charmants villages de pêcheurs, îles tapissées de forêts et histoire millénaire font du golfe de Kvarner une région d'exception.

La région du golfe de Kvarner est sans doute moins connue que ses voisines du sud, d'où son intérêt. Plongez dans les mystères des îles de Krk, Cres, Lošinj et Rab, délectez-vous de l'agitation des villes de Rijeka ou d'Opatija, et sortez des sentiers battus dans les villages de pêcheurs de la Riviera d'Opatija.

Entourée des eaux scintillantes de la mer Adriatique et séparée de la Dalmatie par des montagnes, impossible de passer à côté de la beauté naturelle de la région du golfe de Kvarner.

Par le passé, les empires vénitiens et austro-hongrois (et parfois les Ottomans) se sont disputé l'endroit pendant des siècles pour les terres et le commerce, gravant leur passage dans l'architecture et la gastronomie locales. Question histoire et paysages, le golfe de Kvarner n'a rien à envier à ses régions voisines du sud. Ses racines agricoles y sont entretenues avec des festivals culinaires au gré des saisons et le maintien de méthodes traditionnelles permet de profiter d'une abondance de délicieux plats locaux et naturels, et de restaurants reconnus. Pour les aventuriers, le parc naturel d'Učka et le parc national de Risnjak sont des terrains parfaits pour des randonnées.

ÎLE DE CRES
La nature sauvage vous attend.
p. 168

LOŠINJ
Entre hôtels de luxe et villages pittoresques. **p. 171**

ÎLE DE RAB
Plages de sable fin et spectaculaire ville fortifiée.
p. 176

S'orienter

Région au climat tempéré principalement côtière, le golfe de Kvarner s'étend de l'Istrie, à l'ouest, à la Dalmatie, au sud. La mer Adriatique y est parsemée de nombreuses îles.

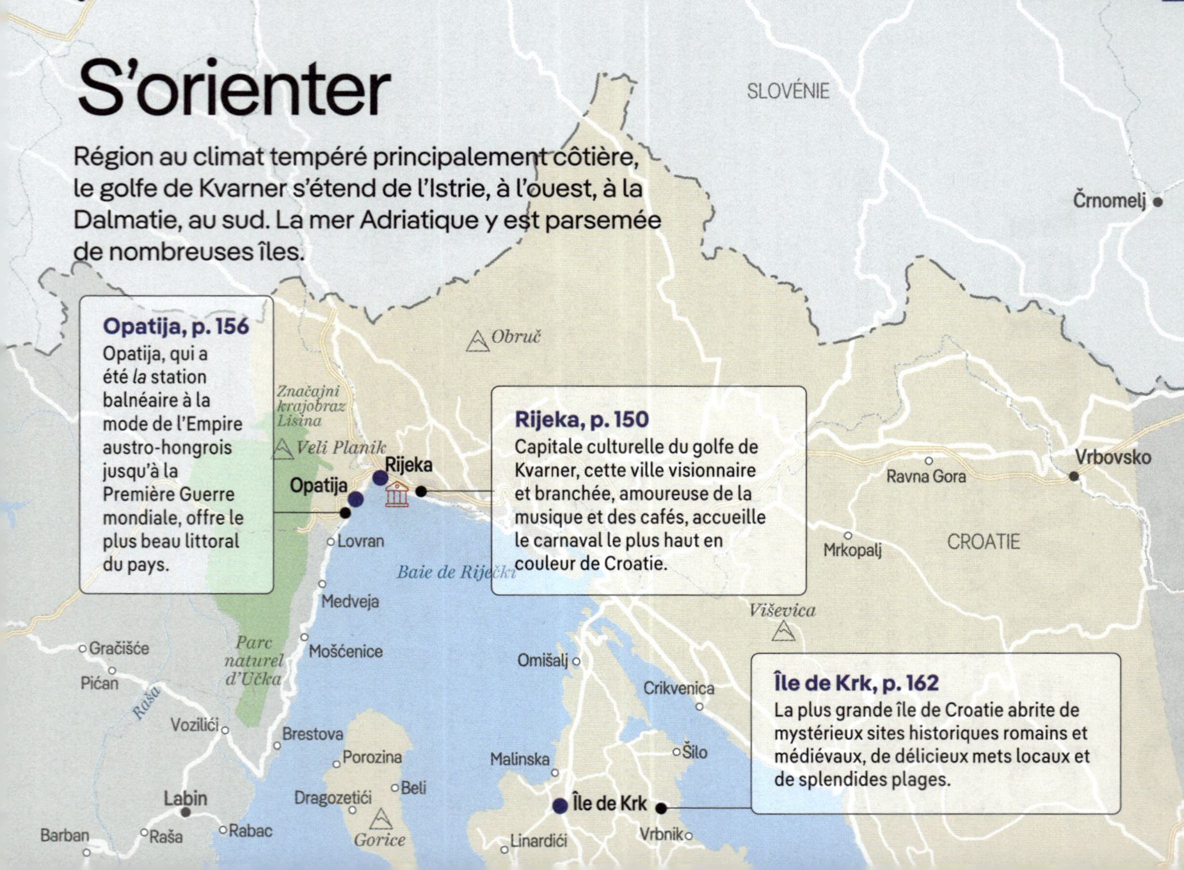

Opatija, p. 156
Opatija, qui a été *la* station balnéaire à la mode de l'Empire austro-hongrois jusqu'à la Première Guerre mondiale, offre le plus beau littoral du pays.

Rijeka, p. 150
Capitale culturelle du golfe de Kvarner, cette ville visionnaire et branchée, amoureuse de la musique et des cafés, accueille le carnaval le plus haut en couleur de Croatie.

Île de Krk, p. 162
La plus grande île de Croatie abrite de mystérieux sites historiques romains et médiévaux, de délicieux mets locaux et de splendides plages.

TRANSPORTS EN COMMUN

Les villes, villages et îles de la région du Kvarner sont bien desservis par les transports en commun, mais faire coïncider les horaires de bus et de ferry peut être un exercice délicat, programmez donc vos voyages quelques mois à l'avance sur www.arriva.com.hr/en-us/home.

FERRY

Prendre le ferry dans le golfe de Kvarner est possible toute l'année, les habitants ayant besoin de liaisons régulières avec le continent, mais gardez à l'esprit que le service est réduit hors saison et s'accroît l'été. Consultez www.jadrolinija.hr/en/home.

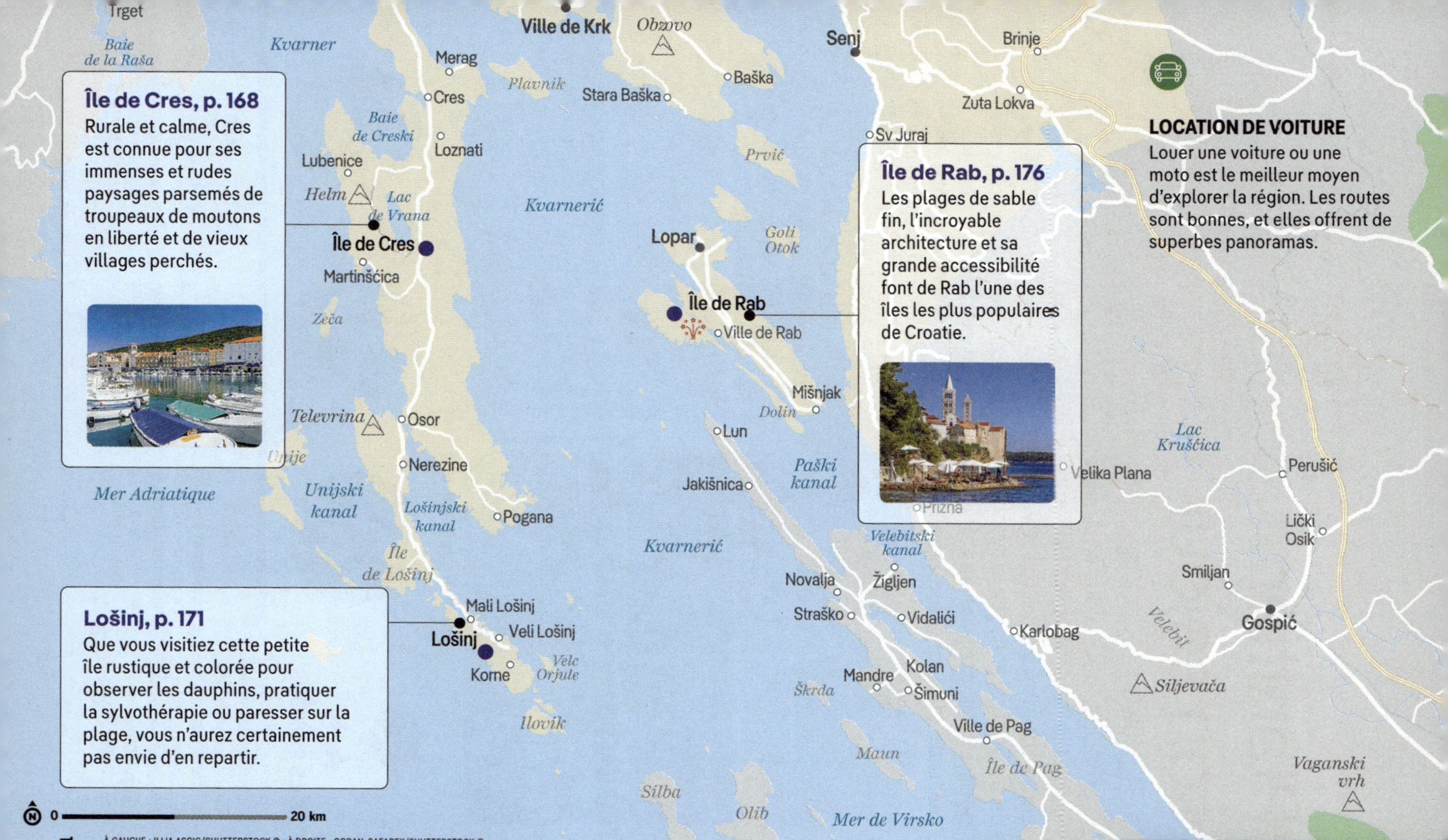

À GAUCHE : ILIJA ASCIC/SHUTTERSTOCK © ; À DROITE : GORAN_SAFAREK/SHUTTERSTOCK ©

Planifier son séjour

Pas de précipitation dans le Kvarner, surtout si vous souhaitez visiter les îles. Prévoyez du temps supplémentaire pour les voyages en ferry et ralentissez le rythme pour vous imprégner de l'air parfumé et du charme local.

SERENITY-H/SHUTTERSTOCK ©

Vrbnik, île de Krk (p. 165)

Si vous avez peu de temps

- Atterrissez à Rijeka pour passer une nuit ou deux sur l'île voisine de **Krk** (p. 162).

- La ville de Krk donne un excellent aperçu de l'île, avec ruines romaines, vues sur mer et délicieux restaurants. Située au centre de l'île, c'est un point de départ idéal pour explorer le village de **Baška** (p. 166), à l'est, à la découverte du surprenant alphabet glagolitique et d'incroyables plages, ou pour rejoindre le village perché de **Vrbnik** (p. 165), au nord, où les calmes ruelles tortueuses invitent à la paix et à la tranquillité.

Au fil des saisons

Si un séjour estival s'apprécie davantage sur les superbes îles, vous pourrez explorer les charmants villages de la Riviera d'Opatija au printemps ou à l'automne.

FÉVRIER

Le **carnaval** est un rendez-vous important. Immense à Rijeka, et fêté sur la plupart des îles du golfe.

AVRIL

Pâques est l'occasion d'assister à d'intéressantes traditions. Danses et chants dans les villages.

MAI

L'un des meilleurs mois pour visiter la région : l'été arrive, mais les plages ne sont pas encore bondées.

HAPPY WINDOW/SHUTTERSTOCK ©, IVANSMUK/ISTOCK/GETTY IMAGES ©, PABLO DEBAT/SHUTTERSTOCK ©

Escapade sur un week-end

- Prenez le ferry à Krk pour Merag, sur l'**île de Cres** (p. 168), et passez quelques nuits à vous imprégner des paysages d'un autre monde. Dormez dans le vieux village perché de **Beli** (p. 169), et visitez le **refuge pour les vautours fauves** (p. 170) avant d'aller vous prélasser sur les plages.

- Puis prenez le ferry à Porozina vers la Riviera d'Opatija et passez la nuit à **Mošćenička Draga** (p. 160) ou **Lovran** (p. 159), pour partir à la découverte des églises avant une baignade qui vous ouvrira l'appétit pour un merveilleux dîner de fruits de mer.

- Terminez votre voyage dans la palpitante ville de **Rijeka** (p. 150), en n'oubliant pas de visiter l'un des musées historiques avant de profiter d'un concert live.

Un été au Kvarner

- La région du Kvarner ne manque pas de jolis logements de vacances, l'idéal pour un séjour familial en mode *slow travel*. Si vous avez l'occasion de rester quelques semaines et de vous plonger dans le mode de vie local, n'hésitez pas.

- Réservez un logement à **Rab** (p. 176) pour participer à la **Foire de Rab** (p. 178) du 25 au 27 juillet et vivre des moments inoubliables. Vous pourrez assister à des reconstitutions historiques et déambuler sur les pavés de l'une des plus belles villes anciennes de Croatie, entre deux baignades dans les eaux turquoise, bien sûr.

JUIN

Participez à la fête de la Cerise à Lovran et dévorez un merveilleux strudel préparé avec des fruits locaux par les pâtissiers invités.

JUILLET

Ne manquez pas la fête du vin *žlahtina* dans le village de Vrbnik. Les férus d'histoire apprécieront la **Foire de Rab**.

SEPTEMBRE

Les **régates** de Lošinj rappellent la forte tradition maritime de la région. C'est aussi un mois très ensoleillé.

DÉCEMBRE

Le **marché de Noël** d'Opatija est l'un des plus beaux et appréciés de Croatie.

Rijeka

HISTOIRE | MUSIQUE | ARCHITECTURE

Pour les infos pratiques, voir le Carnet d'adresses p. 179

À SAVOIR

Si vous avez une cuisine dans votre logement ou si vous voulez organiser un pique-nique, fournissez-vous en produits frais locaux au marché central.

COMMENT CIRCULER

La marche est le moyen idéal de découvrir Rijeka. La ville est un nœud de communication, avec des lignes de bus internationales et nationales arrivant en plein centre, et des vols depuis et vers l'aéroport de Rijeka (accessible en bus) en saison.

Troisième ville du pays, Rijeka (Fiume en italien) dévoile un curieux mélange d'activités portuaires et de splendeur habsbourgeoise. La plupart des visiteurs la traversent rapidement pour rejoindre les îles ou la Dalmatie, mais ceux qui s'y arrêtent découvrent son charme, son patrimoine culturel, sa vie nocturne animée et le carnaval le plus haut en couleur du pays. Plus grand port de Croatie, Rijeka n'a pas de plages ; les voyageurs préfèrent généralement loger à Opatija, non loin.

Rijeka a une histoire mouvementée : son emplacement stratégique et ses eaux profondes en ont fait un port convoité dès l'Antiquité. Lieu de résidence des ducs Frankopan au Moyen Âge, Rijeka passa dans l'escarcelle de l'Empire austro-hongrois, qui en garda le contrôle pendant 450 ans. En 1919, une expédition menée par le poète Gabriele d'Annunzio prit le contrôle de la ville, rattachée à l'Italie en 1924. En 1945, Rijeka fut annexée à la Yougoslavie de Tito, avant d'intégrer, en 1991, la Croatie indépendante.

XBRCHX/STOCK ADOBE ©

INCONTOURNABLE
1 Théâtre national croate Ivan Zajc

VOIR
2 Château de Trsat
3 Musée maritime et historique du littoral croate
4 Palais Adria
5 Palais Modello
6 Plage de Glavanovo
7 Plage de Kostrena
8 Plage de Ploče
9 Tour de la ville

PRENDRE UN VERRE ET FAIRE LA FÊTE
10 Academia
11 Filodrammatica
12 Grad
13 Štriga

SORTIR
14 Pogon Kulture
15 Klub mladih

Rijeka reconstruite

Une ville portuaire à l'architecture splendide

La Rijeka que nous connaissons est le fruit d'aménagements urbains réalisés par les Habsbourg après le tremblement de terre dévastateur de 1750. Principale artère piétonne de Rijeka, la grande avenue qu'est le **Korzo** fut construite à l'emplacement des anciens remparts de la vieille ville. La **tour de la ville**, l'un des rares monuments à rester debout après le séisme, fut parée d'un portail orné d'armoiries et du portrait de deux empereurs autrichiens. L'horloge, qui fonctionne toujours, fut installée en 1873. Parmi les imposants bâtiments municipaux édifiés à la fin du XIXe siècle, citons le **théâtre national croate Ivan Zajc** (1885) qui abrite quelques-unes des premières œuvres de Gustav Klimt, le **palais Modello** (1885) mêlant des influences Renaissance tardive et baroque, ou le colossal

OÙ FAIRE SES COURSES

Le **marché central** de Rijeka, construit il y a plus d'un siècle, bat toujours son plein et déborde d'excellents produits locaux et de poissons frais. Faites comme les Croates, faites-y vos emplettes : miel, huile d'olive, fruits de mer locaux... Un vrai régal pour les yeux et les papilles !

OÙ PRENDRE UN VERRE À RIJEKA

Book Caffe Dnevni Boravak
Original et branché, ce café de jour et bar la nuit accueille de très bons concerts.

Celtic Caffe Bard
Bar irlandais populaire à l'ambiance détendue qui programme des concerts presque tous les soirs.

Nemo Pub
Très bien situé, le long de la rivière, et les prix y sont très raisonnables.

MIEUX VAUT SIX NOMS QU'UN SEUL

En parallèle de sa nomination en tant que capitale européenne de la culture en 2020, Rijeka a installé une seconde signalétique pour les allées, places et voies de la vieille ville.

Il s'agit de petites plaques argentées, clin d'œil subtil mais poignant à l'histoire tumultueuse de ces rues pavées, énumérant les noms qu'elles ont précédemment portés.

La petite place Sainte-Barbara, par exemple, a six noms différents en fonction de la langue des occupants de Rijeka, comme "Piazza di San Barbara", "Piazza delle Erbe", "Ulica Janeza Trdine" et, finalement, la déclinaison croate de son nom originel, "Trg Svete Barbare".

palais Adria (1897) et sa porte ornée de deux titans, qui abrite les locaux de la compagnie maritime Jadrolinija.

Carnaval de Rijeka

Le défilé du dimanche rassemble les foules

Chaque année, le dimanche précédant le carême, Rijeka organise un gigantesque défilé, apogée de son **carnaval** s'étalant sur deux semaines. Plus de 10 000 personnes s'élancent le long du Korzo pour danser et faire la fête, menées par le maire de la ville, la reine du carnaval et le maire honorifique du jour, le Meštar Toni, qui détient les clés de la ville.

Le clou de la parade est gardé pour la fin. Une centaine d'hommes, les *halubajski zvončari* (sonneurs de cloches), vêtus de chemises rayées et portant des masques de féroces animaux imaginaires, bondissent pour faire sonner les cloches attachées à leurs ceintures. La cacophonie produite sur leur passage sert à éloigner les mauvais esprits, l'hiver et l'armée ottomane, selon la légende. Les contes locaux rapportent que lorsque les Ottomans ont tenté d'envahir la ville, les combattants de Rijeka ont porté des masques faits de vraies têtes d'animaux qui ont effrayé les soldats adverses.

Pas besoin de faire partie d'un groupe pour se déguiser, le slogan du carnaval de Rijeka est : soyez celui que vous voulez être. Après la parade, la fête bat son plein jusqu'à l'aube.

Château de Trsat

La plus belle vue de la ville

Sur une colline qui domine la ville, le **château de Trsat**, une forteresse du XIIIe siècle à moitié en ruine offre une vue splendide depuis ses bastions et ses remparts : de là, le regard embrasse la vallée de la Rječina jusqu'aux quais, l'Adriatique et l'île de Krk au lointain. L'édifice fut érigé par les ducs Frankopan de Krk ; sa dernière transformation date de 1824, lorsque le comte autrichien d'origine irlandaise Laval Nugent, acheta le château et le restaura avec l'aide du constructeur néoclassique vénitien Giacomo Paronuzzi. Il fit réparer les tours, en décora l'intérieur et se fit ériger un mausolée semblable à un temple grec. Gardé par des basilics, ce dernier présente quatre colonnes de marbre soutenant la façade. Délaissé par ses descendants, le château ne reprit vie que dans les années 1960 en accueillant, l'été, concerts, expositions et représentations théâtrales.

La montée des 560 marches vaut la peine, surtout si vous vous reposez ensuite sur la terrasse du **Vintage**, un bar en plein air installé au milieu des ruines.

OÙ SE RESTAURER À RIJEKA

Konoba Feral
Restaurant de poisson au décor maritime décalé et à l'atmosphère familiale. €

Bistro Mornar
Les meilleurs fruits de mer de Rijeka se trouvent ici. €€

Maslina
Restaurant italien proposant d'incroyables pizzas et spaghettis à l'encre de seiche. €

TRABANTOS/SHUTTERSTOCK ©

Château de Trsat

Le pèlerinage de Notre-Dame de Trsat

Un patrimoine religieux singulier

Lors de votre découverte du centre de la ville, vous pourrez admirer la **cathédrale Saint-Guy**, au nord de la porte romaine, un édifice à la forme circulaire peu commune qui fut construit par l'ordre des Jésuites en 1638. Mais si Rijeka attire des milliers de visiteurs et pèlerins chaque année, c'est grâce à l'**église Notre-Dame de Trsat**, premier sanctuaire marial de Croatie.

Selon la légende, les anges qui transportaient la maison de la Vierge Marie depuis Nazareth s'y seraient reposés à la fin du XIIIe siècle, avant de continuer jusqu'à Loreto, en Italie. Quelques pèlerins commencèrent à visiter la chapelle édifiée sur le site, puis leur nombre grossit lorsque le pape Urbain V fit don d'une icône de la Vierge en 1367, qui orne le maître-autel, derrière une somptueuse grille en fer forgé. Remarquez les ex-voto dans le cloître baroque. Vous devrez prendre rendez-vous pour voir la collection d'art sacré du Trésor, où est diffusé un film de 15 minutes sur l'église.

SE PLONGER DANS LA MUSIQUE DE RIJEKA

Vinko Golembiowski, vice-président du Ri Rock Festival (rirock.hr).

"Je dis toujours que Rijeka est une ville animée et musicalement bouillonnante. Elle est remplie de petits bars que les Croates aiment fréquenter afin de voir quels musiciens y jouent. Tout le monde aime la musique ici. Les habitants sont trop modestes pour appeler Rijeka *la* ville du rock, mais elle l'est vraiment.

Allez voir autant de concerts que vous pouvez, parlez avec les Croates, et vous vous en rendrez compte.

Beaucoup d'organisateurs de concerts live sont aussi engagés socialement, dans des associations de soutien aux causes LGBTQI+ ou aux victimes de violences conjugales.

Maintenant que les Let 3 sont connus, la musique de Rijeka arrive en force !"

OÙ ASSISTER À DES CONCERTS LIVE À RIJEKA

Klub mladih
Ce café-bar cultive une ambiance étudiante, mais est fréquenté par des Croates de tous âges.

Pogon Kulture
Délivre une réelle expérience du punk de Rijeka.

Filodrammatica
Une salle de bal italienne cachée à l'architecture ornementée.

COUP D'ÉCLAT DANS LA MARINE

En 1866, un officier-ingénieur originaire de Rijeka (Fiume), Giovanni Luppis, et un ingénieur britannique font une invention qui va mettre la ville sous le feu des projecteurs : la torpille !

Rijeka (Fiume) fait alors partie de l'Empire austro-hongrois, si bien que Giovanni Luppis présente à l'empereur François-Joseph en personne son idée d'une arme pouvant détruire des bateaux depuis la terre. Fort de son soutien, Luppis collabore avec le Britannique Robert Whitehead, directeur de la fonderie Stabilimento Tecnico Fiumano, pour mettre au point l'arme qui changera le visage des combats maritimes.

Les profits permettent de transformer Rijeka en une ville cosmopolite faite de bâtiments à l'architecture impressionnante, certains détenus par Whitehead lui-même.

TRABANTOS/SHUTTERSTOCK ©

Musée maritime et historique du littoral croate

Pour suivre les pas des pèlerins, grimpez, en partant de Titov Trg, l'**escalier Petar Kružić**, qui fut construit en 1531 pour faciliter l'accès à l'église. Les chapelles qui le jalonnent permettaient jadis aux fidèles de se reposer.

Musée maritime et historique

Les sauveteurs du Titanic

Avec ses escaliers majestueux, ses lustres scintillants et ses salles somptueusement restaurées, l'ancien palais du gouverneur austro-hongrois est une vitrine splendide de l'architecture hongroise. L'édifice héberge désormais le **Musée maritime et historique du littoral croate** et sa collection permanente d'amphores romaines, de maquettes de bateaux, de cartes marines... mais aussi d'un objet très rare : un gilet de sauvetage du *Titanic*, présenté dans une salle dédiée au tragique événement.

Mais quel rapport entre Rijeka et le *Titanic* ? Beaucoup, à vrai dire. Une grande partie de l'équipage du *RMS Carpathia*, le bateau qui a répondu aux appels de détresse du *Titanic* et a secouru les survivants, venait de Rijeka, située sur la route du navire. Des décennies après, la famille de l'un des marins a donné au musée un gilet de sauvetage qu'il avait conservé en mémoire de cette expédition. Ne serait-ce que pour cette salle, la visite vaut largement les 4 € demandés à l'entrée.

Quand Klimt arrive en ville

Les premières œuvres du maître viennois

Rijeka peut se targuer d'avoir aimé Klimt avant qu'il ne soit célèbre. Dans les années 1880, le peintre, alors âgé de 23 ans, travaille sur une série de neuf fresques, dont trois lui sont

OÙ SE BAIGNER PRÈS DE RIJEKA

Plage de Ploče
Appréciée pour ses eaux translucides, cette plage propre et surveillée est accessible à tous.

Plage de Glavanovo
Parfaite pour les familles grâce à ses eaux peu profondes et à l'ombre procurée par ses arbres.

Plage de Kostrena
Ces plages de la péninsule sont fières de leurs eaux plus fraîches, issues des montagnes.

directement attribuées, avec son frère Ernst et Franz Matsch, leur collègue, pour le plafond du nouveau **théâtre national croate Ivan Zajc**. Les fresques sont peintes à Vienne puis transportées à Rijeka où l'on peut aujourd'hui les admirer depuis une plateforme panoramique, quand elles ne sont pas exposées à l'étranger.

Rock à Rijeka

Une capitale de la musique depuis des générations

De nombreuses théories expliquent pourquoi Rijeka était la capitale musicale de la Yougoslavie. L'effet Liverpool pourrait être en jeu : une ville portuaire au cœur du va-et-vient de bateaux provenant des États-Unis avec les derniers vinyles du moment, rendant tout l'univers de la musique disponible pour la jeunesse de Rijeka, du rock and roll au punk. Ou cela pourrait être à cause de tous les entrepôts vidés à la suite du déclin industriel de la ville, lieux de choix pour devenir des salles de répétitions et de concert improvisées.

Quelle que soit la raison, Rijeka est toujours considérée comme la capitale croate de la musique, produisant groupe sur groupe depuis des décennies et dans des genres variés, comme Paraf (punk new wave), Denis & Denis (musique synthétique) ou Grč (noise rock).

Mais c'est surtout le groupe de punk Let 3, fierté locale depuis 30 ans, qui fait le plus parler de lui. À l'occasion du concours de l'Eurovision 2023, le groupe croate a interprété son morceau joyeusement provocateur *Mama ŠČ !* en lançant de fausses bombes sur le public pour accuser le président biélorusse Alexandre Loukachenko de complicité avec la Russie dans l'invasion de l'Ukraine, à l'aide de paroles subtilement imagées déjouant l'interdiction de faire des déclarations politiques.

En dehors du punk, la scène musicale de Rijeka est florissante, nourrie par le brillant et primé **Ri Rock Festival**, l'événement musical annuel le plus important de la ville. En parallèle, ses organisateurs gèrent une école de musique, la Ri Rock Academy, ainsi qu'un studio abordable, mais de grande qualité, Music Box, pour que les jeunes s'exercent et reçoivent les conseils de l'équipe du festival.

La culture du café

À Rijeka, le café est une affaire sérieuse

Si pendant longtemps une large portion de la population de Rijeka était italienne, l'influence de celle-ci y est toujours palpable, notamment à travers le dialecte local aux accents vénitiens et la culture du café. Vous trouverez plus de 20 cafés sur le Korzo, et plus encore au cœur de la ville. **Grad**, sur la côte, est idéal pour s'asseoir en terrasse et déguster un expresso accompagné d'un de leurs fameux gâteaux. Sur le bassin du canal, **Štriga** propose une excellente carte de cafés dans un cadre confortable et l'**Academia** offre un espace de calme au milieu du tumulte urbain.

UN HÔTEL POUR CHAQUE BUDGET

Hostel Dharma
L'astucieuse reconversion de ce qui fut jadis une fonderie de fer, à la lisière est de la ville, a donné cette auberge de jeunesse chaudement recommandée, avec studio de yoga et restaurant végétarien attenants. **€**

Grand Hotel Bonavia
Cet étonnant cube à la façade vitrée en centre-ville propose des chambres bien aménagées, confortables et contemporaines. Il y a également un restaurant, un spa et une petite salle de sport. **€€**

Hotel Jadran
À 2 km à l'est du centre, ce quatre-étoiles impeccable est accroché à une falaise en surplomb de l'Adriatique : réservez une chambre donnant sur la mer. Plage bordée de béton en contrebas. **€€€**

Opatija

GASTRONOMIE | LIEU DE VILLÉGIATURE | SPA ET BIEN-ÊTRE

Pour les infos pratiques, voir le Carnet d'adresses p. 179

À SAVOIR

Une bonne partie du charme d'Opatija réside dans l'opulence de ses hôtels, mais même si votre budget ne coïncide pas, vous êtes les bienvenus ! Cette petite ville dispose de milliers de logements saisonniers à des prix abordables ainsi qu'un marché aux poissons et des supermarchés pour cuisiner maison dans votre logement. Si vous voulez organiser un pique-nique, fournissez-vous en produits frais locaux au marché central.

Opatija (Abbazia en italien), à 13 km à l'ouest de Rijeka, offre le plus beau littoral du pays. Du Lungomare, une promenade en bord de mer qui s'étend sur 12 km le long du golfe de Kvarner, on découvre les collines boisées qui descendent vers la mer cristalline. À l'ouest d'Opatija, le Vojak, point culminant de la péninsule d'Istrie avec ses 1 401 m, embellit encore le panorama.

On comprend facilement qu'Opatija ait été, de l'Empire austro-hongrois jusqu'à la Première Guerre mondiale, *la* station balnéaire à la mode. Si la période yougoslave a fait perdre un peu de son éclat à la ville, elle s'est redynamisée depuis : ses hôtels-spas grandioses, sa situation spectaculaire et son climat agréable toute l'année attirent de nouveau une population majoritairement âgée.

Les métamorphoses de l'abbaye

Villa Angiolina et Lungomare

La petite ville s'est développée autour de l'**église Saint-Jacob**, édifiée sur les fondations d'une abbaye bénédictine (*opatija* signifie "abbaye"). Humble village de pêcheurs, Opatija connut de profonds changements lorsque le riche et puissant homme d'affaires Iginio Scarpa arriva de Rijeka dans les années 1840. Il fit construire la **villa Angiolina** (du nom de sa femme) et l'entoura de plantes exotiques subtropicales. La villa accueillait les aristocrates européens (dont l'impératrice autrichienne Marie-Anne, épouse de Ferdinand Ier), faisant d'Opatija une destination mondaine. La villa héberge le **musée croate du Tourisme**, qui reste toutefois fermé pour cause de restauration pour une durée indéterminée. Que cela ne vous empêche pas de visiter le remarquable parc qui l'entoure.

Le **Lungomare** est un autre témoin des métamorphoses du petit village de pêcheurs. Jalonnée de majestueuses villas et de vastes jardins, cette magnifique promenade (connue sous le nom de "promenade François-Joseph Ier") exauce les rêves des curieux et fait les délices des promeneurs. Elle serpente sur 12 km le long du littoral, de Volosko à Lovran, en passant par les villages d'Ičići et d'Ika. En chemin, vous pourrez jeter

Maisons à Opatija

COMMENT CIRCULER

Opatija est une petite ville qu'il est aisé de parcourir à pied. La gare la plus proche est celle d'Opatija Matulji, et les bus de ville desservent la côte.

un coup d'œil aux riches demeures et admirer les palais en bord de mer. La promenade traverse des massifs de plantes exotiques, des bosquets de bambous, une marina et de petites criques rocheuses où vous pourrez vous baigner – elles sont plus séduisantes que la plage en béton d'Opatija.

La première station balnéaire de Croatie

Direction le spa !

Au XIXe siècle, tout Autrichien fortuné se devait d'aller faire une cure de repos dans un hôtel de bord de mer. Le tourisme climatique était en vogue dans l'aristocratie et les Habsbourg n'étaient pas en reste. La famille royale, qui avait perdu la

OÙ SE LOGER À OPATIJA

Hotel Kvarner
Le plus ancien hôtel de Croatie est aussi splendide aujourd'hui qu'à sa construction. €€€

Bristol Hotel Opatija
Cette propriété d'époque abordable parfaitement conservée se situe au cœur de la ville. €€

Ikador
Si vous avez le budget, ce luxueux boutique-hôtel est merveilleux. €€€

UN NOUVEL AN PAS COMME LES AUTRES

Si presque toutes les villes croates fêtent le Nouvel An, Opatija remporte le prix de l'originalité pour ses festivités uniques.

Dans les lieux centraux comme le parc Angiolina, le parc Saint-Jacob, la place Slatina, le Lungomare et le village de pêcheurs voisin de Volosko, Opatija s'illumine de milliers de petites lanternes, donnant un air de conte de fées à ses jardins.

Des concerts live sont prévus en marge du marché de Noël, considéré comme l'un des meilleurs du pays, et si vous visitez Opatija au bon moment vous verrez peut-être son **Festival du chocolat**, organisé début novembre. Consultez le site touristique de la ville pour plus de détails (visitopatija.com).

possession de ses palais vénitiens après le Risorgimento, se mit en quête d'un endroit où construire une station balnéaire. Opatija fut choisie pour son ensoleillement annuel, ses températures hivernales autour de 10°C et, bien sûr, son air frais marin, idéal pour le système respiratoire.

Les cures de bien-être ne se limitant plus au soleil et à l'air marin, la plupart des hôtels de la ville et des alentours disposent désormais de magnifiques spas.

L'hôtel traditionnel **Miramar** propose une piscine d'eau de mer intérieure et extérieure ainsi que des cours d'aquagym, de pilates et de yoga.

L'**Hôtel Ambasador**, construit dans les années 1960 sur la côte, offre un spa exceptionnel, avec un sauna finlandais et un bain turc. Un court trajet en voiture vers Ika, à l'ouest, vous permettra d'atteindre l'un des plus beaux hôtels du monde, l'**Ikador Luxury Boutique Hotel & Spa**, qui a tout vu en grand, proposant notamment un sauna d'halothérapie avec des blocs de sel himalayens pour se relaxer après un passage dans le hammam ou le Jacuzzi. Vous pouvez même réserver une séance de thérapie sonore durant laquelle un thérapeute vous apaisera en frappant son bol en cristal.

OÙ SE RESTAURER À OPATIJA

Kaneta
Saveurs intenses et portions généreuses sont les mots d'ordre de ce restaurant familial sans prétention. **€€**

Bevanda
Une allée de marbre mène à ce restaurant possédant une immense terrasse face à la mer. Mets exquis. **€€€**

Pizzeria Roko
Restaurant abordable (une rareté à Opatija), qui sert de bonnes pizzas, des risottos, des salades. **€€**

Environs d'Opatija

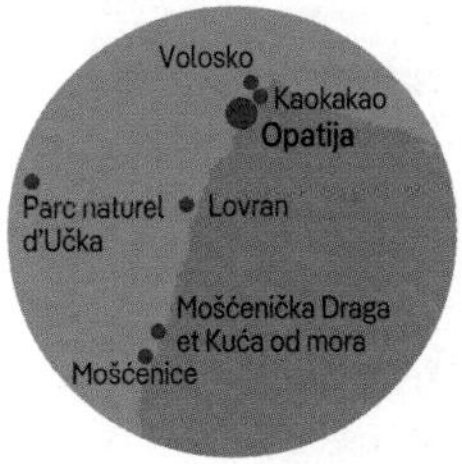

Une série de jolis villages parsèment cette partie tranquille et moins touristique de la côte.

Une escapade dans les ports de pêche et les villages perchés de la Riviera d'Opatija, beaucoup plus calmes que leurs homologues de la côte sud, est idéale pour les visiteurs en recherche d'une ambiance rustique intacte.

Opatija est un bon point de départ pour explorer le village voisin, Volosko, ou pour longer la côte vers l'ouest, à la découverte des somptueuses villas d'Ika, des ruelles médiévales de Lovran, des restaurants de fruits de mer du village de pêcheurs de Mošćenička Draga ou des hameaux perchés de Mošćenice et Brseč. Accessible en voiture, cette région souvent délaissée des touristes est agréable à visiter, et vous pourrez participer à ses festivals culinaires, clins d'œil à son héritage agricole, de pêche et de navigation.

Pour les infos pratiques, voir le Carnet d'adresses p. 180

À SAVOIR

Si vous venez en été, louer un deux-roues est la manière idéale de visiter cette partie rurale.

Le paradis des gourmands à Volosko

Attention au sucre à la pâtisserie Kaokakao

Avec seulement un millier d'habitants et une architecture fascinante, le village de pêcheurs de **Volosko** est plus ancien que sa voisine Opatija (à 2 km à l'est) et certainement moins guindé.

On ne penserait pas y trouver l'une des meilleures pâtisseries de Croatie, et pourtant la cheffe Anja Zulić y a ouvert son incroyable **pâtisserie Kaokakao** où elle confectionne des gâteaux divins.

Sans aucun additif et avec des ingrédients de haute qualité, la cheffe puise son inspiration dans les gastronomies française, allemande ou italienne, utilisant parfois d'anciennes recettes ou créant même des pâtisseries telles que la Deliciana, la Frankopan Torta ou le Kaokakao, qui est sans doute le meilleur gâteau au chocolat que vous mangerez dans votre vie.

La cuisine en folie à Lovran

La plus grande omelette du monde

L'un des bijoux de la Riviera se situe à 10 minutes en voiture d'Opatija : **Lovran**, est une ville aussi pittoresque qu'historiquement riche, où les rues pavées serpentent entre les édifices du XVIIe siècle. À cette période c'était une cité fortifiée qui servait de refuge aux habitants fuyant les armées ottomanes. Mais l'incroyable architecture (comme la tête de

COMMENT S'Y RENDRE

Des bus partent de Rijeka et passent par Opatija et le long de la Riviera, à Ika, Lovran et Mošćenička Draga, avec quatre passages par jour avec Arriva (arriva.com.hr/en-us/home) et trois passages par jour avec Nomago (intercity.nomago.hr).

GOÛTEZ LES MEILLEURS GÂTEAUX

Anja Zulic, propriétaire et cheffe pâtissière de Kaokakao (facebook.com/kaokakaopatisserie). "J'ai voulu ouvrir ma pâtisserie ici, car je suis personnellement attachée à Volosko. J'ai grandi ici, ma grand-mère vit ici et c'est une ville agréable qui a une cuisine délicieuse.

J'adore le port de Mandrač, avec ses excellents restaurants et cafés.

Je vous conseille de vous promener dans les ruelles, de visiter les galeries d'art et de déguster une glace sur un banc face à la mer, particulièrement lors d'une chaude soirée d'été."

Turc et les écritures glagolitiques de l'église Saint-Georges) n'est pas le principal intérêt de la ville. Trois fois par an, Lovran organise d'immenses événements culinaires : le Festival des asperges en avril, la fête de la Cerise en juin et la fête de la Châtaigne en octobre.

Lors du **Festival des asperges**, un chef cuisinier confectionne sous les yeux des spectateurs une gigantesque omelette d'un millier d'œufs et de 30 kg d'asperges, dont la récole sur la montagne Učka par 10 volontaires prend trois jours. Une fois cuite, l'omelette est partagée gratuitement entre tous les participants.

Poisson frais à Mošćenička Draga

Un petit village pour une grande gastronomie

Les amoureux de la gastronomie avaient repéré ce village de pêcheurs sur la Riviera d'Opatija depuis déjà longtemps. **Mošćenička Draga** est minuscule, mais héberge un grand nombre des meilleurs restaurants de fruits de mer du pays.

Konoba Zijavica est l'un des meilleurs restaurants croates labellisés JRE (organisme récompensant les jeunes chefs). La préparation du poisson est dans son ADN, le chef Stiven, toujours aimable, ayant grandi dans le monde de la pêche grâce son père. Sa femme prépare aussi de délicieux desserts.

Sur les quais, **Konoba Pescaria** propose des plats traditionnels croates, avec de larges portions de poisson frais grillé, crevettes et autres fruits de mer à des prix raisonnables.

L'incontournable du village est sans aucun doute le restaurant traditionnel **Johnson**, qui permet de déguster des spaghettis, du risotto ou encore un excellent plat du jour avec vue sur la vallée et la baie.

Impossible de passer à côté de la forte culture maritime du village, que les habitants célèbrent de manière festive tous les ans en juillet avec une **régate** au cours de laquelle les pêcheurs s'affrontent le long de la promenade et du petit port.

Prenez de la hauteur à Mošćenice

L'ancien village de l'huile d'olive

Le village perché de **Mošćenice** surplombe Mošćenička Draga et était habité par des pêcheurs, des bergers et des producteurs d'huile d'olive.

Ce charmant bourg médiéval est notamment composé de deux loggias italiennes (une à l'intérieur de la ville et une en dehors, qui permettait que les visiteurs n'amènent pas de maladies) et une église baroque très pittoresque, en marbre italien de Rijeka.

OÙ MANGER DES FRUITS DE MER SUR LA RIVIERA D'OPATIJA

Bistro Yacht Club, Opatija
Commandez le *bakalar bianco* (morue salée) dans cette pépite d'Opatija, qui reste abordable. **€€**

Plavi Podrum, Volosko
Cette destination gustative huppée sert des plats peu communs (où l'encre de seiche est reine). **€€€**

Ganeum, Lovran
Un confortable bistrot magnifiquement décoré. Goûtez-y les fruits de mer ou le poisson grillé. **€€**

Malheureusement, le village n'est plus très peuplé, l'école ayant fermé il y a quelques années. Il vaut tout de même le détour pour déambuler dans ses rues pavées et découvrir son ancien pressoir à olives actionné par un cheval, exceptionnellement bien conservé après sa dernière utilisation en 1972. Les visites sont possibles entre 11 heures et 15 heures, et pour 3 € vous pourrez profiter d'une visite guidée par le conservateur du musée.

Le parc naturel d'Učka

Un secret bien gardé

Ce parc de 160 km², très peu fréquenté, se situe à 30 minutes de la Riviera d'Opatija. C'est l'un des secrets les mieux gardés de la Croatie. Constitué du massif montagneux d'Učka et du plateau adjacent de Ćićarija, il est officiellement partagé entre le golfe de Kvarner et l'Istrie. Le Vojak (1 401 m), son point culminant, offre par temps clair une vue splendide sur les Alpes italiennes et la baie de Trieste.

Le hêtre est ici en son royaume, avec pour voisins les châtaigniers, chênes et charmes, plus de 40 variétés d'orchidées et des campanules endémiques. Les prairies alpines font le bonheur des moutons, surveillées depuis les airs par les aigles royaux. Les ours bruns, sangliers et chevreuils ne sont pas loin.

Le principal accès est le col de Poklon.

LA MAISON DE LA MER

Kuća od mora (Maison de la mer) est une déclaration d'amour à la pêche des temps anciens. Ce musée ethnographique, situé à Mošćenička Draga, est géré par une association locale. Ce sont les membres de cette dernière qui ont donné les artefacts et objets familiaux exposés pour expliquer aux visiteurs la dureté du travail et le dévouement des marins et pêcheurs de Mošćenička Draga, à travers les époques.

Son côté interactif permet au public de toucher les instruments utilisés, et d'entrevoir les risques encourus par les hommes en mer et les femmes sur le rivage grâce à des écrans. Le musée est fermé hors saison, mais si vous vous présentez au café voisin, ils l'ouvriront peut-être pour vous.

SERGIO DELLE VEDOVE/SHUTTERSTOCK ©

Mošćenice

Île de Krk

PLAGES ET BORDS DE MER | FOLKLORE | VESTIGES

Pour les infos pratiques, voir le Carnet d'adresses p. 180

À SAVOIR

Goûtez la *lozovača* ! Cette eau-de-vie est faite de raisins fermentés issus de cépages nobles, distillés pour produire l'un des alcools les plus forts du monde. Historiquement, les habitants de Krk en offrent un petit verre avec des figues séchées à leurs invités, ce qui fait un excellent mélange. *Živjeli* !

COMMENT CIRCULER

Krk étant reliée au continent par un pont, des bus Arriva (arriva.com.hr/en-us/home) partent de Rijeka et passent par Omišalj, Njivice et Malinska pour arriver dans la vieille ville de Krk. De là, des lignes vont à Baška, à l'est de l'île. Des bus vous conduisent également de Rijeka jusqu'à Valbiska, le terminal de ferry du sud de Krk, d'où des bateaux Jadrolinija partent régulièrement vers Cres. Les bus ne sont pas fréquents.

Reliée au continent par un pont à péage, Krk (se prononce approximativement “Keurk”) est la plus grande île de Croatie et l'une des plus fréquentées du pays en été, lorsque des centaines de milliers de vacanciers d'Europe centrale affluent dans ses résidences, ses campings et ses hôtels. Le paysage varie, des forêts à l'ouest, aux crêtes écrasées de soleil à l'est. Vrbnik, sur la côte est, offre un joli moment loin des foules de touristes. Rocailleuse et abrupte, sa côte nord compte peu de localités en raison de la bora (un vent froid du nord-est) qui souffle sur la côte en hiver. Le climat est plus doux au sud-ouest et peut être caniculaire au sud-est. Krk est facile à visiter grâce à des transports efficaces et à des infrastructures adaptées. L'aéroport de Rijeka se trouve sur la pointe septentrionale de l'île.

Centre historique de Krk

Vieilles pierres et anciennes venelles

Sur le rivage sud de l'île, la ville de Krk est concentrée autour d'un centre historique fortifié. La partie nouvelle de la ville s'étale sur les collines et le long des baies avoisinantes, englobant un port, des plages, des campings et des hôtels. La promenade du front de mer peut être bondée en été, quand les touristes et les vacanciers croates déferlent dans les étroites rues pavées de la vieille ville.

Sans la foule, ce dédale de ruelles fait tout le charme de Krk. La vieille ville abrite aussi l'imposante **cathédrale de l'Assomption**, bâtie sur les fondations d'une basilique paléochrétienne. À l'intérieur de cette basilique romane à trois nefs, remarquez la rare sculpture du début du christianisme, représentant deux oiseaux dévorant un poisson, sur la première colonne près de l'abside (chez les premiers chrétiens, le poisson symbolisait le Christ et l'on représentait souvent les fidèles sous la forme d'oiseaux). Dans la nef gauche, une chapelle gothique du XVe siècle porte les armoiries des Frankopan, qui venaient y prier.

VOIR
1 Baška
2 Haludovo
3 Kornić
4 Kras
5 Omišalj
6 Poljice
7 Vinarija Gospoja
8 Vrbnik
9 Vrh

SE RESTAURER
10 Konoba Nono
11 Restaurant Konoba Nada
12 Restaurant Rivica

PRENDRE UN VERRE
13 Volsonis

SHOPPING
14 Memento

Juste à côté, la **chapelle Saint-Quirinus**, autre église romane en pierre blanche, est consacrée au saint patron de l'île. Parmi les objets d'art et les vêtements sacerdotaux de la collection d'art sacré, vous pourrez admirer un retable en argent de 1477 représentant la Vierge ainsi que des peintures italiennes des XVIe et XVIIe siècles.

Face à la mer, la **forteresse** décrépite protégeait jadis la vieille ville des attaques de pirates. On peut y déambuler gratuitement et admirer les pierres avec des inscriptions en latin et en liburnien qui y sont exposées. On y voit une tour du XIIe siècle jadis utilisée comme salle d'audience par les Frankopan : la vue depuis le sommet vous récompensera de vos efforts.

DES AMBITIONS ÉCOLOGIQUES

La neutralité carbone est-elle possible pour une île de 20 000 habitants, accueillant 100 000 touristes chaque été ? L'île de Krk est la première à s'y engager pour préserver son charme naturel. Aujourd'hui, elle a le regard porté vers l'avenir, installant des systèmes photovoltaïques de pointe dans le but d'atteindre l'autonomie énergétique et la neutralité carbone d'ici 2030, et devenir ainsi un modèle dans la région.

OÙ SE LOGER SUR L'ÎLE DE KRK

Heritage Hotel Forza, Baška
Ambiance rustique dans ce boutique-hôtel légèrement bobo à la vue incroyable. **€€**

B&B Villa Maris, Punat
Vous vous sentirez comme chez vous dans ce B&B très bien organisé, où l'hospitalité est le maître mot. **€€**

Hotel Marina, Krk
Ce boutique-hôtel est imbattable pour sa localisation sur le front de mer et ses services de bien-être. **€€**

IL FAIT BON VIVRE À KRK

Slanica Peričić, conteuse et guide touristique.

"Je ne pourrais pas vivre ailleurs. Krk a une qualité de vie si agréable et c'est une île très verte, autonome en eau potable et qui va vers le zéro déchet.

La nature est merveilleuse, nous avons une biodiversité plus riche qu'aucune autre île méditerranéenne. Nous sommes donc conscients qu'il faut la préserver et consommer des produits bio et locaux comme nos fromages de brebis ou notre huile d'olive.

C'est un endroit très sûr et paisible, idéal pour les familles, où nous prenons soin de nos enfants et de nos aînés. De plus, il est très facile de prendre un scooter ou de marcher un peu pour trouver un coin retiré et être au calme."

Vrbnik

L'héritage antique de Krk

Jeu de piste archéologique

Les Romains aimaient mieux que quiconque se prélasser en bord de mer, si l'on en croit les ruines disséminées dans la ville de Krk. Pas d'édifices monumentaux ici, comme à Split ou à Pula, mais quelques vestiges attestant de la prospérité de l'ancienne Curicum à découvrir à la faveur d'une balade dans le centre-ville. Commencez par chercher, sur la place de l'ancien marché (Vela Placa), le bâtiment où est apposée une plaque portant des inscriptions latines se référant à la *splendidissima Civita Curictarum*, soit la "superbe ville de Curicum". Elle est issue d'une sculpture d'un riche général (dont le nom a été perdu), qui, après avoir servi trois empereurs, a pris sa retraite ici pour profiter du *splendidissimus* mode de vie. Sur la même place, le bar à cocktails **Volsonis** tire son nom d'un ancien gouverneur romain de la cité. Lors de la rénovation de l'édifice, d'importants vestiges archéologiques ont été mis au jour, dont la sépulture de Volson, visible dans le grand jardin à l'arrière, des pans de l'ancienne muraille ou un autel consacré à Vénus. Un autre établissement proche de la place, le café-bar Mate (Ribarska

OÙ GOÛTER DE L'HUILE D'OLIVE SUR L'ÎLE DE KRK

OPG UTLA, Malinska
Une visite des oliveraies suivie d'une dégustation : vous ne repartirez pas d'ici les mains vides.

Nono Oleoteka, ville de Krk
Nono produit une délicieuse huile d'olive (disponible à emporter) avec le pressoir de sa taverne.

Krk Olive Oil 10-30-10, Vrh
Une incroyable huile issue d'olives cultivées et pressées par David Mrakovčić. Réservez en ligne.

ulica 8) conserve une mosaïque remarquablement conservée représentant le dieu marin Triton entouré de dauphins ; il est malheureusement difficile de la voir, l'endroit étant le plus souvent fermé. Ne passez pas non plus à côté des ruines du temple de Vénus qui peuvent être vues au travers du sol vitré de la boutique **Memento** (A. Mahnića 3).

Traditions insulaires

Musique et danse

Chaque île croate perpétue fièrement ses traditions et Krk ne fait pas exception. L'une d'entre elles est l'envoûtante musique jouée au *roženice*, une flûte fabriquée à partir de l'écorce du mûrier qui accompagne des spectacles de danses traditionnelles. Aujourd'hui, seul un artisan, Marijan Orlić Senkić, confectionne encore cet instrument dans son atelier du village de **Kras**, au centre de l'île. Si vous êtes sur l'île le lundi de Pâques, ne manquez pas d'admirer le spectacle de danse traditionnelle de Krk, *Tanac po staro*, qui se joue sur la place du village d'**Omišalj**. D'autres bourgades comme **Kornić**, **Poljice** et **Vrh**, ont aussi leurs propres groupes de danse traditionnelle qui se produisent durant la saison touristique, lors d'événements comme le **Festival de musique de Krk**, en juin, ou la foire de Krk (**Lovrečeva**), à la mi-août.

Vrbnik

Village perché

Beaucoup d'habitués de Krk tiennent **Vrbnik** pour leur endroit préféré sur l'île. Perché sur une falaise de 48 m surplombant la mer, ce village médiéval aux passages voûtés et aux rues pentues se situe sur la côte nord de Krk. Si des groupes de touristes y passent de temps à autre, le bourg demeure paisible la majeure partie de l'année. Jadis haut lieu de l'**écriture glagolitique**, c'est à Vrbnik qu'étaient conservés de nombreux manuscrits rédigés dans cet alphabet. Cette écriture fut préservée par les prêtres, longtemps nombreux dans le village, car la prêtrise permettait aux jeunes gens d'échapper aux galères vénitiennes. Une bibliothèque d'écrits glagolitiques est d'ailleurs conservée au sein de l'office de tourisme.

Ce village est aussi le berceau du vin local de Krk, *žlahtina*, produit à partir des vignes tapissant la vallée en contrebas. Vous pouvez en retrouver dans presque tous les restaurants de l'île ou participer à une dégustation à la **Vinarija Gospoja**, au cœur du village.

Après avoir arpenté les rues pavées, descendez à la plage vous baigner.

SORTIR À KRK

L'une des plus grandes festivités de l'année à Krk est Lovrečeva, une foire en l'honneur du patron de l'île, Saint-Laurent.

Se déroulant tous les ans à la mi-août, Lovrečeva fêtera son 500e anniversaire en 2024, un événement à ne pas manquer.

Un marché culinaire se tient dans la vieille ville de Krk, en parallèle de reconstitutions historiques, incluant des sports médiévaux comme le duel à l'épée ainsi que des concerts de musiques et de danses traditionnelles.

Divers délicieux produits locaux sont à déguster, comme le fromage de Krk, le *šurlice* (des pâtes artisanales surmontées de goulash), le vin *žlahtina* et la *lozovača*. Et ne manquez pas l'unique concours de découpage à la main de *prosciutto* !

Pour plus de détails, consultez le site de l'office de tourisme de Krk (tz-krk.hr/en).

OÙ SE RESTAURER SUR L'ÎLE DE KRK

Konoba Nono, ville de Krk
De délicieux calamars, d'excellentes moules et les meilleures *pljukanci* (pâtes roulées à la main). €€

Restaurant Konoba Nada, Vrbnik
Festoyez avec le poulpe ou le thon, ou rabattez-vous sur le fromage de brebis local. €€

Restaurant Rivica, Njivice
Ce restaurant familial sert du poisson directement de la mer à l'assiette et propose d'incroyables langoustines. €€

POURQUOI J'AIME KRK

Lucie Grace, auteure

"Krk est l'un de ces heureux endroits de la planète qui ont tout pour eux. Cette île est pleine de surprises, historiquement riche, tout en étant magnifique et calme. Un coin de paradis pour se reposer et recharger les batteries.

C'est la première île croate que j'ai visitée, car beaucoup de mes amis avaient des maisons de famille là-bas, c'est très commun chez les habitants. Elle fait partie des lieux où je reviens année après année tant il y a à voir, à faire, à apprendre et à goûter.

Vous pourriez venir à Krk tous les étés pendant dix ans et vivre des expériences totalement différentes à chaque fois, tout en sachant que vous vous trouvez sur l'île la plus écoresponsable et amoureuse de la nature de toute la Méditerranée."

Punat

Le monastère franciscain de Košljun

À 6 km au sud-est de Krk, la petite ville de Punat a une charmante promenade bordée de glaciers, une marina très appréciée des plaisanciers et des plages correctes à ses extrémités. Sa principale curiosité ? L'**îlot de Košljun**, où s'élève un monastère franciscain.

À 10 minutes seulement de traversée en bateau se trouve un étonnant monastère du XVIe siècle, édifié sur le site d'une ancienne abbaye bénédictine du XIIe siècle. L'église du monastère renferme un grand *Jugement dernier*, peint en 1653. Un petit musée présente d'autres tableaux religieux, une collection ethnographique et un rare exemplaire de la *Géographie* de Ptolémée, imprimé à Venise à la fin du XVIe siècle. Prenez le temps de flâner sur cette île boisée, qui compte quelque 400 espèces de plantes.

Les bateaux-taxis attendent sur la promenade du port de Punat, prêts à faire la navette vers l'île. En été, vous trouverez quantité de personnes intéressées pour partager la traversée.

Marche et bain de soleil à Baška

Après l'effort, le réconfort

D'abord, il y a la route jusqu'à Baška, à l'extrémité sud de l'île de Krk. Traversant une vallée fertile flanquée de montagnes érodées, celle-ci est spectaculaire. Une fois arrivé, une jolie plage en forme de croissant s'étend au pied de collines arides. Avec les sommets du continent juste en face, vous serez

L'ancien hôtel Haludovo, Malinska

littéralement enveloppé par d'imposants reliefs qui donnent à la mer des airs de lac alpin. Il y a du monde l'été, mais on peut toutefois généralement y étaler sa serviette.

Baška abrite des plages plus isolées à l'est de la ville, accessibles en bateau-taxi. Amateurs de marche et de randonnée, de belles possibilités dans les montagnes des environs s'offrent à vous : plusieurs chemins débutent aux alentours du Baška Beach Camping Resort, dont un parcours de 8 km à travers des collines calcaires dénudées et gorgées de sel, qui mène à Stara Baška. En chemin, vous verrez les enclos en pierre formant une corolle, traditionnellement utilisés pour le rassemblement et la tonte des moutons.

Un mystérieux hôtel abandonné

Un Léviathan défraîchi

L'exploration de bâtiments abandonnés est en vogue depuis longtemps, mais les réseaux sociaux ont donné une nouvelle visibilité à la pratique de l'exploration urbaine en permettant de mieux repérer les sites où s'aventurer. La Croatie passe pour un paradis auprès des amateurs de cette activité, en raison des nombreux hôtels à l'abandon datant de l'époque de Tito.

Les ruines de béton de l'ancien hôtel de luxe **Haludovo**, à Malinska, au nord-est de Krk, se rangent sans aucun doute parmi les plus spectaculaires du pays. Après un café dans le centre-ville de cette localité animée, marchez 10 minutes au bord de l'eau vers le nord jusqu'à la plage de Haludovo et vous ne pourrez pas manquer le palais de béton au-dessus de vous.

Son ancien copropriétaire n'est autre que le milliardaire Bob Guccione, ancien patron de presse et créateur du magazine de charme *Penthouse*, qui aurait investi 45 millions de dollars dans le projet. Conçu par l'architecte local Boris Magaš en 1972, ce luxueux complexe était à la pointe de la mode architecturale. Il disposait d'un casino, d'un spa et d'un port. Même en ruines, il ruisselle toujours d'élégance, avec ses tables de restaurants toujours en bon état, à l'égal du bar, du carrelage et de ses plafonds en bois.

Après la dissolution de la Yougoslavie et les guerres qui s'ensuivirent, l'hôtel fut occupé par des réfugiés puis abandonné par ses propriétaires pendant 20 ans. Aujourd'hui, alors qu'il semble toujours récupérable, l'immense site est couvert de graffitis. Quel dommage.

À LA RECHERCHE DES INSCRIPTIONS GLAGOLITIQUES

Le mystérieux alphabet glagolitique, utilisé en Croatie au Moyen Âge, est considéré comme le plus ancien alphabet slave. Assez proche du cyrillique par sa forme, il serait né au IXe siècle de la main de moines byzantins venus de Thessalonique pour convertir les populations au christianisme. Les linguistes y ont trouvé des influences de l'arménien, du grec et de l'hébreu.

Krk était une place forte du glagolitique : la première inscription connue dans cette langue, la **stèle de Baška**, trouvée dans le sol de l'église Sainte-Lucie à Baška sur l'île de Krk, date du XIe siècle. Il s'agit d'un bloc de pierre de 800 kg où sont gravés les détails du don de terres du roi croate Zvonimir aux communautés locales.

La stèle originale est aujourd'hui visible dans la galerie Strossmayer des Maîtres anciens à Zagreb, mais si vous êtes attentifs, vous pourrez apercevoir de nombreuses inscriptions glagolitiques sur les autels, tombeaux et portes des églises de Krk.

Île de Cres

TRANQUILLITÉ | SUPERBES PLAGES | PAYSAGES IMPRESSIONANTS

Pour les infos pratiques, voir le Carnet d'adresses p. 181

À SAVOIR

Gare au vent ! La bora, le vent du nord-est de l'Adriatique qui tourbillonne dans le golfe, ne plaisante pas. Cres étant l'une des îles les plus reculées du golfe de Kvarner, les vents peuvent y atteindre 220 km/h. Vérifiez donc la météo avant de partir à vélo ou à moto.

Sauvage, verte et montagneuse, Cres est l'une de ces îles qui enchantent les visiteurs dès la sortie du ferry.

Faiblement peuplée – les moutons y sont plus nombreux que les habitants – elle offre des sites de camping en pleine nature, de somptueuses plages et l'occasion de belles visites dans des villages médiévaux. Les méthodes agricoles traditionnelles y sont toujours pratiquées, et les troupeaux de moutons déambulent librement parmi les roches escarpées.

En dehors de la ville de Cres, principale localité de l'île, on trouve quelques charmantes bourgades perchées, comme Beli et Lubenice, ou le hameau de pêcheurs de Valun, principalement habités durant l'été.

COMMENT CIRCULER

Des bus Arriva (arriva.com.hr/en-us/kvarner/cres) vous conduisent directement à la ville de Cres depuis Pula, Rijeka ou Zagreb, et des lignes partent de Mali Lošinj au sud. Les petits villages anciens comme Beli et Lubenice ne sont pas desservis (les minuscules routes escarpées ne le permettraient pas), mais vous pouvez louer une moto ou une voiture pour les visiter.

Ville de Cres

Un air de Venise

Des maisons aux tons pastel et des demeures vénitiennes bordent le port médiéval de la ville de Cres, situé dans une superbe baie protégée, entourée de collines couvertes de pinèdes et de maquis de l'Adriatique. En vous promenant sur le bord de mer et dans les rues pittoresques de la vieille ville, vous verrez les vestiges de la domination italienne, telles les armoiries de puissantes familles vénitiennes et les loggias Renaissance. Cette forte influence italienne remonte au XVᵉ siècle, quand les Vénitiens vinrent à Cres pour fuir l'épidémie de peste qui sévissait à Osor. Des bâtiments publics et des palais de patriciens furent édifiés sur le port, et, au XVIᵉ siècle, des remparts furent ajoutés.

Tout à côté du port, la **Trg Frane Petrića**, place principale de la ville, était le lieu des annonces publiques et des festivités sous la domination vénitienne. Elle accueille désormais un marché de primeurs le matin. Repérez la belle **porte** du XVIᵉ siècle, surmontée d'une horloge à cadran bleu et d'un blason.

Installé légèrement en retrait du port, dans le palais Arsan, de style Renaissance, le **musée de Cres** (Creski Muzej) vaut la visite pour son architecture vénitienne du XVIᵉ siècle et ses expositions consacrées à divers aspects de la vie locale.

À l'intérieur de la porte principale du port, l'**église Sainte-Marie-des-Neiges** (Sv Marije Snježne) se remarque par le portail Renaissance de sa façade, comportant une Vierge à l'Enfant en bas-relief. Un vestibule vitré permet de regarder à l'intérieur, mais l'église ouvre uniquement aux heures de la messe. Admirez la pietà en bois sculpté du XVe siècle sur l'autel de gauche.

LA MAGIE DE LUBENICE

Le modeste village de **Lubenice** a une atmosphère magnétique difficilement explicable : perché sur un promontoire rocheux à 378 m au-dessus de la côte ouest de l'île, ce hameau médiéval est l'un des endroits les plus pittoresques de l'île de Cres.

Semi-abandonné, ce dédale de vieilles maisons d'églises en pierre semble surgir directement du sol rocheux. Le chemin, étroit et bordé de murets de pierres, longe des oliveraies et bosquets de pins.

L'autre atout majeur de cette charmante bourgade est qu'en contrebas se trouve l'une des plus belles plages du Kvarner, une crique isolée accessible par un sentier abrupt à travers bois (45 minutes).

Tente, camping-car ou van ?

Laissez-vous tenter par les campings de Cres

Une lente file de véhicules descendant une route comme une caravane médiévale est un spectacle habituel pendant les mois d'été à Cres. Les nombreuses forêts bordant les plages fournissent des espaces côtiers ombragés, terrains idéaux pour

OÙ SE BAIGNER À CRES

Koromačna
Cette large anse à l'est de l'île a des eaux bleues translucides.

Plage de Beli
Cette crique idyllique est bordée d'anciennes huttes de pêcheurs.

Plage Sveti Ivan, Lubenice
La plus incroyable plage de l'île vaut l'effort pour y parvenir.

DÉTENDEZ-VOUS À VALUN

Bien que plus jeune de quelques milliers d'années que Beli et Lubenice, ce village de pêcheurs est tout aussi enivrant. Le joli hameau est en effet blotti au pied des falaises entre des plages de galets. Ce qui fait son charme, c'est aussi sa tranquillité et ses restaurants rarement bondés.

La bourgade ne compte plus qu'une soixantaine d'habitants, mais conserve ses origines maritimes. Son histoire remonte au XVIIe siècle où les habitants de Bućov (aujourd'hui abandonnée) voulurent construire un port et un embarcadère pour leur hameau médiéval.

Valun est l'endroit parfait pour une baignade sur la petite plage de galets suivie d'un dîner de fruits de mer frais à **Konoba Toš**, situé dans un ancien pressoir à olives.

le camping. Cres est donc très populaire pour les conducteurs de camping-cars et autres maisons mobiles du nord et du centre de l'Europe, qui se retrouvent dans des campings aussi variés en prix qu'en taille, avec des emplacements pour les tentes.

Le **camping Kovačine** est imbattable en matière de services (son personnel est très serviable) et de situation géographique (au bout d'une petite presqu'île à environ 1 km au sud-ouest de la vieille ville de Cres). Un peu plus éloigné, le **camping Baldarin** à Pogana, sur la pointe sud de l'île, est un endroit bucolique qui vaut le détour. Proche du village de pêcheurs de Martinšćica, le **camping Slatina**, sur la côte ouest de Cres, donne accès à deux plages de galets, dispose d'une école de plongée et propose des vélos ainsi que des bateaux à la location.

Observation des vautours à Beli

Village perché

Accrochée à une colline de 130 m au-dessus d'une ravissante plage de galets, Beli est la principale localité dans la région de la Tramuntana, qui s'étend à l'extrémité nord de l'île. Forêts anciennes, villages abandonnés, chapelles solitaires et légendes de gentils lutins : le temps s'y est arrêté, et ces lieux majoritairement recouverts de denses forêts de chênes, de charmes et de châtaigniers sont un territoire privilégié pour les vautours fauves, une espèce ici protégée.

Les équipes du **Refuge pour les vautours fauves de Beli** s'occupent ainsi des 100 dernières familles de l'espèce en Croatie, qui planent dans le ciel de la région du Kvarner. Les vautours y reçoivent des soins vétérinaires et de la nourriture si besoin (ne vous attendez pas à en voir des centaines dans le ciel, leur présence est imprévisible). On y trouve également un espace dédié à des ateliers et un musée d'histoire locale.

Vous pourrez faire le tour du hameau en quelques minutes, en faisant halte au point de vue pour admirer, par-delà l'Adriatique, les montagnes du continent.

Moutons en liberté

Le meilleur agneau de Croatie

En débarquant du ferry, vous remarquerez immédiatement les moutons de Cres qui déambulent en petits troupeaux. Excellents grimpeurs, ils défient la gravité sur des versants que vous n'auriez pas pensés praticables.

Les agriculteurs entretiennent leur approche traditionnelle du laisser-faire et les moutons se promènent librement sur l'île depuis des siècles. Mais ne vous attachez pas trop, ces petites bêtes laineuses sont élevées principalement pour leur viande.

Grâce au savoir ancestral sur les herbes et plantes aromatiques de l'île, les restaurants locaux cuisinent le meilleur agneau du pays. Confectionné à la *peka* (sous cloche), et servi avec de la polenta, ce plat est celui qu'il faut goûter à Cres. Assurez-vous toutefois de contacter votre *konoba* (taverne) en avance (**Hibernicia** à Lubenice ou **Bistro Melin** dans la ville de Cres sont excellentes), car la préparation prend plusieurs heures.

Lošinj

OBSERVATION DES DAUPHINS | MAGNIFIQUES VILLAGES | TRÉSOR ANTIQUE

Reliée par un pont à l'île de Cres, Lošinj (Lussino en italien) est plus touristique, davantage peuplée et dotée d'une végétation plus luxuriante que sa voisine. De fait, bien qu'elles partagent la même histoire, leur topographie diffère. Longue de 31 km, Lošinj a conservé son couvert forestier qui fait la joie des randonneurs et des cyclistes. La mer au large de la côte est en grande partie protégée par la réserve de dauphins de Lošinj, première du genre en Méditerranée.

Les activités de l'île gravitent principalement autour des localités de Mali Lošinj et de Veli Lošinj. En dépit de son nom (en croate, *veli* signifie grand et *mali* petit), Veli Lošinj est bien plus petite, plus paisible et moins bondée que Mali Lošinj. Cette dernière a connu un fort développement grâce à des investissements étrangers qui ont permis la construction d'un port de plaisance pour méga-yachts et de luxueux hôtels.

Pour les infos pratiques, voir le Carnet d'adresses p. 181

À SAVOIR

Partez à la découverte d'une petite île de 3,8 km², **Susak**, à 30 minutes en ferry à l'ouest de Lošinj. Semblable à une grande dune avec ses côtes dorées couvertes de roseaux, cette île idyllique et loin de tout est peu peuplée, la plupart de ses habitants ayant émigré aux États-Unis dans les années 1940.
Elle est connue pour son costume traditionnel que les femmes portent les jours de fête et de mariage. L'art y est mis à l'honneur tous les deux ans en mai lors de la **Susak Expo**.

COMMENT S'Y RENDRE

Des bus (arriva.com.hr/en-us) arrivant de Cres passent par Osor pour rejoindre Mali Lošinj, n'hésitez donc pas à demander au chauffeur s'il peut vous déposer. Lošinj n'a pas de transports en commun, une voiture, une moto ou un taxi sont nécessaires pour relier Mali Lošinj et Veli Lošinj.

Mali Lošinj

L'étape chic de Lošinj

Entourée de jolies maisons de ville méditerranéennes légèrement patinées et de vertes collines, Mali Lošinj est de toute beauté. La ville s'étale de part et d'autre de la portion la plus étroite de l'île, sur le point culminant d'un port naturel protégé de longue date. Au Moyen Âge, son port était l'un des plus grands de l'Adriatique et, plus tard, quand la ville a rejoint l'empire Habsbourg, l'élite fortunée de Vienne et de Budapest fit construire des villas et de luxueux hôtels dans le quartier de **Čikat**. Certaines de ces belles demeures subsistent, mais la plupart des hôtels sont des édifices modernes au milieu des pinèdes. En haute saison, beaucoup des 7000 habitants quittent la ville pour louer leur logement sur Airbnb et y séjourner devient un défi de taille, car les prix montent en flèche.

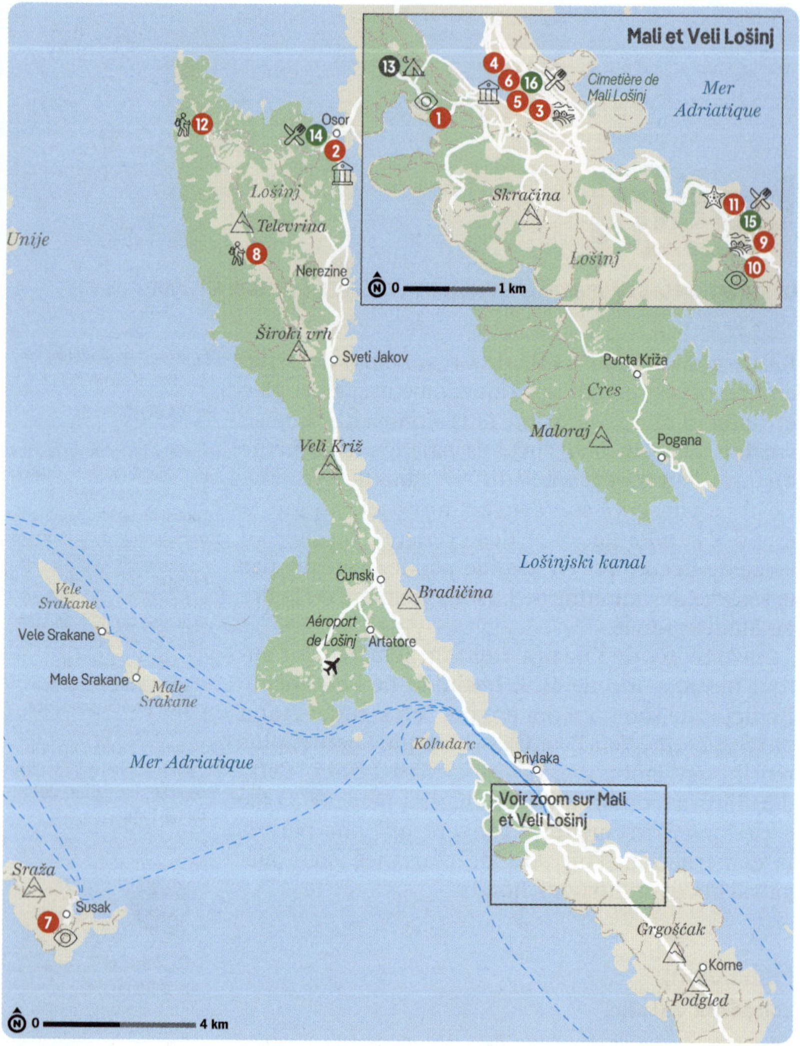

VOIR
1 Boutique-Hôtel Alhambra
2 Collection archéologique d'Osor
3 Mali Lošinj
4 Musée de l'Apoxyomène
5 Musée de Lošinj
6 Palais Fritzy
7 Susak
8 Televrin
9 Veli Lošinj
10 Villa Elisabeth

ACTIVITÉS
11 Institut marin éducatif de Lošinj
12 Sveti Gaudent

SE LOGER
13 Camping Čikat

SE RESTAURER
14 Konoba Bonifačić
15 Konoba Mandrač
16 Restaurant Za Kantuni

À proximité du port, le majestueux **palais Fritzy** est l'une des trois composantes du musée de Lošinj (les autres sont à Osor, et à Veli Lošinj). Il loge deux collections permanentes : une de tableaux datant majoritairement des XVIIe et XVIIIe siècles, et une exposition d'art du XXe siècle. La pièce maîtresse du musée est la "dame de Čikat" (VIIe siècle av. J.-C.), une statue en argile haute de 10 cm, probablement étrusque. Dans la section moderne, guettez les œuvres des sculpteurs croates les plus importants du XXe siècle : Ivan Meštrović, Frano Kršinić et Antun Augustinčić.

Admirer un chef-d'œuvre de la statuaire antique

Un bronze antique rarissime conservé à Mali Lošinj

En 1996, une magnifique statue de bronze, qui daterait du IIe ou Ier siècle av. J.-C., fut découverte dans les fonds marins non loin de Lošinj. Elle apparaît sous la forme d'un thème cher à la Grèce antique : l'Apoxyomène ("Le Racloir", *Apoksiomen* en croate), qui représente un athlète nu qui ôte la boue, l'huile et la sueur de son corps avec un outil connu sous le nom de strigile. Cette statue en bronze, extraordinaire copie d'un original en marbre attribué à Lysippe – sculpteur grec ; vers 395-305 – a été restaurée en 1999 et a fait le tour des plus grands musées de la planète avant de retourner à Mali Lošinj où elle a pris place au **musée de l'Apoxyomène**. Un excellent travail a été réalisé pour restituer l'incroyable histoire de cette sculpture rarissime.

Observer les dauphins avec l'Institut marin de Lošinj

Le royaume de la biologie marine

Les chercheurs du Blue World Institute, fondé en 1999, étudient les populations de grands dauphins dans l'Adriatique depuis trois sites : Veli Lošinj, Vis et Murter. Ils se servent de méthodes d'identification non invasive par photos et montrent ainsi l'exemple dans l'interaction avec ces délicats mammifères.

Grand dauphin

Depuis l'ouverture de l'**Institut marin éducatif de Lošinj** à Veli Lošinj, ses équipes organisent des

À SAVOIR POUR L'OBSERVATION DES DAUPHINS

Barbara Sucich, éducatrice à l'Institut marin éducatif de Lošinj.

"Avant de réserver un tour d'observation, vous devez poser quelques questions. Personne ne peut garantir à 100% que vous verrez des dauphins : si c'est le cas, je vous déconseille l'agence, car les skippers seront irrespectueux des animaux.

Nous ne sommes pas contre les organisateurs de tours d'observation, mais il faut le faire de la bonne manière ! Nous distribuons des codes de conduite au début de l'été recommandant que les bateaux approchent les dauphins sur le côté et non de front ou par-derrière ; on leur demande de garder une distance minimum de 50 m, d'être calme, d'éteindre le moteur à proximité des animaux et de ne pas rester plus de 30 minutes avec un groupe."

OÙ SE RESTAURER SUR L'ÎLE DE LOŠINJ

Konoba Mandrač, Veli Lošinj
Le nouveau chef sert un poisson grillé à tomber par terre et un incroyable *pljukanci* maison. €€

Restaurant Za Kantuni, Mali Lošinj
De délicieux plats locaux de poisson ou d'agneau dans une ambiance très typique. €€

Konoba Bonifačić, Osor
Réservez l'une des tables avec vue sur mer dans cet excellent restaurant avec jardin. €

HISTOIRES LOCALES DE LOŠINJ

Nikola Andrijčić, conservateur du musée de l'Apoxyomène.

Palais Fritzy Je vous conseille d'aller le voir, il donne une bonne idée de l'histoire de la région.

Église Notre-Dame-des-Anges À Veli Lošinj vous pouvez découvrir Notre-Dame-des-Anges, une grande église baroque ornée de fresques, qui est l'église la plus riche culturellement de toute la région du Kvarner. Juste à côté, une tour vénitienne vieille de 600 ans héberge un petit musée sur l'histoire maritime du golfe.

Église Saint-Martin Cette église fut construite pour le saint patron de Mali Lošinj en 1450. Vous pouvez y découvrir l'histoire de Lošinj. Les prêtres qui ont un jour habité cette église parlaient le vieux slave (transcrit par l'alphabet glagolitique).

séances d'observation quotidiennes (à 13h, du printemps à l'automne) qui longent la côte est de Lošinj pour voir si l'un des 200 grands dauphins du territoire pointe le bout de son nez.

Pour les trouver, les skippers se servent de jumelles (l'Institut n'utilise pas de dispositif de repérage pour laisser les animaux totalement sauvages) et suivent les chalutiers, comme le font les dauphins. Le prix d'entrée (50 € pour les enfants et 60 € pour les adultes) comprend l'expédition et un soutien au travail des biologistes marins, qui dirigent également un refuge pour tortues non ouvert au public.

Les bains de forêt dans la campagne de Lošinj

Venez purifier vos poumons

"L'île de la vitalité", surnom donné à Lošinj, est une destination bien-être depuis plus d'un siècle, avec la construction des premiers hôtels dans les années 1880. Mais une nouvelle tendance émerge sur l'île : la thérapie japonaise *shinrin-yoku*, la sylvothérapie. Il a été prouvé qu'elle régénère le système immunitaire et baisse la pression artérielle, réduisant le stress et favorisant la relaxation. Avec ses denses forêts de pins, Lošinj ne pouvait pas mieux s'y prêter. Des thérapeutes qualifiés proposent des séances de sylvothérapie dans leurs programmes bien-être au **boutique-hôtel Alhambra** et à la **Villa Elisabeth**. Suivez l'appel de la forêt et réservez une séance pour donner une chance à cette thérapie en vogue !

Osor : la porte vers Lošinj

Village-musée

Osor est une jolie bourgade, couvrant les deux rives du canal romain qui sépare Cres et Lošinj. En entrant par la porte qui donne sur le chenal, vous longerez les anciens remparts et les vestiges d'un château avant d'arriver dans le centre du hameau. Cherchez la statue *Daleki Akordi* (Accords lointains) d'Ivan Meštrović, l'une des nombreuses sculptures modernes illustrant le thème de la musique à Osor.

Installée dans l'hôtel de ville (XVe siècle) sur la grand-place, la **collection archéologique** documente le riche passé antique d'Osor lorsqu'elle contrôlait une importante route maritime. On peut notamment y suivre une visite guidée virtuelle de la ville où des lunettes de réalité virtuelle permettent d'entrevoir Osor à l'époque romaine ; compter une heure de marche.

OÙ SE BAIGNER SUR L'ÎLE DE LOŠINJ

Plage Veli Žal
Une immanquable plage de galets dans une alcôve avec restaurants, transats et douches.

Plage Vale Škura
Une anse rocheuse aux incroyables eaux turquoise. Si possible, prévoyez des chaussons de bain.

Plage Plieski
L'effort pour y parvenir sera vite oublié lorsque vous atteindrez ce coin de paradis.

Osor (p. 174)

Également sur la grand-place, l'**église de l'Assomption** (fondée au XVe siècle) possède un somptueux portail Renaissance ; à l'intérieur, l'autel baroque contient les reliques de saint Gaudence, patron d'Osor.

Le climat printanier ou automnal est idéal pour suivre le chemin de randonnée de 6 km de la vieille ville vers **Sveti Gaudent**, à 274 m d'altitude sur le mont Osorščica. Une auberge de montagne agréable y propose de bonnes bières à déguster face à une superbe vue, ainsi que des chambres pour la nuit (réservation par téléphone, 098-424 137). **Televrin**, le point culminant du mont Osorščica, se trouve à 4 km, par un sentier de 588 m de dénivelé positif. L'effort est largement récompensé par la vue à couper le souffle sur les côtes de l'île.

UNE CRIQUE RIEN QU'À SOI

Au sud de Mali Lošinj, l'île forme une superbe péninsule quasi inhabitée, bordée de baies ravissantes et idéale pour la randonnée (carte à l'office de tourisme). Une route solitaire serpente le long de la crête de cette péninsule vallonnée et boisée, avant de déboucher à Mrtvaška, au bout de l'île. On peut faire le tour de la péninsule à pied en une journée, et se baigner dans des anses désertes. Si vous souhaitez passer la journée sur une plage, roulez 5 km jusqu'à l'embranchement vers Krivica, garez-vous et descendez (30 min) jusqu'à cette baie idyllique et abritée, frangée de pins et baignée d'une eau couleur émeraude.

OÙ SE LOGER SUR L'ÎLE DE LOŠINJ

Boutique Hotel Alhambra
Chambres haut de gamme, grandes et élégantes. Style raffiné et service irréprochable. **€€€**

Mare Mare Suites
Maison de ville historique, avec piscine thermale sur le toit. Kayaks et vélos mis à disposition. **€€€**

Hi Hostel, Veli Lošinj
L'une des meilleures auberges de jeunesse de Croatie. Vastes dortoirs, chambres privées et terrasse en façade. **€**

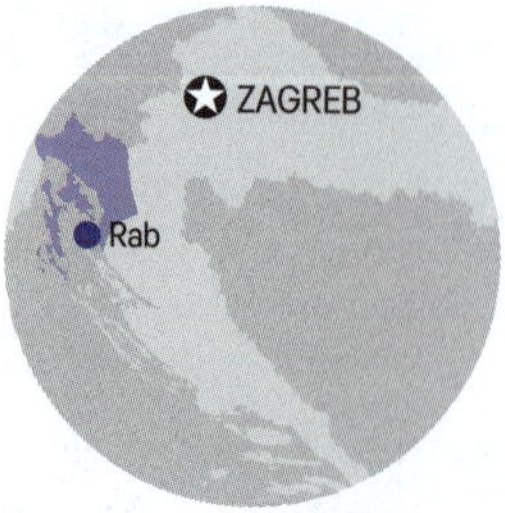

Île de Rab

PLAGES DE SABLE FIN | CULTURE ET HISTOIRE | FÊTES LOCALES

Pour les infos pratiques, voir le Carnet d'adresses p. 181

À SAVOIR

Programmez votre séjour en fonction des événements comme le carnaval d'été, Pâques ou Noël, vous ne serez pas déçus.

Il est facile de comprendre la popularité touristique de la petite île de Rab qui dispose de plus de plages de sable fin que nulle part ailleurs sur l'Adriatique, de collines luxuriantes et boisées idéales pour faire du vélo ou de la randonnée, ainsi que de villes et villages empreints d'histoire. Son accessibilité a sans doute aussi joué son rôle, Rab se situant à courte distance en ferry de Stinica (12 minutes par beau temps), avec un service toutes les heures entre le continent et Mišnjak, sur l'île. Il est également possible de prendre le ferry depuis Krk ou Pag, avec des départs quotidiens dans chaque direction.

Les remparts de la vieille ville sont parmi les plus incroyables du pays, et l'île organise tant de festivals et événements sportifs et culturels qu'un séjour n'est pas assez pour la découvrir.

COMMENT CIRCULER

Si vous prenez le ferry depuis Krk ou Rijeka, vous arriverez à la station de bus de Lopar, à partir de laquelle Arriva (www.arriva.com.hr/en-us/bus-lopar-rab) propose sept voyages quotidiens de 15 minutes pour la ville de Rab. Excepté ces lignes, il est préférable de louer une moto ou une voiture pour explorer l'île.

Rab, une spectaculaire ville fortifiée

Visite du patrimoine religieux et architectural

Flâner dans les ruelles de la vieille ville et arpenter le port, la ville haute et les parcs est un pur plaisir. Les principales curiosités de Rab sont ses églises et tours historiques, concentrées dans l'étroite ruelle Ulica Gornja (rue Haute), parallèle aux rues Srednja (rue Centrale) et Donja (rue Basse).

À l'extrémité sud de la vieille ville, l'**église Saint-Antoine-l'Abbé** (Crkva Svetog Antuna Opata) jouxte un couvent franciscain encore en activité. Elle présente moult incrustations de marbre et un autel orné de la sculpture d'un saint Antoine trônant. C'est ici que repose saint Marin de Rab ; sa statue orne le beau parc paysager situé en contrebas. En poursuivant la rue Ivana Rabljanina vers le nord, vous tomberez sur l'**église de l'Assomption** (Crkva Uznesenjca) et sa saisissante façade ; à l'intérieur, les stalles du chœur et des colonnes érodées, du XVe siècle, figurent parmi les éléments phares. Vient ensuite le **monastère Saint-André** (Samostan Sv Andrije), avec le plus ancien clocher de Rab (1181) ; les moines tiennent non loin une boutique vendant de l'huile et du miel. La rue devient

CONNAISSEZ-VOUS SAINT-MARIN ?

L'un des plus petits et plus riches pays du monde, la République de Saint-Marin, au nord de l'Italie, a été fondé par un tailleur de pierre de Rab, Marinus, en 301.

L'artisan fuyait les massacres des chrétiens ordonnés par l'empereur romain Dioclétien lorsqu'il arriva à Rimini. C'est là-bas que l'évêque local ordonna Marinus, qui devint diacre et vécut en ermite sur le mont Titano, point culminant de Saint-Marin.

La chapelle et le monastère qu'il construisit sont considérés comme les plus anciennes fondations d'un état souverain et d'une république constitutionnelle. Pas mal !

l'Ulica Donja, et vous pouvez y apprécier l'**église Sainte-Justine** (Crkva Sv Justine), quasiment à l'abandon, l'**église de la Sainte-Croix** (Crkva Sv Križa), qui accueille des concerts estivaux, et les ruines pittoresques de l'**église Saint-Jean-l'Évangéliste** (Crkva Sv Ivana Evanđelista).

Une ville entre clochers et points et vue

L'un des plus beaux campaniles de la côte croate

Construite sur une étroite péninsule, la ville fortifiée de Rab fait partie des sites les plus spectaculaires du nord de l'Adriatique. Elle se reconnaît à ses quatre clochers, qui se dressent tels des points d'exclamation au-dessus des maisons

OÙ SE BAIGNER SUR L'ÎLE DE RAB

Plage de Sahara, Lopar
Cette magnifique plage de sable fin reste sauvage et intacte.

Plage de Padova III
Une immense plage de sable et de galets incluse dans l'enceinte de l'hôtel Banjol, à côté de la vieille ville de Rab.

Plage de Kozica, Lopar
Une autre plage sauvage et isolée aux eaux à couper le souffle.

en pierre à toit rouge. Ne manquez surtout pas le **campanile Sainte-Marie**, du XIIe siècle, l'un des plus beaux de toute la côte croate. S'élevant à 26 m de hauteur et surmonté d'une pyramide octogonale entourée d'une balustrade romane, il renferme une croix ornée de cinq petits globes et des reliquaires de plusieurs saints. Une fois gravi l'escalier en bois très raide, la vue sur les toits de la vieille ville et la mer vaut le détour.

Pour parvenir au plus beau point de vue sur les toits et les clochers, dirigez-vous vers le point le plus au nord-est de la vieille ville et repérez une petite cour qui renferme des fragments de monuments anciens. De là, un escalier en pierre monte jusqu'aux remparts et à une tour d'observation. La vue y est juste sublime !

DEUX PROMENADES DEPUIS RAB

L'île de Rab est sillonnée de 100 km de chemins de randonnée balisés et de 80 km de pistes cyclables, dont plusieurs sont accessibles depuis la ville de Rab.

Si vous souhaitez prendre de la hauteur, le **panorama de Sveti Ilija** vaut le détour. Depuis la ville de Rab, un sentier vous conduit vers le nord-est en direction du sommet de Sveti Ilija. La petite marche de 30 minutes est largement récompensée par la vue !

Le **monastère de Sainte-Euphémie**, accessible à pied, vaut également le coup d'œil. Depuis la promenade en bord de mer de la vieille ville de Rab, marchez en direction du nord pendant 2,5 km. Vous atteindrez ce monastère du XIIIe siècle, où les franciscains ont installé un petit musée comportant de vieux manuscrits et des peintures religieuses. Profitez de son joli cloître.

Les festivités sur l'île de Rab

L'île a bien plus à offrir que des plages de sable fin

Pour une île si petite, l'agenda des traditions culturelles de Rab est bien rempli. Les touristes hors saison peuvent assister au **carnaval de Lopar**, habituellement en février. Il n'est pas aussi grand qu'à Rijeka, mais les habitants s'y donnent à cœur joie, portant des *klobuk*, d'excentriques chapeaux et masques, pour parcourir le quartier en chantant joyeusement des chants traditionnels, arrosant le tout de grappa et de bière.

Si vous pouvez faire coïncider votre séjour avec la **Foire de Rab** (Rapska Fjera), vous ne le regretterez pas. Cette foire médiévale est la plus ancienne et la plus grande de Croatie, sa première édition datant de 1364 ! Le temps des festivités, qui se tiennent à la Saint-Jacques, Sainte-Anne et Saint-Christophe (25, 26 et 27 juillet), la ville entière retourne au Moyen Âge, avec un marché culinaire vendant du *šulčići* frit, organisé dans un village de pêcheur éphémère bâti sur la plage.

Pâques est célébré par le passage d'une croix à travers la vieille ville et les **fêtes de Noël** sont féériques. Mais peu importe la période de votre visite, gardez du temps pour aller écouter un concert de *kapla*, des chœurs de chant a capella au style lancinant typique de Rab.

Dans le dialecte local, *kanata* est une exclamation prononcée lorsque quelque chose est terminé. Ainsi, à la fin de chaque saison touristique, **Kanata**, un festival et concours culinaire se tient dans la vieille ville de Rab, sur la place Municipium Arba. Les visiteurs peuvent y rencontrer des producteurs locaux qui confectionnent du *brudet*, un ragoût de poisson, et découvrir qui est le meilleur cuisinier de l'année.

OÙ SE LOGER SUR L'ÎLE DE RAB

Hostel Rab International
Au centre de la péninsule, auberge de jeunesse avec 5 dortoirs spacieux. Pensez à réserver. **€**

Villa Tamaris
Petit hôtel bien tenu, près de la mer. Chambres plaisantes avec, pour certaines, balcon et vue sur la mer. **€€**

Hotel Arbiana
Hôtel de 1924 qui a su préserver son charme d'antan. Le plus chic de Rab. **€€€**

Carnet d'adresses

RIJEKA

Château de Trsat
Voir p. 152 (Trsatska Gradina ; 051 217 714 ; Partizanski Put 9a ; www.trsatskagradina.com ; entrée libre, exposition tarif plein/réduit 1,33/0,66 € ; 9h-minuit tlj, dernière entrée à 20h)

Compagnie Jadrolinija
Voir p. 152 (Palais Adria ; 051 666 111 ; Riva 16)

Palais Modello
Voir p. 151 (051-209 333 ; Uljarska 1 ; entrée libre pour la bibliothèque)

Musée maritime et historique du littoral croate
Voir p. 154 (Pomorski i Povijesni Muzej ; 051-553 667, 051 213 578 ; www.ppmhp.hr ; Trg Riccardo Zanelle 1/1 ; tarif plein/réduit/famille/-7 ans 4/2/8 €/gratuit ; 9h-16h lun, 9h-20h mar-sam, 9h-13h dim)

Théâtre national croate Ivan Zajc
Voir p. 151 (Hrvatsko Narodnog Kažalište Ivana pl Zajca ; 051-355 900 ; hnk-zajc.hr ; Verdieva 5a ; billeterie 9h-14h lun-ven, 9h-13h sam, 1 heure avant le spectacle)

Tour de la ville
Voir p. 151 (Gradski Toranj ; Korzo)

Music Box
Voir p. 155 (095 884 77 75 ; www.facebook.com/rirockmusicbox ; Delta 5 ; tlj)

Ri Rock Academy
Voir p. 155 (051-211 437 ; www.rirock.hr ; Delta 5)

Bistro Mornar
Voir p. 152 (051-312 222 ; www.facebook.com/bistromornar ; Riva Boduli 5a ; 8h-23h)

Feral
Voir p. 152 (051-212 274 ; www.konoba-feral.com ; Matije Gupca 5b ; 8h-0h lun-sam, 12h-18h dim)

Maslina Na Zelenom Trgu
Voir p. 152 (051-563 563 ; mnzt.hr/ ; Koblerov Trg bb ; 11h-22h tlj sauf dim)

Academia
Voir p. 155 (Jadranski Trg 4b ; 7h-23h tlj sauf dim)

Book Caffe Dnevni Boravak
Voir p. 151 (www.facebook.com/BookCaffeDB ; Ciottina 12a ; 7h-0h lun-ven, 9h-0h sam, 16h-0h dim)

Celtic Caffe Bard
Voir p. 151 (091 511 44 47 ; @celticcaffe ; Grivica 6b ; 10h-0h lun-ven, 16h-0h sam)

Grad
Voir p. 155 (051 565 586 ; www.facebook.com/kavanaGRAD ; Riva Boduli 7b ; 9h-16h lun, 8h-23h mar-jeu, 8h-0h ven-sam, 8h-16h dim)

Nemo Pub
Voir p. 151 (www.facebook.com/NemoPub ; Titov Trg 2b ; 10h-1h lun-jeu, 10h-2h ven, 18h-2h sam)

Štriga
Voir p. 155 (051 372 311 ; caffe-bar-striga.eatbu.hr ; Titov Trg 14 ; 7h-23h lun-ven, 8h-23h sam-dim)

Vintage Bar
Voir p. 152 (Sabrage Bar ; 099 236 75 37 ; Petra Zrinskog 17 ; 9h-0h tlj été, 9h-23h tlj hiver)

Carnaval de Rijeka
Voir p. 152 (Riječki Karneval ; 051 335 882 ; www.rijecki-karneval.hr ; mi-jan à fév)

Filodrammatica
Voir p. 153 (051-212 957 ; www.facebook.com/galerijafilodrammatica ; Korzo 28)

Klub mladih
Voir p. 153 (Klub mladih ; 095 853 30 03, 092 392 67 28 ; klubmladihrijeka.hr ; Erazma Barčića 9a ; 8h-2h lun-ven, 10h-3h sam, 17h-2h dim)

Pogon Kulture
Voir p. 153 (095 197 06 99 ; www.facebook.com/pogonkulturerijeka ; Strossmayerova 1 ; jusqu'à 6h ven, 4h sam)

Ri Rock festival
Voir p. 155 (051-211 437 ; www.rirock.hr ; billet/pass festival 10-12/17/20 € ; déc)

Marché central
Voir p. 151 (051 320 176 ; Vatroslava Lisinskog ; 7h-14h lun-sam, 7h-12h dim)

OPATIJA

Bristol Hotel Opatija
Voir p. 157 (051-706 300 ; bristol.hr ; Maršala Tita 108 ;)

Hotel Ambasador
Voir p. 158 (051-710 444 ; www.liburnia.hr/en/hotel-ambasador ; Feliksa Peršića 5 ; P)

Hotel Kvarner
Voir p. 157 (051-710 444 ; www.liburnia.hr/en/hotel-kvarner ; Pava Tomašića 2 ; P)

Hotel Miramar
Voir p. 158 (051-280 000 ; www.hotel-miramar.info ; Ive Kaline 11 ; mars-nov ; P)

Ikador Luxury Boutique Hotel & Spa
Voir p. 158 (051-207 020 ; www.ikador.com ; Svetog Nikole 2 ;)

Festival du chocolat
Voir p. 158 (051-271 310 ; www.visitopatija.com/en/chocolate-festival ; 8-10 nov 2024)

ENVIRONS D'OPATIJA

Église Saint-Georges
Voir p. 160 (055 129 16 11 ; Stari Grad, Lovran)

Kuća od mora
Voir p. 161 (051 739 166 ; Mošćenička Draga ; sur demande)

Moulin à huile
Voir p. 161 (051 739 166 ; Mošćenice ; visite 3 € ; 11h-15h tlj)

Arriva
Voir p. 159 (arriva.com.hr/en-us/home)

Nomago
Voir p. 159 (intercity.nomago.hr)

Bistro Yacht Club
Voir p. 160 (051-272 345 ; www.yacht-club-opatija.com ; Zert 1, Luka, Opatilja ; 10h-0h tlj)

Ganeum
Voir p. 160 (051-294 444 ; www.facebook.com/ganeumlovran ; Stari Grad 5, Lovran ; 13h-minuit tlj été, 13h-19h dim et fermé lun hiver)

Johnson
Voir p. 160 (051-737 578 ; johnson.hr ; Majčevo 29b, Mošćenička Draga ; 13h-23h tlj sauf mar mai-sept, jeu-dim oct-avr)

Konoba Pescaria
Voir p. 160 (051-620 206 ; www.facebook.com/KonobaPescaria ; Stari Grad 28, Mošćenička Draga ; 12h-18h lun-mer et dim, 12h-20h ven-sam)

Konoba Zijavica
Voir p. 160 (051-737 243 ; konoba-zijavica.com ; Šetalište 25. Travnja 2, Mošćenička Draga ; sur rdv 12h-22h lun et jeu-dim)

Plavi Podrum
Voir p. 160 (051-701 223 ; www.plavipodrum.com ; Obala Frana Supila 6 ; 12h-minuit tlj)

Fête de la Cerise
Voir p. 160 (051 291 740 ; visitlovran.com/en/interest/cherry-days-in-lovran ; Lovran ; juin)

Fête de la Châtaigne
Voir p. 160 (Marunada Lovran ; 051 291 740 ; visitlovran.com/en/interest/marunada-lovran ; Lovran ; oct)

Festival de l'asperge
Voir p. 160 (051 291 740 ; visitlovran.com/en/interest/asparagus-festival ; Lovran ; avr)

Régates
Voir p. 160 (051 739 166 ; Mošćenička Draga ; juil)

Kaokakao Patisserie
Voir p. 160 (051 701 217 ; www.facebook.com/kaokakaopatisserie ; Andrije Štangera 44, Volosko ; 8h-21h tlj sauf lun, 8h-20h hiver)

ÎLE DE KRK

Bibliothèque de la famille Vitezić
Voir p. 165 (Knjižnicom obitelji Vitezić ; 051-860 184 ; Placa Vrbničkog statuta 4, Vrbnik ; sur demande)

Hotel Haludovo
Voir p. 167 (Malinska)

Vinarija Gospoja
Voir p. 165 (051-857 201, 051 857 142 ; www.gospoja.hr ; Vitezićeva 9, Vrbnik ; 10h-23h)

B&B Villa Maris
Voir p. 163 (091 391 47 44 ; www.villamaris.eu ; Starobašćanska 1, Punat ;)

Heritage Hotel Forza
Voir p. 163 (099 322 00 55 ; www.hotelforza.hr ; Zvonimirova 98, Baška ; 10h-23h ;)

Hotel Marina
Voir p. 163 (051-221 128 ; hotelikrk.hr ; Obala Hrvatske Mornarice 8 ;)

Konoba Nono
Voir p. 165 (051-222 221 ; www.nono-krk.com/hr/ugostiteljstvo/konoba-nono ; Krčkih Iseljenika 8 ; 11h-0h tlj)

Konoba Nada
Voir p. 165 (051-857 065 ; www.nada-vrbnik.hr ; Glavača 22, Vbrnik ; 11h-tard avr-oct)

Rivica
Voir p. 165 (051-846 101 ; rivica.hr ; Ribarska obala 13, Njivice ; 12h-21h mar-ven et dim, 12h-22h sam)

Volsonis
Voir p. 164 (051-880 249 ; www.volsonis.hr ; Vela Placa 8 ; 7h-1h tlj mai-sept, 7h-0h tlj oct-avr)

Krk Music Fest
Voir p. 165 (051 220 226 ; www.tz-krk.hr ; Krk ; entrés libres ; juin)

Lovrečeva (Saint-Laurent)
Voir p. 165 (www.tz-krk.hr/en ; Krk ; entrés libres ; août)

Krk Olive Oil 10-30-10
Voir p. 164 (091 881 19 53 ; www.ulje103010.com/103010-en ; Salatić 1a, Vrh)

Memento
Voir p. 165 (051 520 662 ; memento-store.com ; Antuna Mahnića 3 ; 9h30-20h tlj sauf dim avr-déc)

Nono Oleoteka
Voir p. 164 (051 222 222 ; www.nono-krk.com/hr/trgovina/oleoteka-nono ; Krčkih Iseljenika 8, Krk ; 11h-0h tlj)

OPG UTLA
Voir p. 164 (091 513 44 46 ; www.utla-olive.com ; Vantačići 24, Malinska ; 8 €/pers ; sur rdv)

ÎLE DE CRES

Musée de Cres
Voir p. 168 (Creski Muzej ; 051-344 963 ; creskimuzej.com ; Ribarska 7 ; tarif plein/réduit 3/1,50 €, visite guidée 27 € ; 10h-13h et 19h-23h mar-dim mi-juin à mi-sept, 10h-13h mar-sam mi-avr à mi-juin et mi-sept à mi-oct)

Refuge pour les vautours fauves et centre d'accueil des visiteurs de Beli
Voir p. 170 (095 50 61 116 ; belivisitorcentre.eu ; Beli 4 ; tarif plein/groupe/7-14 ans/-7 ans 6,50/3,50/3 €/gratuit avr-oct, 4/2/2 €/gratuit nov-mars, réduction sur billet combiné, atelier été/hiver 8-15/6-12 €, CB non-acceptée ; 10h-18h tlj juin-août, 10h-14h ven-dim jan-mars et mar-dim mi-oct à déc, 10h-16h mar-dim avr-mai et sept à mi-oct, atelier sur rdv)

Camping Baldarin
Voir p. 170 (051-661 124 ; www.camp-baldarin.com ; Bokinić 66, Nerezine ; mi-avr-à sept ; P @)

Camp Kovačine
Voir p. 170 (051-573 150 ; camp-kovacine.com ; Melin 1/20 ; Pâques-oct ; P @)

Bistro Melin
Voir p. 170 (051-571 481 ; Melin II 22, Cres ; 12h-14h et 17h-21h tlj ; P)

Konoba Hibernicia
Voir p. 170 (051 525 040 ; Lubenice 17 ; 12h-22h ; P)

Konoba Toš-Juna
Voir p. 170 (051 525 084 ; @ konobatosjunavalun ; Valun 43A ; 10h-0h mars-oct ; P)

LOŠINJ

Collection archéologique d'Osor
Voir p. 174 (Arheološka Zbirka Osor ; 051-233 614 ; www.muzej.losinj.hr ; Gradska Vijećnica ; tarif plein/réduit/-12 ans 4,70/3,30 €/gratuit, casque VR 13,50 € ; 9h-13h mar-sam mi-avr à mi-juin, 9h-15h et 19h-22h mar, jeu et sam, 10h-13h et 16h-22h mer, ven et dim juil-août, 9h-14h mar-sam oct, horaires réduits fin-juin et sept, sur rdv nov à mi-avr)

Église Notre-Dame-des-Anges
Voir p. 174 (Crkva Gospe od Anđela ; Veli Lošinj)

Église Saint-Martin
Voir p. 174 (Crkva sv. Martina ; Mali Lošinj)

Musée de l'Apoxyomène
Voir p. 173 (Muzej Apoksiomena ; 051-734 260 ; www.muzejapoksiomena.hr ; Riva Lošinjskih Kapetana 13 ; tarif plein/réduit/famille 15/8-10/25 € de Pâques à oct, 12/6-7/20 € reste de l'année ; 9h-17h mar-dim mi-oct à Pâques, 10h-18h mar-dim Pâques à mi-juin et mi-sept à mi-oct, 9h-22h mar-dim mi-juin à mi-sept)

Palais Fritzy
Voir p. 173 (Palača Fritzy ; 051 23 892 ; www.muzej.losinj.hr ; Vladimira Gortana 35 ; tarif plein/réduit/-12 ans 4,70/3,30 €/gratuit ; 10h-13h et 19h-22h mar-dim mi-juin à mi-sept, horaires réduits le reste de l'année, sur demande de jan à mi-mars)

Susak Expo
Voir p. 171 (44 78 72 962 868 ; susakexpo.com ; Susak ; entrée libre ; mai)

Boutique Hotel Alhambra
Voir p. 174 (051-260 700 ; www.losinj-hotels.com ; Čikat 16, Mali Lošinj ; avr-oct ; P @)

Villa Elisabeth
Voir p. 174 (051-236 111 ; www.ljeciliste-veli-losinj.hr/hrvatski/zdravstvene-usluge_26/smjestaj_2. ; Podjavori 27, Veli Lošinj)

Camping Čikat
Voir p. 172 (051-232 125 ; www.camp-cikat.com ; Čikat 6a, Mali Lošinj ; avr-oct ; P @)

Sveti Gaudent
Voir p. 175 (098 424 137 ; www.hps.hr/info/planinarske-kuce/planinarski-dom-sveti-gaudent-osorscica ; Osor, Mali Lošinj ; tlj sauf lun sur rdv)

Konoba Bonifačić
Voir p. 173 (051 237 413 ; @ konoba_bonifacic ; Osor 64 ; 10h-23h lun-sam)

Konoba Mandrać
Voir p. 173 (051 330 654, 091 520 02 57 ; Obala Maršala Tita, Veli Lošinj ; 12h-23h tlj avr-oct)

Restaurant Za Kantuni
Voir p. 173 (051 231 840 ; www.facebook.com/restoranzakantuni ; Vladimira Gortana 25, Mali Lošinj ; 10h-0h tlj)

Institut marin éducatif de Lošinj
Voir p. 173 (051-604 666 ; www.blue-world.org ; Kaštel 24 ; tarif plein/réduit 3/2 €, sortie 60/50 € ; 10h-15h lun-ven oct-avr, 10h-18h lun-sam mai, 10h-20h lun-sam juin et sept, 10h-21h juil-août)

ÎLE DE RAB

Carnaval de Lopar
Voir p. 178 (Loparski Maškari ; 051 775 508 ; Mardi Gras)

Foire de Rab
Voir p. 178 (Rapska Fjera ; 051 724 064 ; juil)

Kanata
Voir p. 178 (051 724 064 ; Trg Municipium Arba ; oct)

Dalmatie du Nord

ENTRE ÎLES ET MONTAGNES

Eaux cristallines et lacs de renommée mondiale, villes chargées d'histoire et îles baignées de soleil, merveilleux climat et cuisine méditerranéenne : la Dalmatie du Nord est le paradis des vacanciers.

La région du nord est un véritable condensé de toute la Dalmatie. On y trouve d'étonnantes cités antiques et des villes médiévales ; certains des plus beaux parcs nationaux de Croatie offrant le spectacle enivrant d'imposantes chaînes de montagnes, de majestueuses cascades et des eaux turquoise ; de nombreuses îles et une multitude de jolies criques... Autant de trésors qui vous invitent à y passer plusieurs jours en quête d'exploration ou de détente.

La Dalmatie du Nord est étrangement moins fréquentée que son pendant méridional. Si les circuits en autocar incluent les lacs de Plitvice, ils ne vont souvent pas plus loin. La région recèle ainsi de nombreux trésors préservés du tourisme de masse.

Cette région témoigne également de la naissance de l'identité croate : les premiers rois du pays y furent couronnés au IXe siècle, initiateurs d'une culture qui prospéra jusqu'à l'invasion vénitienne de la Dalmatie, au début du XVe siècle.

Zadar est riche en ruines romaines, en musées, mais aussi en restaurants et bars branchés. Les fêtards de tous horizons lui préfèrent toutefois les plages de Tisno, sur l'île de Murter, et de Zrcé, sur l'île de Pag, qui constituent durant l'été le cœur de la vie nocturne croate.

La ville de Šibenik, encore méconnue, abrite des merveilles architecturales.

Côté nature et évasion, entre l'incontournable parc national des lacs de Plitvice et ceux de la Krka, de Paklenica et des îles Kornati, difficile de faire un choix, car ils valent tous le détour !

SITES PRINCIPAUX

ZADAR
Ville de caractère au superbe patrimoine architectural.
p. 188

PARC NATIONAL DE PAKLENICA
Le paradis des randonneurs.
p. 197

ÎLE DE PAG
Paysages lunaires, vins raffinés, cuisine rustique, fromage, dentelle et fêtes d'été.
p. 200

Parc national des lacs de Plitvice (p. 202). Page de gauche : fromage de brebis de l'île de Pag (p. 200)

PARC NATIONAL DES LACS DE PLITVICE ET LIKA
Un écrin luxuriant pour la plus haute cascade du pays.
p. 202

ŠIBENIK
Rues médiévales et remarquable cathédrale : un trésor d'architecture méconnu.
p. 205

PARC NATIONAL DE LA KRKA
Cascades et eaux émeraude, monastères et ruines romaines.
p. 210

S'orienter

Le massif du Velebit divise la Dalmatie du Nord en deux parties : au nord, la région de Lika, verte et rustique ; au sud, les plaines côtières de Zadar et d'innombrables îles. Il rejoint le comitat de Šibenik-Knin et le parc national de la Krka.

Parc national des lacs de Plitvice et Lika, p. 202

Le parc national des lacs de Plitvice, situé dans la région de Lika, est une étendue grandiose de collines boisées et de lacs turquoise reliés par des centaines de cascades. Il s'agit sans conteste du plus beau site naturel de Croatie.

Île de Pag, p. 200

Pour certains, l'impressionnante île de Pag est synonyme de vie nocturne ; pour d'autres, de paysages lunaires, de vins raffinés, de fromage et de tradition dentellière.

Parc national de Paklenica, p. 197

Des sommets déchiquetés, des canyons et des vues panoramiques s'offrent aux amateurs d'escalade ou de randonnée.

Zadar, p. 188

L'ancienne capitale dalmate, devenue un haut lieu de la voile, regorge de sites historiques, de lieux culturels et de restaurants savoureux. Elle offre aussi de splendides couchers de soleil.

Le parc national de la Krka, p. 210

Ce sont surtout les célèbres cascades que l'on cherche à y voir, mais le parc national de la Krka ne manque pas d'intérêt culturel et historique.

Šibenik, p. 205

Ce joyau de la Renaissance recèle un patrimoine architectural majeur, de sublimes plages et d'excellents restaurants. Et ce, sans les foules de touristes.

BUS

Des bus des compagnies Arriva et Flixbus se rendent régulièrement à Zadar depuis Rijeka et Zagreb. La plupart d'entre eux vont à Šibenik et marquent l'arrêt dans diverses villes du littoral, comme Primošten, avant de quitter la région pour Split.

FERRY

Zadar étant un port important, l'on accède facilement aux îles de la région comme Ugljan et Dugi Otok en catamaran. On peut aussi réserver une traversée privée ou affréter un bateau. À Šibenik, outre la possibilité de sorties en voilier, on trouve des navettes pour l'île de Zlarin.

VOITURE

Pour visiter l'arrière-pays de la Lika, le parc national de Paklenica, Nin ou l'île de Pag (reliée au continent par un pont), mieux vaut louer une voiture ou un scooter.

Planifier son séjour

La Dalmatie du Nord offre un bel éventail d'excursions : séjour rural en Lika, découverte des lacs de Plitvice, croisière en voilier depuis Zadar, ou encore détente sur la côte de Šibenik.

DALIU/SHUTTERSTOCK ©

Parc national de la Krka (p. 210)

Si vous avez peu de temps

- Si vous n'avez qu'un week-end, rendez-vous au parc national des lacs de **Plitvice** (p. 202) pour découvrir les fameux lacs et cascades, un paysage à couper le souffle.

- Après le parc, vous avez la possibilité de dormir dans une cabane au milieu des arbres. Sinon, optez pour un hôtel de charme à **Šibenik** (p. 205), à deux heures de route plus au sud.

- Passez la journée suivante à flâner dans les rues pleines de charme du centre historique de Šibenik : admirez la cathédrale et la splendide architecture de la ville. Le lendemain matin, dirigez-vous vers le parc national de la **Krka** (p. 210). Et si vous faites un crochet par la cascade de Skradinski Buk, vous aurez alors vu les plus belles merveilles naturelles du pays.

Au fil des saisons

Au printemps, randonnée ou vélo ; en été, sports nautiques ; en automne, découverte des lacs et des cascades turquoise. Un petit goût de paradis à chaque saison.

AVRIL

Festivités de **Pâques**. Températures idéales pour faire du vélo, des balades à cheval et d'autres activités d'extérieur.

MAI

Le temps est parfait pour randonner sur le massif du Velebit, dans le **parc national de Paklenica**, ou pour faire du vélo à Ugljan.

JUIN

Évitez la foule et faites de la voile en début de saison, avant que le thermomètre ne monte trop.

DEN ROZHNOVSKY/SHUTTERSTOCK ©, NINOPAVISIC/SHUTTERSTOCK ©, XBRCHX/SHUTTERSTOCK ©

Si vous avez une semaine

- Consacrez au moins les deux premiers jours à **Zadar** (p. 188). Cette trépidante ville côtière mêle ruines romaines, architecture habsbourgeoise, gastronomie, concerts et ravissant front de mer.

- La charmante ville de **Nin** (p. 106), résidence des premiers rois et évêques du pays, est l'une des plus belles de l'arrière-pays. Profitez de son histoire, de sa culture et de nombreuses activités de plein air.

- Passez une journée sur l'**île de Pag** (p. 200) pour profiter de ses paysages lunaires tout en dégustant du vin et du fromage qui comptent parmi les plus raffinés de la Croatie. Partez ensuite à la découverte des autres îles : ne manquez pas celle d'**Ugljan** (p. 196), qui possède d'excellentes pistes cyclables, des plages et des restaurants.

Un été en Dalmatie du Nord

- Si vous êtes adepte du *slow travel*, louez un appartement pour quelques semaines ou plus à **Šibenik** (p 205). C'est une ville balnéaire sereine avec un quartier historique et une gastronomie gourmande. Elle a gardé son authenticité car elle ne fait pas encore partie du circuit touristique traditionnel. On peut donc y loger à un prix beaucoup plus raisonnable qu'ailleurs sur le littoral dalmate.

- De Šibenik, il est facile de se rendre dans le **parc national des lacs de Plitvice** (p 202), dans le **parc national de la Krka** (p. 210), ou sur l'**île de Zlarin** (p 209). Enfin, seulement si vous réussissez à quitter les plages de Šibenik !

JUILLET
L'été rime aussi avec festivités : préparez-vous à une abondance de nourriture, d'animations et de spectacles à Zadar.

AOÛT
Tous les 28 août, le festival **Light is Life** de Šibenik célèbre l'adoption, en 1895, du courant alternatif pour l'éclairage de la ville.

SEPTEMBRE
Le **parc national de la Krka** et le **parc national des lacs de Plitvice** font merveille à l'automne.

DÉCEMBRE
C'est l'heure des traditionnels **marchés de Noël**. Zadar et Šibenik ne sont pas en reste !

Zadar

HISTOIRE | NAVIGATION À VOILE | GASTRONOMIE

COMMENT CIRCULER

De l'aéroport ou de la gare routière, on peut prendre un bus, un taxi ou un VTC pour se rendre dans la vieille ville. Celle-ci est entièrement piétonne. Possibilité de louer des vélos.

Regroupant sur une petite péninsule un centre historique émaillé d'églises médiévales et de vestiges romains, Zadar séduit au premier coup d'œil. Bien que ses monuments anciens, son élégante architecture Sécession et ses paysages côtiers lui donnent du charme à revendre, Zadar ne se réduit pas à une ville-musée. C'est aussi une cité vivante et dynamique, agréable à vivre autant qu'à visiter. Elle offre en outre d'excellentes liaisons en ferry vers les îles des environs.

Comme d'autres villes de la côte croate, Zadar a été marquée par une forte influence transalpine. Ce sont les Vénitiens qui, au XVIe siècle, bâtirent

INCONTOURNABLES
1 Musée archéologique de Zadar
2 Orgue marin
3 Salut au soleil

VOIR
4 Église Saint-Siméon
5 Forum romain
6 Monastère franciscain
7 Musée d'Art sacré
8 Musée du Verre antique
9 Parc de la reine Jelena Madijevka
10 Parc Vladimir Nazor

SE RESTAURER
11 Foša
12 Kastel
13 The Botanist

SHOPPING
14 Marché de Zadar

les remparts de la vieille ville pour la protéger des incursions turques. Et une fois passée sous la domination des Habsbourg, la ville continua d'être administrée avec l'aide de l'aristocratie italianisée. En vertu du traité de Rapallo, signé en 1920, Zadar (Zara en italien) fut cédée au royaume d'Italie et resta sous son contrôle jusqu'en 1947, date à laquelle elle intègra la République yougoslave.

Le centre historique a subi à deux reprises des bombardements massifs – la première fois, en 1943, par les Alliés, en réponse à l'occupation allemande de la ville ; la seconde fois, en 1991, par l'armée yougoslave. Aujourd'hui, les traces de la guerre ont été en grande partie effacées, et la ville a repris sa place parmi les plus dynamiques de Croatie.

L'Orgue marin et le Salut au soleil

Les étonnantes sculptures de Nikola Bašić

Au nord-ouest de la péninsule du quartier historique se dressent deux chefs-d'œuvre d'art contemporain, associant architecture et musique, que l'on doit à l'architecte croate Nikola Bašić.

L'étonnant **Orgue marin** est unique au monde. Ce système de tuyaux et de soufflets, installé dans des marches en pierre ajourées qui s'enfoncent dans la mer, émet des soupirs mélancoliques au gré des appels d'air créés par le ressac. L'effet est aussi saisissant qu'hypnotique. Les tons mélodieux sont plus forts lorsque des bateaux passent, et on peut se baigner en bas des marches de la promenade en se laissant bercer par cette musique.

Autre merveilleuse création délirante de Nikola Bašić, le **Salut au soleil** est un cercle de 22 m de diamètre, enchâssé dans l'esplanade et garni de 300 plaques multicouches, qui emmagasine l'énergie solaire pendant la journée. Du coucher au lever du soleil, il produit alors un magnifique jeu de lumière, censé simuler le système solaire, et qui évolue au rythme des vagues sur la mélodie émise par l'*Orgue marin* voisin. Il recueille aussi suffisamment d'énergie pour alimenter tout le système d'éclairage du port.

Ces sculptures sont porteuses de sens pour les Zadarois. Avant leur installation, la zone de promenade était dégradée à cause des bombardements de la Seconde Guerre mondiale puis

Pour les infos pratiques, voir le Carnet d'adresses p. 214

LES PARCS DE ZADAR

Šime Botica, guide touristique (art-and-nature-travel.com). Zadar est la ville balnéaire la plus verte de la côte. La vie y est très agréable, en partie grâce à ses parcs.

Le parc de la reine Jelena Madijevka
Construit en 1829, c'est le premier parc de Zadar. Il offre d'ailleurs un beau panorama sur la ville.

Le parc Vladimir Nazor
Non loin de là, un autre parc, encore plus grand. L'ambiance y est aussi plus authentique : on côtoie les Zadarois qui s'y promènent avec leur chien.

Les remparts de la ville
Les remparts de Zadar, datant du XVIe siècle, abritent de petits espaces verts et des bancs pour s'asseoir et se détendre. Un lieu à ne pas manquer !

OÙ SÉJOURNER À ZADAR

Almayer Art & Heritage Hotel
Superbe hôtel 4 étoiles dans un bâtiment historique de la vieille ville, au bout de la péninsule. **€€**

Hotel Bastion
Détendez-vous au spa ou sur la terrasse naturellement ombragée qui surplombe le port de plaisance. **€€**

Teatro Verdi Boutique Hotel
Hôtel intime et confortable, au style moderne minimaliste. Situé au cœur de la vieille ville. **€€**

de la guerre civile yougoslave des années 1990, qui l'avaient laissée à l'état de ruine pendant plusieurs générations. Afin de rénover son front de mer, la ville lança un appel à projets pour une sculpture. Bašić remporta le concours avec ce concept d'orgue dont les sons viennent de la mer.

Touristes et habitants affluent chaque soir, surtout au coucher du soleil lorsque la vue imprenable sur la mer et le ballet de lumières au sol assurent le spectacle.

LA VOILE À ZADAR

Voir p. 196 pour plus d'information sur le nautisme à Zadar.

Vestiges romains

Site archéologique et musées

L'une des principales curiosités de Zadar, ce sont ses vestiges romains qui surgissent au hasard des rues. L'ancien **forum**, construit entre le Ier siècle av. J.-C. et le IIIe siècle, en est le meilleur exemple : depuis l'époque romaine, il est resté le cœur de la vie civique et religieuse, comme en témoigne l'église Saint-Donat, sur le côté.

Parmi les ruines de temples et de colonnades se dresse une colonne romaine intacte, qui servait de pilori au Moyen Âge ; les malfaiteurs y étaient enchaînés et voués à l'opprobre. Non loin se trouvent d'autres vestiges romains, comme les autels sculptés à l'effigie de Jupiter et de Méduse, sur lesquels on distingue des trous creusés dans la pierre, utilisés pour les sacrifices. Un temple du Ier siècle av. J.-C., dédié à Jupiter, Junon et Minerve, s'élevait vraisemblablement à cet endroit.

En surplomb du forum se dresse l'architecture moderne du **Musée archéologique de Zadar**, dont la passionnante collection rassemble des objets préhistoriques, antiques et médiévaux, trouvés principalement à Zadar et dans ses environs. La statue en marbre d'Auguste de 2,5 m de haut, datant du Ier siècle, et la maquette de l'ancien forum sont admirables.

Si vous vous intéressez à l'Antiquité, ne manquez pas le **musée du Verre antique** et son incroyable collection d'objets en verre (gobelets, pots, fioles, bijoux et amulettes) trouvés lors de fouilles dans la nécropole romaine. L'aménagement est magnifique, et les luminaires géants ainsi que l'ambiance musicale éthérée ajoutent au charme de l'expérience. L'endroit est à moins de 10 minutes à pied du forum, au sud-est de la vieille ville.

UN GOÛT DE ZADAR

Saša Began, chef cuisinier au restaurant Foša.

"Ce qui fait la réputation de la région de Zadar, et de notre restaurant, ce sont les produits dont nous disposons. Nous avons des truffes, du safran et du poisson frais tout droit sorti de la mer Adriatique.

Je suis chef cuisinier au Foša depuis 2016 et j'ai constaté à quel point la scène culinaire à Zadar et ailleurs en Croatie était vivante et dynamique. On apprend des chefs que l'on rencontre et on partage ce que l'on sait sur un plan international. Nous sommes très fiers de la région zadaroise."

Vieille ville de Zadar

Architecture civile et religieuse

Centre traditionnel de la vie publique, la **Trg Narodni** (place du Peuple), débordant de cafés, est constamment en

OÙ DÎNER À ZADAR

Foša
Pour Saša Began, le chef cuisinier, les produits locaux sont les vedettes de ce restaurant réputé. **€€€**

Kaštel
Restaurant gastronomique dans un château du XIIIe siècle. Optez pour les fruits de mer ou l'agneau local. **€€€**

The Botanist
Ce restaurant propose une cuisine dalmate vegan et a l'art de dresser les assiettes. **€€**

PHANT/SHUTTERSTOCK ©

Cathédrale Sainte-Anastasie

effervescence. À l'ouest de cette jolie place se dresse la **Garde municipale**, érigée en 1562 dans le style Renaissance tardif ; la tour de l'horloge fut ajoutée sous l'administration autrichienne, en 1798. Les annonces publiques et les jugements étaient jadis proclamés depuis la **loggia** (1565), en face, aujourd'hui devenue un lieu d'exposition artistique.

En remontant vers le nord, vous reconnaîtrez facilement la **cathédrale Sainte-Anastasie** à sa façade richement décorée. Cet édifice construit entre le XIIe et le XIIIe siècle dissimule trois nefs impressionnantes et des absides latérales ornées de fresques anciennes. Très endommagée par les bombardements de la Seconde Guerre mondiale, la cathédrale de Zadar a été restaurée depuis. Sur l'autel de l'abside de gauche, un sarcophage de marbre renferme les reliques de sainte Anastasie ; le presbytère abrite des stalles superbement sculptées. Grimpez dans le **clocher** pour profiter de la vue sur la vieille ville.

À proximité de la cathédrale et du forum romain, l'**église Saint-Donat** accueille régulièrement des concerts et des expositions. Remontant au IXe siècle, c'est l'un des rares édifices datant des débuts du royaume de Croatie, d'où son importance culturelle. L'intérieur simple et dépouillé comprend deux colonnes romaines intactes provenant du forum, tout comme les dalles, mises au jour quand on enleva le sol d'origine.

Les amateurs d'histoire pourront également faire un détour par le **monastère franciscain**, à seulement quelques minutes de marche, dont la visite comprend l'accès à un charmant cloître Renaissance, à l'église gothique, à la sacristie (où fut signé en 1358 le traité par lequel Venise cédait ses droits sur la Dalmatie au roi de Pologne et de Hongrie, Louis Ier le Grand), et à une petite collection. Celle-ci présente un grand crucifix en bois peint du XIIe siècle, un polyptyque du XVe siècle provenant de l'île d'Ugljan et un tableau du XVIe siècle représentant le Christ mort, de Jacopo Bassano.

MUSÉE D'ART SACRÉ

Ce remarquable musée, dans le monastère bénédictin, abrite une belle collection de reliquaires, de sculptures, de broderies et de tableaux, notamment les œuvres des maîtres vénitiens Paolo Veneziano et Vittore Carpaccio.

L'ÉGLISE SAINT-SIMÉON

Bel édifice baroque du XVIIe siècle, l'**église Saint-Siméon** (Crkva Sv Šime), renferme le sarcophage de saint Siméon (1377), chef-d'œuvre d'orfèvrerie médiévale recouvert à l'intérieur comme à l'extérieur de fins reliefs en argent plaqué or.

FLÂNER DANS LA VIEILLE VILLE DE ZADAR

Partez du pont-Neuf, du côté est de la péninsule. De là, des rues pavées de marbre vous conduisent à la **1 place Narodni**, bordée par de magnifiques bâtiments. Dirigez-vous vers le **2 Lovre Caffe**, où se trouve l'**église Saint-Laurent**, ruine du XIe siècle que le café utilise comme lieu d'événements mais qui symbolise l'histoire de la ville.

Promenez-vous le long de la rue Široka vers **3 l'église Saint-Donat** et jetez un premier coup d'œil à la tour du clocher de la cathédrale Sainte-Anastasie avant de rejoindre le **4 Musée archéologique de Zadar** pour découvrir l'incroyable collection d'antiquités. Traversez le **5 forum romain** en sortant du musée et, tout au bout, vous trouverez **6 les ruines du temple romain**, dont les figures de Jupiter, Junon et Minerve sont les seuls restes avec une colonne intacte qui servait de pilori au Moyen Âge.

Coupez par la pelouse jusqu'à la **7 promenade côtière de Zadar** et humez l'air marin en flânant pour rejoindre l'**8 Orgue marin**. Écoutez le son des vagues avant d'arriver au **9 Salut au soleil**. Si vous y êtes en pleine journée, ne manquez pas d'y retourner pour le coucher du soleil.

Retournez au centre-ville pour vous offrir une boule de glace au **10 Slasticarna Donat**, meilleur glacier de la ville, puis rejoignez la **11 tour du clocher de Sainte-Anastasie**. Si vous avez le temps, montez au sommet pour profiter du point de vue sur la ville. Sinon, dirigez-vous plus au nord, à deux pâtés de maisons, vers **12 l'entrée des remparts de la ville**, dont on peut faire le tour pour une vue sur le port de Jazine en contrebas. Terminez par le **13 parc de la reine Jelena Madijevka** où vous pourrez encore flâner ou vous reposer sur un banc.

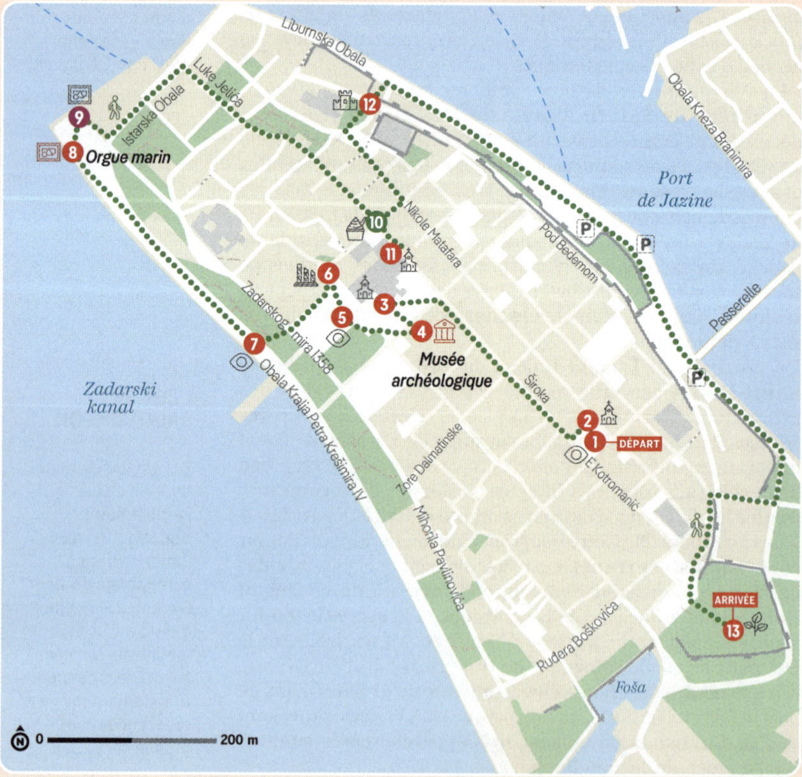

Environs de Zadar

Pour les infos pratiques, voir le Carnet d'adresses p. 214

À SAVOIR

Les îles des environs de Zadar sont agréables à parcourir à vélo au printemps ou en automne.

COMMENT CIRCULER

Pour aller sur les îles avec son véhicule, ldes car-ferries partent toutes les heures en saison de Gaženica, le port de croisière de Zadar, pour relier Ugljan, Dugi Otok, Mali Lošinj. Les piétons peuvent embarquer sur un catamaran depuis le port de la vieille ville jusqu'à Ugljan. Les horaires, variables selon la saison, sont consultables sur www.jadrolinija.hr. L'arrière-pays de Nin est accessible avec les bus Liburnia (liburnija-zadar.hr) qui partent de la gare routière de Zadar. Le service étant assez irrégulier, mieux vaut louer un scooter ou une voiture si vous le pouvez.

D'un côté, de longues îles aux criques azur ; de l'autre, des villes historiques dominées par l'imposant massif du Velebit.

L'importance stratégique de Zadar à travers l'histoire doit tout à sa situation géographique. Protégées, au sud, par les îles qui servaient de barrière défensive, les populations ont pu s'installer sereinement entre la côte et le Velebit, sur les plaines intérieures riches en sel qui devinrent le terreau de hauts lieux du christianisme.

Deux millénaires plus tard, ce riche héritage culturel demeure très présent. Aventurez-vous hors de la ville pour éprouver la *bura* (vent frais et salé du nord-est), admirer l'architecture romane et les panoramas, car cette région mérite vraiment que l'on s'y attarde.

Cap sur les îles Kornati

L'archipel des îles désertes

Une excursion au large des **îles Kornati**, à la recherche de la Méditerranée antique, vaut vraiment le détour. Ce magnifique archipel, le plus dense et étendu de l'Adriatique, est constitué de 150 îles désertes, dont 89 sont protégées dans un **parc national**, tout comme les eaux qui les entourent. La réglementation stricte de la pêche permet de renouveler la faune piscicole. Ces îles typiques des reliefs karstiques présentent un paysage fait de crevasses, de grottes et de falaises abruptes. L'herbe est rare sur ces îles arides, pratiquement dépourvues de sources. Leurs étonnantes formations rocheuses resplendissent de façon féerique sur le bleu de la mer. Paradis des plaisanciers, elles sont aussi très recherchées des plongeurs pour leurs richesses sous-marines. L'île Kornat, de loin la plus vaste, mesure 25 km de longueur sur 2,5 km de largeur. À moins de disposer de votre propre bateau, vous pourrez opter pour une des excursions organisées à la journée au départ de Murter, de Zadar, de Sali ou de Šibenik.

Dugi Otok, hors du temps

Loin des sentiers battus

Si vous avez le temps d'accoster à Dugi Otok, vous ne regretterez pas cette halte qui offre des paysages relativement préservés. Au sud-est, la côte de l'île se compose de collines abruptes

NAVIGUER SUR UN PETIT VOILIER

Anna Kostov, co-propriétaire de Zadar Adventure (zadarsup.com/adventure).

"J'ai grandi sur les bateaux grâce à mon père, qui en avait un, et, comme mon frère, familier des régates olympiques, j'ai navigué toute ma vie. C'est lorsqu'on part voguer au large de Zadar, vers Ugljan, Dugi Otok et les îles de Kornati, que l'on peut atteindre les plus belles plages et criques, joyaux cachés inaccessibles autrement. L'eau est incroyable, c'est une expérience unique de se baigner là-bas.

Plusieurs régates, auxquelles des marins du monde entier viennent participer, se courent ici. Il faut s'habituer à la météo de la région mais il y a plusieurs endroits abrités pour se reposer."

et de falaises, tandis que des vignobles, des vergers et des pâturages à moutons en recouvrent la moitié nord.

Sali, plus grand bourg et port de l'île, est une ville charmante. La localité, qui doit son nom aux anciennes salines, offre un cadre vivant et joyeusement désordonné. En été, son petit port se remplit de bateaux (et de touristes), et ses restaurants tout simples ont du succès. Ne manquez pas la minuscule et chaleureuse bibliothèque publique.

Près de la pointe nord-ouest de l'île, **Veli Rat** donne sur une baie bien protégée. À 3 km de ce joli village se dresse l'étonnant **phare de Punta Bjanca**, érigé en 1849. Haut de 42 m, c'est le plus grand de l'Adriatique. Et c'est aussi un endroit sublime pour admirer le coucher du soleil.

Au nord-est de l'île, **Božava** est un paisible et charmant village de pêcheurs parsemé d'arbres fleuris et de jolis sentiers ombragés qui courent le long de la côte. Durant la saison estivale, un "train" miniature relie les hôtels à la baie de **Sakarun**, qui abrite l'une des plus jolies plages de l'île.

Plus sauvage encore, l'extrémité sud-est de l'île est divisée en deux par la **baie de Telašćica**. Avec ses eaux couleur azur, c'est l'un des ports naturels les plus vastes et les plus beaux de l'Adriatique. Aventurez-vous enfin jusqu'au **lac de Mir** (lac salé), qui se détache au milieu des pinèdes. Il est alimenté par des canaux souterrains rejoignant la mer et son eau est même plus chaude que cette dernière !

Île de Silba

Hors des sentiers battus

Aux confins de l'archipel qui s'avance dans l'Adriatique depuis la côte de la Dalmatie du Nord, l'île de **Silba** est l'occasion d'une agréable excursion depuis Zadar. D'une superficie de tout juste 15 km^2, Silba est relativement plate mais réserve quelques beaux paysages, et l'on apprécie sa tranquillité et la quasi-absence de véhicules motorisés. Son pourtour est ponctué de nombreuses jolies plages, notamment **Vele Stene** (les Grands Rochers) aux pentes curieusement raides et rocailleuses, **Dobre Vode** et sa faible profondeur d'eau sur un tapis de sable, et la plus vaste **Nozdre** et ses rochers aux formes reconnaissables.

Ne manquez pas non plus la **Toreta**, une mince tour ronde en pierre à laquelle s'accroche un escalier extérieur en spirale. Selon la légende locale, celle-ci fut bâtie par un marin pour que sa bien-aimée y attende son retour de mer, mais la belle se lassa et en épousa un autre. La vue depuis le sommet est admirable.

LES MEILLEURES COMPAGNIES DE NAVIGATION DE ZADAR

Marlin Sailing
Pionnier en la matière, l'école de voile Marlin propose des circuits en mer (marlin-sailing.com).

Zadar Adventure
En montant sur l'un des bateaux d'Anna, vous éviterez la foule et découvrirez les meilleurs spots de baignade.

Red Sails Zadar
Cette compagnie possède une petite flotte de vedettes rapides que l'on peut louer à un prix raisonnable.

Plage de la Reine, Nin

BAINS DE BOUE

La vieille ville de Nin avance dans un lagon, encadrée par d'anciens puits de sel au nord et par des plages de sable au sud.

La vue depuis la plage de la Reine (Kraljičina plaža) est magnifique, avec le massif du Velebit de l'autre côté de ses rives.

Le site se distingue par ses bains de boue. En effet, au sud, une petite piscine séparée du lagon par des dunes contient une boue aux vertus médicinales que l'on utilise depuis des générations en thalassothérapie.

Il vous faudra venir en été, lorsque l'eau est suffisamment basse, pour pouvoir ramasser cette boue et vous en couvrir le corps avant de prendre un bain de soleil sur la plage. Votre peau absorbe alors ses riches minéraux, puis vous irez vous rincer dans la mer.

EXCURSIONS MARITIMES

Zadar et la navigation, c'est une longue histoire, à la fois commerciale et navale. Le tourisme nautique, qui a fait la réputation de la région et de ses îles, a vraiment explosé ces cinq dernières années. Les skippers locaux proposent des sorties sur de spacieux bateaux pour se baigner ou faire du paddle, sur de sereines eaux bleu vert. Ne manquez pas une excursion d'une journée à **Ugljan** ou dans la baie d'**Uvala Frnaza**.

PARC NATUREL DU LAC VRANSKO

Le magnifique lac Vransko est le plus grand lac naturel de Croatie, et l'une des zones humides les mieux préservées de Méditerranée. L'observation des oiseaux y est particulièrement gratifiante (hérons, cormorans, bécasseaux, grèbes et fauvettes – d'août à octobre).

Si vous souhaitez rester dormir sur l'île après le départ des excursionnistes, louer un bateau et obtenir tout autre renseignement, allez sur www.silba.org.

L'île de Silba est uniquement accessible en ferry Jadrolinija (jadrolinija.hr) depuis/vers Zadar et Mali Lošinj.

Nin, résidence des premiers rois

Petite ville, grande histoire

Nin est l'une des villes les plus séduisantes de l'arrière-pays de Zadar. Elle s'organise autour d'un îlot central où s'élève sa vieille ville, qui ne fait que 500 m de large ! Également connue pour avoir été la résidence de rois et d'évêques au cours de son histoire, elle a conservé deux petites églises parmi les plus jolies de Dalmatie.

Les Croates s'y établirent au VIIIe siècle sous la direction de Višeslav, duc local qui régna dès l'an 785. Les historiens considèrent ce duché comme l'embryon de l'État croate, mais c'est Tomislav Ier, gouverneur de Nin à partir de 925, qui, le premier, fut reconnu en tant que roi dans une lettre du Vatican.

Cet embryon de Croatie connut son apogée entre le VIIIe et le XIIIe siècle, et les ducs, rois et évêques de Nin jouèrent un rôle considérable dans la formation de l'identité croate telle qu'on la perçoit aujourd'hui.

À l'approche de Nin, on aperçoit l'**église Saint-Nicolas**, magnifique édifice médiéval qui se dresse sur une colline depuis 900 ans. Les premiers rois croates y furent couronnés, c'est pourquoi elle est toujours vénérée aujourd'hui. On ne peut y entrer, mais l'extérieur du monument en lui-même vaut le détour.

L'**église de la Sainte-Croix**, érigée au IXe siècle, est souvent désignée comme "la plus petite cathédrale au monde" pour avoir jadis été le siège de l'évêché. Avant le XIVe siècle, elle servait de chapelle royale, malgré son apparence d'une agréable sobriété. Les fenêtres sont judicieusement placées pour accueillir les rayons du soleil et faire de l'église un véritable cadran solaire.

Les évêques de la ville furent de grands défenseurs de l'alphabet glagolitique, le plus ancien alphabet slave : des monuments autour de la ville en témoignent, sous la forme d'inscriptions. Pour en savoir plus sur la Croatie médiévale, filez au **Musée archéologique de Nin** !

Enfin, une visite du **musée du Sel** est une option intéressante. Vous découvrirez l'histoire du sel de la ville dans ce petit musée agrémenté de supports multimédias. Cette industrie saline connaît d'ailleurs un certain renouveau et vous remarquerez que le sel local refait son apparition sur les marchés.

Parc national de Paklenica

PAYSAGES SAUVAGES | RANDONNÉES | VUES PANORAMIQUES

Les sommets déchiquetés du massif du Velebit s'étendent sur 145 km, formant une barrière naturelle spectaculaire entre la Croatie intérieure et le littoral. Le parc national de Paklenica, d'une superficie de 95 km², couvre une partie seulement de cette chaîne calcaire. Les paysages de montagne du parc figurent parmi les plus spectaculaires du pays. Ils offrent un cadre idéal pour randonner dans les gorges, gravir des parois rocheuses ou tout simplement se promener au fil des nombreux cours d'eau.

En chemin, vous apercevrez sûrement des animaux comme des aigles (dont l'aigle royal), des faucons pèlerins et, avec beaucoup de chance, des lynx et des ours. Des groupes de chamois se montrent fréquemment près des entrées du parc.

Pour les infos pratiques, voir le Carnet d'adresses p. 215

À SAVOIR

Certaines zones d'altitude du parc national de Paklenica n'ont pas encore été entièrement déminées depuis les années 1990. Suivez uniquement les itinéraires balisés et vérifiez auprès du bureau du parc avant de vous aventurer hors des sentiers battus.

PHOTO VOLCANO/SHUTTERSTOCK ©

Parc national de Paklenica

COMMENT CIRCULER

Louer une voiture et faire appel à un guide de randonnée est le meilleur choix. Si les transports publics sont assez limités, la plupart des bus empruntant l'autoroute côtière desservent toutefois Starigrad-Paklenica (1 heure depuis Zadar, 3 heures 30 depuis Rijeka, 3 heures 45 depuis Split).

Randonner dans le parc national de Paklenica

Randonnées accompagnées

La plupart des randonnées ne prennent qu'une journée de marche, depuis l'une des deux entrées principales du parc (auxquelles on accède depuis Starigrad-Paklenica, sur la côte), ou depuis les refuges de montagne. Le site Internet du parc (np-paklenica.hr) recense 9 itinéraires principaux, allant de promenades de 1 heure 30 à des treks de 7 heures avec 1 250 m de dénivelé. L'ascension des deux plus hauts sommets du parc, le Vaganski Vrh (1 757 m) et le Sveto Brdo (1 753 m), s'adressent à des marcheurs chevronnés.

Il est recommandé de bien préparer votre itinéraire avant de partir, notamment sur le plan de l'approvisionnement en eau. Sachez que le versant sud du massif, très escarpé, est plus difficile à pratiquer que le versant nord, qui surplombe la Lika. Notez également que certaines zones d'altitude du parc n'ont pas encore été entièrement déminées depuis les années 1990. Suivez uniquement les itinéraires balisés et vérifiez auprès du bureau du parc avant de vous aventurer hors des sentiers battus.

Dans la vieille ville de Zadar, vous pourrez vous adresser à l'**association d'alpinisme de Paklenica**, dont les membres entretiennent bénévolement les 180 km de sentiers du

OÙ SÉJOURNER DANS LE PARC NATIONAL DE PAKLENICA ET SES ENVIRONS

Refuges pour visiteurs
Pour les baroudeurs qui veulent rester sur place, le parc dispose de plusieurs refuges. **€**

Pansion Kiko
À Seline, superbe pension au bord de l'eau et excellente base pour explorer le parc. **€€**

Holiday House Mušaluk
Superbe vue sur le massif du Velebit, des daims apprivoisés viennent manger dans votre main. **€€**

parc. Outre l'encadrement de randonnées et de sorties d'escalade, les membres de l'association agissent aussi comme sauveteurs en montagne.

Essayez aussi les guides de **Magic Croatia** (magic-croatia.hr) ou de **Hiking Adventure Croatia** (facebook.com/hikingadventurecroatia) pour vous aventurer dans le canyon de Paklenica et les forêts de hêtres protégées par l'Unesco, et profiter de somptueux panoramas.

Grotte de Manita Peć

Exploration souterraine

La seule grotte du parc ouverte au public est **Manita Peć**, dont la partie principale (longue de 40 m et haute de 32 m) est tapissée de stalagmites et de stalactites. L'accès se fait uniquement dans le cadre d'une visite guidée de 30 minutes.

La grotte est située à environ 1 heure 30 à pied du parking de l'entrée n°1. Le sentier monte droit vers la gorge de Velika Paklenica, avant de s'y engager. Juste après la cascade rocheuse et le ruisseau sur la droite, vous arriverez au plateau verdoyant semi-circulaire d'Anića Luka. Un kilomètre plus loin, un sentier abrupt monte à la grotte.

Escalader à Paklenica

Les plus belles parois du pays

Paklenica compte une étonnante variété de sites d'escalade, adaptés aux novices comme aux connaisseurs. Le calcaire, résistant et parfois strié d'arêtes aiguës, offre des parcours classés en fonction de leur difficulté, parmi lesquels 72 voies sportives courtes et 250 plus longues. Les parcours destinés aux débutants se trouvent à l'entrée du parc ; ils peuvent atteindre 40 m de hauteur. Les grimpeurs confirmés rejoindront pour leur part **Anića Kuk**. La plupart des parcours sont équipés.

Les sites les plus réputés sont ceux du Mosoraški (350 m), du Velebitaški (350 m) et du Klin (300 m).

Le printemps est la meilleure saison pour pratiquer l'escalade, l'été étant parfois très chaud et l'hiver, trop venteux. À noter : la présence d'une équipe de sauvetage. Consultez le guide d'escalade *Paklenica*, de Boris Čulić, très complet ; il est disponible au bureau du parc.

CONSEILS DE GUIDE

Dragan Jurjević, guide de randonnée (facebook.com/hikingadventurecroatia).

"Quand je randonne ici, j'adore parler avec les villageois de la montagne. Ils sont si drôles, ils connaissent la région comme leur poche et partagent leur sagesse.

Ce que j'apprécie le plus, sur les sommets ou dans le canyon de Paklenica, c'est que le téléphone ne capte pas, on est déconnecté pendant 24 ou 48 heures. C'est si reposant !

Pour vous préparer à l'excursion, entraînez-vous à marcher avec 4 kg sur le dos. C'est ce que vous porterez pour avoir 2 ou 3 litres d'eau par personne. Je vous conseille aussi de télécharger une application de randonnée afin d'avoir des cartes que vous pourrez consulter hors ligne."

Île de Pag

CUISINE | FÊTE | ARTISANAT LOCAL

Pour les infos pratiques, voir le Carnet d'adresses p. 215

À SAVOIR

Le vent marin qui souffle sur les doux reliefs de l'île de Pag est appelé la *bura*. Il dépose une fine couche de sel qui vient imprégner le sol et la flore de l'île. Les 35 000 moutons de l'île de Pag paissent en liberté, se nourrissant de ces plantes et aromates salés dont les saveurs se transmettent à leur viande et à leur lait.

COMMENT CIRCULER

Une fois par jour, un catamaran Jadrolinija (jadrolinija.hr) relie Novalja à Rab (1h), et Novalja à Rijeka (2 heures 45). Des car-ferries Jadrolinija assurent la liaison entre Žigljen (côte nord-est de Pag) et Prizna (sur le continent) toutes les 90 minutes, et toutes les heures en juillet-août. Toute l'année, des bus font la liaison entre Novalja, Pag et Zadar. Sur l'île, les bus circulent quotidiennement entre la ville de Pag et Novalja.

Pag évoque d'emblée les films italiens des années 1950. Son paysage rocheux aux tons sépia, austère et nu, et ses vastes étendues pelées, auraient fait un décor parfait pour un film d'Antonioni. Les eaux de l'Adriatique y prennent des reflets bleu acier et, par temps orageux, il n'est pas de lieu plus spectaculaire en Croatie. Les roches karstiques de Pag forment un paysage lunaire défini par deux chaînes montagneuses, des broussailles éparses et une dizaine de hameaux.

L'île se distingue par ses productions de vin et de fromage qui perdurent depuis des siècles. Le *paški sir* (fromage de Pag), originaire du village de Kolan, est l'un des produits d'exportation croates les plus renommés. La fameuse dentelle de Pag, aux motifs complexes, orne les murs de nombreux intérieurs croates. Entre les bars et discothèques de Novalja et la plage de Zrće, haut lieu de la vie nocturne en été, Pag est également une destination incontournable pour les fêtards.

Ville de Pag

Pag côté culture, gastronomie et artisanat

Campée sur une étroite bande de terre entre des collines brûlées par le soleil, une baie azur à l'est et des marais salants étincelants à l'ouest, la ville historique de Pag jouit d'un cadre spectaculaire. Elle se résume à un quadrillage intime de rues étroites bordées de sobres maisons en pierre, avec des plages de galets à proximité.

Pag fut fondée au début du XVe siècle pour absorber la population croissante de Stari Grad (la vieille ville), que générait l'exploitation du sel (que l'on trouve encore dans tous les supermarchés). Les Vénitiens en confièrent la création à Juraj Dalmatinac (Georges le Dalmate), le plus grand architecte d'alors, qui en posa la première pierre en 1443. Sur la place centrale s'élèvent une cathédrale, un palais ducal et un palais épiscopal resté inachevé. Des remparts, entamés en 1499 par Dalmatinac, ne subsiste que l'angle nord, et l'on peut voir aussi les vestiges d'un château.

Arborant un style gothique dépouillé, la **collégiale de l'Assomption de Marie** s'harmonise avec la sobriété des bâtiments de la place principale qui l'entourent. Sur le tympan figure la Vierge, entourée de femmes de Pag en costume médiéval et coiffe. Terminé au XVIe siècle, l'intérieur fut doté au XVIIIe siècle d'un plafond en stuc au décor baroque.

Dans le palais ducal superbement restauré, le **musée de la Dentelle de Pag** présente des pièces remarquables. C'est au XVIe siècle que les sœurs du **monastère bénédictin de Sainte-Marguerite** ont initié cette pratique. Aujourd'hui, cet artisanat est soutenu par Frane Budak, l'association des dentelières de Pag fondée en 1997 afin de promouvoir ce savoir-faire séculaire et d'en partager les secrets de fabrication à la jeune génération. Cependant, la plupart des dentellières que vous verrez dans la rue sont des femmes âgées. En descendant Kralja Tomislava ou Kralja Dmitra Zvonimira, vous pourrez acheter de la dentelle auprès des artisans, qui pratiquent presque tous des prix fixes. Si vous souhaitez acheter une dentelle, faites-le ici : vous n'en trouverez nulle part ailleurs en Croatie. C'est l'un des artisanats les plus précieux du pays. La complexité des formes et le savoir-faire pour confectionner ces pièces sont inimitables.

Après avoir parcouru les rues pavées du quartier historique et de son port, visitez l'une des fromageries de Pag et participez à une dégustation. La fromagerie **Gligora**, par exemple, s'est vu décerner un prix ; l'équipe vous expliquera les étapes de sa fabrication et vous fera goûter différentes maturations du fromage qui, comme le vin, gagne en force au fil des mois (en même temps que son tarif augmente).

FAIRE LA FÊTE SUR LA PLAGE DE ZRĆE

La plage de Zrće, à l'extrême nord-ouest de l'île de Pag près de Novalja, passe pour l'Ibiza croate. Les jeunes fêtards s'agglutinent au **Cocomo** et à l'**Euphoria** pratiquement toute l'année, et en été d'énormes festivals comme le **Hideout** attirent une foule tapageuse.

Ici, les discothèques et les bars sont installés directement sur la plage. Les trois discothèques principales sont séparées les unes des autres par une poignée de bars, tous ouverts de la fin juin à la mi-septembre. Le prix d'entrée varie énormément en fonction de la soirée – il peut être élevé à la mi-août lorsque les clubs accueillent des DJ célèbres.

La plage de Zrće en elle-même est pittoresque. Formant un croissant de galets long de 1 km, elle domine une zone aride à l'est de Pag, avec les montagnes du continent émergeant à l'horizon, d'où un beau point de vue – louez un parasol pour avoir de l'ombre. Hors saison, vous aurez la plage à vous tout seul.

Parc national des lacs de Plitvice et Lika

CASCADES ET LACS | NATURE SAUVAGE | ACTIVITÉS DE PLEIN AIR

Pour les infos pratiques, voir le Carnet d'adresses p. 215

À SAVOIR

Si le parc est magnifique tout au long de l'année, c'est au printemps et à l'automne que la visite est la plus agréable. Les cascades atteignent leur plus fort débit au printemps et au début de l'été, tandis qu'à l'automne, les feuillages se parent de couleurs chatoyantes. L'hiver est aussi spectaculaire, mais la neige limite parfois l'accès et le système de transports gratuits du parc ne fonctionne pas. Mieux vaut en revanche éviter la haute saison : les chutes d'eau sont alors réduites à de minces filets, l'affluence crée de véritables embouteillages sur les sentiers, et les files d'attente pour les bus et les bateaux qui sillonnent le parc sont interminables.

COMMENT CIRCULER

On met 2 ou 3 heures en bus depuis Zagreb ou Zadar, et 4 heures à 4 heures 30 depuis Šibenik et Split. Si vous avez une voiture, un parking se trouve à l'entrée du parc.

Cette étendue grandiose de collines boisées et de lacs turquoise, inscrite au Patrimoine mondial en 1979, est sans conteste le plus beau site naturel de Croatie. Le nom du parc est légèrement trompeur, car ce ne sont pas tant les lacs qui sont à découvrir que les centaines de cascades qui les relient, comme si le pays avait rassemblé toutes ses chutes d'eau en un seul lieu.

Le parc national s'inscrit dans la région de Lika, comprise entre les montagnes côtières et la frontière bosniaque. Entre plaines agricoles bucoliques, plateaux escarpés et denses forêts, ce vaste territoire est l'endroit idéal si vous vous lassez des plages et des îles. Vous pourrez partir à la rencontre des ours au refuge de Kuterevo, emprunter l'une des plus longues tyroliennes d'Europe, ou explorer les grottes Grabovača près de Perušić.

Lacs de Plitvice

Le plus beau site naturel de Croatie

Les 16 lacs cristallins de ce parc national densément boisé sont reliés les uns aux autres par une série de chutes d'eau. Les eaux sédimentaires creusent la pierre en y déposant du travertin (roche sédimentaire calcaire), d'où l'évolution continuelle du paysage. Des nuages de papillons volettent autour des passerelles en bois et des sentiers qui serpentent sur 18 km au bord de chutes tumultueuses, passant parfois par-dessus.

Il faut plus de 6 heures pour explorer à pied les lacs, mais l'itinéraire peut être raccourci de 2 heures grâce aux bateaux et bus gratuits (départs toutes les 30 min d'avril à octobre). Depuis l'entrée n°2, prenez le bus jusqu'aux lacs supérieurs et redescendez à pied jusqu'au **lac Kozjak**, le plus grand du parc (long d'environ 4 km). De là, un bateau rejoint les lacs inférieurs. Le circuit mène jusqu'à la cascade de **Veliki Slap** (Grande Cascade), la plus haute de Croatie

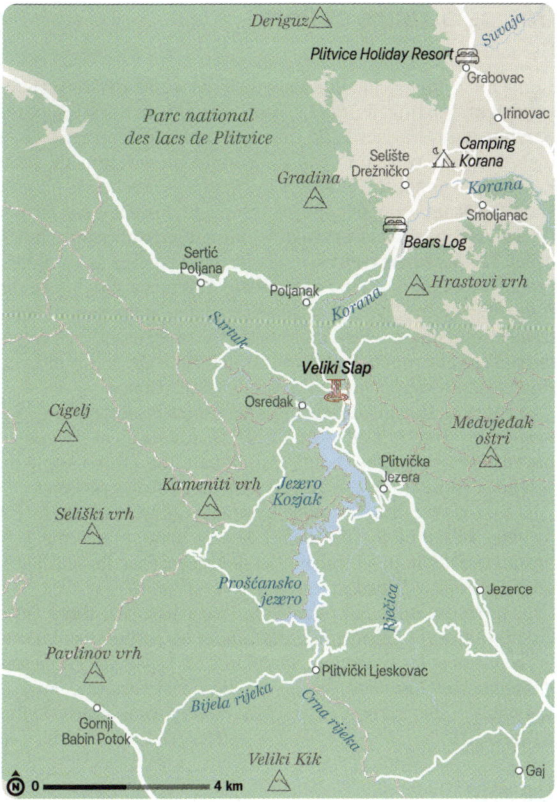

(78 m). Le sentier monte ensuite abruptement (offrant une vue très photogénique) jusqu'à un arrêt de bus ; ce dernier vous ramènera à l'entrée n°2.

Si le temps vous est compté, optez pour les lacs supérieurs que l'on peut visiter en 2 heures (contre 3 heures pour la section inférieure). Pour éviter la montée, commencez par l'itinéraire en bus et finissez par le circuit en bateau. La baignade est interdite dans l'ensemble des lacs.

Pour vous orienter, consultez à l'avance les 7 sentiers de différentes longueurs sur le site Web du parc (np-plitvicka-jezera.hr/en/plan-your-visit/istrazite-jezera/activities/lake-tour-programmes).

HISTOIRE DU PARC

Une société fut fondée dès 1893 pour assurer la protection de l'environnement lacustre, et le premier hôtel fut érigé en 1896. Les limites du parc national proprement dit furent fixées en 1951, et les lacs demeurèrent un site touristique majeur jusqu'à la guerre serbo-croate – laquelle débuta à Plitvice le 31 mars 1991, quand des rebelles serbes prirent le contrôle du parc. L'officier de police croate Josip Jović, première victime du conflit sanglant, mourut dans le parc. Les Serbes conservèrent la zone pendant toute la durée de la guerre, transformant les hôtels en casernes. L'armée croate a repris possession du parc en août 1995, et les installations ont été par la suite entièrement remises à neuf.

OÙ SE LOGER DANS LA RÉGION DE PLITVICE

Plitvice Holiday Resort
Cet hôtel propose des maisons dans les arbres autour d'un lac privé. **€€**

Camping Korana
Parc de camping-cars et camping avec de jolis bungalows, dans la forêt. **€€**

BeaR's LOG
Cabane au charme rustique, avec plusieurs chambres et un Jacuzzi pour se reposer après la balade autour des lacs. **€€€**

TRÉSORS CACHÉS DE LA LIKA

Toute la région de la Lika, à l'exception des lacs de Plitvice, est largement ignorée. Si vous êtes véhiculé et que vous n'êtes pas pressé, cette région vous ravira. Ne manquez pas le **Refuge pour ours de Kuterevo**, qui collabore avec les villageois pour protéger les oursons orphelins menacés par la circulation routière, la chasse et le braconnage. Du printemps à la fin de l'automne, des bénévoles font visiter les grands enclos, expliquant l'histoire de chaque ours et évoquant les enjeux plus larges de leur préservation. À Rudopolje se trouve la **Zipline Pazi Medo**, une tyrolienne de 1700 m, l'une des plus longues d'Europe. On croirait vraiment voler ! Si vous êtes fasciné par les mondes souterrains, rendez-vous au **parc des grottes de Grabovača**, en bordure de Perušić.

Géologie, faune et flore

Merveilles de la nature

L'ensemble formé par les lacs de Plitvice se divise en lacs supérieurs et inférieurs. Les **lacs supérieurs** sont séparés par plusieurs barrières de dolomie tapissées de mousses et d'algues, qui retiennent le carbonate de calcium de l'eau lorsqu'elle s'engouffre à travers le karst. Les couches de plantes encroûtées par le dépôt calcaire s'empilent, finissant par former des **barrières de travertin** qui donnent naissance aux chutes d'eau. Les l**acs inférieurs**, qui suivent un processus similaire, ont été formés à partir de cavités creusées par les plans d'eau supérieurs. Le travertin se reforme constamment, d'où l'évolution continuelle du paysage. Cette interaction unique entre l'eau, la roche et la flore se perpétue de façon plus ou moins immuable depuis la dernière glaciation.

Les lacs arborent des teintes toujours changeantes, qui varient en fonction de la quantité de minéraux et de micro-organismes contenus dans l'eau, de la pluie et de l'angle du soleil. Certains jours, ils paraissent vert vif ou gris acier.

La luxuriante végétation se compose notamment de forêts de hêtres, de sapins, d'épicéas et de pins blancs, parsemées de bosquets d'alisiers, de charmes et de frênes, dont les feuillages s'enflamment à l'automne.

Le parc est surtout réputé pour abriter des **ours** (une cinquantaine) et des **loups**, sans oublier les cerfs, les sangliers, les renards et les blaireaux. On peut aussi y voir des faucons, des chouettes, des coucous, des martins-pêcheurs, des canards sauvages et des hérons, et, parfois, des cigognes noires et des balbuzards.

Gospić

La ville de Nikola Tesla

L'une des plus jolies villes de l'arrière-pays de Dalmatie du Nord, Gospić, se tient au bord d'une rivière, encadrée par les sommets déchiquetés typiques de la région. Son profil, dessiné par les toits en tuiles rouges et le joli clocher de l'église, séduit autant que la belle architecture qui se dévoile au fil de ses rues. C'est une halte agréable si vous voyagez du nord au sud ou si vous souhaitez vous éloigner de la côte.

Le **Centre de mémoire Nikola Tesla**, situé à 5 km à l'ouest, dans le village de Smiljan, est la principale curiosité touristique des environs. C'est en effet ici que naquit Nikola Tesla (1856-1943), grâce à qui l'électricité arriva dans nos foyers, également inventeur de la technologie sans fil. Ce passionnant musée retrace sa vie, et expose des répliques de ses inventions les plus célèbres (en état de marche).

Šibenik

ARCHITECTURE REMARQUABLE | PLAGES | FESTIVALS

Si la périphérie sans charme de Šibenik ne semble rien présager de bon, son magnifique quartier médiéval, dont les bâtiments de pierre immaculés se reflètent dans les eaux tranquilles de la baie, mérite vraiment le détour. Il fait bon se perdre dans son lacis de ruelles et de venelles pentues. Šibenik est également un important point d'accès au parc national de la Krka et aux îles Kornati.

Contrairement à de nombreuses villes du littoral dalmate, Šibenik ne fut pas fondée par les Grecs ou les Romains mais par le roi croate Petar Krešimir IV, au XIe siècle. Celui-ci choisit le site en raison de sa position défensive dans une crique entre Zadar et Split. Comme ses voisines, la petite ville fut au Moyen Âge un centre commercial maritime dynamique, et fut conquise par la république vénitienne.

Aujourd'hui, l'architecture de style Renaissance et les rues pavées de marbre du quartier historique transportent les visiteurs dans cette époque révolue, tandis que sa gastronomie et de vivants festivals l'ancrent fermement dans le XXIe siècle.

Pour les infos pratiques, voir le Carnet d'adresses p. 216

À SAVOIR

Votre GPS risque de s'y perdre car il y a beaucoup d'escaliers dans la vieille ville de Šibenik. Nombre de petites églises n'ouvrent que vers l'heure de la messe. La gare routière, sur le front de mer, est proche du centre, que l'on parcourt facilement à pied.

COMMENT CIRCULER

La gare routière de Šibenik se trouve près du quartier historique. Il y a un service de bus réguliers et aussi des liaisons vers les principales villes comme Split et Zadar en 1 heure 30, Zagreb en 6 heures et Dubrovnik en 6 heures 30.

Trésors d'architecture

Un joyau dalmate méconnu

De la **Riva**, promenade de Šibenik en bord de mer, un escalier vous conduit à un joyau d'architecture unique en son genre : la **cathédrale Saint-Jacques** (Katedrala Svetog Jakova). Sa construction débuta en 1431 et plusieurs architectes se succédèrent dont le Zadarois Juraj Dalmatinac, en 1441. Il signa là son chef-d'œuvre, concevant une structure bâtie entièrement en pierre blanche extraite dans les îles voisines de Brač et de Korčula.

OÙ SÉJOURNER À ŠIBENIK

Bellevue Hotel
Très bien situé près du quartier historique, cela vaut la peine de prendre une chambre avec vue sur la mer. €€

Heritage Hotel Life Palace
Charmant établissement dans un palais Renaissance restauré, au cœur de la vieille ville. €€

Armerun Heritage Hotel & Residences
Boutique-hôtel de premier plan à Šibenik, niché à l'extrême nord de la Riva. €€€

POURQUOI J'ADORE ŠIBENIK

Lucie Grace, auteure

"Je suis arrivée un soir d'été à Šibenik, accueillie par un coucher de soleil violet et orange vif sur le canal Saint-Antoine ; puis j'ai vagabondé, au crépuscule, dans les rues au style Renaissance. Ce fut le coup de foudre.

C'est l'une des rares cités du littoral croate où le tourisme de masse et les bateaux de croisière sont absents. J'y vais pour la tranquillité, l'architecture, ses très bons restaurants, mais surtout pour la proximité avec la nature. Des plages partout, le parc national de la Krka... J'ai tous mes repères à Šibenik et ne peux que recommander la visite de cette ville."

Inscrite au Patrimoine mondial de l'Unesco, cet édifice témoigne de la fusion réussie de styles architecturaux de différentes époques, avec des éléments gothiques et Renaissance savamment empilés jusqu'à la fin de la construction en 1536. On y remarque notamment une **frise**, constituée de 71 têtes, qui entoure les murs extérieurs du bâtiment, côté ville. Ces portraits représentent des visages aux expressions variées qui sont autant de caricatures des habitants du XVe siècle. Ne manquez pas la **porte des Lions**, au nord, conçue par Dalmatinac et Bonino da Milano : deux lions sculptés soutiennent des colonnes où Adam et Ève tentent en vain de cacher leur nudité. En entrant, procurez-vous l'excellente brochure (disponible en plusieurs langues), qui vous guidera à travers les nombreuses œuvres d'art et curiosités architecturales. Le **baptistère de**

OÙ SE RESTAURER À ŠIBENIK

Pelegrini
Une carte savoureuse où la cuisine dalmate est revisitée par le chef local Rudolf Štefan. **€€€**

Peperoncino Kitchen and Bar
Gnocchis au thon, ragoût de poulpe... Charmant restaurant avec terrasse. **€€**

Koka Pizza
Sympathique restaurant familial que l'on dit servir une des meilleures pizzas du pays. **€**

Dalmatinac, au fond, avec son plafond finement sculpté et sa vasque soutenue par trois angelots, est admirable. Enfin, jetez un œil à la **tombe de l'évêque Šižigorić** (également de Dalmatinac), mécène de la cathédrale, le retable de Filippo Zaniberti représentant saint Fabien et saint Sébastien, ainsi que le macabre **crucifix gothique** de Juraj Petrović, datant du XVe siècle.

Hormis la cathédrale, quelque 22 élégantes églises ornent le centre-ville. Ne manquez pas l'**église et le monastère Saint-Laurent** (Samostan i crkva sv. Lovre) et le jardin, très zen, de son cimetière.

Avant de repartir, il vous faudra voir la **forteresse Saint-Michel** (Tvrđava Sv Mihovila). Les petites ruelles et passages de Šibenik convergent tous vers cette majestueuse forteresse plantée au sommet d'une colline. Érigée au XVe siècle, détruite et reconstruite à maintes reprises, la citadelle a pris le nom de la plus ancienne église (Saint-Michel), datant de 1066, nichée en son cœur. Aujourd'hui transformée en auditorium de plein air, de nombreux artistes s'y produisent. La forteresse Saint-Michel et la ville de Šibenik, comme d'autres lieux en Croatie, sont aussi désormais réputées dans le monde entier grâce à la série culte *Game of Thrones*, dont de nombreux passages y furent tournés.

L'électrique Šibenik

Aux origines du courant alternatif

L'une des premières centrales hydroélectriques du monde fut construite sur la Krka en 1895, juste après celle de Nikola Tesla dans les chutes du Niagara. Le projet de Šibenik fut sûrement inspiré par celui de Tesla, natif de la région, qui avait proposé sa technologie à la ville de Zagreb (qui l'avait alors déclinée).

Ante Šupak, ingénieur, inventeur, puis maire, travailla avec son fils à construire la centrale hydroélectrique novatrice, dont on peut encore voir les vestiges dans le **parc national de la Krka** (p. 210). Une énorme turbine rappelle que Šibenik devint la troisième ville au monde à utiliser le courant alternatif pour son éclairage public et la première à adopter un système complet de production et de distribution d'électricité. On fête chaque année sa première illumination, qui eut lieu le 28 août 1895.

Pendant le **festival Light is Life** (sibenik-tourism.hr), tout Šibenik est éclairé, des forteresses au front de mer, et parfois même jusqu'aux petits voiliers de la baie, offrant un spectacle de lumières à la mise en scène recherchée. Un feu d'artifice et de nombreux concerts sur la Riva renforcent l'atmosphère de la fête. Une date à retenir absolument sur votre agenda dalmate estival.

TOQUEZ-VOUS DE LA TOQUE

La Šibenska kapa, ou toque de Šibenik, est l'une des attractions les plus marquantes de la fête de la Saint-Michel. Le 29 septembre, en l'honneur du saint patron de la ville, une procession défile dans la rue et les habitants arborent fièrement leur costume traditionnel, dont la toque orange avec deux rangées de *bule*, des motifs circulaires brodés en noir.

La toque de Šibenik figure même sur la liste du Patrimoine culturel immatériel depuis 2008. **Zvonimira Krvavica** (instagram.com/kzvonimira), guide touristique brillante, propose des ateliers de confection de *Šibenska kapa* afin que cette tradition continue d'être transmise par la jeune génération.

Environs de Šibenik

Villages médiévaux, festivals de musique, plages moins connues : les environs de Šibenik ne manquent pas d'intérêt.

Pour les infos pratiques, voir le Carnet d'adresses p. 216

À SAVOIR

Petit budget ? Sachez que Šibenik et ses environs sont les destinations les plus abordables du littoral dalmate.

Non loin de la ville, le populaire parc national de la Krka pourrait l'emporter à l'heure de choisir l'excursion de la journée. Cependant, comme Šibenik, l'île de Murter, que l'on rejoint par un pont depuis le continent, en passant par Tisno, est l'un des meilleurs points de départ pour se rendre dans un autre parc national magnifique, celui des îles Kornati, un archipel inhabité accessible seulement par bateau.

Autre possibilité, la jolie Primošten, une petite ville du XVIe siècle très animée en été, est appréciée pour ses vieilles rues et sa plage aux eaux bleu azur. Enfin, Tisno, dont beaucoup de pays envient la scène électro, est très prisée par les amateurs de musique.

COMMENT CIRCULER

La compagnie de bus nationale Arriva (arriva.com.hr/en-us) relie Šibenik (gare routière en front de mer) à Primošten 6 fois par jour dans les deux sens, le trajet dure une demi-heure. La compagnie de bus locale Autotransport Šibenik (atpsi.hr) relie Šibenik à Murter, via Tisno, 4 fois par jour (vérifiez les horaires sur le site Internet). Plusieurs compagnies de bus relient quotidiennement Rogoznica à Šibenik (45 minutes) et Split (1 heure).

Primošten

Une délicieuse bourgade

En été, **Primošten** est en ébullition : des groupes de musique jouent sur la grande place, des boutiques d'artisanat ouvrent leurs portes, les enfants courent et jouent dans les rues pavées. La minuscule bourgade fut construite au XVIe siècle sur un îlot à 28 km au sud de la côte de Šibenik, alors sous la menace d'une invasion turque.

C'est l'une des plus jolies villes de cette partie du littoral, avec une plage de sable familiale, **Mala Raduča**, qui s'étend sur sa façade nord et qui abrite un centre de vacances de l'ère yougoslave, l'**Hotel Zora**, qui a toujours du succès.

Observez le coucher du soleil depuis l'**église Saint-Georges** puis faites le tour de la petite péninsule, à la nuit tombée, pour profiter de son charme médiéval.

Tisno et Murter

Entre pistes de danse et nature

Que vous vouliez danser toute la nuit au son des meilleurs DJ du monde ou plutôt naviguer entre les magnifiques îles croates, l'**île de Murter** et sa porte d'entrée, **Tisno**, vous proposent l'une comme l'autre évasion.

Tisno est une petite ville au charme désuet dix mois sur douze, jusqu'à ce qu'une série de festivals de musique de haut vol envahisse ses berges azurées, chaque été. Le hameau accueille alors les artistes les plus réputés de la scène électro pour des festivals qui ne le sont pas moins : **The Garden**, **Dimensions**, **Love International**, **Outlook** et **Dekmantel** enflamment les nuits estivales de Tisno.

La plus grande localité de l'île est le village de **Murter**. Assez ordinaire, il constitue toutefois une excellente base pour explorer les îles Kornati.

La côte sud-ouest escarpée de l'île est entaillée de petites criques, notamment celle de **Slanica**, idéale pour la baignade. Un autre spot à ne pas manquer est la plage de **Colentum** (qui s'orthographie parfois Kolentum), l'une des plus surprenantes de Dalmatie : sur la côte nord de Murter, au nord du village de Marina Hramina, elle dessine une courbe de 200 m où, à l'extrémité sud, les vagues viennent lécher les ruines d'une villa romaine du Ier siècle.

Rogoznica et le lac de l'Œil du dragon

Un phénomène naturel remarquable

Le port bien abrité de **Rogoznica**, situé sur une péninsule à 38 km au sud de Šibenik par la route, est apprécié des plaisanciers et des touristes en quête d'une retraite paisible. Avec ses plages de galets, ses rues historiques et plusieurs restaurants de choix, cette bourgade est un agréable point de chute pour explorer les environs de Šibenik.

À quelques minutes à pied du centre se trouve l'un des phénomènes naturels les plus remarquables de la région : le **lac de l'Œil du dragon** (Zmajevo Oko), une étendue d'eau ovale de 10 000 m² encerclée de falaises de 4 à 24 m de haut. Relié à la mer par des rivières souterraines et des failles calcaires, il atteint 15 m de profondeur. Son eau riche en sulfate d'hydrogène fait sa particularité – on peut s'y baigner sans danger. Plus on gagne les profondeurs, plus l'eau est chaude. Par moments, le lac bouillonne à la suite des remontées de sel et d'eau chaude à la surface.

EN ROUTE POUR LA SECRÈTE ÎLE DE ZLARIN

La mignonne île de Zlarin est un repère confidentiel pour les habitants, et une zone sans voitures. De nombreux habitants de Šibenik y ont un appartement et viennent y passer le week-end pour fuir la vie citadine.

Le car-ferry de la compagnie Jadrolinija fait la traversée quatre fois par jour, en 25 minutes, depuis le petit quai de Šibenik jusqu'au port de plaisance de Zlarin.

Un petit coin de paradis caché et paisible, où l'on trouve une eau cristalline et des petits ports authentiques tout le long du littoral... Voilà qui explique pourquoi Bono y est venu !

L'Œil du dragon, Rogoznica

Parc national de la Krka

VÉLO ET RANDONNÉE | EXCURSIONS EN BATEAU | CASCADES

Pour les infos pratiques, voir le Carnet d'adresses p. 216

À SAVOIR

Le parc a cinq entrées principales : Skradin, Lozovac, Roški Slap, le monastère de la Krka et Burnum. Si vous privilégiez la visite des fameuses chutes de Skradinski Buk, entrez par le superbe village de Skradin. La rue principale est bordée de maisons tantôt colorées, tantôt en pierre nue, et une forteresse en ruine domine l'ensemble. De là, le droit d'entrée au parc comprend la traversée du canyon en bateau, jusqu'à Skradinski Buk.

La Krka s'écoule sur 73 km, de l'ouest des Alpes dinariques jusqu'à l'Adriatique, où elle se jette près de Šibenik. Son cours et ses splendides chutes d'eau ont façonné le paysage du parc national de la Krka. Les chutes de la Krka résultent d'un phénomène karstique : pendant des millénaires, l'eau de la rivière a creusé un profond canyon (jusqu'à 200 m) dans les collines calcaires, charriant du carbonate de calcium dans son lit. Les mousses et les algues ont retenu ce calcium, alors que l'encroûtement des couches végétales successives produisaient les barrières de travertin qui ont formé les cascades spectaculaires. Les constructions humaines sont également l'un des grands attraits de la région, dont le caractère isolé attire les moines qui édifièrent ici leurs monastères.

La richesse de la faune n'est pas en reste, puisque le parc national donne asile à 46 espèces de mammifères dont des cerfs, des loutres, des blaireaux et énormément de canards, que vous verrez à coup sûr.

Avec ses sentiers de randonnée cyclables et pédestres, et les bateaux qui voguent d'un bout à l'autre de la rivière, le parc national de la Krka s'apprécie quelle que soit la saison : le printemps et l'automne feront le bonheur des randonneurs du point de vue des températures ; l'été est radieux – quoique fréquenté – et c'est le meilleur moment pour se baigner. Mais les mois d'hiver sont également intéressants, en particulier car ses mystères géologiques se dévoilent : dans des eaux au bleu éblouissant, les formes des roches, et du travertin notamment, deviennent visibles.

Cascade de Skradinski Buk

Star incontestée du parc

Le joyau du parc national de la Krka apparaît au bout d'un circuit d'une heure empruntant des passerelles reliant entre eux les îlots disséminés sur la rivière. Il s'achève devant la

plus grande cascade du parc, **Skradinski Buk**. Longue de 800 m, elle dévale presque 46 m avant de se jeter avec fracas dans le lac inférieur. Une boucle sur une promenade en bois vous permet d'en faire le tour. Attention : la baignade dans le lac juste au-dessous y est désormais interdite.

Pour se rendre de l'entrée jusqu'à Lozovac, des bus (tarif compris dans le droit d'entrée) transfèrent les visiteurs du grand parking (également gratuit) à Skradinski Buk, en empruntant une route sinueuse. Un sentier qui coupe par la forêt y conduit facilement à pied. Ni les bateaux ni les bus gratuits ne circulent entre novembre et février, mais, pendant cette période, il est possible de se rendre aux cascades en voiture.

Une centrale hydraulique révolutionnaire

Moulins, progrès scientifique et baignade

En amont de la cascade, on trouve des traces d'une avancée scientifique majeure sur les berges de la rivière : un immense rouage en acier de 1895, qui faisait autrefois partie d'une des premières centrales hydrauliques jamais construites, qui

COMMENT CIRCULER

Nombre d'agences organisent des excursions aux chutes de la Krka depuis Šibenik, Zadar et d'autres villes côtières, mais on peut s'y rendre par ses propres moyens.

Le trajet en bus de Split à Skradin (l'une des entrées du parc) prend 1 heure 30. Depuis Zadar, le bus met 1 heure. En été, la compagnie Autotransport Šibenik propose plusieurs bus par jour qui relient Šibenik à Skradin et à Lozovac en une demi-heure. En hiver, les seuls bus circulent aux horaires scolaires.

LES RUINES ROMAINES DE BURNUM

Ces vestiges du seul amphithéâtre militaire romain de Croatie se trouvent juste à l'écart de la grande route entre Kistanje et Knin, à 6 km de la bifurcation vers le monastère. Des tertres délimités par des briques dessinent l'ovale distinctif de la structure où se divertissaient jadis les troupes stationnées dans les environs.

Nous vous conseillons de commencer par la visite du musée pour comprendre le contexte et découvrir les objets de la collection ainsi que les expositions vidéo, adaptées aux enfants.

Un peu plus loin sur la route, admirez les deux élégantes arches blanches d'un aqueduc en ruine. Les environs comptent également quelques points de vue sur les cascades.

fournissait Šibenik en électricité. La ville était alors l'une des trois seules au monde à pouvoir éclairer les rues avec un courant alternatif. Cette centrale était la première à proposer un système de production, de distribution et de transmission complet (p. 207).

Les habitants de la région exploitent la rivière depuis le XIe siècle, au moins. Le cours d'eau est jalonné de nombreux moulins en pierre ou en bois, utilisés pour moudre le grain, mais la rivière était aussi une ressource précieuse pour les tisserands, les maréchaux-ferrants, les ouvriers agricoles, ou même pour laver les vêtements.

Ces petits moulins appartiennent à la direction du parc pour la plupart, ils ont été convertis en un musées ethnographiques, en ateliers d'apprentissage ou en boutiques et restaurants. Parmi eux, l'agréable **Seosko Domacinstvo Kristijan**, qui sert des plateaux de charcuteries et de fromages locaux. Les tables sont en extérieur de chaque côté de la rivière, au pied de la cascade de Roški Slap, où la baignade est autorisée depuis la fermeture du bassin de Skradinski Buk. En été se tient un petit marché où les habitants du coin vendent leurs figues, leur huile d'olive et leur miel.

Monastère orthodoxe de la Krka

L'un des sites religieux majeurs de Croatie

Cet édifice est non seulement l'un des plus importants monastères serbes orthodoxes de Croatie, mais tout simplement l'un des sanctuaires majeurs pour les fidèles de cette confession. Mêlant singulièrement architecture byzantine et style méditerranéen, il surplombe la rivière et le petit lac. De mi-juin à mi-octobre, des guides bien renseignés proposent de vous faire découvrir les lieux. Le reste de l'année, vous pouvez librement visiter l'église et vous promener le long du lac.

Dédié à l'archange saint Michel, le monastère fut fondé en 1345 par Jelena Šubić, épouse d'un noble croate de la région et demi-sœur de l'empereur Dušan de Serbie. Les racines chrétiennes du lieu sont néanmoins bien plus profondes. Un réseau de grottes naturelles, juste à côté, abrite des catacombes où figurent des inscriptions chrétiennes primitives, remontant probablement au Ier siècle. Selon la légende, cette église secrète aurait accueilli saint Tite et même saint Paul. La visite guidée ne permet d'accéder qu'à une petite partie de la grotte, où l'on peut observer les fameuses inscriptions et des ossements humains ; ce réseau souterrain s'étend sur au moins 100 m, et peut-être même sur 2 km.

Pendant la guerre des années 1990, la riche collection du monastère – renfermant notamment de précieux manuscrits et des objets religieux – fut transférée à Belgrade par sécurité. Un nouveau musée censé accueillir la collection a récemment été construit. Le monastère avait lui-même été mis sous la protection de l'ONU durant la guerre. Dans l'enceinte se trouve également le plus ancien séminaire serbe orthodoxe.

Sur demande, des bateaux se rendent au monastère de la Krka depuis Roški Slap (2 heures 30, uniquement d'avril à octobre).

Le monastère sur un îlot

Une vue saisissante et un souvenir impérissable

Ce havre de paix très photogénique est l'une des plus saisissantes vues qu'offre le parc de national de la Krka. En amont de la cascade de Skradinski Buk, la Krka s'élargit pour former le lac de Visovac où nichent des oiseaux aquatiques. En son centre se trouve un îlot bordé d'arbres – l'endroit parfait pour un monastère. Fondé au XIVe siècle par des moines ermites augustins, il fut agrandi en 1445 par des franciscains bosniaques ayant fui l'envahisseur ottoman. L'église fut largement remodelée au XVIIe siècle, et le clocher ajouté en 1728.

Un bateau dessert l'îlot toutes les heures depuis la berge nord-est du lac ou bien depuis la cascade de Skradinski Buk, ce qui vous donne une demi-heure pour explorer l'île.

Les jardins sont entretenus par les moines, tout comme le musée, qui présente de nombreuses photos des ravages de la zone pendant la guerre des années 1990. On y trouve également le plus petit livre au monde.

Roški Slap et les grottes d'Oziđana Pećina

Entre chutes d'eau et traces préhistoriques

Les chutes de **Roški Slap** sont elles aussi spectaculaires. Longues de 650 m, elles débutent en pente douce, puis se ramifient avant de se jeter d'une hauteur de 23 m. Sur la rive est, on peut visiter les moulins à eau, jadis utilisés pour moudre le blé.

Au sommet se trouvent les **grottes d'Oziđana Pećina**, qui offrent un témoignage rare d'habitat préhistorique qui daterait de plus de 9 000 ans. Empruntez les marches qui montent à l'entrée du site pour découvrir une petite exposition. Difficile de ne pas être ému par l'atmosphère de ce lieu.

De nombreux fragments de poteries, des silex, des outils et des ossements de moutons, de cerfs et de félins ont été retrouvés dans la grotte.

Vous pouvez aussi admirer les berges de la rivière Krka depuis le dessus de la grotte, qui offre une des plus belles vues du parc sur les chutes d'eau.

Cascade de Manojlovački

La cascade isolée et l'impératrice Sissi

Vous ne trouverez sans doute guère de visiteurs à la cascade de **Manojlovački**. Pourtant, ses chutes d'eau sont d'une grande beauté. Pour ne rien enlever au charme de ce site isolé au sein du parc, une plaque commémorative nous indique que l'empereur François-Joseph Ier d'Autriche et sa femme Élisabeth de Wittelsbach, plus connue sous le nom de Sissi, ont visité les lieux en 1875.

Vous pouvez arpenter les sentiers alentour et rejoindre le pied de la cascade (bonnes chaussures conseillées), aux eaux d'un camaïeu bleu-vert, avec les restes d'un vieux moulin : un décor digne d'un conte de fées.

HORS DES SENTIERS BATTUS DANS LE PARC NATIONAL DE LA KRKA

Nikolina Lučić, éducatrice et interprète au parc national de la Krka.

"L'un de mes sentiers préférés dans le parc est celui qui fait le tour de la cascade Manojlovački. Il est possible de marcher en bas de la cascade, alors on voit tellement de verts différents dans l'eau que, avec les ruines des moulins à eau, cela en devient féerique. Ce sentier est dans le nord du parc, près du monastère orthodoxe.

C'est un joyau caché réservé aux vrais amoureux de la nature, qui aiment se promener et découvrir des lieux isolés et secrets."

Carnet d'adresses

ZADAR

Cathédrale Sainte-Anastasie
Voir p. 191 (Katedrala Sv Stošije, Široka ; 023 251 708 ; svstosijazadar.hr ; Trg Sv Stošije 2 ; entrée libre, clocher 3 € ; 9h-18h tlj, clocher tlj sauf dim 10h-18h avr, 10h-19h mai, 9h-22h juin-sept, 10h-17h oct, fermé nov-mars)

Église Saint-Donat
Voir p. 191 (Crkva Sv Donata ; Šimuna Kožičića Benje bb ; 7h-0h tlj)

Église Saint-Laurent et Lovre Caffe
Voir p. 192 (Sveti Lovre ; 23 212 678 ; www.facebook.com/caffebarlovre ; Narodni Trg 4-6 ; 7h-0h tlj)

Église Saint-Siméon
Voir p. 191 (Crkva Sv Šime ; Poljana Šime Budinića bb ; tarif plein/réduit 5/3 € ; horaires variables)

Forum romain
Voir p. 190 (Zeleni Trg)

Monastère franciscain
Voir p. 191 (Franjevački Samostan ; Trg Sv Frane 1 ; tarif plein/réduit 5/2,5 €)

Musée archéologique
Voir p. 190 (Arheološki Muzej ; 023-250 516 ; amzd.hr ; Trg Opatice Čike 1 ; tarif plein/réduit/-10 ans 5/2 €/gratuit ; 9h-20h juin et sept, 9h-21h juil-août, 9h-17h oct, 9h-15h avr-mai, 9h-14h lun-ven, 9h-13h sam nov-mars)

Musée d'Art sacré
Voir p. 191 (Trg opatice Čike ; 10h-13h et 17h-19h lun-sam)

Musée du Verre antique
Voir p. 190 (Muzej antičkog stakla ; 023-363 831 ; www.mas-zadar.hr ; Poljana Zemaljskog Odbora 1 ; tarif plein/réduit 6/3 € ; 9h-16h lun-sam nov-avr, 9h-21h tlj mai-oct)

Orgue marin
Voir p. 189 (Morske orgulje ; Istarska Obala)

Parc de la reine Jelena Madijevka
Voir p. 189 (Perivoj Kraljice Jelene Madijevke ; Trg pet bunara ; entrée libre ; 24h/24)

Parc Vladimir Nazor
Voir p. 189 (Perivoj Vladimira Nazora ; entrée libre ; 24h/24)

Remparts de la ville
Voir p. 189 (Bedemi zadarskih pobuna)

Salut au soleil
Voir p. 189 (Pozdrav Suncu ; Istarska Obala)

Almayer Art & Heritage Hotel
Voir p. 189 (023-335 357 ; www.almayer.hr ; Braće Bersa 2 ; P @)

Hotel Bastion
Voir p. 189 (023-494 950 ; www.hotel-bastion.hr ; Bedemi Zadarskih Pobuna 13 ; P)

Teatro Verdi Boutique Hotel
Voir p. 189 (023-630 586 ; teatro-verdi.com ; Prokonzula Grgura 3 ; P @)

Foša
Voir p. 190 (023-314 421 ; www.fosa.hr ; Kralja Dmitra Zvonimira 2 ; 12h-1h)

Glaces Slasticarna Donat
Voir p. 192 (023-250 829 ; donatice.hr ; Trg Svete Stošije 4 ; 8h-22h tlj)

Kaštel
Voir p. 190 (023-494 950 ; www.hotel-bastion.hr ; Bedemi Zadarskih Pobuna 13 ; 7h-23h)

The Botanist
Voir p. 190 (092 423 22 96 ; Mihovila Pavlinovića 4 ; 12h-0h tlj sauf mer été, 12h-21h hiver, fermé mi-jan à mars)

Marché alimentaire
Voir p. 188 (Trznica Zadar ; 023 254 600 ; www.trznicazadar.hr ; Pod bedemom la ; 7h-15h lun-sam, 7h-12h dim)

ENVIRONS DE ZADAR

Église de la Sainte-Croix
Voir p. 196 (Crkva Svetog Križa ; 023 265 280 ; Petra Zoranića 8, Nin ; entrée libre ; 6h-1h juin-août, horaires réduits le reste de l'année)

Église Saint-Nicolas
Voir p. 196 (Sveti Nicola ; 023 265 280 ; Prahulje, Nin ; horaires variables)

Musée archéologique de Nin
Voir p. 196 (Muzej ninskih starina ; 023 264 726 ; amzd.hr ; Trg Kraljevac 8, Nin ; tarif plein/réduit/-10 ans 4/2 €/gratuit ; 9h-14h lun-sam mai-juin et oct, 9h-14h et 18h-22h tlj juil-août, 9h-21h déb sept, 9h-19h fin-sept, 9h-14h sur rdv lun-ven nov-avr)

Musée du Sel
Voir p. 196 (Solana Nin ; 023-264 021 ; www.solananin.hr ; Ilirska 7 ; tarif plein/réduit 5/3 € ; 8h-15h lun-ven)

Marlin Sailing
Voir p. 194 (097 746 15 03 ; marlin-sailing.com ; Zadar ; sortie à partir de 50 €/pers, cours 400 € ; mai-oct)

Red Sails Zadar
Voir p. 194 (091 566 60 91 ; boatrentalzadar.com ; Obala kralja Tomislava, Zadar ; location bateau à partir de 120 €/journée)

Zadar Adventure Sailing
Voir p. 194 (095 520 45 44 ; www.zadarsup.com/adventure ; Petrica 29b, Zadar ; sortie en voilier à partir de 70 €/pers, -8 ans -50% ; voilier mai-sept)

PARC NATIONAL DE PAKLENICA

Parc national de Paklenica
Voir p. 198 (Nacionalni park Paklenica ; 023-369 155 ; www.np-paklenica.hr ; bureau Dr Franje Tuđmana 14a, Starigrad-Paklenica ; tarif plein/réduit/7-18 ans juin-sept 10/7/5 €, mars-mai et oct 6/4/3 €, nov-fév 4/3/2 €, véhicule 2-4 € ; guichets à l'entrée 6h-20h30 mi-mars à oct, 7h-15h nov à mi-mars)

Hiking Adventure Croatia
Voir p. 199 (091 314 30 13 ; www.facebook.com/hikingadventurecroatia ; Poljana Natka Nodila 6, Zadar ; à partir de 20 €/pers ; 8h-20h tlj)

Magic Croatia
Voir p. 199 (023 271 405 ; magic-croatia.hr ; Poljana pape Aleksandra III 7, Zadar ; circuit 5 heures 48 €/pers ; tte l'année)

Mountaineering Association Paklenica
Voir p. 198 (023 301 636 ; www.pdpaklenica.hr ; Majke Margarite 6, Zadar)

Holiday House Mušaluk
Voir p. 198 (052 816 122 ; holidayluxuryvillas.com/accommodation/holiday-house-musaluk-lika-croatia ; Lika ; P)

Maisons de montagne
Voir p. 198 (097 755 76 54 ; np-paklenica.hr/fr/mountaineering-fr/mountain-hut-fr ; Starigrad bb ; 16 €/pers)

Pansion Kiko
Voir p. 198 (023-369 784 ; Ante Starčevića bb, Seline)

ÎLE DE PAG

Collégiale de l'Assomption de Marie
Voir p. 201 (Zborna Crkva Marijinog Uznesenja ; Trg Kralja Petra Krešimira IV)

Monastère bénédictin Sainte-Marguerite
Voir p. 201 (Samostan Svete Margarite ; 023 611 061 ; benedictus.hr ; Don Jose Felicinovica 2, Pag)

Musée de la Dentelle de Pag
Voir p. 201 (Galerija paške čipke ; 091 534 01 76 ; Marka Laura Ruića 30 ; 2, 50 € ; 10h-12h mai à mi-oct, 20h-22h30 du 20 juin au 1er sept, sur rendez-vous le reste de l'année)

Fromagerie Gligora
Voir p. 201 (Sirana Gligora ; 023-698 052 ; gligora.com ; Figurica 22/a ; 10h-16h lun-sam, visite et dégustation sur rdv lun-ven)

Cocomo
Voir p. 201 (091 596 33 40 ; cocomo.one/novalja ; Petra Krešimira IV 16, Novalja ; 20h-4h tlj)

Euphoria
Voir p. 201 (091 102 22 41 ; zrcebeach.hr/clubs/euphoria ; Plaža Zrće bb, Novalja ; entrée libre, cocktail 13 €)

Hideout
Voir p. 201 (44 75 72 434 070 ; hideoutfestival.com ; Plaža Zrće, Novalja ; fin juin/début juil)

PARC NATIONAL DES LACS DE PLITVICE ET LIKA

Parc national des lacs de Plitvice
Voir p. 202 (053-751 015 ; np-plitvicka-jezera.hr ; tarif plein/réduit/7-18 ans juin-sept 25-40/15-25/9-15 €, avr-mai et oct 23/14/6 €, nov-mars 10/6/4 € ; 7h-20h, horaires réduits hiver)

Refuge pour ours de Kuterevo
Voir p. 204 (091 583 54 12 ; kuterevo.org ; Pod Crikvon 109, Kuterevo ; don souhaité ; 9h-crépuscule)

BeaR's LOG
Voir p. 203 (098 924 47 21 ; www.bears-log.com ; Selište Drežničko 20a, Rakovica ; P)

Camping Korana
Voir p. 203 (053 751 888 ; np-plitvicka-jezera.hr/fr/planifiez-votre-visite/hotels-et-campings/auto-camping-korana ; Čatrnja, Rakovica ; P)

Plitvice Holiday Resort
Voir p. 203 (047 784 192 ; www.plitvice.com ; Grabovac 102, Rakovica ; P)

Parc des grottes de Grabovača
Voir p. 204 (Pećinski Park Grabovača ; www.pp-grabovaca.hr ; Perušić)

Zipline Pazi Medo
Voir p. 204 (095 331 56 68 ; www.zipline-plitvice.com ; Rudopolje-Vrhovine)

ŠIBENIK

Cathédrale Saint-Jacques
Voir p. 205 (Katedrala Svetog Jakova ; 022 668 522 ; civitassacra.hr ; Trg Republike Hrvatske ; tarif plein/7-18 ans 5/2 € ; 9h-19h30 lun-sam et 13h-19h30 dim juin-août, 9h30-18h30 tlj sauf dim avr-mai et sept-oct, 9h30-17h30 lun-sam et 13h-18h30 dim nov-mars)

Église et monastère Saint-Laurent
Voir p. 207 (Samostan i Crkva Sv. Lovre ; 091 162 38 55 ; www.lovre-sibenik.com ; Fra Andrije Kačića Miošića 11 et Strme stube 1 ; tarif plein/enfant 3 €/gratuit ; jardin 9h-23h tlj, église sur rdv)

Festival Light is Life
Voir p. 207 (022-212 075 ; www.sibenik-tourism.hr/?eventi=light-is-life&id=48&lang=en ; 28 août)

Forteresse Saint-Michel
Voir p. 207 (Tvrđava Sv Mihovila ; 091 497 55 47 ; www.tvrdjava-kulture.hr ; Zagrađe 21 ; tarif plein/7-18 ans 11,50/7,50 € mars-nov, 10/6,50 € hiver ; 9h-16h tlj)

Zvonimira Krvavica
Voir p. 207 (091 563 13 53 ; instagram.com/kzvonimira ; prix variables ; sur rdv)

Armerun Heritage Hotel & Residences
Voir p. 205 (099 711 99 96 ; armerun.com ; palih omladinaca 6 ; P)

Bellevue Hotel
Voir p. 205 (022 646 400 ; www.bellevuehotel.hr ; Hrvatske mornarice 1 ;)

Heritage Hotel Life Palace
Voir p. 205 (022 219 005 ; hotel-lifepalace.hr ; kralja Tomislava 12 ; P)

Koka Pizza
Voir p. 206 (091 794 32 17 ; @pizzeria_koka ; Fausta Vrančića 7 ; 12h-22h)

Pelegrini
Voir p. 206 (022-213 701 ; pelegrini.hr ; Jurja Dalmatinca 1 ; à partir de 18h30 tlj sauf dim, sur rdv, fermé nov-avr)

Peperoncino Kitchen and Bar
Voir p. 206 (091 553 93 69 ; cjenik.info/peperoncino-eng ; Mesarske Stube 2 ; 12h30-22h lun, 14h-22h30 mer, 12h30-22h30 jeu-dim)

ENVIRONS DE ŠIBENIK

Église Saint-Georges
Voir p. 208 (Crkva sv. Jurja ; www.zupa-primosten.info ; Strma 7, Primošten)

Hotel Zora
Voir p. 208 (022-581 111 ; zora-hotel.com ; Raduča 11, Primošten ; P @)

Dekmantel
Voir p. 209 (dekmantelselectors.com ; Garden, Tisno ; août)

The Garden
Voir p. 209 (022 439 373 ; www.thegardencroatia.com ; Petrića Glava 34, Tisno)

Dimensions
Voir p. 209 (www.dimensionsfestival.com ; Garden, Tisno ; août-sept)

Love International
Voir p. 209 (023 364 320 ; www.loveinternationalfestival.com ; Garden, Tisno ; pass festival 244 € ; juil)

Outlook
Voir p. 209 (outlookfestival.com, www.outlookorigins.com ; Garden, Tisno ; juil)

PARC NATIONAL DE LA KRKA

Burnum
Voir p. 212 (tarif plein/réduit 7-20/4-12 €, -7 ans gratuit, gratuit avec l'entrée au parc national de la Krka ; 10h-18h avr-juin et sept à mi-oct, 8h-20h juil-août, 10h-17h fin-oct)

Monastère franciscain Notre-Dame-de-la-Miséricorde
Voir p. 213 (Franjevački samostan Majke od Milosti ; 022-775 416, 021-741 193, 091 891 13 20)

Monastère orthodoxe de la Krka
Voir p. 212 (Manastir Krka ; 9h-19h30, visite guidée avr-sept, fermé nov-mars)

Parc national de la Krka
Voir p. 210 (022-201 777 ; www.npkrka.hr ; tarif plein/réduit juin-sept 20-40/12-15 €, avr-mai et oct 12-20/8-12 €, nov-mars 7/4 €, -7 ans gratuit ; 8h-20h juin-août, 8h-19h mai et sept, 8h-18h avr et déb oct, 9h-17h mars et fin-oct, 9h-16h nov-fév, variations selon les lieux)

Roški Slap
Voir p. 213 (tarif plein/réduit juin-sept 20/12 €, avr-mai et oct 12/8 €, nov-mars 7/4 €, -7 ans gratuit, entrée libre avec le parc national de la Krka, promenade en bateau depuis Skradinski Buk 4 heures 20/15 € ; 8h-20h juin-août, 8h-19h mai et sept, 8h-18h avr, 9h-17h mars et fin-oct, 10h-18h déb oct, 9h-16h nov-fév)

Seosko Domacinstvo Kristijan
Voir p. 212 (Seosko Domacinstvo Kristijan ; 091 514 65 91 ; www.facebook.com/people/Agroturizam-Kristijan/100057259526033 ; Šetnica Roški Slap, Bogatić ; 11h30-18h30 tlj)

Parc national de la Krka (p. 210)

BRCHX/SHUTTERSTOCK ©

Île de Hvar (p. 244). Page de droite : Bol (p. 239)

SITES PRINCIPAUX

SPLIT
Ville côtière animée et superbe patrimoine historique.
p. 224

ÎLE DE ŠOLTA
Île pittoresque, plages de rêve et charmants villages.
p. 237

ÎLE DE BRAČ
Rendez-vous avec la plus célèbre plage de Croatie. p. 239

Split et la Dalmatie centrale

TRÉSORS HISTORIQUES ET EXCURSIONS SUR LES ÎLES

Entre ses îles paradisiaques, ses villes côtières chargées d'histoire et les eaux limpides de l'Adriatique, la Dalmatie centrale a de quoi en séduire plus d'un.

La Dalmatie centrale est bordée par la mer Adriatique d'une part, et les massifs des Alpes dinariques de l'autre. Cette région du littoral compte parmi les plus belles îles du pays, mais aussi des forêts de pins parasols et de cyprès, typiques des paysages méditerranéens.

Chaque île dégage une atmosphère différente : Šolta la pittoresque et ses villages de pierre ; Brač, plus grande, avec ses montagnes, ses villages de pêcheurs et ses plages animées ; Hvar, glamour et festive, et Vis, plus reculée, autrefois un secret bien gardé de l'Adriatique.

Mais cette région a bien plus à offrir que des plages de rêve. Son patrimoine culturel et historique impressionne. Plusieurs sites sont d'ailleurs inscrits à l'Unesco : le palais de Dioclétien à Split, la ville médiévale fortifiée de Trogir. et la plaine de Stari Grad sur l'île de Hvar. Enfin, on y trouve une très bonne cuisine méditerranéenne ainsi qu'une huile d'olive et des vignobles qui font la réputation de la région.

Quelle que soit votre destination, Split, port principal et capitale dynamique de la région, est une parfaite entrée en matière et un très bon point chute.

Cerise sur le gâteau : la Dalmatie affiche des températures plus élevées que l'Istrie ou le golfe de Kvarner. On peut piquer une tête dans les eaux cristallines de l'Adriatique de mi-mai à fin septembre.

ÎLE DE HVAR
Plages animées, atmosphère festive, paysages luxuriants.
p. 244

ÎLE DE VIS
La plus isolée des îles croates, pleine de charme et de mystère.
p. 251

RIVIERA DE MAKARSKA
Parc naturel, eaux cristallines, et falaises en toile de fond.
p. 255

S'orienter

Les villes côtières de la Dalmatie centrale sont reliées à l'intérieur des terres par une des plus belles routes du pays, l'autoroute de l'Adriatique E65 (Jadranska Magistrala), qui serpente entre les montagnes et le littoral. Les îles sont également desservies par des bateaux-taxis et ferries, que vous soyez à pied ou véhiculé.

EN VOITURE

La voiture reste le moyen de transport le plus pratique pour explorer la région, surtout si vous êtes en famille. Attention, le trafic est parfois très dense en haute saison, et il est difficile de se garer en ville aux abords des zones piétonnes.

EN BUS

Un vaste réseau de bus avec de nombreuses lignes dessert toute la côte entre Trogir et Makarska. Une navette permet également de rejoindre l'aéroport, situé à Kaštela. Les bus Promet Split desservent Split même et vont jusqu'à Klis, Solin, Kaštela, Trogir et Omiš.

EN BATEAU

Plusieurs lignes (car-ferry ou catamaran) relient Split aux îles les plus proches. Des bateaux-taxis et des circuits touristiques peuvent également vous conduire dans les villes portuaires des environs.

Split, p. 224
Entre tradition et modernité, Split, deuxième plus grande ville de Croatie, est idéale pour connaître la vraie vie dalmate. Les visiteurs l'apprécient pour son superbe palais de Dioclétien, ses plages de sable et les îles environnantes.

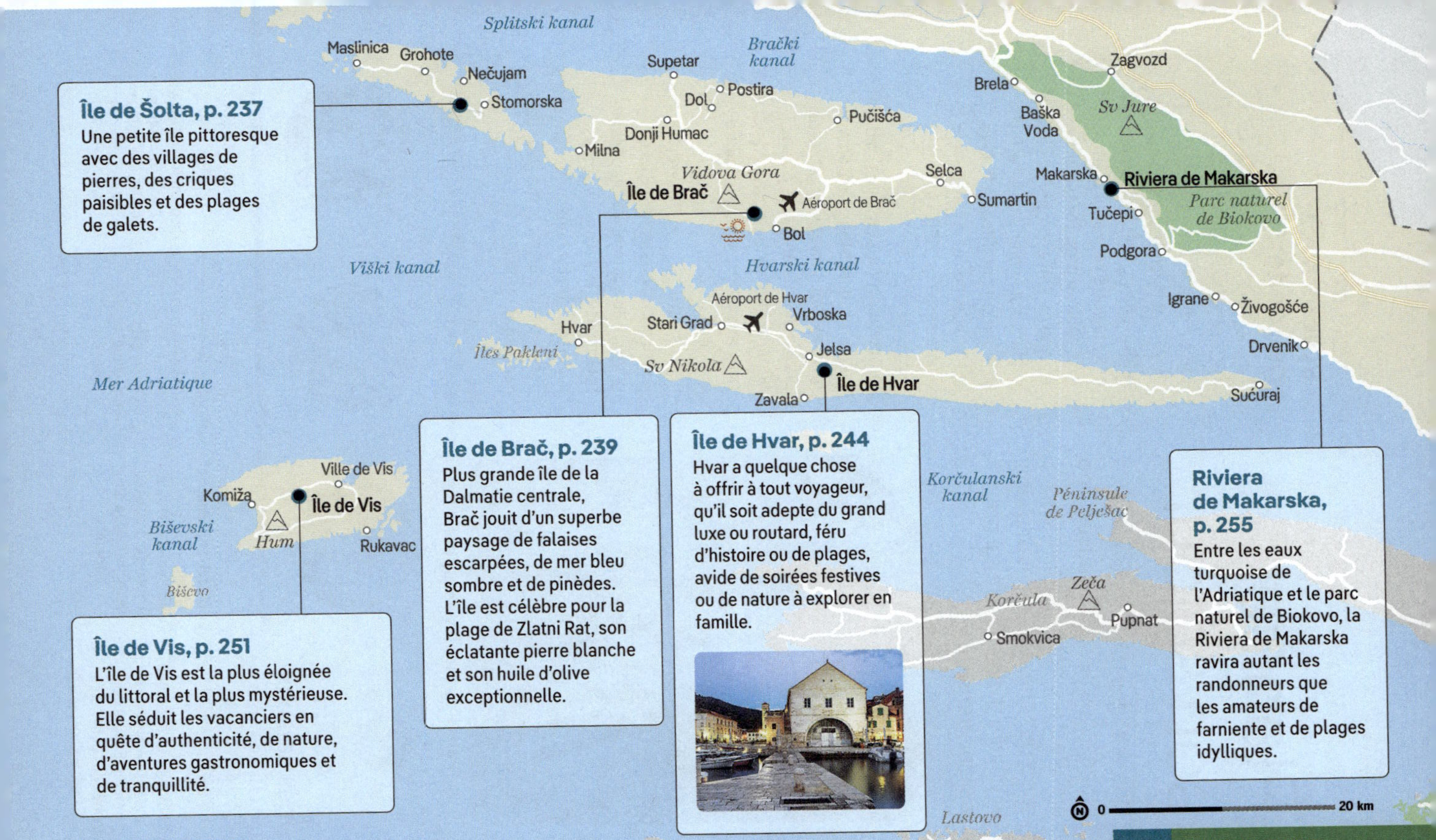

Île de Šolta, p. 237

Une petite île pittoresque avec des villages de pierres, des criques paisibles et des plages de galets.

Île de Brač, p. 239

Plus grande île de la Dalmatie centrale, Brač jouit d'un superbe paysage de falaises escarpées, de mer bleu sombre et de pinèdes. L'île est célèbre pour la plage de Zlatni Rat, son éclatante pierre blanche et son huile d'olive exceptionnelle.

Île de Hvar, p. 244

Hvar a quelque chose à offrir à tout voyageur, qu'il soit adepte du grand luxe ou routard, féru d'histoire ou de plages, avide de soirées festives ou de nature à explorer en famille.

Riviera de Makarska, p. 255

Entre les eaux turquoise de l'Adriatique et le parc naturel de Biokovo, la Riviera de Makarska ravira autant les randonneurs que les amateurs de farniente et de plages idylliques.

Île de Vis, p. 251

L'île de Vis est la plus éloignée du littoral et la plus mystérieuse. Elle séduit les vacanciers en quête d'authenticité, de nature, d'aventures gastronomiques et de tranquillité.

Planifier son séjour

Des vestiges romains, des plages, des îles rocailleuses, une architecture vénitienne, le tout accompagné de succulents vins et d'huile d'olive : un régal pour les cinq sens.

RAVENASH/SHUTTERSTOCK ©

Palais de Dioclétien, Split (p. 226)

Si vous avez peu de temps

- Découvrez le colossal site romain du **palais de Dioclétien** (p. 226) et l'architecture du **centre historique** (p. 224). Enfourchez ensuite votre vélo pour une excursion au **parc forestier de Marjan** (p. 231) et profitez de la vue sublime sur la mer. Après l'effort, le réconfort : profitez de la **Riva**, le front de mer, et installez-vous à une terrasse (p. 228).

- Accordez-vous un après-midi de farniente sur la **plage de Bačvice** (p. 225) et observez les parties de *picigin*. Autrement, vous pouvez flâner sur les sentiers pavés des quartiers pittoresques de **Lučac** ou **Varoš** (p. 228).

- Prenez un bus jusqu'à **Klis** et grimpez au sommet de l'imposante **forteresse** (p. 230) qui se dresse sur un éperon rocheux culminant à 385 m, pour admirer le magnifique coucher du soleil.

Au fil des saisons

Les tarifs sont plus chers en haute saison, et la région très fréquentée. Le printemps et l'automne sont des périodes idéales. En hiver, de nombreux commerces sont fermés sur les îles.

MAI

Split rend hommage au saint patron de la ville, Sveti Duje (saint Domnius), lors de la semaine festive du **Sudamja**.

JUIN

De juin à septembre, le Festival d'été de Hvar accueille de nombreux concerts avec une programmation très variée.

JUILLET

De mi-juillet à mi-septembre, le **Festival d'été de Split** organise concerts, spectacles et ballets : une sublime scène en plein air.

JELENA990/SHUTTERSTOCK ©, DREAMER4787/SHUTTERSTOCK ©, RCPHOTOFUN/SHUTTERSTOCK ©

En quelques jours

- Après la découverte de Split, direction la superbe cité médiévale de **Trogir** (p. 232), lovée dans une île minuscule et inscrite au Patrimoine mondial de l'Unesco. Commencez par la **place Jean-Paul-II** (p. 233) et prévoyez un petit pique-nique avant de traverser le pont en direction de l'**île de Čiovo** (p. 232).

- Si vous avez soif d'aventure, rendez-vous à **Omiš**, légendaire repaire de pirates, un des plus beaux cadres de la côte dalmate. Grimpez jusqu'à la **forteresse de Fortica** (p. 235), ou faites un tour en bateau sur la **Cetina** (p. 234). Les plus courageux peuvent essayer la tyrolienne qui traverse le **canyon** ou une descente en rafting (p. 235).

- Pour terminer votre séjour, faites une excursion d'une journée sur l'**île de Šolta** (p. 224) ou profitez des superbes **plages de Brela** (p. 258), plus au sud.

Si vous avez plus de temps

- Allez explorer les îles, notamment celle de **Brač** (p. 239), avec une petite escale sur la célèbre **plage de Zlatni Rat** (p. 240). Ensuite, rendez-vous à **Vidova Gora** (p. 241), le point culminant des îles de l'Adriatique, avant de découvrir l'extraordinaire **ermitage de Blaca** (p. 242).

- Découvrez l'**île de Hvar** (p. 244) et les sentiers pittoresques de la **ville de Hvar** (p. 244) avant d'embarquer à bord d'un bateau-taxi pour rejoindre les meilleurs spots de baignade des **îles Pakleni** (p. 247).

- Sur l'**île de Vis** (p. 251), les deux villes principales, **Vis** (p. 251) et **Komiža** (p. 253), vous plongent dans une ambiance méditerranéenne. Les sites des anciennes bases militaires secrètes se visitent librement ou lors de circuits organisés.

AOÛT

Le Brač Film Festival est l'occasion de découvrir l'œuvre de cinéastes émergents, avec des projections en plein air à Supetar.

SEPTEMBRE

Le **Goulash Disko Festival** organise des concerts d'artistes internationaux pendant cinq jours à Komiža, sur l'île de Vis.

OCTOBRE

C'est la récolte des olives, pressées dans les 24 heures suivant la cueillette, produisant ainsi la première huile de la saison.

NOVEMBRE

Dans les régions viticoles, la **Martinje** (Saint-Martin) est célébrée le 11 novembre, avec dégustations de vin nouveau.

Split

VIEILLE VILLE CHARMANTE | PALAIS ANTIQUE | RICHE HISTOIRE

Pour les infos pratiques, voir le Carnet d'adresses p. 259

À SAVOIR

Pour les cyclistes, les vélos en libre-service NextBike (nextbike.hr) comptent de nombreuses stations, vous pouvez les louer grâce à l'application, à prix abordable.

COMMENT S'Y RENDRE

Split est une ville plutôt adaptée aux piétons. Le réseau de bus est étendu, de Omiš, à l'est, à Trogir, à l'ouest, sans oublier Drniš, au nord. La gare routière, la gare ferroviaire et les terminaux des ferries se situent tous du côté est du port.

Téléchargez l'application Promet (promet-split.hr) sur votre smartphone pour acheter des billets, consulter les horaires ou suivre la progression de votre bus en temps réel. Les taxis sont relativement chers, Bolt et Uber proposent des tarifs plus intéressants.

Deuxième ville de Croatie, Split est un lieu idéal pour se frotter à la vraie vie dalmate. Épargnée par le tourisme de masse, mais toujours animée, cette agglomération offre un juste équilibre entre tradition et modernité. C'est une escale privilégiée des bateaux de croisières et une ville appréciée par un nombre grandissant de travailleurs nomades.

Cœur de la ville, le palais de Dioclétien, un colossal site romain classé au Patrimoine mondial de l'Unesco, accueille entre ses vénérables murs nombre de bars, restaurants et boutiques. Son cadre unique et sa nature exubérante font tout le charme de Split. Plusieurs scènes de la série *Game of Thrones* ont d'ailleurs été tournées sur place.

Split jouit également d'une situation géographique exceptionnelle. Son spectaculaire massif côtier offre aux flots turquoise de l'Adriatique une toile de fond idéale et fait oublier les nombreux immeubles d'habitation délabrés qui peuplent la banlieue – un aspect bien réel qui empêche Split de faire autant rêver que des villes comme Dubrovnik.

Explorez la vieille ville de Split

Les plus beaux édifices

Lorsque la colonie voisine de Salone (Salona, l'actuelle Solin) fut détruite au VIIe siècle par les Avars et les Slaves, nombre de colons romains trouvèrent refuge à Split, barricadés derrière l'enceinte du palais, où leurs descendants vivent encore aujourd'hui. La région passa ensuite sous la domination de l'Empire byzantin, puis des souverains croates. Du XIIe au XIVe siècle, Split bénéficia d'une autonomie qui favorisa son essor. La partie ouest de la vieille ville, autour de la Trg Narodni, date de cette époque : c'est là que se concentrait la vie politique de la cité, tandis que le secteur du palais intra-muros abritait les institutions religieuses.

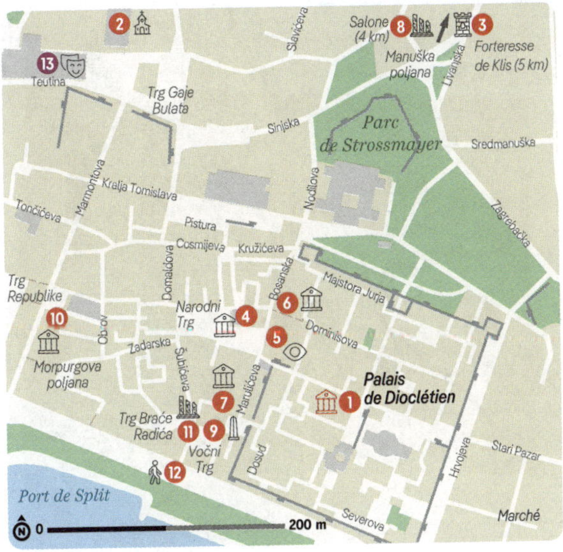

INCONTOURNABLE

1 Palais de Dioclétien

À VOIR

2 Église Notre-Dame de la Santé
3 Forteresse de Klis
4 Hôtel de ville
5 Librairie Morpurgo
6 Palais Cambi
7 Palais Milesi
8 Salona
9 Statue de Marko Marulić
10 Thermes de soufre Sumporne Toplice
11 Tour vénitienne

ACTIVITÉS

12 Riva

SORTIR

13 Théâtre national croate

La conquête vénitienne de 1420 marqua le début d'un long déclin. Au cours du XVIIe siècle, de solides remparts furent édifiés afin de parer à la menace turque. Les Autrichiens succédèrent à Venise de 1797 à 1918 avec une brève interruption pendant les guerres napoléoniennes.

Commençons la visite à l'extrémité ouest, où se dresse la **porte de Fer**, l'une des quatre portes de la muraille quadrangulaire de l'édifice romain (avec la porte d'Or, au nord, de bronze au sud, et d'Argent à l'est). C'est ici qu'on quitte la demeure de l'ancien empereur pour rejoindre la place du Peuple (Narodni Trg). L'ancien **hôtel de ville** du XVe siècle est un bel exemple d'architecture gothique, avec son balcon couvert et ses arcs en pointe. C'est l'un des seuls bâtiments qui nous reste de l'époque médiévale, avec le **palais Cambi** (Palača Cambi), orné de fenêtres gothiques à l'étage supérieur. Un peu plus loin, vous trouverez la façade Art nouveau de la **librairie Morpurgo**, récemment restaurée, fondée dans les années 1860 et aujourd'hui occupée par une agence de presse.

Ensuite, rendez-vous sur la **place Braće Radić**, plus connue sous le nom de la place aux Fruits (Voćni Trg), pour admirer la statue du poète Marko Marulić, œuvre du célèbre sculpteur Ivan Meštrović. Le palais baroque de **Milesi** (Palača Milesi), datant du XVIIe siècle, et la **tour vénitienne** (Mletački Kaštel) dominent la place.

Ensuite la rue piétonne Marmontova et ses bâtiments Art nouveau vous mèneront jusqu'au marché aux poissons. Les façades des bains thermaux de **Sumporne Toplice** arborent de nombreux détails et visages ornementaux. L'édifice a été construit en 1903, sur une source thérapeutique, dont on raconte que l'odeur repoussait les mouches des étals de poissons.

LES MEILLEURES PLAGES DE SPLIT

Bačvice
Très belle plage de sable avec de nombreux bars. Les Croates s'y rendent pour des parties de *picigin*, un jeu de paume traditionnel.

Firule
Crique arrondie avec une mince plage de sable : les falaises forment un arrière-plan séduisant.

Žnjan
Une des plus grandes plages de la région, plusieurs baies de galets blancs et vues sur les montagnes.

Kašjuni
La plage la plus séduisante de Split grâce à son cadre verdoyant et son bar branché. On peut s'y rendre via le parc forestier de Marjan.

GIANNIS PAPANIKOS/SHUTTERSTOCK ©

Place centrale du palais de Dioclétien

L'entrée au palais est libre mais la visite de certains bâtiments est payante. Scannez ce QR-code pour en savoir plus.

INCONTOURNABLE

Le palais de Dioclétien

Classé au Patrimoine mondial de l'Unesco en 1979, le palais de Dioclétien est l'un des édifices romains les plus imposants et les mieux conservés. Construit au IVe siècle, tout en pierre blanche étincelante de l'île de Brač, il s'agit encore aujourd'hui du cœur bien vivant de Split, un labyrinthe de ruelles bondées semé de bars, de boutiques et de restaurants.

À NE PAS MANQUER

- Le péristyle
- La cathédrale Saint-Domnius
- Le clocher roman
- Le vestibule
- Le temple de Jupiter (baptistère)
- Les salles souterraines
- Les quatre portes

La porte d'Or (Zlatna Vrata)

Installée dans le mur nord, cette porte était l'entrée principale du palais. Une immense **statue de Grégoire de Nin** se dresse à l'extérieur, sculptée par l'artiste Ivan Meštrović. Les plus superstitieux peuvent en toucher le gros orteil, brillant à force d'avoir été touché, ce qui apparemment porte bonheur. Une fois à l'intérieur, vous trouverez un escalier dans l'angle à droite, qui permet d'accéder à l'ancien corps de garde. Perchée au sommet de la porte, la **chapelle Saint-Martin** est la plus vieille et la plus petite de la ville, construite au VIe siècle.

Le péristyle (Peristil)

Au cœur du palais, à l'intersection des deux allées principales se tient le péristyle, une galerie de colonnes où trône un sphinx de granit noir, l'un des douze rapportés d'Égypte lors de la construction. Prenez une petite pause au **café-restaurant**

Lvxor, sur les coussins rouges des marches de la place, admirez les vieux bâtiments en pierre et la cathédrale Saint-Domnius. L'été, le café organise des concerts en plein air.

La cathédrale Saint-Domnius et son clocher

À l'origine, le dôme octogonal de la cathédrale Saint-Domnius (Katedrala Sv Duje) était le mausolée dans lequel l'empereur Dioclétien fut inhumé, puis il fut converti en église au milieu du VIIe siècle. C'est la plus vieille cathédrale catholique au monde dont il nous reste la structure originelle. À l'intérieur, vous pourrez admirer tous ces ornements, puis emprunter les escaliers suspendus pour rejoindre le haut clocher roman du XIIe siècle, reconstruit en 1908 après son effondrement. Une fois au sommet, vous aurez alors une vue panoramique sur le palais, mais également sur les montagnes du nord, et sur les îles de l'Adriatique au sud.

Le temple de Jupiter (baptistère)

Une petite ruelle face à l'entrée de la cathédrale conduit au baptistère, installé dans le seul temple romain du palais qui nous reste, sur les trois construits au départ. Cet édifice du VIe siècle est dans un état de conservation assez rare, contrairement au sphinx décapité qui orne son porche. À l'intérieur, une impressionnante statue de saint Jean Baptiste, réalisée par Ivan Meštrović, se dresse sous la voûte au centre de la pièce. À gauche du baptistère se trouve la plus petite allée du palais, surnommée *Pusti me proć* ("Laissez-moi passer").

Le vestibule

Empruntez les marches au sud du péristyle pour rejoindre le promontoire depuis lequel l'empereur s'adressait à ses sujets. Il donne sur un vestibule, avec une rotonde qui conduit jusqu'au couloir impérial et aux appartements de Dioclétien. L'immense dôme ouvert possède une acoustique extraordinaire, dont profitent chaque matin les chanteurs professionnels de *klapa*. Venez écouter, le temps d'un concert gratuit, ce chant traditionnel a capella de Croatie méridionale, inscrit au Patrimoine culturel immatériel de l'humanité de l'Unesco depuis 2012.

Les salles souterraines du palais

Une série de marches descend sous le vestibule vers les immenses caves du palais, où étaient stockées les marchandises arrivées du port. Un couloir bordé d'œuvres d'art et de stands de souvenirs conduit jusqu'à la **porte de Bronze**, qui donne sur la mer. Vous y trouverez également un petit musée des reliques romaines, avec les restes d'anciens pressoirs à raisins et olives. Mais le plus impressionnant reste l'immense voûte en berceau du plafond, que les fans de *Game of Thrones* reconnaîtront sans doute : c'est ici que Daenerys Targaryen gardait ses trois dragons.

UN DÉDALE D'ALLÉES ROMAINES

Allant de la porte d'Argent (est) à la porte de Fer (ouest), le traditionnel *decumanus* romain (actuelle Krešimirova), séparait la résidence de l'empereur, au sud, de la partie nord réservée aux soldats et aux serviteurs. Aujourd'hui, les rues étroites du palais dissimulent des venelles et des cours, désertes ou résonnant de la musique échappée d'un bar proche.

À SAVOIR

- Visiter le palais à l'aube permet d'éviter les groupes de touristes.
- La cathédrale est accessible avant l'heure d'ouverture officielle (8h) pour ceux qui souhaitent prier ou se recueillir.
- Si vous ouvrez l'œil, vous remarquerez de nombreux détails amusants, comme une tête de sphinx, ou bien le moine sculpté (XVe siècle) qui vous observe depuis le rempart de l'allée Dominisova.
- Mettez-vous juste en dessous de la porte pour prendre les plus belles photos de la cathédrale et du clocher.

OÙ SE RESTAURER À SPLIT

Sara Dyson, fondatrice de Expat in Croatia (@ expatincroatia), nous partage ses restaurants préférés.

Bistro Ka' Doma
Un café-restaurant abordable dans le quartier de Dobri avec un menu du jour, des plats typiques, mais aussi des plats originaux à découvrir. On s'y sent comme à la maison, et c'est un vrai bonheur ! **€**

Villa Spiza
Situé tout près des remparts du palais, c'est un restaurant très prisé des habitants. Au menu : des plats de saison savoureux. Aucune réservation, il vaut mieux s'y présenter en dehors des heures de pointe. **€€**

Bistro Ćiba
Viande, crustacés ou poisson, l'adresse est appréciée pour sa carte (goûtez le risotto aux crevettes ou l'aile de raie). L'établissement, sans prétention, est victime de son succès. Réservation conseillée. **€€**

Continuez ensuite vers le nord le long de la rue Marmontova jusqu'à la place Trg Gaje Bulata et son église moderne **Notre-Dame de la Santé**, construite en 1937. Le bâtiment jaune vif est le **Théâtre national croate** (Hrvatsko narodno kazalište). Pour avoir une vue imprenable sur la place, montez à l'étage du café et installez-vous sur une table du balcon.

Le centre historique de Split est entouré par ses plus vieux quartiers, **Lučac**, à l'est du marché de **Pazar**, et **Veli Varoš**, à l'ouest, au pied des collines de Marjan. Vous trouverez des sentiers pittoresques et de nombreuses ruelles pavées dans cette zone piétonne.

La promenade de la Riva

L'effervescence du front de mer

Toujours en effervescence, la promenade du front de mer – son nom officiel est *Obala hrvatskog narodnog preporoda* ("front de mer de la renaissance nationale croate"), mais on l'appelle plus généralement *Riva* – est le meilleur point de repère du centre-ville. Mêlez-vous aux *Splićani*, les habitants de Split, et arpentez la **Riva**, un café à la main. Le samedi matin, on enfile sa plus belle tenue pour y prendre un verre en terrasse, que ce soit au café-restaurant sans prétention ou dans un établissement plus chic.

Tout à l'est, vous remarquerez sans doute un modèle réduit de la vieille ville en bronze, puis un autre du palais de Dioclétien au IVe siècle. La promenade est jalonnée de petites échoppes de souvenirs. En continuant le long de la Riva jusqu'à l'ouest, vous sentirez peut-être l'odeur de soufre de la source thermale, qui s'écoule au moins depuis l'Empire romain.

Enfin, rendez-vous sur la **place de la République** (Trg Republike Hrvatske) pour admirer les façades rouges et les voûtes élégantes d'inspiration vénitienne.

Les musées à découvrir

Des mosaïques romaines aux œuvres de grands maîtres

À Split, les amateurs d'histoire et d'art trouveront leur bonheur. À courte distance à pied du centre-ville, le **musée archéologique** contient une profusion de sculptures et mosaïques antiques. La plupart proviennent des anciennes villes romaines de Split et de Salone, mais il y a aussi des céramiques grecques de l'île de Vis. Au cœur du palais de Dioclétien, le **musée de la Ville**, le **Musée ethnographique** et la **galerie des Beaux-Arts** constituent de belles visites à l'ombre des foules.

OÙ SE LOGER À SPLIT

Heritage Hotel 19
Hôtel de charme dans une demeure historique. Jardin dans la cour, ambiance romantique. **€€€**

Hotel Luxe
Hôtel moderne, bien situé, près de la vieille ville et du port. Chambres avec vue sur la mer. **€€€**

Divota Apartment Hotel
Hôtel avec des chambres très variées, maisons en pierre, dans le quartier pittoresque de Veli Varoš. **€€€**

Split, avec le parc de Marjan en toile de fond

Le **Musée ethnographique** occupe un ancien couvent bâti dans la partie sud-est d'un ancien palais. Le rez-de-chaussée accueille des expositions temporaires, tandis que les autres niveaux présentent une collection de costumes traditionnels, bijoux, dentelles, armes, jouets et outils. Grimpez l'escalier roman, au sud du vestibule, jusqu'à la terrasse circulaire de style Renaissance : la vue à elle seule justifie la visite du musée.

Rendez-vous ensuite à la **galerie des Beaux-Arts**, installée dans ce qui fut le premier hôpital de la ville (1792). Cette collection de quelque 400 œuvres d'art couvre presque sept siècles. À l'étage, la collection permanente est un véritable voyage dans le temps : d'abord les icônes religieuses, puis les œuvres de maîtres anciens comme Paolo Veneziano, Albrecht Dürer et Guido Reni, ainsi que d'artistes croates modernes.

Enfin, si vous voulez en savoir plus sur l'histoire de Split, visitez le **musée de la Ville**. Il occupe le palais de Papalić, un superbe exemple d'architecture gothique tardive, bâti au XVe siècle par Juraj Dalmatinac. Le porche, très ouvragé, témoigne de l'importance des nobles qui occupaient la vieille ville au Moyen Âge. L'intérieur a été entièrement rénové pour accueillir le musée, qui présente d'intéressantes expositions sur le palais de Dioclétien et sur l'urbanisation de la ville.

LE *PICIGIN*, UN JEU DE PAUME LOCAL

Pour vous amuser, joignez-vous aux Croates pratiquant sur la plage ce jeu de paume typiquement dalmate appelé *picigin*. La plage de Bačvice est le lieu de rendez-vous incontournable des joueurs. Les règles en sont simples : immergé jusqu'aux genoux ou jusqu'à la taille, passez une balle (de la taille d'une balle de squash) aux autres joueurs en la frappant avec la paume de la main. Le but est d'empêcher la balle de tomber et de toucher l'eau. Il convient de se jeter vigoureusement dans l'eau et de faire remarquer ses talents autant que possible. Il est conseillé d'éclabousser copieusement les personnes autour de soi. Pour vous mettre dans le bain avant votre voyage, visionnez sur YouTube les vidéos montrant les techniques de jeu. Si vous ne craignez pas le froid, participez au match de *picigin* spécial Nouvel An.

FÊTES ET FESTIVALS DE SPLIT

Sudamja
La fête de saint Domnius, patron de Split, a lieu début mai : ne manquez pas la course de bateaux à rames.

Spli'tski litnji koluri
En été, trois jours de festivités, avec musique live sur la Riva et concerts dans le palais de Dioclétien.

Ultra Europe
Un des plus grands festivals mondiaux de musique électronique, pendant 3 jours, en juillet.

OÙ PRENDRE UN VERRE ET FAIRE LA FÊTE À SPLIT

Pour qui aime sortir et faire la fête, Split est parfaite. Sa vie nocturne est très animée, surtout au printemps et en été. Les vendredis et samedis soir, de la musique forte emplit les murs du palais et vous pourrez déambuler dans le dédale des ruelles à la découverte d'endroits inconnus.

Marvlvs Library Jazz Bar
Un petit "bar-bibliothèque" plutôt jazzy où jouer aux échecs et fumer un bon cigare. Il y a souvent de la musique live.

Academia Club Ghetto
Le bar le plus bohème de Split a de vieux murs romains, une grande cour où jaillit une fontaine, une salle avec lustre et piano. La musique est excellente.

Fabrique
Grand bar de style industriel, où les célébrités de Split se retrouvent autour de bières artisanales et de grillades. Au fil des heures, l'endroit prend des allures de discothèque.

Salone : dans le dédale d'une cité romaine

À la découverte du plus grand site archéologique de Croatie

Les vestiges de l'ancienne cité romaine de Salone, située au pied des montagnes juste au nord-est de Split, forment le site archéologique le plus important de Croatie.

Conquise par les Romains en 78 av. J.-C., la cité devint, sous le règne d'Auguste, la capitale de la province de Dalmatie. Si de nombreux trésors de Salone sont aujourd'hui exposés au Musée archéologique de Split, il en reste beaucoup *in situ*.

Depuis le musée du site, au sud, un sentier bordé de cyprès descend vers les remparts nord. De là, on survole du regard les fondations d'édifices comme le **centre épiscopal**, qui comprend la cathédrale du Ve siècle à triple nef.

Après cet ensemble, légèrement à droite, se dresse l'imposante **Porta Caesarea** du Ier siècle. On peut y voir les sillons creusés par les roues dans les pavés, ainsi que les vestiges d'un **aqueduc** couvert qui courait au sommet des remparts, acheminant l'eau de la Jadro jusqu'à Salone et au palais de Dioclétien.

La ville d'origine s'étendait ensuite vers l'ouest jusqu'à un immense **amphithéâtre** (IIe siècle) que les Vénitiens détruisirent au XVIIe siècle, afin qu'il ne puisse servir de refuge aux pirates turcs. Il contenait 18 000 spectateurs, ce qui donne une idée de la taille et de l'importance de cette cité antique.

Le principal sentier conduisant à l'amphithéâtre suit les anciens **remparts**. Juste à droite du sentier (c'est-à-dire en dehors des remparts), on passe devant un **cimetière chrétien primitif**, où furent inhumés certains esclaves tués dans l'amphithéâtre, et devant les ruines de la **basilique des Cinq Martyrs** (Kapljuč basilica), construite en leur honneur.

D'autres ruines s'étalent parmi les vignobles et les vergers à gauche du sentier, notamment quelques pierres du **Forum** et, un peu plus loin, d'un théâtre et du **temple de Dionysos**.

La forteresse de Klis

Perchée sur les hauteurs

Située à 12 km au nord-est du centre-ville de Split, l'imposante forteresse de **Klis** se dresse sur un éperon rocheux culminant à 385 m. Commencez par observer sa forme longue et étroite (304 m sur 53 m). À l'intérieur, il est possible de visiter les fortifications et un petit musée, qui présentent des armes et des costumes, ainsi que des informations détaillées sur l'histoire mouvementée du château.

Fondée par les Illyriens au IIe siècle av. J.-C., elle fut prise par les Romains pour devenir au Moyen Âge un bastion du duc croate Trpimir. Elle tomba aux mains des Turcs en 1537 ; brièvement reprise en 1596, les Vénitiens s'en emparèrent finalement en 1648. Les fans de la série *Game of Thrones* reconnaîtront probablement la forteresse comme Meereen, où Daenerys Targaryen crucifie une ribambelle de méchants esclavagistes dans la saison 4.

DÉCOUVRIR LE PARC DE MARJAN À VÉLO

Culminant à 178 m, le parc forestier de Marjan (*Park šuma Marjan*) est considéré comme le poumon de Split. Cette réserve naturelle dévoile une vue extraordinaire sur la ville et les îles voisines, et ses sentiers ombragés soulagent de la chaleur et de la foule de touristes en été. Pour mieux découvrir les sites du parc, nous vous conseillons de louer un vélo.

Commencez **1 place de la République**, puis longez la côte en direction de l'ouest. Vous atteindrez alors la **2 galerie Meštrović**, la demeure en bord de mer conçue dans les années 1930 par le sculpteur Ivan Meštrović. Dans le jardin sont exposées certaines de ses statues en bronze ; d'autres, en bois ou en marbre, sont à découvrir dans la galerie.

Continuez jusqu'au portail à gauche qui donne sur un jardin d'oliviers. Vous êtes au **3 Châtelet Crikvine – Musée Meštrović**, où trône la remarquable *Vie du Christ*.

Profitez d'une petite baignade dans les eaux turquoise de la **4 plage Kašjuni**, ou bien continuez jusqu'à l'embranchement, où vous abandonnerez la côte pour monter sur la route bordée de pins. Sur votre gauche, le long des falaises, vous pourrez voir une grotte creusée dans la roche et l'église Saint-Jérôme, construite au XVe siècle.

Suivez les panneaux jusqu'à **5 Telegrin** pour rejoindre le point culminant du parc avec une très belle vue panoramique sur Split, les Alpes dinariques, ainsi que les îles de Čiovo, Šolta et Brač.

Enfin, redescendez en direction de l'est jusqu'au point de vue du **6 café-restaurant Teraca Vidilica** et le **7 cimetière juif** du XVIe siècle. Autrement, vous pouvez suivre un des sentiers à la pointe nord de la péninsule et pédaler entre les pins, le long des plages de galets, jusqu'au centre-ville.

Environs de Split

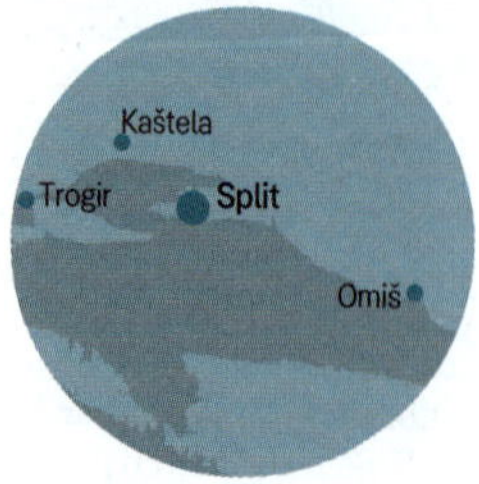

Pour les infos pratiques, voir le Carnet d'adresses p. 260

À SAVOIR

Les gares routière, ferroviaire et le terminal des ferries sont tout proches. Pratique !

COMMENT S'Y RENDRE

Split et les villages alentour sont reliés par le réseau de bus Promet. Des bateaux-taxis circulent entre Split, Kaštela, Trogir et Omiš.

Des châteaux en bord de mer, une forteresse dans les montagnes, et une petite île-cité classée au Patrimoine mondial de l'Unesco.

Prise en sandwich entre mer et montagne, la côte qui s'étend de part et d'autre de Split permit à la noblesse dalmate de se protéger de la menace ottomane à la fin du Moyen Âge. À l'est, Omiš et ses deux forteresses étaient le repaire de corsaires redoutés. Édifiée au pied des montagnes sur la rivière Cetina qui y a creusé de belles gorges, elle ravit aujourd'hui les amateurs de sports d'aventure. À l'ouest, toute une série de petites villes portuaires bâties autour de châteaux fortifiés forme aujourd'hui la municipalité de Kaštela, le long de la baie jusqu'à l'aéroport. Au-delà, Trogir, petite île-cité classée au Patrimoine mondial de l'Unesco, est un véritable musée à ciel ouvert et régale les amateurs d'art et d'architecture.

Au cœur de Trogir

La place Jean-Paul-II

La superbe Trogir (les Vénitiens l'appelaient *Trau*), entourée de remparts médiévaux, occupe une île minuscule reliée par des ponts à la terre ferme et à l'île de Čiovo. La vieille ville a gardé de son âge d'or, qui s'étendit du XIIIe au XVe siècle, de nombreux beaux édifices intacts. Cette profusion de bâtiments romans et Renaissance lui a valu son inscription au Patrimoine mondial de l'Unesco en 1997.

Le joyau de la ville se trouve au cœur de la cité. La **cathédrale Saint-Laurent** (Katedrala Svetog Lovre), d'influence vénitienne et de plan basilical à trois nefs, figure parmi les plus beaux monuments de Croatie. En majeure partie romane (XIIIe siècle), elle fut achevée au XVe siècle, d'où ses voûtes gothiques. Dû au talentueux maître Radovan, son portail roman (1240) est encadré des emblématiques lions de la Sérénissime surmontés des statues d'Adam et Ève, premiers nus de la sculpture dalmate. À l'intérieur, ne manquez pas la **chapelle Saint-Jean**, le premier évêque de Trogir. Ornée de décorations somptueuses, elle se trouve à gauche en entrant dans la cathédrale. À la sortie, dirigez-vous vers la droite pour visiter le **baptistère** (1464), sculpté par Andrija Aleši, avec sa voûte impressionnante et ses chérubins sculptés. Empruntez ensuite l'escalier qui mène au sommet

SANGA PARK/SHUTTERSTOCK ©

Cathédrale Saint-Laurent

du **clocher**, haut de 47 m, pour une vue plongeante sur la **place Jean-Paul-II** (Trg Ivana Pavla II).

Construits au XIXe siècle, les trois étages de l'**hôtel de ville** (Gradska vijećnica) surplombent également la place. Promenez-vous dans la cour pour admirer les fenêtres gothiques, les arches et le grand escalier de pierre. Située également sur la place, la **tour de l'Horloge** au sommet de l'**église Saint-Sébastien** (Crkva Sv Sebastijan) lui vole un peu la vedette. À gauche se trouve la **loggia vénitienne** (Gradska loža), qui servait autrefois de tribunal administratif. C'est aujourd'hui un petit musée, qui accueille souvent des concerts de *klapa*, le chant traditionnel dalmate. Le relief sculpté en 1950 par Ivan Meštrović sur le mur sud représente le vice-roi et évêque Peter Berislavić, originaire de Trogir.

Les trésors cachés de Trogir

Entre les murs et au-delà

En face de la porte principale de Trogir se trouve le **musée de la Ville** (Muzej Grada Trogira), aménagé dans le **palais Garagnin-Fanfogna**, témoin de plusieurs architectures, ainsi qu'une cour pavée. La collection comprend des artéfacts archéologiques, des armes, des costumes traditionnels, des pièces de monnaie, des toiles, des céramiques et des objets d'art. Une petite halte au **musée d'Art sacré** vous permettra de contempler des manuscrits enluminés ainsi qu'un tableau de Bellini représentant saint Jérôme et saint Baptiste.

LE *SOPARNIK*, LA TOURTE CROATE TYPIQUE

Le *soparnik* est une spécialité d'Omiš qui ressemble à une grande tourte plate. Entre deux couches de pâte, la garniture est composée de blettes, d'épinards, d'oignons et d'ail. Il y a officiellement 11 producteurs de *soparnik* certifiés authentiques, tous dans la région d'Omiš. Vous en trouverez chaque jour sur le marché de la rue principale. Mieux vaut venir le matin dès 8h pour espérer avoir une part. Ils se vendent très vite !

À LA RECONTRE DES ARTISTES ET DES ARTISANS DE TROGIR

Atelier Uremović
Inspiré par la nature, le peintre Željko Uremović accueille les visiteurs dans son studio (Dukznovića 8).

Judita Peran
Joaillière qui réalise de magnifiques bijoux artisanaux avec des pierres naturelles mais aussi du cuivre, du laiton et de l'argent (instagram.com/juditaperan_jewelry).

Vilim Halbärth
Cet artiste et sculpteur natif de Trogir présente ses travaux dans sa galerie ouverte au Lounge Bar Garden (vilimhalbarth.com).

Mišel Trogir
Joaillerie artisanale traditionnelle depuis cinq générations. Bijoux à partir de coraux rouges.

Trogir Experience
Un concept store (Budislavićeva 14) qui expose des céramiques, des bijoux et des produits cosmétiques naturels réalisés par des artisans croates (instagram.com/trogirexperience).

À quelques pas de la cathédrale Saint-Laurent se trouve le **grand palais de Cipiko**, fermé au public, mais dont la superbe façade vaut le coup d'œil.

Près de la porte sud, le **monastère Saint-Nicolas** (Samostan Sv Nikole) arbore un superbe relief en marbre du IIIe siècle av. J.-C. soigneusement entretenu par les sœurs bénédictines. Il représente Kairos, le dieu grec du Temps et de l'Instant présent.

L'**église** et le **monastère Saint-Domnius** (Crkva i Samostan Sv Dominik) offrent un lieu calme, propice à la contemplation, avec un cloître paisible, une petite chapelle et un jardin d'orangers.

Faites-vous plaisir à la **pâtisserie Đovani** en dégustant les *rafioli*, de fameux chaussons aux amandes de Trogir.

Points de vue sur Trogir

L'île-cité vue d'ailleurs

Pour avoir une vue plongeante sur la vieille ville et l'île de Čiovo, grimpez au sommet de la tour du **château de Kamerlengo** (Kaštel Kamerlengo), une forteresse vénitienne du XVe siècle qui se transforme en scène de concert le temps du **Festival d'été de Trogir**. Autrement, traversez le pont vers l'île de Čiovo, puis prenez à gauche en direction de la marina. Vous pourrez admirer les bâtiments historiques de Trogir, et les cinq clochers. Pour une perspective complètement différente, visitez le musée sous-marin **Via Crucis Underwater Museum** (viacrucis-underwatermuseum.com). Un bateau vous conduira dans une crique où vous pourrez plonger, avec bouteille ou masque et tuba, pour découvrir un avion militaire, 52 statues représentant le Chemin de croix et une statue du Christ de 8 m de haut.

La vieille ville d'Omiš

Parcourez le centre historique

Légendaire repaire de pirates, la petite ville d'Omiš est située à l'embouchure de la rivière Cetina, à l'extrémité d'une gorge pittoresque. Ce cadre naturel est l'un des plus beaux sites de la côte dalmate, avec le mont Omiška Dinara en arrière-plan.

Promenez-vous dans le centre historique et ses rues piétonnes qui serpentent entre la montagne, la rivière et la route principale. Commencez par la porte ouest près de la rivière, puis longez la rue principale, Knezova Kačića, jusqu'à la porte est, pour découvrir les ruines des **remparts vénitiens** qui entouraient autrefois la ville, en très bon état de conservation. Ne manquez pas la visite de la jolie **église Saint-Michel**,

OÙ SE LOGER À TROGIR

Heritage Hotel Tragos
Hôtel familial dans un palais baroque du XVIIIe siècle au cœur de la vieille ville. €€

Bifora Heritage Hotel
Chambres sobres et chics, murs en pierres apparentes, sur l'île de Čiovo, proche du centre de Trogir. €€€

XII Century Heritage Hotel
Chambres spacieuses et élégantes, dont certaines offrent une vue sur la mer. €€€

Forteresse de Mirabela, Omiš

datant du XVIIe siècle, et située sur une place ensoleillée au cœur de la vieille ville.

Visitez ensuite le **musée de la ville d'Omiš** (Gradski muzej Omiš) et sa collection d'amphores, de poteries romaines, de pièces byzantines et de pierres datant de la Renaissance et de l'époque baroque (ouvert l'été ou sur rendez-vous). Suivez ensuite les panneaux jusqu'à la **forteresse de Mirabela**, petite tour vénitienne érigée au XIIIe siècle sur des fondations byzantines. Vous ne regretterez pas d'avoir gravi l'escalier intérieur... puis l'échelle pour admirer la vue panoramique sur les toits colorés de la ville.

En cas de fortes chaleurs, vous pourrez vous rafraîchir à **Velika Plaža** (Punta), une plage de sable blanc où les eaux peu profondes sont adaptées aux familles avec enfants, ou bien marchez 15 minutes vers le sud pour rejoindre **Brzet**, une belle plage de galets.

ACTIVITÉS DE PLEIN AIR À OMIŠ

Il faut compter 50 minutes de marche sur un sentier balisé depuis la porte est pour rejoindre la forteresse de Fortica juchée à 300 m au-dessus de la ville. Vos efforts seront récompensés par une vue magnifique sur la rivière Cetina se jetant dans l'Adriatique, mais aussi sur l'île de Brač et les Alpes dinariques derrière vous.

Pour découvrir les gorges, prenez un bateau sur la Cetina pour remonter la rivière jusqu'au pittoresque moulin de **Radman** (Radmanove Mlinice). Le trajet en bateau dure environ 35 minutes au départ du pont.

Les amateurs de sensations fortes pourront essayer la tyrolienne qui traverse les gorges avec **Zipline Croatia** (zipline-croatia.com/en) ou bien faire du rafting et du canyoning avec **Rafting Pirate** (rafting-pirate.com).

OÙ SE RESTAURER À TROGIR

Konoba TRS
Restaurant recommandé par le Michelin, excellente cuisine de la mer et plats à base de poissons. €€€

Franka
Café-restaurant à l'ambiance décontractée. Cuisine innovante et originale. €€€

Il Ponte
Restaurant haut de gamme, remarqué par le Michelin. Cuisine moderne et méditerranéenne. €€€

DÉCOUVRIR KAŠTELA À VÉLO

La côte entre Split et l'aéroport est jalonnée par une série de sept villages portuaires qui composent la municipalité de Kaštela. Ils se sont développés autour des châteaux et forteresses construits entre les XVe et XVIIe siècles pour repousser les envahisseurs ottomans. Les sept villages s'étendent sur une bande de 8 km, ce qui permet de tous les visiter sans se précipiter.

Commencez à **1 Kaštel Sućurac**, puis longez la côte en direction de l'ouest jusqu'au ruines de **2 Kaštilica**, ornées de superbes fenêtres gothiques. Rejoignez ensuite Kaštel Gomilica et la forteresse **3 Kaštilac** qui s'avance sur l'eau avec sa tour cubique. Un petit pont de pierre permet d'atteindre l'île qui abritait autrefois un monastère bénédictin. Les fans de *Game of Thrones* reconnaîtront sûrement le village de Braavos.

Continuez jusqu'à Kaštel Kambelovac, et le château de **4 Cambi**, construit au XVe siècle. Une fois au port, vous apercevrez sans doute une *gajeta*, un bateau en bois typique des pêcheurs de la région. Les cyprès et les palmiers bordent le sentier, la baie de Kaštela s'étend alors devant vous. Une fois à Kaštel Lukšić, vous trouverez le château de **5 Vitturi** qui abrite un office de tourisme, une bibliothèque ainsi qu'un musée avec des armes et des costumes traditionnels.

Faites une petite pause sur les galets blancs de la **6 plage de Đardin** à Kaštel Stari. À Kaštel Novi, impossible de rater le grand **7 palais de Ćipiko**, au bord de l'eau. Faites un petit détour pour voir l'olivier âgé de 1 500 ans. Kaštel Štafilić est le plus occidental des sept villages, construit autour du château de Štafileo-Rotondo. Du fort qui s'élevait au bord de la mer, il ne reste que la tour **8 Nehaj**. Pour conclure votre balade, pourquoi ne pas déguster un verre de vin local au **9 Vino Vuina** (vino-vuina.hr) ?

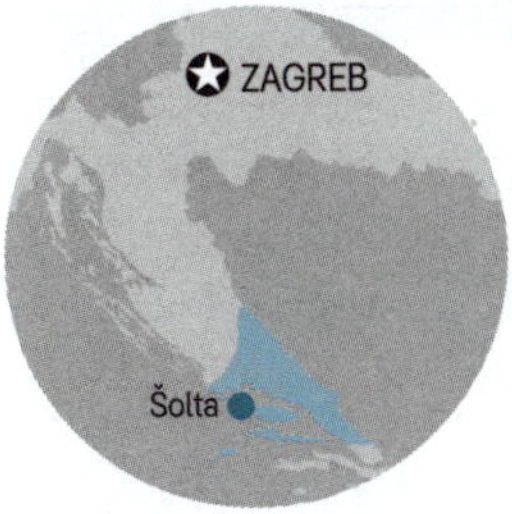

Île de Šolta

NATURE | AUTHENTICITÉ | PLAGES DE RÊVE

La délicieuse île de Šolta ("Olynthia" en grec, puis "Solentia" en latin, soit le "Soleil"), à 16 km (ou 9 miles nautiques) seulement de Split, reste méconnue comparée à ses voisines, beaucoup plus fréquentées.

Sa côte compte de nombreuses plages et criques dignes de cartes postales. L'intérieur des terres, boisé, propose un havre de fraîcheur en période estivale. Peu urbanisée, l'île compte seulement huit hameaux, avec leurs maisons rustiques aux volets bleus, et un seul hôtel, si bien que hors saison, il peut être compliqué de trouver un hébergement. En saison, on peut profiter de la gastronomie locale grâce au développement de l'agrotourisme : des fermes-auberges familiales proposent leurs produits (vin, miel, huile d'olive, fruits) à la dégustation et à la vente.

Il est possible de visiter Šolta en un jour, comme le font de nombreux touristes, mais sa petite taille se prête plutôt bien à un séjour prolongé pour explorer l'île en dehors des sentiers battus, à vélo ou à pied, et profiter ainsi d'une expérience authentique de l'atmosphère insulaire.

Villages de pêcheurs, maisons en pierre et plages

À voir sur l'île de Šolta

Perché sur une baie, **Stomorska** est un adorable village de pêcheurs. Profitez d'une baignade dans les eaux turquoise de la plage de **Điga** ou bien suivez le sentier, à travers les pins, qui mène aux plages plus reculées de **Veli Dolac** ou **Zadušna**.

Il faut compter environ 35 minutes de marche depuis le petit village de pierre de **Gornje Selo** pour atteindre le point culminant de l'île, **Vela Straža**, marqué par une croix blanche à 273 m d'altitude. Vous aurez alors une vue panoramique sur toute l'île. On aperçoit même Split et le mont Biokovo à l'horizon.

Pour les infos pratiques, voir le Carnet d'adresses p. 261

À SAVOIR

Hors saison, l'île est un peu à l'arrêt. Beaucoup d'habitants passent même l'hiver à Split. À l'inverse, l'été, les plages sont bondées et les routes engorgées. Il vaut mieux s'y rendre en automne ou au printemps.

COMMENT S'Y RENDRE

Les bus effectuent les correspondances avec les arrivées de ferry à Rogač depuis Split, jusqu'à sept départs par jour, reliant Rogač et Stomorska (via Grohote, Nečujam et Gornje Selo).

Pour vos déplacements sur l'île, il vaut mieux louer une voiture ou un scooter. La taille de l'île est également adaptée aux vélos électriques. Contactez Discover Šolta (discoversolta.com) pour une location de vélo ou des visites organisées.

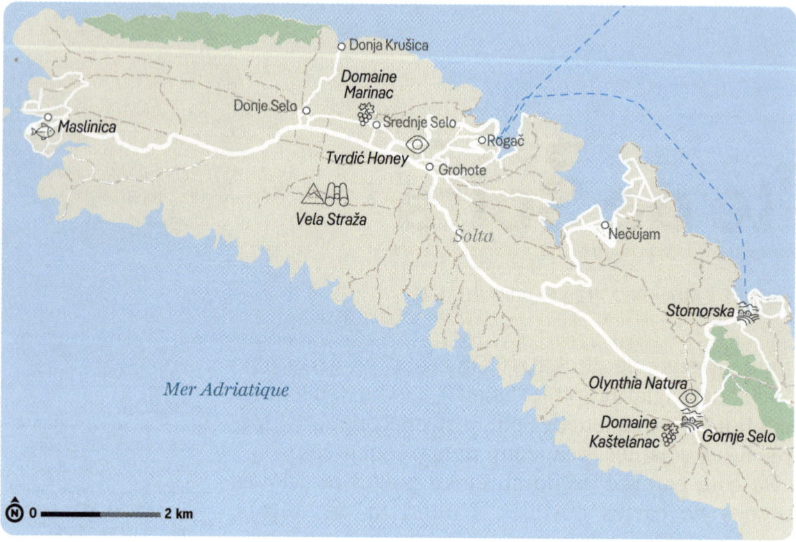

OÙ SE RESTAURER SUR L'ÎLE DE ŠOLTA

Šampjer
Déjeunez en terrasse avec une vue magnifique sur la baie de Maslinica et ses îlots. **€€**

Pasarela, Stomorska
Restaurant aux plats copieux situé près du port, établissement réputé. Cuisine de la mer. **€€**

Martinis Marchi
Restaurant gastronomique à Maslinica. Cuisine de saison avec d'excellents accords mets et vins locaux. Situé dans le seul hôtel de l'île. **€€€**

À la pointe ouest de l'île, le village portuaire de **Maslinica**, sans doute la plus jolie localité de l'île, compte sept îlots au large. C'est ici que rentrent les pêcheurs pour la nuit. Vous remarquerez sans doute le superbe **château de Martinis Marchi**, construit en 1703, où se trouve le seul hôtel de l'île, et la seule plage de sable, à **Šipkova**.

La cuisine de Šolta

Découvrez les saveurs de l'île

Šolta se découvre aussi avec les papilles, notamment en dégustant ses fruits.

Le *dobričić* est une variété de raisin cultivée ici depuis des siècles, qui donne un vin rouge très réputé. Découvrez les traditions des vignobles locaux au **domaine Marinac** (marinacwinery.com) de Srednje Selo ou bien celui de **Kaštelanac** (agroturizamkastelanac.com) à Gornje Selo.

L'île possède également sa propre variété d'olives, la *šoltanka*. À **Olynthia Natura** (olynthia.com), Frane, le propriétaire, vous conduira dans ses oliviers jusqu'au pressoir. Pour terminer la visite guidée, vous aurez même droit à une dégustation d'huile d'olive vierge extra.

Pour les amateurs de miel, Goran Tvrdić se présente comme un professeur avant tout et ensuite comme un apiculteur. Vous pouvez visiter sa ferme d'apiculture **Tvrdić Honey** (tvrdichoney.com) à Grohote, pour en apprendre plus sur la préparation du miel, sur les abeilles et pour déguster un produit d'exception.

Île de Brač

PLAGES DE CARTE POSTALE | HISTOIRE ET TRADITIONS | PIERRES BLANCHES

L'île de Brač est célèbre pour son éclatante pierre blanche, utilisée pour la construction du palais de Dioclétien à Split (et, dit-on, pour la Maison-Blanche à Washington). Elle l'est aussi pour Zlatni Rat, la plage de galets de Bol qui s'avance langoureusement dans l'Adriatique, et qui figure sur la majorité des publicités touristiques pour la Croatie.

Plus grande île de la Dalmatie centrale, Brač compte plusieurs villages assoupis dans un superbe paysage de falaises escarpées, de mer bleu sombre et de pinèdes. L'intérieur de l'île est couvert de tas de pierres, résultat du dur labeur effectué par les femmes au fil des siècles pour préparer la terre à la culture de la vigne, des olives, des figues, des amandes et des griottes. Les oliviers notamment, déjà cultivés à l'époque par les Romains, sont devenus le symbole de l'île. Des conditions de vie difficiles ont fait émigrer nombre d'insulaires sur le continent, laissant l'arrière-pays quasi désert.

Supetar et Bol, les deux localités principales, sont assez différentes : Supetar est agréable mais sans prétention, tandis que Bol assume totalement son côté plus luxueux.

Pour les infos pratiques, voir le Carnet d'adresses p. 261

À SAVOIR

Si vous souhaitez venir en avion, l'île possède également son propre aéroport, avec des vols saisonniers depuis Zagreb, Graz, Linz, Bolzano, Munich, Bratislava et Košice.

COMMENT S'Y RENDRE

Brač est desservie par bateau par les compagnies Jadrolinija et Kapetan Luka. Sur l'île, quelques bus circulent depuis le port principal de Supetar et les villages de Milna, Škrip, Pučišća et Sumartin, le port à la pointe est de l'île. Pour vos déplacements sur l'île, le plus pratique reste de louer un scooter, une voiture ou un quad. L'île dispose également d'un vaste réseau de 25 pistes cyclables couvrant plus de 1 026 km.

La ville de Bol et ses plages

Pierres blanches et eaux turquoise

Resserrée autour d'une petite marina, la vieille ville de Bol séduit par ses petites maisons en pierre et ses rues sinueuses colorées de géraniums roses et violets.

Côté patrimoine, l'**église Notre-Dame-du-Carmel** est un édifice baroque construit en 1668 et 1788. L'intérieur vaut le coup d'œil pour ses autels sculptés et son superbe pupitre en marbre. Le **monastère dominicain**, situé au bout d'une jolie plage de galets, fut fondé en 1475. Mais l'édifice le plus ancien est la petite chapelle que vous apercevrez au bord de la plage, et qui date du IXe ou Xe siècle. L'église principale, hélas souvent fermée, abrite une magnifique peinture d'autel du Tintoret, le célèbre maître vénitien. Enfin, une visite de Bol n'est jamais

L'HUILE D'OLIVE DE BRAČ

Le géographe et historien Strabon (né vers 63 av. J.-C.) est le premier à mentionner la production d'huile d'olive à Brač, mais c'est à l'époque vénitienne que les cultures prennent plus d'ampleur.

À la fin du XVIIIe siècle, l'île compte plus d'un demi-million d'oliviers, soit plus que l'ensemble de la région dalmate. Aujourd'hui, leur nombre a pratiquement doublé et la variété dominante est l'*oblica*, parfaitement adaptée au terrain rocailleux de l'île. En 2022, l'huile d'olive de Brač a reçu une appellation d'origine protégée au niveau européen.

complète sans un passage à la **galerie Branislav Dešković**. Installée dans un hôtel particulier Renaissance et baroque sur le front de mer, cette galerie d'art expose tableaux, peintures et sculptures d'artistes croates du XXe siècle. Cette collection est étonnamment prestigieuse pour une ville si modeste. La galerie porte le nom du sculpteur Branislav Dešković (1883-1939), originaire de Brač et célèbre pour ses figures animales – cherchez le *Chien qui se gratte* dans la cour.

Mais trêve de promenade, et place au farniente ! Car la principale attraction de la ville n'est autre qu'une plage : celle de **Zlatni Rat**, sans conteste la plus connue et photographiée de Croatie. En forme de V, elle s'étend sur 370 m de long à l'ouest et 470 m à l'est. Malgré la présence perpétuelle d'une foule qui se veut branchée, ce "cap doré" est un endroit magnifique. Constitué de galets blancs et lisses, le vent et les vagues en redessinent constamment la pointe, des pins l'ombragent et les falaises rocheuses qui s'élèvent en toile de fond composent un des plus jolis décors naturels du pays. Elle est accessible à pied depuis Bol en longeant le sentier bordé de pins parasols sur 2 km, autrement, vous pouvez également la rejoindre en bateau-taxi. Une petite plage naturiste s'étend juste à l'ouest du cap.

À environ 850 m en direction de l'est, vous trouverez la **plage de Borak**, plus connue des amateurs de planche à voile. Un peu plus loin encore vers l'est (environ 500 m), une autre plage est accessible en fauteuil roulant grâce à plusieurs rampes et ascenseurs aménagés.

On trouve deux autres excellents spots de baignade en longeant la côte après le restaurant Ribarska Kućica : la **plage de Kotlina**, une petite crique qui s'étend vers le monastère dominicain, puis la **plage de Martinica**, tout aussi charmante.

La ville familiale de Supetar

Un patrimoine original et des plages tranquilles

Supetar, très éloignée de Bol, plus chic, est une destination agréable. Pour les vacances, les familles croates apprécient tout particulièrement ses plages de galets peu éloignées du centre-ville. La **plage de Vrilo** est à seulement 100 m à l'est du centre-ville. Vers l'ouest, on découvre d'abord **Vlačica**, puis la plage de **Banj**, grande anse face à l'est bordée de pins et de bars de plage. **Tri Mosta** et **Bili Rat** vous attendent plus loin, après le cimetière. Après le cap suivant, vous atteindrez la plage de **Vela Luka**, sise dans une baie tranquille.

La ville est dotée d'un centre historique dont les rues pavées partent du port. La vue sur Split et les montagnes au-delà y est magnifique. Vous ne manquerez pas d'apprécier l'élégante **église de l'Annonciation**. Érigée au XVIIIe siècle, cette élégante église baroque et son clocher de 35 m de haut dominent le paysage. À l'intérieur, trois nefs et des autels en marbre sculpté s'accompagnent d'une palette apaisante de nuances vert clair et jaune citron. Sur la gauche de l'église, une mosaïque romaine est incrustée dans la chaussée ; elle décorait autrefois le sol d'une ancienne basilique consacrée à saint Pierre, qui a légué son nom à la ville.

À 15 minutes à pied, en suivant le bord de mer vers l'ouest, vous tomberez sur *la* curiosité de la ville : le **cimetière** de la ville, abritant des monuments remarquables. Le plus grandiose est le **mausolée de la famille Petrinović**. Édifié entre 1924 et 1927, cet édifice en pierre blanche de Brač est orné de 5 dômes byzantins, d'une porte en bronze richement ornée et d'un relief finement sculpté de style Sécession viennoise. N'hésitez pas à jeter un œil par le trou de la serrure, vous y verrez un étonnant crucifix.

L'ascension du Vidova Gora

Au sommet de l'Adriatique

Du haut de ses 778 m, **Vidova Gora** est le plus haut sommet des îles de l'Adriatique. Une fois en haut, vous aurez une vue imprenable sur la plage de Zlatni Rat et sur l'île voisine de Hvar, mais aussi sur celles de Vis, de Korčula et la péninsule de Pelješac. Depuis Bol, suivez les circuits balisés 102 dans les bois de pins. Il faut compter environ deux heures de marche avec un dénivelé progressif. Pour ceux qui ne peuvent ou ne souhaitent pas marcher, le sommet est aussi accessible en voiture ou en VTT.

POURQUOI J'AIME BRAČ

Isabel Putinja, autrice

"Brač est une île magnifique que je ne me lasse jamais de visiter. Sa célèbre plage en V, Zlatni Rat, est à la hauteur de sa réputation, avec ses galets blancs et ses eaux d'une couleur incroyable.

L'ermitage de Blaca est un site extraordinaire, sur une falaise reculée, accessible uniquement à pied. L'intérieur semble avoir été figé dans le temps depuis des siècles.

Mais n'oublions pas ses paysages de montagne et surtout Vidova Gora, le point culminant de toute l'Adriatique, duquel on aperçoit toutes les îles voisines.

J'aime également Brač pour ses oliveraies. L'olivier est un symbole fort pour l'île, il y est cultivé depuis des milliers d'années."

OÙ SE LOGER SUR L'ÎLE DE BRAČ

Villa Giardino Heritage Boutique Hotel à Bol
Charmante villa dans un jardin au cœur de Bol, chambres élégantes. €€€

Hotel Osam à Supetar
Hôtel avec piscine extérieure, bar sur toit-terrasse avec vue panoramique. Établissement réservé aux adultes. €€€

Olife Hotel à Milna
Chambres lumineuses dans un joli bâtiment d'époque en bord de mer. €€

LES MEILLEURS RESTAURANTS DE BRAČ

La sélection de Marino Franinović, gérant de la Villa Giardino (villagiardinobol.com) et spécialiste en énergies renouvelables.

Konoba Kopačina à Donji Humac Plats traditionnels, produits frais et vue panoramique.

BioMania à Bol Restaurant vegan avec deux établissements, un café-restaurant à Bol et un stand de street food sur la plage de Zlatni Rat.

Agroturizam Kaštil Gospodnetić à Dol Très bon restaurant, cuisine locale et terrasse rustique au centre de Dol.

Apinelo à Supetar Cuisine de qualité, ambiance chaleureuse et service irréprochable.

Mali Raj à Bol Restaurant avec jardin, apprécié pour ses poissons frais et ses produits de la mer.

Pučišća (p. 243)

L'ermitage de Blaca

La vie des moines

L'**ermitage de Blaca** (Pustinja Blaca) est un petit complexe de bâtiments en pierre blanche construit au pied d'une falaise rocheuse. Le trajet vers le monastère est aussi intéressant que le site en lui-même : après avoir parcouru une route étroite sans revêtement (gare à vos pneus), vous devrez terminer à pied via un chemin escarpé de 2,5 km (de bonnes chaussures sont nécessaires).

OÙ SE LOGER SUR L'ÎLE DE BRAČ

Hotel Lemongarden à Sutivan
Hôtel de charme avec jardin, piscine extérieure, plage privée et spa. €€€

Hotel Lipa à Postira
Hôtel moderne dans la baie de Postira, piscine extérieure, Jacuzzi et sauna. €€€

Waterman Svpetrvs Resort
Complexe hôtelier moderne en bord de mer, apprécié des familles, proche du port de Supetar. €€€

Les premiers moines sont arrivés sur place en 1551, fuyant alors les Turcs ottomans du continent. Ils y sont restés jusqu'en 1963, lorsque le dernier membre de leur ordre, le père Nikola Miličević, mathématicien, poète, professeur, musicien et astronome, s'est éteint.

Les pièces du monastère et les objets du quotidien ont été laissés tels quels, pour rendre compte de l'atmosphère de l'époque. Il y a une salle de classe avec des tables en bois et un abaque (le lieu servait aussi d'école), une librairie qui contient plus de 8 000 ouvrages dans 5 langues, une collection d'horloges anciennes, la toute première presse typographique de l'île et un télescope de 3 m de long. La cuisine se situe dans une grotte naturelle, à l'emplacement où l'ermitage fut formé il y a des siècles.

Une visite guidée révèle de nombreux détails étonnants sur la vie des moines. Ils ont planté des vignes et plus d'un millier d'oliviers malgré la difficulté du terrain le long des falaises et produisaient du miel et du fromage. Des meubles d'époque étaient acheminés de Vienne avec des ânes, sauf le piano de plus de 400 kg, qui a été monté sur place par 12 ouvriers en 8 heures. Les moines leur ont tout de même offert 56 litres de vin pour les récompenser de leurs efforts.

Remontez le temps à Škrip

Le plus ancien village de l'île

Situé sur une colline à 4 km au sud de Splitska, le village de **Škrip** est le plus vieux village de l'île, certaines maisons datant de plusieurs siècles.

L'imposant **château de Radojković**, construit au XVIe siècle aux confins du village, abrite le **musée de l'île de Brač** (Muzej otoka Brača), un des plus visités de tout le pays. Vous pouvez admirer toutes sortes de pierres, d'amphores, et d'objets du quotidien qui donnent un bel aperçu des traditions agricoles et bâtisseuses des habitants de l'île, ainsi qu'un mausolée romain.

L'ancien moulin à huile du XIXe siècle a été converti en **musée de l'Huile d'olive** (Muzej uja ; muzejuja.com) avec un immense pressoir. Découvrez les origines de la culture d'olives sur l'île, qui représente toujours une belle part de son économie, avant de déguster le cru d'exception de la famille Cukrov, propriétaire du musée.

Depuis Škrip, empruntez le sentier de 2 km qui descend à travers les oliviers jusqu'à **Dol**. Ce village de pierre pittoresque s'étend sur une jolie colline parsemée de cyprès et de grottes naturelles, creusées dans la pierre rouge.

L'ÉCOLE DE TAILLEURS DE PIERRE DE PUČIŠĆA

Le charmant village de Pučišća est niché au creux d'une baie qui s'avance profondément dans les terres au nord de l'île. Si vous tendez l'oreille, vous entendrez peut-être le cisèlement des tailleurs de pierre, près d'un grand bâtiment en pierre blanche sur trois étages avec un portail à piliers sur le rivage. Voici la fameuse école de tailleurs de pierre de Pučišća (Klesarska Škola Pučišća ; klesarskaskola.hr), fondée en 1956 pour préserver la tradition de la carrière et le centre de formation présents sur place depuis 1906.
Des élèves venant de toute la Croatie et d'Europe sont formés ici, avec des outils traditionnels et des techniques anciennes déjà utilisées par les Romains. Pour admirer les créations des étudiants, rendez-vous dans la salle d'exposition au rez-de-chaussée. La plupart des ouvrages sont en pierre blanche, typique de l'île.

FÊTES ET FESTIVALS DE BRAČ

Festival culturel Imena, Bol
Écrivains, artistes et musiciens se réunissent chaque année en juin pour des expositions, lectures et concerts.

Festival d'été de Bol
Festival de mi-juin à mi-septembre : expositions, cuisine, danse et musique avec des artistes croates.

Bolska Fjera
Le 5 août, procession en costumes traditionnels pour rendre hommage à la sainte patronne de Bol.

Île de Hvar

MONUMENTS HISTORIQUES | VILLAGES PITTORESQUES | AMBIANCE JET-SET

Pour les infos pratiques, voir le Carnet d'adresses p. 262

À SAVOIR

La ville de Hvar est uniquement desservie par des catamarans à grande vitesse. Pour venir avec un véhicule, il existe deux ports de car-ferries sur l'île : le port de Stari Grad (à 3 km de la ville) et celui de Sućuraj.

COMMENT S'Y RENDRE

Le réseau de bus dessert la ville de Hvar, le port de Stari Grad, Stari Grad et Jelsa. Vous pouvez également louer des voitures, des scooters et des vélos électriques.

On trouve de nombreux bateaux-taxis dans les villes portuaires, qui permettent de rejoindre facilement les plages et les îles des environs. Vous pouvez même louer votre propre bateau (certains sans permis).

L'île de Hvar est réputée pour être huppée, la jet-set croate et les yachts de luxe ayant élu domicile dans la charmante ville portuaire du même nom. Capitale de l'île, la ville de Hvar est connue pour sa vie nocturne et ses plages animées, où l'ont fait la fête jusqu'au petit matin. Mais rassurez-vous, l'île à bien plus à offrir que des soirées bling-bling au bord de l'eau.

Prenez Stari Grad, par exemple, une des plus vieilles villes de Croatie, pleine de charme et bien plus abordable, ainsi que d'autres villages portuaires comme Jelsa, Vrboska, et la plaine de Stari Grad, classée au Patrimoine mondial de l'Unesco.

Il y a également les baies et leurs plages de galets, les champs bleutés de lavande, les vignobles. La plupart des sites touristiques sont concentrés sur la partie ouest de l'île, peu de gens s'aventurent au-delà de Jelsa, sauf peut-être pour prendre le ferry à Sućuraj et repartir sur le continent.

La vieille ville de Hvar

Du cœur de la ville à la forteresse

La petite ville de Hvar, entourée de remparts du XIIIe siècle, dissimule un dédale de ruelles pavées de marbre et des palais gothiques richement ornés. Les petites rues médiévales, regroupées autour de la **place Saint-Étienne** (Trg Sv Stjepana), sont piétonnes et donc fort paisibles.

La **cathédrale Saint-Étienne** domine majestueusement la place centrale, l'une des plus anciennes de Dalmatie. Elle témoigne de l'apogée de la Renaissance dalmate (XVIe et XVIIe siècles) et recouvre les vestiges (encore visibles dans la nef et les stalles du XVe siècle) d'une cathédrale plus ancienne détruite par les Turcs. Le campanile de quatre étages est l'élément le plus remarquable de l'édifice. Non loin, au nord, se trouve le **couvent des bénédictines**. Depuis leur installation en 1663, les religieuses ont perfectionné l'art de

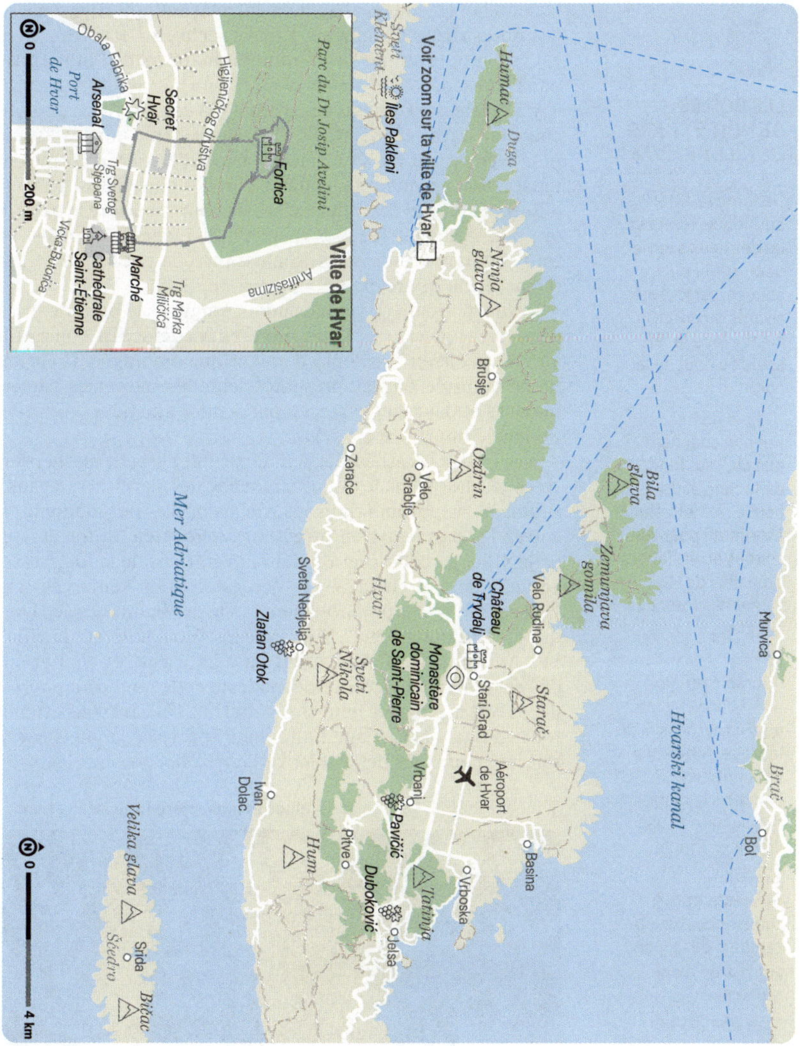

OÙ SE LOGER SUR L'ÎLE DE HVAR

White Rabbit Hostel
Auberge de jeunesse, chambres privées ou dortoirs avec casiers, clim et cuisine. Centre de la ville de Hvar. **€**

Palace Elisabeth Hotel
Hôtel 5 étoiles en bord de mer, restaurant gastronomique, piscine et spa. **€€€**

Hotel Antica
Petit hôtel en bord de mer, piscine extérieure, proche de Stari Grad et du terminal de ferry. **€€€**

LES BOÎTES DE NUIT ET BARS DE L'ÎLE DE HVAR

De toute la côte adriatique, Hvar est un des lieux à la vie nocturne la plus animée, surtout aux abords du port. On vient y faire la fête jusqu'au bout de la nuit.

Hula-Hula Hvar
Pour un coucher du soleil sur fond de techno et de house : le Hula-Hula est réputé pour ses soirées où les jeunes branchés de Hvar viennent siroter des cocktails.

Falko
Adorable refuge niché dans une forêt de pins au-dessus de la plage. Ambiance décontractée comme à la plage, des hamacs et une clientèle affable.

Laganini
Bar-restaurant à l'ambiance rustique, produits de la mer, sur l'île de Sveti Klement.

Hvar Beach Club
Cabanons et transats haut de gamme au bord de l'eau pour une séance de bronzage à l'écart de la fête.

Carpe Diem
Club de plage sur l'île de Marinkovac. Tarifs très élevés.

la dentelle, qu'elles réalisent en entrelaçant minutieusement des fibres tirées de feuilles d'agave séchées. Cette tradition est reconnue comme Patrimoine immatériel de l'humanité par l'Unesco.

À l'angle sud-ouest se trouve l'**Arsenal**, un ancien chantier naval édifié au XIVe siècle, détruit par les Turcs puis reconstruit au XVIIe siècle, avant d'être transformé en musée. Son premier étage abrite l'un des plus vieux théâtres d'Europe. Prenez l'escalier extérieur pour rejoindre le balcon qui donne sur les façades de pierre blanche de la place, la tour de l'horloge de style Renaissance, le petit port et les terrasses du quartier.

Si vous poursuivez vers le sud en longeant le bord de mer, vous remarquerez vite le **monastère franciscain**, construit au XVe siècle en surplomb d'une crique ombragée. Il abrite un petit musée, où sont présentés dentelles, monnaies, cartes marines et ouvrages rares, en particulier une *Géographie* de Ptolémée imprimée en 1524.

Retournez à la cathédrale, puis empruntez le petit escalier sur votre gauche qui mène jusqu'au **marché** des maraîchers locaux. Promenez-vous alors dans les ruelles pavées qui montent et suivez les panneaux en direction de **Fortica**, la forteresse de la ville. La construction par les Vénitiens de la forteresse actuelle débuta en 1278. Ses défenses furent renforcées en 1551, ce qui sauva probablement la vie des habitants de Hvar qui s'y réfugièrent en 1571 lorsque les Turcs pillèrent la ville. Les Autrichiens la rénovèrent au XIXe siècle et ajoutèrent des casernes. On y verra une modeste collection d'amphores découvertes dans les fonds sous-marins. Un café vous attend tout en haut. Faites une halte pour apprécier la vue sur les toits orange et les îles Pakleni à l'horizon.

Plage et monastère franciscain, Hvar

XBRCHX/ISTOCK PHOTO ©

Îles Pakleni

Explorez les îles Pakleni

Plages et grottes

La plupart des personnes visitant la ville de Hvar vont aussi admirer les eaux cristallines, les plages secrètes et les lagons silencieux des **îles Pakleni** (Pakleni otoci). Ce magnifique chapelet d'îles boisées s'étend au large depuis la ville. Leur nom, souvent traduit par "îles de l'enfer", dériverait en réalité de *paklina*, une résine de pin qu'on y récoltait jadis pour étanchéifier les bateaux.

L'île la plus proche de Hvar est **Jerolim**, dotée d'une plage naturiste prisée. Elle est suivie de **Marinkovac**, connue pour son club de plage et ses fêtes endiablées dans la baie de Stipanska. La **baie de Ždrilca** et la ravissante **plage de Mlini** sont d'autres endroits prisés de **Stipanska**, où vous trouverez des restaurants saisonniers et quelques maisonnettes en pierre.

Sveti Klement est de loin la plus grande des îles. D'une superficie de 5 km^2, elle regroupe trois villages. Doté d'une marina fréquentée, d'hébergements, de restaurants et d'une minuscule plage de sable, le petit village de **Palmižana** borde une splendide baie en fer à cheval.

SE BAIGNER SUR L'ÎLE DE HVAR

La plupart des lieux de baignade bordant la promenade du front de mer qui mène à l'ouest du centre-ville sont des petites criques rocheuses, dont certaines ont été agrémentées de plateformes en béton pour s'étendre au soleil.

Si un peu de marche ne vous effraie pas, vous découvrirez de plus grandes plages de galets dans la direction opposée. En 30 minutes à pied vers le sud, puis l'est du centre-ville, vous atteindrez Pokonji Dol, la plus étendue de toutes. À 25 minutes de marche de là, en empruntant un sentier rocailleux et pittoresque, la plage isolée de Mekićevica vous attend.

Vous pouvez aussi rejoindre en bateau-taxi les îles Pakleni ou l'une des plages plus éloignées vers l'est, comme Milna ou Zaraće. Dubovica est particulièrement séduisante, avec sa poignée de maisons en pierre et ses deux bars regroupés au bord d'une superbe plage courbe.

OÙ SE RESTAURER DANS LA VILLE DE HVAR

Mizarola
Un agréable toit-terrasse d'où l'on peut déguster de sacro-saintes pizzas. Un régal. €€

Fig
On s'y rend pour un petit déjeuner typique de Hvar ou pour les délicieux pains plats garnis. €€

Grande Luna
Ambiance propice à déguster des plats traditionnels comme la *hvarska gregada* (ragoût de poisson). €€€

DÉCOUVRIR LA PLAINE DE STARI GRAD À VÉLO

En partant de la **1 gare routière de Stari Grad**, prenez la direction de l'est le long de Put Gospojice. La route devient rapidement une piste, puis vous longerez ensuite un muret en pierre qui borde des parcelles de vignes et d'oliviers. Vous voilà désormais dans la plaine de Stari Grad, classée au Patrimoine mondial de l'Unesco. C'est ici que sont arrivés les Grecs au IVe siècle av. J.-C., avant de créer 73 parcelles rectangulaires délimitées par des murets de pierre, pour la plupart toujours intacts.

Après avoir passé la petite **2 chapelle Notre-Dame** du XVIe siècle, continuez sur 1 km jusqu'au deux grands cyprès au pied desquels se dressent toujours les **3 ruines de petites fermes**. Cet abri de pierres plates protégeait les fermiers du soleil et de la pluie. Quittez ensuite la route principale pour prendre le **4 chemin de Mathio** sur 1,5 km jusqu'au panneau indiquant **5 Maslinovnik**. Un sentier rocailleux jonché de romarins et de lauriers mène aux vestiges d'une tour de guet rectangulaire, qui faisait partie d'un système de défense conçu au IVe siècle av. J.-C.

En retournant sur la piste principale, un panneau vous indique ensuite la direction d'**6 OPG Dionis**, une taverne rustique et familiale dans une cour boisée très accueillante. Offrez-vous une petite pause avec un verre de jus, du fromage artisanal, un plat de poisson ou de viande. Continuez en direction de **7 Vrboska**, un village avec des canaux et des ponts en arches, puis suivez la petite route bordée de pins qui longe la côte jusqu'à **8 Jelsa**. Profitez de l'atmosphère unique du port en prenant un café, avant de repartir en direction de Stari Grad en passant par le village de **9 Vrbanj**.

Jelsa

DÉGUSTATION DE VIN À HVAR

Couverte de vignes et profitant du climat méditerranéen, l'île de Hvar dispose d'une grande variété de cépages régionaux. Il en résulte souvent des vins charpentés de caractère : les vins blancs titrent entre 11° et 14,5° d'alcool, et les rouges entre 12° et 18°. En plus du *plavac mali*, descendant du fameux *zinfandel* dalmate, Hvar possède également ses propres cépages blancs (*bogdanuša*, *prč*, *kuč* et *maraština*) ainsi qu'un cépage de rouge plus rare, le *drnekuša*. Parmi les domaines les plus connus de l'île, il y a Duboković à Jelsa, Pavičić à Vrbanj et Zlatan Otok à Sveta Nedjelja. Vous pouvez vous inscrire pour une visite guidée des vignobles, privée ou en groupe (avec dégustation), auprès de Secret Hvar (secrethvar.com).

Des bateaux-taxis effectuent régulièrement la traversée depuis la ville de Hvar. Vous pouvez aussi louer un bateau et son skipper pour une croisière de 2 heures autour des îles les plus proches.

L'histoire de Stari Grad

Sanctuaires et jardins

Stari Grad signifie "vieille ville" : le plus vieux village de Croatie porte donc bien son nom, mais il s'appelait autrefois Faros. C'est ainsi que l'avaient baptisé les Grecs qui l'ont fondé en 384 av. J.-C. Aujourd'hui moins à la mode que Hvar, Stari Grad est par conséquent moins recherchée par les touristes, néanmoins la promenade dans les ruelles labyrinthiques est tout à fait charmante.

On peut notamment y apprécier le **château de Trvdalj**, construit au XVIe siècle, qui était la maison de vacances du célèbre philosophe et poète Petar Hektorović. À l'intérieur se trouve un petit étang rectangulaire entouré d'une très belle arcade de pierres voûtées, ainsi qu'un jardin mural avec de nombreuses plantes médicinales, où l'on imagine parfaitement le poète de la Renaissance trouver l'inspiration.

Le **monastère dominicain de Saint-Pierre de Vérone**, fondé en 1482, invite aussi à la contemplation, avec le jardin du cloître et son orangeraie, sa bibliothèque médiévale, et une collection d'icônes et de peintures qui comprend notamment une *Lamentation du Christ* attribuée au Tintoret.

On peut aussi admirer, dans la **cathédrale Saint-Étienne**, le trompe-l'œil effet marbre dans son sanctuaire, le grand autel vénitien de 1702 et la tribune de l'orgue avec sa surenchère de décorations rococo. En sortant de l'église, à droite, ne manquez pas le bas-relief romain du dieu Éros.

Vrboska, la "Venise croate"

Entre canal et ponts en pierre

Un simple canal et quelques vieux ponts en pierre, et voilà la jolie petite ville de Vrboska baptisée "la Venise croate". L'appellation est pour le moins exagérée, mais le lieu mérite le détour pour ses mystérieux bâtiments décrépis et son port en arc de cercle qui s'achève dans le canal susmentionné.

Quelques belles églises se dressent sur la colline dans le sud de la ville. L'**église Saint-Laurent** (Crkva sv Lovre) possède une riche collection d'art, dont un triptyque qui proviendrait de Vérone au-dessus du grand autel. Au sommet de la colline s'élève la curieuse **église-forteresse Sainte-Marie-de-la-Miséricorde** (Crkva-tvrđava sv Marije). De l'extérieur, on dirait un château ; seules sa croix et ses trois cloches la distinguent comme un édifice religieux. Elle fut fortifiée en 1575 après que les Ottomans eurent mis la ville à sac quatre ans plus tôt.

Achevez votre périple par une dégustation de vins et d'en-cas à **Vina Carić** (vinohvar.hr), sur les rives du canal, près du deuxième pont.

Île de Vis

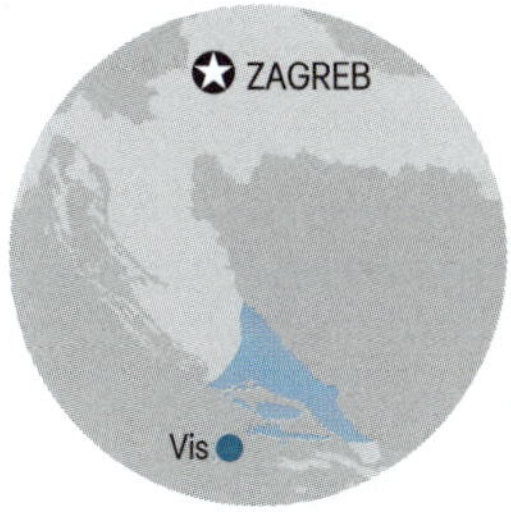

HISTOIRE MILITAIRE | GROTTES NATURELLES | CRIQUES ET PLAGES

De toutes les îles croates habitées, Vis est la plus éloignée du littoral et la plus mystérieuse. Elle a longtemps servi de base militaire à l'armée yougoslave, restant interdite aux visiteurs étrangers des années 1950 à 1989.

Cet isolement l'a préservée du développement. Or, comme dans d'autres îles délaissées de la Méditerranée, l'absence d'infrastructures fait aujourd'hui le véritable charme de Vis. Elle séduit les vacanciers étrangers et croates en quête d'authenticité, de nature, d'aventures gastronomiques et de tranquillité. De nombreux visiteurs arrivent depuis les îles voisines ou même de Split pour profiter de la baie de Stiniva et visiter la grotte Bleue de l'île de Biševo, juste à côté.

Pour les infos pratiques, voir le Carnet d'adresses p. 263

À SAVOIR

Les deux principaux villages de l'île, Vis et Komiža, sont situés d'un bout à l'autre de l'île. Le ferry en provenance du continent débarque dans la ville de Vis, mais des bus assurent la correspondance avec Komiža.

Kut, le village médiéval de Vis

Promenade en bord de mer

La vieille ville de Vis embrasse la forme de la baie en fer à cheval qu'elle borde sur la côte nord-est de l'île. L'arrivée des ferries apporte un peu d'animation à cette localité par ailleurs paisible, appréciée pour son front de mer, ses vieilles maisons du XVIIe siècle et ses ruelles qui grimpent en sinuant doucement depuis la côte. Agrippée au flanc sud de la colline de Granida, Vis résulte de la fusion de deux villages : **Luka** ("port"), créé au XIXe siècle, et le village médiéval de **Kut**, de l'autre côté du fer à cheval.

Commencez à la **tour Perasti**, construite au XVIIe siècle pour défendre l'île face aux Ottomans, puis prenez la direction de l'est. Vous apercevrez l'**église Saint-Jérôme**, sur une petite péninsule, qu'on retrouve dans le second volet de la comédie musicale *Mamma Mia!*, avec Cher, Pierre Brosnan, Colin Firth…

De retour sur le front de mer, impossible de rater la façade rouge vif du **Hrvatski Dom**, un superbe édifice néogothique au bord de l'eau. Vous pouvez ensuite découvrir **Concept Vis**, une boutique avec des souvenirs faits main, des produits cosmétiques et des créations d'artisans croates. La promenade se poursuit en pente douce en direction de **Kut**, le long des ruelles étroites entre les bâtiments de pierre blanche.

COMMENT S'Y RENDRE

L'île de Vis est relativement petite. Quelques bus relient les deux villages principaux, Vis et Komiža. Pour vous aventurer au-delà, vous aurez besoin de votre propre véhicule. Voitures, scooters, quads et vélos électriques sont disponibles à la location.

Pour accéder plus facilement à certaines plages et explorer les îles voisines, vous pouvez également louer un bateau ou rejoindre les excursions organisées depuis Vis et Komiža.

INCONTOURNABLES
1 Baie de Stiniva
2 Base de missiles
3 Bunker
4 Église Saint-Jérôme
5 Forteresse de Komuna
6 Forteresse du bataillon de Notre-Dame
7 Hrvatski Dom
8 Plage de Gusarica
9 Plage de Kamenica
10 Port de Kut
11 Station radar
12 Tour Perasti
13 Tunnel sous-marin de Jastog
14 Vela Glava

ACTIVITÉS
15 Grotte Bleue
16 Grotte Verte

SHOPPING
17 Concept Vis

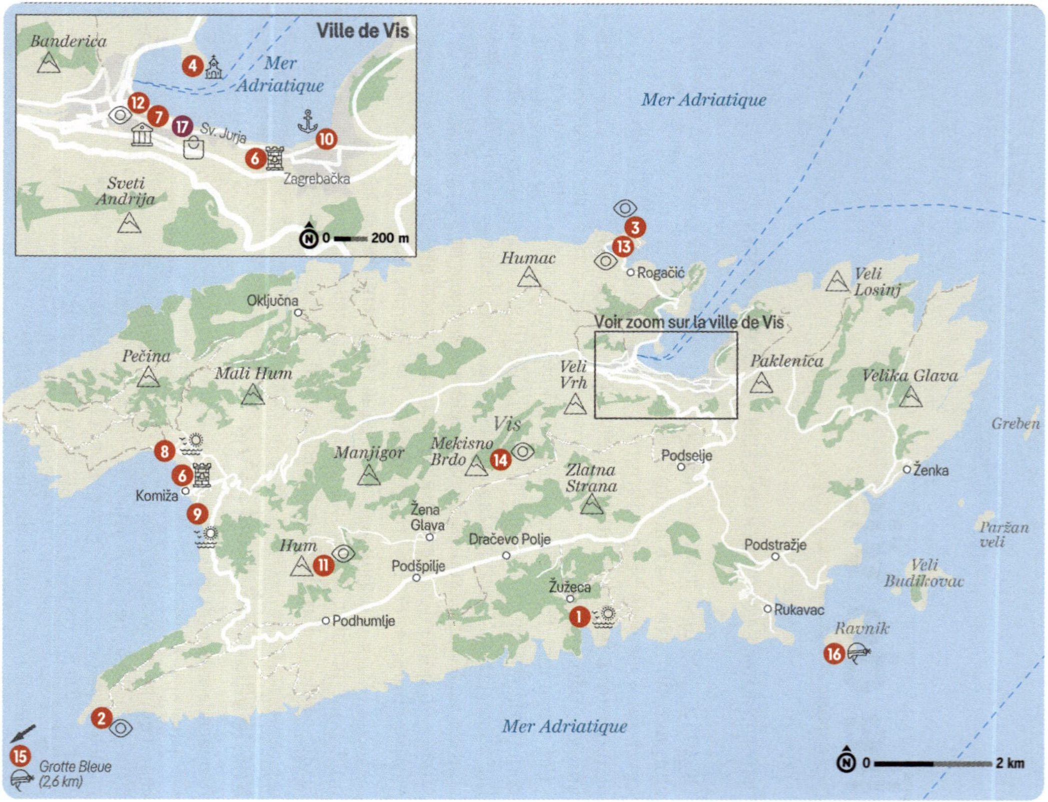

Site emblématique de l'île, la **forteresse du bataillon Notre-Dame** (Gospina batarija), a été construite en 1830, alors que les Autrichiens régnaient sur l'île. Elle abrite aujourd'hui le **Musée archéologique de la ville de Vis**, qui possède la plus grande collection de vestiges grecs de Croatie, avec notamment des poteries, des bijoux et des sculptures – la tête d'Artémis en bronze du IVe siècle av. J.-C en est le point d'orgue.

Komiža

Un village de pêcheurs à l'ambiance bohème

Située dans un cadre pittoresque, une baie au pied du mont Hum, cette bourgade a ses inconditionnels en Croatie qui ne jurent que par son ambiance bohème. Ses petites rues bordées d'hôtels particuliers des XVIIe et XVIIIe siècles grimpent en serpentant depuis le port, utilisé par les pêcheurs depuis le XIIe siècle au moins.

Une rivalité amicale oppose **Komiža** à la ville de Vis. Cette dernière est historiquement associée à la noblesse, tandis que Komiža s'enorgueillit de son passé de village de pêcheurs et de ses histoires de pirates, comme en témoigne **la forteresse de Komuna**, qui abrite le **Musée de la pêche**, surplombant la marina à l'extrême sud du village.

Komiža possède de petites plages : vous pouvez choisir entre la plage de galets blancs de **Gusarica** et ses eaux limpides, au nord, et celle de **Kamenica**, plus au sud et fréquentée par les plus jeunes profitant de ses bars branchés. Mais la plupart des visiteurs ne font que passer par Komiža pour prendre un bateau vers la grotte Bleue sur l'île voisine de Biševo (p. 254).

Le passé militaire de l'île

Sur les traces de Tito

Pour explorer tous les bunkers, les sites abandonnés et autres tours de garde cachées aux quatre coins de l'île, louez un quad ou un 4x4. Il vaut mieux être accompagné d'un guide pour éviter de se perdre, surtout dans les tunnels et les galeries sombres. Vous pouvez en réserver auprès d'une agence touristique à Vis ou à Komiža.

Ces installations militaires ont été bâties après la Seconde Guerre mondiale par l'ancien président yougoslave Tito. Il est tout à fait possible de visiter ou d'explorer l'un des **bunkers** construits dans les falaises en bord de mer, comme au nord de la baie de Parja. Au sud, rendez-vous à l'impressionnant tunnel sous-marin de **Jastog** (Potkop Parja), autrefois soigneusement dissimulé pour éviter toute détection.

CAVE À VIN DANS UN BUNKER

L'île de Vis possède son propre cépage de vin blanc, le *vugava*. Le domaine **Lipanović** (lipanovic.com/en) n'est qu'à quelques minutes de marche de la ville de Vis, installé dans un ancien bunker au début des années 2000.

Il faut dire que le sous-sol offre une température idéale de 19°C. Celle-ci est accessible de 16h à 22h pour une visite avec dégustation. En plus du *vugava*, typique de l'île, les amateurs apprécieront le rosé *opol*, ou encore le *plavac mali*, un vin rouge dalmate réputé.

Scannez le QR code pour réserver une visite du domaine Lipanović.

OÙ SE LOGER SUR L'ÎLE DE VIS

Hotel San Giorgio
Charmant hôtel familial en bord de route à Kut. **€€€**

Villa Vis
Superbe propriété de la ville de Vis, intérieur moderne, proche des restaurants, des bars et des plages. **€€€**

Villa Nonna
Maison ancienne, avec sept appartements décorés avec goût en plein centre de Komiža. **€**

Ensuite, rendez-vous au **cap Stupišće**, à la pointe sud de l'île, pour découvrir l'une des plus grandes installations militaires de l'île, **la base des missiles**. Ensuite, prenez la route qui monte au sommet du mont Hum, le point culminant de l'île, où se trouve **une station radar**, toujours en activité aujourd'hui.

Plongez sous terre à **Vela Glava**, où se situait l'ancien centre de commande de toute la région jusqu'en 1990. Au cœur d'un dédale de 300 m de tunnels, l'abri antiaérien pouvait accueillir 300 personnes avec six mois de vivres.

Explorez les plages et les grottes

Laissez-vous surprendre

La **baie de Stiniva** et ses petites plages sont entourées par un ensemble de falaises rocheuses avec seulement une petite embouchure, à peine assez large pour un bateau. Pour une belle vue, prenez le petit sentier qui serpente vers la plage depuis le village de **Žužeca**. la plupart des baigneurs arrivent en bateau et nagent entre les rochers pour rejoindre la plage. Lors de la haute saison, il vaut mieux venir tôt pour éviter la foule.

À quelques kilomètres de la côte sud-ouest de l'île de Vis, la petite **île de Biševo** abrite la **grotte Bleue**, l'un des sites naturels les plus touristiques de la région. Le meilleur moment pour la visiter est entre 11h et 12h, quand les rayons du soleil se faufilent par une ouverture immergée, baignant l'intérieur d'un bleu surnaturel. Sous l'eau translucide, la roche scintille de gris et de rose, jusqu'à 16 m de profondeur. La solution la plus facile et la plus rapide pour s'y rendre est de participer à un circuit organisé au départ de Komiža. Depuis quelques années, l'augmentation du nombre de visiteurs rend la visite moins plaisante et les bateaux ne peuvent plus s'attarder dans la grotte. Les plongeons dans l'eau sont aussi révolus.

La **grotte Verte** sur l'île de **Ravnik** vaut également le détour. Vous pouvez l'explorer en bateau et même vous baigner à l'intérieur. La lumière pénètre par deux cavités du plafond et inonde la grotte d'un halo vert et brillant. Quasiment toutes les agences de la ville de Vis et de Komiža proposent des excursions en bateau vers ces deux sites naturels, généralement avec des escales pour une baignade et un pique-nique.

Les plages les plus réputées sont celles de **Prirovo** près du port de Vis ; celle de **Grandovac**, en forme de fer à cheval, derrière le cimetière britannique ; celle de **Srebrna**, plus sauvage avec de gros galets blancs sur la côte sud ; celle de **Velika Smokova**, une plage de sable aux eaux limpides, uniquement accessible en bateau ; enfin, celles de **Zaglav** et de **Milna** méritent vraiment le détour.

L'ÎLE DE VIS LABELLISÉE "GÉOPARC MONDIAL UNESCO"

L'île de Vis – et son archipel d'îles voisines comprenant Biševo, Andrija, Brusnik, Jabuka et Palagruža – a obtenu le statut de géoparc mondial Unesco en raison de sa géologie extraordinaire. Les îles de Jabuka, de Brusnik, de Biševo et de Palagruža se sont formées à partir de volcans il y a 220 millions d'années, ce sont les plus vieilles îles de l'Adriatique. L'archipel est également composé de formations rocheuses plus récentes, toujours en mouvement à cause des plaques tectoniques.

Consultez le site du géoparc de Vis (geopark-vis.com) ou scannez le QR code pour en savoir plus sur la géologie des lieux et les parcours pédagogiques qui sillonnent l'île.

OÙ SE RESTAURER SUR L'ÎLE DE VIS

Lola
Cuisine méditerranéenne dans une cour de la ville de Vis. Ouvert seulement le soir. **€€**

Fabrika
Café-restaurant coloré, beaucoup de choix végétariens, situé sur le front de mer de Komiža. **€€**

Konoba Gušti Poja
Taverne à l'ambiance rétro et décontractée. Cuisine traditionnelle. Situé à 11 km de la ville de Vis, à Podšpilje. **€€**

Riviera de Makarska

PLAGES | RANDONNÉES EN MONTAGNE | CADRE IDYLLIQUE

La Riviera de Makarska s'étend sur 60 km de littoral, bordée par les eaux turquoise de l'Adriatique d'une part, et le massif calcaire de Biokovo, d'autre part. En été, les villes animées du bord de mer (Makarska, Baška Voda et Brela) attirent les touristes balnéaires. En automne et en hiver, les randonneurs s'en donnent à cœur joie dans le parc naturel de Biokovo, dont le sommet Sveti Jure culmine à 1 762 m. Au pied de ce site préservé, la petite ville de Kotišina possède un jardin botanique et un centre d'interprétation multimédia, mais aussi la toute dernière attraction du parc inaugurée en 2020, le Biokovo Skywalk, une passerelle panoramique au sol vitré.

Pour les infos pratiques, voir le Carnet d'adresses p. 263

À SAVOIR

En raison des fortes chaleurs, les ascensions dans le massif de Biokovo sont déconseillées en juillet et août. Restez sur les sentiers balisés et méfiez-vous des intempéries. En cas d'urgence, composez le 112 pour contacter les services de sauvetage en montagne.

Makarska, farniente et plages

Paradis de la bronzette

Makarska est une charmante localité balnéaire au cadre naturel spectaculaire, adossée au superbe massif du Biokovo. Le port et le centre historique de Makarska occupent une large crique délimitée, au sud-est, par le cap Osejava et, au nord-ouest, par la péninsule de Sveti Petar.

L'ambiance bat son plein en haute saison, entre cafés qui swinguent toute la nuit et moult loisirs pour les familles. Vous vous y plairez si vous aimez les bars de plage, les parties de volley et le farniente.

Bordée d'hôtels, la longue **plage municipale** (de galets) s'étire tout le long de la baie, du parc Sveti Petar, vers le nord-ouest. À la **plage de Buba**, près de l'hôtel Rivijera après la plage municipale, l'ambiance est festive et musicale en été. Ceux qui préfèrent un cadre plus calme et intimiste traverseront le **parc forestier d'Osejava** pour atteindre la **plage naturiste de Nugal**.

Excursion dans les montagnes de Kotišina

Jardin botanique et ancienne forteresse

Une fois à Makarska, suivez les panneaux en direction de **Kotišina**. Le sentier pavé de 3 km est assez raide. Il longe

COMMENT S'Y RENDRE

Plusieurs bus empruntent l'autoroute qui longe la côte, reliant la Riviera aux villages du littoral. Un car-ferry effectue la traversée jusqu'à l'île de Brač quatre fois par jour. Pendant l'été, un catamaran à grande vitesse emmène des passagers de Makarska jusqu'à Split, Bol, l'île de Brač, Korčula, Pomena sur l'île de Mljet et Dubrovnik.

SUR LES TRACES DE NAPOLÉON

La “route Napoléon”, ou “route des Français”, monte en direction du massif de Biokovo au-dessus de Brela. C’est une relique du règne de Napoléon sur la Dalmatie, de 1806 à 1813. Bien qu’inachevée, cette route devait permettre de traverser la montagne. Elle s’étend sur 5,8 km avec 450 m de dénivelé. Quelques panneaux le long de la route donnent des anecdotes intéressantes sur les techniques et les méthodes de construction de l’époque.

La pente n’est que de 6° (conçue pour être franchie en chariot ou à cheval), il faut compter 2 heures à pied pour arriver en haut. Vous serez récompensés par une vue panoramique sur Brela, les îles voisines et la Riviera en contrebas.

des oliviers, des genêts et des grenadiers avant de rejoindre le petit village de montagne. Ravagées par le séisme de 1963 (dont l’épicentre a détruit Skopje, capitale de la Macédoine), les quelques habitations en pierre ont été rebâties et aménagées en maisons de vacances.

Depuis, les fonds de l’Union européenne ont insufflé une nouvelle vie dans les quelques sites de Kotišina. Le **jardin botanique** s’étend sur une surface de 16,5 ha de collines entre 350 m et 500 m au-dessus du village. Fondé par le moine franciscain Jure Radić (1920-1990), il abrite plus de 300 espèces de plantes, de fleurs et d’herbes médicinales endémiques de la région. En prime, le site offre une vue spectaculaire sur les îles de Brač et de Hvar.

Des sentiers rocailleux rejoignent la forteresse **Veliki Kaštel** et son centre d’interprétation multimédia sur plusieurs étages. Vous en apprendrez plus sur l’écosystème de Biokovo, sa faune, sa flore et ses traditions locales, avec des expositions interactives, des casques de réalité virtuelle et même des plantes dont vous pouvez sentir le parfum.

Les hauteurs du parc naturel de Biokovo

Marchez sur la mer

Le parc naturel de Biokovo couvre plus de 196 km^2 avec des vues impressionnantes sur la mer et les circuits de randonnée du pays. Il compte plus de 40 sentiers balisés, mais les plus connus sont de loin ceux qui serpentent de Makarska jusqu’aux deux plus hauts sommets du massif.

Il faut compter 4 heures d’ascension exigeante pour rejoindre les 1 420 m du sommet de **Vošac**, puis encore 4 heures pour atteindre **Sveti Jure**, le troisième plus haut sommet du pays avec ses 1 762 m. Pour les randonneurs moins aguerris, une

Biokovo Skywalk

route (la plus haute du pays) serpente sur 23 km jusqu'au sommet, où vous trouverez une antenne TV et une petite chapelle. En tout cas, prévoyez beaucoup d'eau, de la crème solaire, un chapeau et des vêtements imperméables – la météo est très changeante en montagne. Diverses agences proposent des randonnées guidées et des services de transport.

Si vous n'avez pas le vertige, rendez-vous au **Biokovo Skywalk**, une passerelle vitrée en arc de cercle qui s'avance, jusqu'à 11 m de la falaise, au-dessus du vide (ouverte toute la journée entre avril et octobre, fermée en cas d'intempéries). Vous aurez alors une vue plongeante sur la côte. Si le ciel est dégagé, on aperçoit même l'Italie à l'horizon. La passerelle est située juste à côté du centre d'information, à 13 km de l'entrée du parc (comptez une demi-heure de route).

VISITE DU PARC NATUREL DE BIOKOVO

Pour rejoindre le parc naturel de Biokovo, prenez la route en direction de Vrgorac depuis Makarska sur 6 km. Le parc est accessible à pied, en voiture ou en scooter.

Si vous venez en voiture, sachez que seuls 20 véhicules sont autorisés à entrer dans le parc toutes les heures, car la route est très sinueuse, avec des virages parfois difficiles à négocier.

Les tickets doivent être réservés en ligne sur le site Internet du parc (pp-biokovo.hr/en). Le tarif dépend du type de véhicule. Les cyclistes paient moins cher.

Vous pouvez également réserver des circuits organisés auprès d'agences à Makarska. Le parc est fermé de novembre à mars.

Scannez le QR code pour réserver vos billets pour le parc naturel de Biokovo.

OÙ SE LOGER À MAKARSKA

Dalmacija Placeshotel by Valamar
Tout près du front de mer. Piscine, spa, et chambres avec vue sur la mer. **€€€**

Aminess Khalani Beach Hotel
Hôtel de charme sur la plage, piscine intérieure et extérieure, spa. **€€€**

Hotel Maritimo
Hôtel en bord de mer : balcons avec vue et petit déjeuner sur la plage. **€€**

JADRANSKA MAGISTRALA – L'AUTOROUTE DU LITTORAL

Achevée en 1965, la *Jadranska Magistrala* était le plus grand projet d'infrastructure jamais porté par la Yougoslavie. L'autoroute longe la côte Adriatique sur plus de 818 km, de Rijeka, au nord, jusqu'à la frontière albanaise au sud, en passant par la Bosnie-Herzégovine et le Monténégro. En reliant ces régions du littoral, elle a transformé la vie des villes côtières tout en stimulant l'économie et le tourisme locaux.

Le littoral de Brela

Le plus long front de mer de Dalmatie

Les 6 km de plages de galets blancs de Brela et leurs eaux limpides apparaissent régulièrement dans les listes des plus belles plages d'Europe. Les pins d'Alep qui jalonnent le front de mer forment une très belle canopée sur la promenade face à l'île de Brač, tandis que le massif de Biokovo se dresse en arrière-plan.

En longeant la côte vers le nord, vous trouverez de nombreuses criques et des plages de galets pour vous baigner. Elles sont généralement assez longues mais plutôt étroites, donc rapidement bondées en haute saison. N'essayez pas de réserver votre emplacement la veille au soir, les panneaux sont clairs : tous les objets ou serviettes laissés sur place seront retirés dans la nuit.

Poursuivez en direction de **Punta Rata**, sublime étendue de galets ombragée de pins, où la côte amorce une courbe vers la droite. Vous remarquerez certainement un petit îlot rocheux avec quelques pins enracinés. C'est la **pierre de Brela**, l'emblème de ce petit village du littoral.

Si vous partez en direction du sud, il faut compter une petite demi-heure de marche pour rejoindre le village voisin de **Baška Voda** en longeant le front de mer et ses villas élégantes. Vous pourrez ensuite vous détendre sur un transat et siroter un cocktail sur la plage face au coucher du soleil.

LUKAS ZIMILENA/STOCK ADOBE ©

Pierre de Brela

OÙ SE RESTAURER À MAKARSKA

Konoba Kalalarga
Taverne traditionnelle avec terrasse. Cuisine dalmate. **€€**

Restoran Bura
Restaurant abordable face au port, plats du jour, produits de la mer. **€€**

Jež
Restaurant haut de gamme, décor élégant, spécialités de la mer. **€€**

Carnet d'adresses

SPLIT

Bains thermaux (Sumporne Toplice)
Voir p. 225 (Sumporne Toplice ; 021-390 444 ; angle Marmontova et Neretvanska ; 8h-20h lun-ven, 9h-13h sam)

Cathédrale Saint-Domnius
Voir p. 227 (Katedrala sv Duje ; carte p. 254 ; 021 345 602 ; Peristil bb ; 5 €, crypte 3 €, trésor 5 €, beffroi 7 €, billets combinés 9-15 € ; lun-sam 8h-20h juin-oct, 9h-17h nov-mai, 12h-18h dim)

Châtelet Crikvine – Musée Meštrović
Voir p. 231 (Meštrovićeve Crikvine-Kaštilac ; 021-340 800 ; mestrovic.hr ; Šetalište Ivana Meštrovića 39 ; tarif plein/réduit 12/8 €, gratuit avec galerie Meštrović ; 9h-21h mai-oct, sur rdv nov-avr)

Cimetière juif
Voir p. 231 (021-345 672 ; Kolombatovićevo šetalište 1 ; entrée libre ; 24h/24 ou sur demande)

Église Notre-Dame de la Santé
Voir p. 228 (Gospa od zdravlja ; carte p. 254 ; 021-344 988 ; gospa-od-zdravlja.com ; Trg Gaje Bulata 3 ; 7h-12h et 17h-20h)

Forteresse de Klis
Voir p. 230 (Tvrđava Klis ; 095 384 11 19 ; www.tvrdavaklis.com ; Trg Mejdan 10, Klis ; tarif plein/réduit 10/3 € ; 9h-17h tlj)

Galerie Meštrović
Voir p. 231 (Galerija Meštrović ; 021-340 800 ; mestrovic.hr ; Šetalište Ivana Meštrovića 46 ; tarif plein/réduit 12/8 € ; 9h-19h mar-dim mai-oct, 9h-17h mar-dim nov-avr)

Hôtel de ville
Voir p. 225 (Stara gradska vijećnica ; 021-310 168 ; sgv.split.hr ; Narodni Trg ; entrée libre ; 10h-14h et 17h-20h lun-ven, 10h-14h sam-dim)

Librairie Morpurgo
Voir p. 225 (Knjižara Morpurgo ; 021-346 843 ; Narodni Trg)

Palais Cambi
Voir p. 225 (Palača Cambi ; Bosanska 3-1)

Palais de Dioclétien
Voir p. 226 (Dioklecijanova palača ; entrée libre)

Palais Milesi
Voir p. 225 (Palača Milesi ; 021-348 599 ; www.info.hazu.hr/en/jedinice/zavod-za-znanstveni-i-umjetnicki-rad-u-splitu ; Trg Braće Radić 7)

Porte de Bronze
Voir p. 227 (Brončana Vrata ; carte p. 254 ; Obala hrvatskog narodnog preporoda bb)

Porte d'Or
Voir p. 226 (Zlatna Vrata ; Dioklecijanova bb)

Salles souterraines du palais
Voir p. 227 (Supstrukcije Dioklecijanove Palače ; carte p. 254 ; 021 360 171 ; www.mgs.hr ; Obala hrvatskog narodnog preporoda bb ; tarif plein/réduit 8/6 € ; 8h30-20h avr-oct, 9h-17h nov-mars)

Temple de Jupiter (baptistère)
Voir p. 227 (Jupiterov hram ; carte p. 254 ; 021 345 602 ; Kraj Svetog Ivana 2 ; 3 €, billets combinés 9-15 € ; lun-sam 8h-20h juin-oct, 9h-17h nov-mai, 12h-18h dim)

Théâtre national croate
Voir p. 228 (Hrvatsko Narodno Kazalište ; 021-344 999 ; www.hnk-split.hr ; Trg Gaje Bulata 1 ; billeterie à partir de 9h lun-ven, 9h-12 et 1 heure 30 avant le spectacle sam, 1 heure 30 avant le spectacle dim)

Tour vénitienne
Voir p. 225 (Mletački Kaštel ; Trg Braće Radić 6 ; 24h/24)

Divota Apartment Hotel
Voir p. 228 (021-782 700 ; divota.hr ; Plinarska 75 ;)

Heritage Hotel 19
Voir p. 228 (021-720 027 ; www.heritagehotel19.com ; Solurat 12 ;)

Hotel Luxe
Voir p. 228 (021-314 444 ; www.hotelluxesplit.com ; Kralja Zvonimira 6 ; P)

Bistro Ćiba
Voir p. 228 (099 427 03 33 ; www.facebook.com/Bistrociba ; Pojišanska 34 ; 11h-23h lun-ven, 12h-23h sam, horaires réduits hiver)

Bistro Ka' Doma
Voir p. 228 (021-787 572 ; www.facebook.com/bistrokadoma ; Ivana Gundulića 26 ; 8h-18h lun-ven, 9h-18h sam)

Villa Spiza
Voir p. 228 (091 15 21 249 ; www.facebook.com/Villa-Spiza-547253971961785/ ; Kružićeva 3 ; 12h-15h30 lun, 13h-22h30 mar-sam)

Lvxor
Voir p. 226 (021-341 082 ; lvxor.hr ; Kraj Sv. Ivana 11 ; 8h-minuit ;)

Teraca Vidilica
Voir p. 231 (☎099 788 84 82 ; @teraca_vidilica; Vladimira Nazora 1 ; ⏲8h-minuit juin-sept, 8h-22h avr-mai et sept-nov, 8h-16/17h déc-mars ; 📶)

Pazar (marché)
Voir p. 228 (Glavna tržnica – Stari Pazar ; ☎021-461 047 ; trznicesplit.com/portfolio/glavna-trznica-stari-pazar ; Stari Pazar 10 ; ⏲tôt-tard tlj)

ENVIRONS DE SPLIT

Cathédrale Saint-Laurent
Voir p. 232 (Katedrala Svetog Lovre ; ☎021-881 426 ; Trg Ivana Pavla II ; 5 € ; ⏲8h-20h lun-sam juil-août, 8h-19h lun-ven juin et sept, 8h-18h lun-ven mi-mars à mai et oct, 8h-16h30 lun-ven déb nov, 8h-12h lun-ven mi-nov à mi-mars, 12h-18h dim mi-mars à mi-nov, sur rdv les autres jours)

Château de Kamerlengo
Voir p. 234 (Kaštel Kamerlengo ; ☎021-881 543 ; kula-kamerlengo-trogir.business.site ; Hrvatskog proljeća 1971 bb ; tarif plein/réduit 5/2,50 € ; ⏲9h-22h juin-sept)

Église et monastère Saint-Domnius
Voir p. 234 (Crkva i Samostan Sv Dominik ; ☎021-881 960 ; www.dominikanci.hr/samostani/hrvatska/trogir ; Obala bana Berislavića 17 ; 2 € ; ⏲9h-17h)

Église Saint-Michel
Voir p. 234 (Župna crkva sv Mihovila ; Trg Sv Mihovila, Omiš ; ⏲horaires variables)

Église Saint-Sébastien
Voir p. 233 (Crkva Sv Sebastijana ; Trg Ivana Pavla II)

Forteresse de Mirabela
Voir p. 235 (Tvrđava Mirabela ; ☎021-757 365 ; omis.hr/gradska-uprava/vlastiti-pogon/tvrdava-mirabela ; Vangrad 1, Omiš ; 5 € juin-août, 3 € sept-mai ; ⏲9h-22h mi-mai à mi-sept, sur rdv reste de l'année)

Maison dans le centre de Trogir (p. 232)

Hôtel de ville
Voir p. 233 (Gradska vijećnica ; ☎021-885 628 ; Trg Ivana Pavla II 1 ; entrée libre ; ⏲7h-19h lun-ven)

Kaštel Vitturi
Voir p. 236 (Muzej grada Kaštela ; ☎021-260 245 ; www.muzej-grada-kastela.hr ; Lušiško Brce 1, Kaštel Lukšić ; tarif plein/réduit 3/1,50 € ; ⏲9h-20h lun-sam, 9h-13h dim juin-sept, 9h-16h lun, mer et ven, 9h-19h mar et jeu, 9h-13h sam oct-mai)

Monastère et église Saint-Nicolas
Voir p. 234 (Samostan svetog Nikole ; ☎021-881 631 ; benedicta.hr ; Gradska 2 ; tarif plein/réduit 5/2 € ; ⏲10h-12h et 16h-18h juin-sept, sur rdv le reste de l'année)

Musée de la ville de Trogir
Voir p. 233 (Muzej grada Trogira ; ☎021-881 406 ; muzej-grada-trogira.hr ; Gradska vrata 4 ; tarif plein/réduit 4/3 € ; ⏲10h-13h et 18h-21h tlj juil-août, 10h-13h et 17h-20h juin et sept, 10h-14h lun-ven oct-mai)

Musée de la ville d'Omiš
Voir p. 235 (Gradski muzej Omiš ; ☎021-861 847 ; gradskimuzejomis.hr ; Ante Starčevića 5, Omiš ; tarif plein/réduit 3/1,50 € ; ⏲8h-16h lun-ven, 18h-21h sam-dim mi-juin à mi-sept, sur rdv reste de l'année)

Palais de Ćipiko
Voir p. 236 (Kaštel Pavla Cipika ; ☎021-227 933 ; www.kastela-info.hr ; Brce 1, Kaštel Stari ; ne se visite pas)

Tour de Nehaj
Voir p. 236 (Kula Nehaj ; ☎021-227 933 ; Nehajski Put bb, Kaštel Štafilić)

Rafting Pirate
Voir p. 235 (☎091 901 90 11 ; rafting-pirate.com ; Rafting Pirate Meeting Point A, Omiš ; 40-100 € ; ⏲mai à mi-oct)

Via Crucis Underwater Museum
Voir p. 234 (☎099 660 02 69 ; viacrucis-underwatermuseum.com ; Put Cumbrijana 19, Trogir ; snorkeling/plongée à partir de 40/70 € ; ⏲juin-oct)

Zipline Croatia
Voir p. 235 (☎095 82 22 221 ; zipline-croatia.com ; Josipa Pupačića 4, Omiš ; descente 65 €)

Heritage Hotel Bifora
Voir p. 234 (☎021-778 482 ; www.biforahotel.com ; Lučica 11, Trogir ; ❄📶)

Heritage Hotel Tragos
Voir p. 234 (021-884 729 ; www.tragos.hr ; Budislavićeva 3, Trogir ; mars-déc ;)

XXII Century Heritage Hotel
Voir p. 234 (091 60292 99 ; heritagehoteltrogir.com ; Mornarska 23, Trogir ;)

Franka
Voir p. 235 (091 149 00 00 ; frankatrogir.com ; Šubićeva 30, Trogir ; 8h-minuit juin-août, 12h-minuit fin-avr à mai et sept-oct)

Il Ponte
Voir p. 235 (099 529 72 38 ; www.ilponte.com.hr ; Kardinala Alojza Stepinca 15a, Trogir ; 11h-minuit tlj)

Konoba TRS
Voir p. 235 (021-796 956 ; konoba-trs.com ; Matije Gupca 14, Trogir ; 11h-minuit tlj)

Festival d'été de Trogir
Voir p. 234 (Trogirsko ljeto ; 021-885 628 ; juil-août)

Atelier Uremović
Voir p. 234 (021-884 199, 091 738 74 88 ; atelier-uremovic.hr ; Ivana Dukovića 8, Trogir ; avr-oct)

Judita Peran
Voir p. 234 (@juditaperan_jewelry)

Mišel Trogir
Voir p. 234 (021-884 518 ; www.misel-trogir.com/about-us ; Gradska 22, Trogir)

Pâtisserie Đovani
Voir p. 234 (021-881 075 ; @djovanitrogir ; Gradska 15, Trogir ; 9h-17h mar-sam, 8h-17h dim)

Trogir Experience
Voir p. 234 (097 754 51 68 ; www.trogirexperience.com ; Budislavićeva 14, Trogir ; 9h-22h30 tlj juil-sept, 10h-18h mar-sam basse-saison, fermé jan à mi-mars)

Vilim Halbärth
Voir p. 234 (091 111 34 56 ; vilimhalbarth.com ; Cumbrijana 10, Trogir)

ÎLE DE ŠOLTA

Discover Šolta
Voir p. 237 (098 983 61 60 ; www.discoversolta.com ; Grohota 16, Gornje Selo ; vélo 1/2/3/4 jours 24/40/34/56 €, e-bike 3/5/10 heures 40/50/60 € ; 9h-19h)

Kaštelanac
Voir p. 238 (099 216 60 08 ; www.agroturizamkastelanac.com ; Duga gomila 7, Gornje Selo ; visite et dégustation 20-30 €/pers ; 8h-20h tlj juin-oct et sur rdv, dégustations mai-nov sur rdv)

Marinac Winery
Voir p. 238 (091 600 69 59 ; marinacwinery.com ; Crikve 19, Srednje Selo ; visite et dégustation 20-30 €/pers ; 10h-16h tlj sauf dim, dégustation sur rdv)

Olynthia Natura
Voir p. 238 (098 983 61 60 ; www.olynthia.com ; Grohota 16, Gornje Selo ; visite et dégustation 20-40 €/pers ou 120-170 €/pers ; avr-sept)

Tvrdić Honey
Voir p. 238 (091 543 77 86 ; www.tvrdichoney.com ; Krajna 68, Grohote ; visite à partir de 28 €/pers ; avr à mi-oct, visites tte l'année)

Martinis Marchi
Voir p. 238 (021-572 768, restaurant 021-718 838 ; www.martinis-marchi.com ; Sv Nikole 51, Maslinica ; avr-sept, resaturant sur rdv ;)

Pasarela
Voir p. 238 (021 654 505, 091 549 49 86 ; www.facebook.com/restoranpizzeria.pasarela.5 ; Sv Tereze 29a, Rogač, Stomorska ; 10h-minuit tlj sauf mar mai à mi-oct)

Šampjer
Voir p. 238 (021-659 107 ; www.restoran-maslinica-sampjer.hr ; Burnji Gaj 18, Maslinica ; 15h-minuit)

ÎLE DE BRAČ

École de tailleurs de pierre
Voir p. 243 (Klesarska Škola Pučišća ; 021-633 114 ; klesarskaskola.hr ; Trifuna Bokanića 4, Pučišća)

Église de l'Annonciation
Voir p. 241 (Crkva Navještenja Marijina ; Riva bb, Milna ; horaires variables)

Église Notre-Dame-du-Carmel
Voir p. 239 (Župna crkva Gospe od Karmela ; Uz pjacu bb ; horaires variables)

Ermitage de Blaca
Voir p. 242 (Pustinje Blaca ; 091 51 64 671 ; czk-brac.hr/index.php/radno-vrijeme ; tarif plein/réduit/-14 ans 7/5/2 €, visite guidée 26 € ; 9h-17h mar-dim mi-juin à mi-sept, jusqu'à 15h mi-sept à mi-juin)

Mausolée de la famille Petrinović
Voir p. 241 (Groblje Supetar ; Banj bb)

Monastère dominicain
Voir p. 239 (Dominikanski samostan ; 021-642 029 ; Šetalište Anđelka Rabadana 4 ; horaires variables)

Musée de l'Huile d'olive
Voir p. 243 (Muzej uja ; 095 811 46 43 ; www.muzejuja.com ; Ploča 5, Škrip ; visite et dégustation tarif plein/7-14 ans 6-25/3-13 € ; 10h-18h tlj Pâques-oct)

Musée de l'île de Brač
Voir p. 243 (Muzej otoka Brača ; 091 63 70 920 ; Pjaca 15, Škrip ; tarif plein/réduit/-14 ans 4/3/2 € ; 9h-19h lun-sam, 10h-13h et 15h-19h dim)

Hotel Lemongarden
Voir p. 242 (021-660 062 ; www.lemongardenhotel.com ; Perića

Kala 1, Sutivan ; avr-oct)

Hotel Lipa
Voir p. 242 (021-599 430 ; sites.google.com/view/lipa-hotel-postira ; Porat 1, Postira ;)

Hotel Osam
Voir p. 241 (021-552 333 ; www.hotel-osam.com ; Vlačica 3, Supetar ;)

Olife Hotel
Voir p. 241 (099 211 56 66 ; olife.hr/hotel ; Racic 1, Milna ; avr-nov)

Villa Giardino Heritage Boutique Hotel
Voir p. 241 (021-635 900 ; www.villagiardinobol.com ; Novi put 2, Bol ;)

Waterman Svpetrvs Resort
Voir p. 242 (021-631 133 ; watermanresorts.com ; Vele Luke 4, Supetar ;)

Agroturizam Kaštil Gospodnetić
Voir p. 242 (091 799 71 82 ; konobadol.com ; Dol 13 ; 14h-22h lun-sam et 17h-22h dim juin-sept, sur rdv mai et oct)

Apinelo
Voir p. 242 (021-717 010 ; @ apinelosupetar ; Perića Kala 6, Supetar ; 12h-22h)

BioMania
Voir p. 242 (091 936 22 76 ; biomania.hr ; Rudina 10, Bol ; 10h-21h)

Konoba Kopačina
Voir p. 242 (021-647 707 ; www.facebook.com/kopacinakonoba ; Donji Humac 7, Donji Humac ; 10h-minuit juin-oct ;)

Mali Raj
Voir p. 242 (099 426 61 62 ; maliraj-bol.com ; Zlatnog Rata 56, Bol ; 13h-23h, fermé mi-oct à mi-mai)

ÎLE DE HVAR

Arsenal
Voir p. 246 (091 727 12 10 ; hvar1612.hr ; Trg Sv Stjepana ; 10 € ; 9h-20h avr-oct)

Cathédrale Saint-Étienne
Voir p. 244 (Katedrala svetog Stjepana ; 021-742 160, 091 157 05 57, 091 534 36 48 ; Trg Sv Stjepana bb ; 2 € ; 9h-12h30 et 16h30-19h mai-oct, sur rdv reste de l'année)

Chapelle de Notre-Dame
Voir p. 248 (Kapela Gospojica ; 021-765 763 ; Stari Grad ; 24h/24)

Fortica
Voir p. 246 (Tvrđava Španjola ; 021-718 336 ; Biskupa Jurja Dubokovica bb ; tarif plein/réduit 10/6 € ; 9h-21h avr-oct)

Marché
Voir p. 246 (Dolac 2, Hvar ; 6h-21h)

Monastère dominicain de Saint-Pierre de Vérone
Voir p. 250 (Dominikanski samostan sv Petra Mučenika ; 021-765 442 ; www.dsspm.hr ; Kod Sv Petra 3 ; 4 € ; 9h30-12h30 et 16h-18h30 mai-oct)

Tvrdalj
Voir p. 250 (021-765 068, 092 225 23 91 ; Trg Tvrdalj Petra Hektorovića 11 ; 4 € ; 10h-13h et 17h-21h mai-oct, sur rdv reste de l'année)

Duboković
Voir p. 250 (091 441 01 10 ; www.facebook.com/dubokovicwines ; Jelsa 301 ; visite et dégustation 25 €/pers ; tte l'année)

Pavičić
Voir p. 250 (091 244 56 81 ; www.facebook.com/pavicic.vina ; dégustation cinq vins 25 €/pers ; Vrbanj 169)

Secret Hvar
Voir p. 250 (095 805 90 75 ; www.secrethvar.com ; Trg Sv. Stjepana 4a, Hvar ; visite et dégustation 2 vignobles 150-250 €/pers ; 17h tte l'année)

Zlatan Otok
Voir p. 250 (021-745 709, 091 31 00 22 ; zlatanotok.hr ; Stjepana Radića 3, Sv Nedjelja ; juin-sept)

Hotel Antica
Voir p. 245 (021-349 923 ; www.hotel-antica.com ; Trajektno pristanište 3, Stari Grad ;)

Palace Elisabeth Hotel
Voir p. 245 (021-750 400 ; www.suncanihvar.com/palace-elisabeth-hvar-heritage-hotel.html ; Trg Sv. Stjepana 5, Hvar ;)

White Rabbit Hostel
Voir p. 245 (021-717 365 ; @ whiterabbithostelhvar ; Stjepana Papafave 6, Hvar ;)

OPG Dionis
Voir p. 248 (091 750 00 72 ; www.facebook.com/DionisHvar ; Godpojice 44, Stari Grad ; 17h-minuit tlj mai-oct)

Falko
Voir p. 246 (www.facebook.com/falkohvar ; Šetalište Tonija Petrića 22 ; 10h-20h mi-mai à mi-sept ;)

Hula-Hula Hvar
Voir p. 246 (095 91 11 871 ; www.hulahulahvar.com ; Šetalište Antuna Tomislava Petrića 10 ; 9h-23h avr-oct)

Laganini
Voir p. 246 (091 174 49 76 ; laganinihvar.com ; Palmižana 33, Hvar ; 11h-22h tlj mi-mai à sept, sur rdv)

Carpe Diem
Voir p. 246 (099 446 84 68 ; beach.cdhvar.com ; Stipanska, Marinkovac ; 11h-22h et 0h30-5h fin-mai à mi-sept)

Hvar Beach Club
Voir p. 246 (091 474 15 55 ; www.beachhvar.com ; Šetalište Tonija Petrića 3, Hvar ; à partir de 50 €/pers ; mi-mai à sept)

ÎLE DE VIS

Base des missiles
Voir p. 254 (Raketna baza Stupišće ; Podhumlje, Vis)

Église Saint-Jérôme
Voir p. 251 (Crk va Sv Jeronim ; 021-711 437 ; Šetalište Apolonija Zanelle 2, Vis)

Forteresse de Komiza et Musée de la pêche
Voir p. 253 (Ribarski muzej ; 021-713 019 ; Riva sv. Mikule 4, Komiža ; 10h-12h et 19h-22h)

Grotte Bleue
Voir p. 254 (Modra špilja ; 021-713 644 ; www.tz-vis.hr/stranice/blue-cave/150/en.html, bluecave-bisevo.com ; Biševo ; tarif plein/réduit mai-juin et sept-oct 10/5 €, juil-août 15/7 € ; mai-juin)

Grotte Verte
Voir p. 254 (Zelena špilja ; www.tz-vis.hr/stranice/green-cave/151/en.html ; Ravnik ; tarif plein/réduit juil-août 12/6 €, mars-juin et sept-oct 8/4 €)

Hrvatski Dom
Voir p. 251 (Hrvatski Dom ; 021-711 805 ; Sv. Jurja 25, Vis)

Musée archéologique
Voir p. 253 (Arheološki muzej Vis ; 021-711 729 ; Šetalište viški boj 12, Kut ; 4/2 € ; 10h-13h et 17h-20h lun-sam juin-oct, sur rdv reste de l'année)

Tour Perasti
Voir p. 251 (021-717 017 ; Sv. Jurja 38, Vis)

Tunnel sous-marin de Jastog
Voir p. 253 (Vojni potkop Jastog ; Uvala Parja, Vis)

Vela Glava
Voir p. 254 (centre de commandement et abri antiatomique ; Rt.Stupišće, Komiža)

Lipanović Winery
Voir p. 253 (091 547 27 66 ; lipanovic.com/en ; Bana Jelačića 58a, Vis ; visite et dégustation 22-125 €/pers ; dégustation tlj avr-nov sur rdv)

Hotel San Giorgio
Voir p. 253 (021-607 630 ; hotelsangiorgiovis.com ; Petra Hektorovića 2, Kut ; mai-nov ;)

Villa Nonna
Voir p. 253 (098 380 046 ; www.villa-nonna.com ; Ribarska 50 ;)

Villa Vis
Voir p. 253 (098 94 87 490 ; www.villaviscroatia.com ; Jakšina 11, Kut ; mai-oct ;)

Fabrika
Voir p. 254 (021-713 155 ; www.fabrikavis.hr ; Riva 12, Komiža ; 8h-23h tlj été)

Konoba Gušti Poja
Voir p. 254 (091 897 61 99 ; www.facebook.com/gustipoja ; Podšpilje 4, Podspilje ; 10h-18h lun-ven, 13h-21h sam-dim)

Lola
Voir p. 254 (095 56 33 247 ; www.lolavis.com ; Matije Gupca 12, Luka ; 18h-minuit mai-oct)

Concept Vis
Voir p. 251 (092 189 19 41 ; @visconcept; Sv. Jurja 5, Vis ; 9h-22h tlj mi-avr à mi-oct)

RIVIERA DE MAKARSKA

Jardin botanique de Kotišina
Voir p. 256 (Botanički vrt Kotišina ; entrée libre)

Parc forestier d'Osejava
Voir p. 255 (021-612 002 ; Makarska ; entrée libre ; 24h/24)

Parc naturel de Biokovo
Voir p. 256 (Park Prirode Biokovo ; 021-616 924 ; pp-biokovo.hr ; 8 € ; 7h-19h avr et sept, 6h-20h mai-août, 8h-18h oct, fermé nov-mars)

Veliki Kaštel
Voir p. 256 (098 137 37 52 ; www.kotisina-makarska.com/en/veliki-kastel-interpretation-center ; Kotišina ; tarif plein/réduit/famille 6/4/10 € ; 8h-14h et 15h-20h tlj sauf dim mai-oct)

Biokovo Skywalk
Voir p. 257 (pp-biokovo.hr/en/skywalk-biokovo ; 7h-19h avr et sept, 6h-20h mai-août, 8h-18h oct, fermé nov-mars et par mauvais temps)

Aminess Khalani Beach Hotel
Voir p. 257 (052-858 600 ; www.aminess.com/en/aminess-khalani-hotel ; Ivana Gorana Kovačića 14, Makarska ; fin-mars à déb nov ; P)

Dalmacija Places hotel
Voir p. 257 (021-510 500, réservations 052-465 000 ; www.valamar.com/en/hotels-makarska/dalmacija-places-hotel ; Kralja Petra Krešimira IV br 41, Makarska ; mai à mi-oct ; P)

Hotel Maritimo
Voir p. 257 (021-679 041 ; www.hotel-maritimo.hr ; Cvitačke 2a, Makarska ; P)

Jež
Voir p. 258 (021-611 741 ; www.facebook.com/JezRestaurant ; Kralja Petra Krešimira IV 90, Makarska ; 12h-minuit tlj)

Konoba Kalalarga
Voir p. 258 (098 990 29 08 ; www.facebook.com/konobakalalarga ; Kalalarga 40, Makarska ; 12h-minuit mar-dim ;)

Restoran Bura
Voir p. 258 (021-612 010 ; www.facebook.com/restaurantburamakarska ; Kralja Tomislava 23, Makarska ; 11h-22h tlj)

Dubrovnik et la Dalmatie du Sud

LA PERLE DE L'ADRIATIQUE SE LOVE DANS UNE RÉGION ENCHANTERESSE

Soyez prêt à l'émerveillement ! La rencontre avec la ville de Dubrovnik et son cadre exceptionnel sera le point culminant de votre voyage en Croatie.

L'époustouflant comitat de Dubrovnik-Neretva est une bande de terre à l'extrême sud-est de la Croatie, coincée entre la mer Adriatique à l'ouest et la Bosnie-Herzégovine et le Monténégro à l'ouest.

TRABANTOS/SHUTTERSTOCK ©

Dubrovnik, capitale régionale, est le point culminant de tout voyage en Croatie. Entourée d'épaisses murailles dont les pieds plongent dans une mer céruléenne, elle représente la quintessence de la Méditerranée médiévale. Dans la ville fortifiée la mieux préservée d'Europe, les rues pavées de marbre sont flanquées d'églises baroques monumentales et de palais gothiques qui laissent bouche bée.

Devenue, au XVe siècle, une puissance respectée et rompue à la diplomatie, l'ancienne république de Raguse (qui a fixé les frontières de l'actuel comitat) se tourna vers le commerce maritime et fonda sa propre flotte. Des siècles de paix et de prospérité permirent ainsi l'épanouissement des arts, des sciences et de la littérature. Aujourd'hui, la ville la plus chic du pays conserve encore une ambiance de cité-État.

Si vous vous sentez submergé par le flot de touristes, un court trajet en bateau ou en bus vous conduira vers une destination plus reposante. Aventurez-vous dans la région, avec ses vignobles, ses oliveraies, ses fermes ostréicoles et ses marais salants. Laissez-vous séduire par son raffinement, qui s'incarne parfaitement dans la grande muraille de Ston (la plus grande d'Europe), l'arboretum de Trsteno, les *palazzi* de la Riviera Dubrovačka, l'esprit créatif de Cavtat ainsi que les villages et forteresses de la vallée de Konavle.

Que vous soyez féru d'histoire, de gastronomie ou de bronzette (les plages sont sublimes), la Dalmatie du Sud saura vous émerveiller à chaque visite.

SITES PRINCIPAUX

DUBROVNIK
La "Perle de l'Adriatique".
p. 270

ÎLES ÉLAPHITES
Un archipel paradisiaque à l'écart des foules.
p. 285

CAVTAT
Belle promenade en front de mer et criques pour plonger.
p. 288

MIROSLAV POSAVEC/SHUTTERSTOCK ©

Vieille ville de Dubrovnik (p. 270). Page de gauche : lac d'eau salée, Lokrum (p. 275)

VALLÉE DE KONAVLE
Collines verdoyantes et villages ravissants.
p. 290

ÎLE DE KORČULA
Vignobles d'exception et plages de rêve.
p. 293

ÎLE DE MLJET
L'une des îles les plus séduisantes de l'Adriatique.
p. 298

S'orienter

Des routes côtières sinueuses offrant des panoramas époustouflants relient les villages, les bourgs et la capitale de la Dalmatie du Sud, mince bande de terre coincée entre la mer et les montagnes de Bosnie-Herzégovine.

Île de Korčula, p. 293
Sans doute la plus paradisiaque des îles de Croatie. Vin, plages et douceur de vivre : bienvenue à Korčula !

Île de Mljet, p. 298
Un parc national verdoyant, des ruines romaines isolées et une atmosphère paisible ne sont que quelques-uns des atouts de Mljet.

FERRY
De nombreux ferries relient Dubrovnik aux villes et îles voisines depuis le terminal situé à Gruž. Krilo et Jadrolinija desservent la grande île de Mljet avant de rejoindre Korčula et Split, tandis que des bateaux plus petits rallient Cavtat, Lokrum et les îles Élaphites au départ du vieux port.

BUS
Des bus publics sillonnent la côte autour de Dubrovnik ; comptez une heure pour Ston, au nord, et 30 minutes pour Cavtat au sud ; le bus est idéal si vous avez prévu des dégustations de vin.

VOITURE ET SCOOTER
Louer une voiture peut sembler le plus commode, mais il est très difficile de se garer à Dubrovnik – il est moins cher et plus pratique de louer un scooter ou d'utiliser ceux, électriques, de Mynt, une appli locale (rentmynt.com).

Dubrovnik, p. 270

Architecture saisissante, plages magiques, festins de fruits de mer et sorties en kayak – il y a tant à voir, faire et apprendre dans cette ville inoubliable.

Vallée de Konavle, p. 290

Des collines, des panoramas et des petits villages riches en histoire et en culture.

Îles Élaphites, p. 285

Des eaux d'un bleu limpide baignent les côtes de cet archipel rural au large de Dubrovnik.

Cavtat, p. 288

Charmante ville balnéaire du XIXe siècle, construite sur les vestiges de la plus ancienne cité de la région.

EN HAUT À DROITE : MARY HITSELBERGER/SHUTTERSTOCK ©, EN BAS À DROITE : ANGELA N PERRYMAN/SHUTTERSTOCK ©

Planifier son séjour

S'il est tentant de faire un grand tour de la Croatie, notez que Dubrovnik et la Dalmatie du Sud sont assez isolées du reste du pays. Il vous faudra franchir le pont de Pelješac ou prendre un ferry en haute saison.

CHAIYUN DAMKAEW/SHUTTERSTOCK ©

Huîtres

Virée express en ville

- Si vous avez peu de temps, privilégiez **Dubrovnik** (p. 270). Filez vers la splendide **vieille ville** (p. 270) pour visiter ses forteresses, ses monastères, ses églises, ses palais, ses musées, sa synagogue, et bien évidemment ses incroyables **remparts** (p. 280). Allez-y en fin de journée, lorsque la ville se pare d'une magnifique lumière dorée.

- Passez une demi-journée sur l'**île de Lokrum** (p. 275) pour profiter de son superbe monastère, de ses jardins et de ses plages, et gardez un après-midi au moins pour lézarder sur les magnifiques plages avoisinant la vieille ville, comme celles de **Banje** et de **Sveti Jakov** (p. 273).

- Terminez par une virée dans le quartier de **Gruž** (p. 278) pour savourer une bière artisanale à la Dubrovnik Beer Company.

Au fil des saisons

Dubrovnik est littéralement envahie de touristes en été. Ne renoncez pas pour autant à vous y rendre, mais lisez nos conseils de survie (p. 272). La ville est magnifique au printemps et à l'automne.

FÉVRIER

Le 3 février, Dubrovnik célèbre la **Saint-Blaise** en grande pompe, un spectacle à ne pas manquer. La fête coïncide généralement avec le **carnaval**.

AVRIL

La Croatie est très catholique, et **Pâques** y est partout synonyme de fête ; Dubrovnik se distingue par son immense procession du Vendredi saint.

MAI

C'est le meilleur moment pour visiter Dubrovnik si vous n'aimez pas la foule et qu'une mer un peu fraîche ne vous fait pas peur.

DEDO LUKA/SHUTTERSTOCK ©, TMP - AN INSTANT OF TIME/SHUTTERSTOCK ©, LAZYLLAMA/SHUTTERSTOCK ©

Si vous avez une semaine

- Après avoir flâné quelques jours à **Dubrovnik** (p. 270), partez à la découverte des joyaux de l'ancienne république de Raguse. Passez une journée à **Ston** (p. 282) pour arpenter les plus longs remparts d'Europe et savourer des huîtres pêchées dans la lagune.

- En revenant vers Dubrovnik, visitez l'**arboretum de Trsteno** (p. 284), immense et paisible parc offrant une vue imprenable sur les **îles Élaphites** (p. 285). Une excursion d'une journée sur ces îles restera gravée à jamais dans vos souvenirs.

- Pour finir, passez un ou deux jours à **Korčula** (p. 293) à la découverte des vignobles et des plages de cette île au charme unique.

Si vous pouvez prendre votre temps

- Séjourner un mois à **Dubrovnik** (p. 270) hors saison coûte moins cher qu'on ne pourrait l'imaginer. S'imprégner de l'histoire, de la gastronomie et de la vie nocturne y est plus facile que jamais. Les événements destinés aux travailleurs nomades ne manquent pas.

- Si c'est plutôt la vie insulaire qui vous parle, les locations mensuelles d'appartements à **Korčula** (p. 293) sont très intéressantes pendant les saisons intermédiaires. Il est possible de trouver de très bons plans de location longue durée en été pour s'imprégner de la *fjaka* dalmate – l'état d'esprit détendu de la région.

- Où que vous posiez vos valises, passez du temps sur l'**île de Mljet** (p. 298) et dans la **péninsule de Pelješac** (p. 283).

JUILLET

Il y a foule, et le **Festival d'été de Dubrovnik** est synonyme de concerts et de spectacles de classe mondiale.

SEPTEMBRE

Comme en mai, ce mois est idéal pour découvrir la vieille ville. La mer est encore chaude, et il y a plus de place sur les plages.

OCTOBRE

C'est la basse saison, les journées sont douces et ensoleillées, et il y a souvent d'excellents festivals gastronomiques.

DÉCEMBRE

Le **marché de Noël** de Dubrovnik se distingue par son atmosphère magique, et toute la ville s'illumine en prévision des fêtes.

Dubrovnik

HISTOIRE MÉDIÉVALE | PLAGES | VINS FINS

Pour les infos pratiques, voir le Carnet d'adresses p. 300

À SAVOIR

Privilégiez un séjour en saison intermédiaire – mai ou fin septembre/octobre – pour échapper à la foule et trouver une place sur la plage ou une table au restaurant. En juin, juillet et août, réservez bien à l'avance pour les restaurants, les hôtels et les excursions à la journée.

COMMENT S'Y RENDRE ET CIRCULER

Des navettes relient régulièrement l'aéroport au centre-ville. Si vous arrivez par le ferry au port de Gruž, des bus locaux (1A, 1, 3) desservent la vieille ville. Depuis la celle-ci, sept lignes de bus desservent Gruž et Lapad. Pour plus de lignes, consultez www.libertasdubrovnik.hr/en.

La ville possède un système de location de scooters électriques en libre-service (Mynt).

Qu'on la visite pour la première ou la centième fois, Dubrovnik émerveille toujours le voyageur. De fait, il semble difficile de pouvoir se lasser de ses ruelles pavées de marbre, de ses édifices baroques, de la lumière et des couleurs de l'Adriatique. Une promenade le long des remparts qui ont protégé durant des siècles la capitale de cette ancienne république raffinée ne peut laisser indifférent.

Les bombardements sur Dubrovnik, en 1991, ont provoqué de très lourds dommages à la "Perle de l'Adriatique". Depuis, la ville a su effacer les traces de ces destructions pour enchanter à nouveau les visiteurs.

Empruntez le téléphérique jusqu'au sommet du mont Srđ ; appréciez l'ambiance méditerranéenne et la manière dont la lumière joue sur la pierre ; découvrez les musées qui retracent l'essor et la chute de Dubrovnik ; puis plongez dans la mer azur.

Trésors de la vieille ville

Une beauté sans pareille

Avec plus de 1 000 ans d'histoire à absorber, la vieille ville de Dubrovnik peut vite étourdir, surtout un jour d'été en pleine saison. La foule, la chaleur et les prix exorbitants pratiqués sur le **Stradun** – l'artère principale reliant la porte Pile au vieux port – peuvent décourager les visiteurs les plus aguerris. Mais ne vous laissez pas abattre. Cette ville classée au Patrimoine mondial de l'Unesco et recelant des merveilles d'architecture est un joyau qu'un peu d'organisation permet de visiter.

Ancien siège du gouvernement de la république de Raguse, le **palais du Recteur** est l'un des bâtiments les plus impressionnants de la vieille ville. Édifié à la fin du XVe siècle pour le recteur, élu, qui gouvernait Dubrovnik, ce palais à la fois gothique et Renaissance abrite son bureau, ses appartements privés, des salles publiques, des bureaux et un cachot. Pendant son mandat d'un mois, le recteur ne pouvait quitter le bâtiment sans l'autorisation du Sénat. Aujourd'hui transformé en

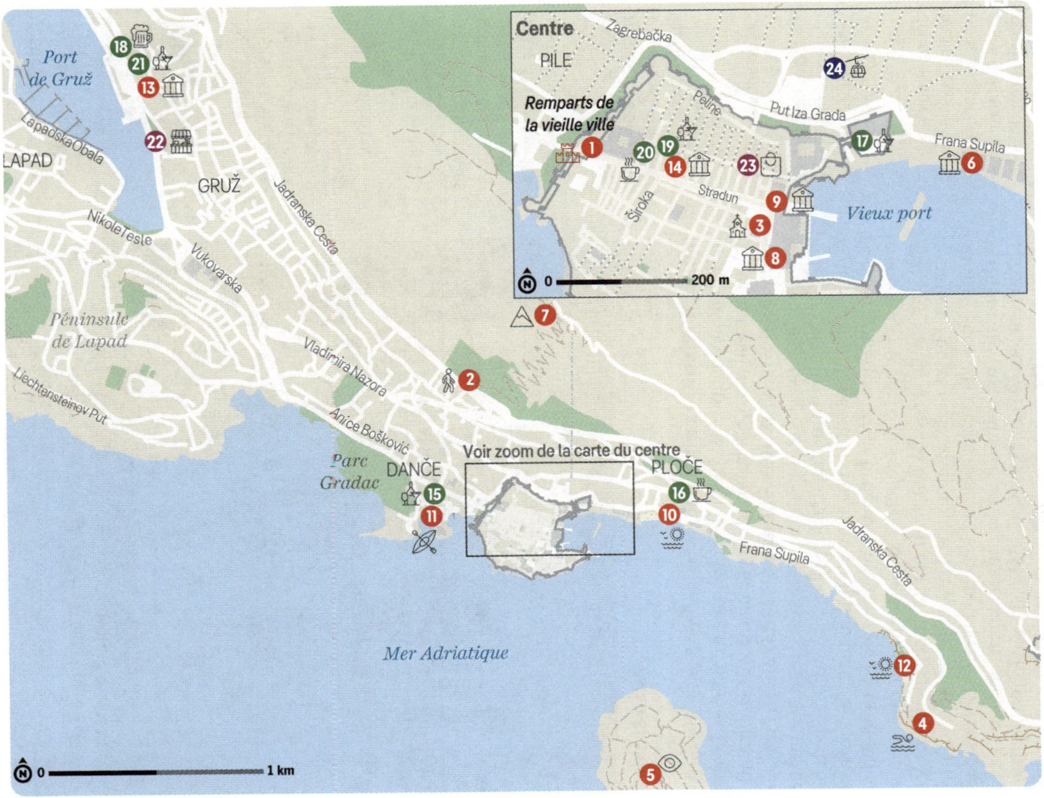

INCONTOURNABLE
1 Remparts de la ville

VOIR
2 Chemin de Croix
3 Église Saint-Blaise
4 Hotel Belvedere
5 Île de Lokrum
6 Club Lazareti
7 Mont Srđ
8 Palais du Recteur
9 Palais Sponza
10 Plage de Banje
11 Plage de Šulić
12 Plage de Sveti Jakov
13 Red History Museum
14 War Photo Limited

PRENDRE UN VERRE ET FAIRE LA FÊTE
15 Beach Bar Dodo
16 Bikers Caffe
17 Club Revelin
18 Dubrovnik Beer Company
19 D'vino
20 Glam Bar
21 Love Bar

SHOPPING
22 Marché de Gruž
23 Suveniri Bačan

TRANSPORTS
25 Téléphérique

CONSEILS DE SURVIE DANS LA VIEILLE VILLE

Ivan Vuković, photographe et guide touristique (dubrovnik-tourist-guides.com)

Portes Buža et Ploče
Règle numéro un : se lever tôt pour devancer la foule. Évitez d'entrer par la porte Pile, car tous les groupes des bateaux de croisière passent par là. Optez pour les portes Buža et Ploče.

Petites rues
Explorez le dédale de ruelles. Il y a beaucoup de marches, mais c'est le prix à payer pour voir la vie locale.

Restaurants
Si l'on vous alpague un menu à la main, ce n'est pas bon signe, à plus forte raison si le menu comporte des photos. Fuyez !

Basket-ball
Jouez avec des habitants en franchissant la petite porte qui mène au superbe terrain de basket de la vieille ville. Vous trouverez des joueurs tous les jours à partir de 18h.

TRABANTOS/SHUTTERSTOCK ©

Palais Sponza

musée d'Histoire culturelle, le palais renferme des salles habilement restaurées, des portraits, des armoiries et des pièces de monnaie rappelant la glorieuse histoire de Dubrovnik.

Plus modeste, le **palais Sponza** (1516-1522) est l'un des rares édifices de la vieille ville à avoir résisté au séisme de 1667. Son architecture mélange les styles : un sublime porche Renaissance repose sur six colonnes corinthiennes, des fenêtres de style gothique tardif ornent le premier étage, tandis que le second comporte des fenêtres Renaissance et une alcôve avec une statue de saint Blaise. Il abrita successivement les Douanes, l'hôtel de la Monnaie, le Trésor, un arsenal et une banque. Vous y verrez également le mémorial des Défenseurs de Dubrovnik, exposition émouvante en l'honneur de ceux qui sacrifièrent leur vie pour la défense de la ville entre 1991 et 1995.

En face du palais se dresse l'**église Saint-Blaise**, merveille baroque de 1715 superbement ornée, dédiée au saint patron de Dubrovnik. À l'intérieur, notez les autels en marbre et, sur le maître-autel, la statue en argent de saint Blaise (XVe siècle) qui tient une maquette de Dubrovnik avant le séisme de 1667. Les vitraux ont été réalisés par l'artiste local Ivo Dulčić en 1971.

LE TOP DES BARS DE LA VIEILLE VILLE DE DUBROVNIK

Glam Bar
Institution locale dans une petite rue tranquille. Bon choix de bières artisanales et des prix plus que raisonnables. €

Soul Caffe & Rakhija Bar
Bons vins, bières, *rakija* et concerts de jazz presque tous les soirs. Goûtez un bon plateau à partager. €€

Beach Bar Dodo
Institution locale ouverte 7j/7. Bières et burgers dans une ambiance détendue sous l'œil du fort Saint-Laurent. €

Au-delà des remparts

Ville, randonnée et plages

Après avoir arpenté les rues pavées de marbre de la vieille ville, vous aurez sans doute besoin de souffler un peu et de profiter de l'air frais hors des remparts de la cité. Les magnifiques plages de galets de **Banje** et de **Sveti Jakov** attirent les visiteurs avec la promesse d'un moment de détente sur un transat. Banje, qui jouxte la vieille ville, est la plus facile d'accès, et donc la plus bondée. Si vous avez le temps et qu'il vous reste des forces, marchez 20 minutes jusqu'à la plage de Sveti Jakov, d'où l'on aperçoit encore la vieille ville à l'horizon. Descendre le long escalier qui y mène (et le remonter en partant, bien sûr) vaut largement la peine. Pour s'éloigner encore un peu plus des foules, continuez à marcher jusqu'aux ruines de l'**Hotel Belvedere** (p. 274), lieu de baignade préféré des habitants de Dubrovnik. Il n'y a pas de plage, mais on peut lézarder sur de grands rochers ou sur le vieux port et admirer les vertigineux plongeons des jeunes habitants.

Tout cela est dominé par le plateau du **mont Srđ**, culminant à 412 m au-dessus de la mer. La vieille ville de Dubrovnik est encore plus belle vue du sommet du Srđ, où la vue s'étend jusqu'à Lokrum et aux îles Élaphites. Le plus rapide pour atteindre le sommet est d'emprunter le **téléphérique** (dubrovnikcablecar.com), mais rien ne vaut l'exaltation qu'offre l'ascension à l'aube ou au crépuscule du **chemin de Croix**. Une autre solution consiste à prendre le bus n°17 entre les arrêts Pile et Bosanka avant de terminer l'ascension à pied sur 1,5 km.

Dubrovnik authentique

Dans les pas des 1 500 habitants de la vieille ville

On ne fait pas plus amoureux de sa ville natale que les habitants de Dubrovnik, comme le résume si bien Mihaela Skurić, directrice de l'Institut pour la restauration de Dubrovnik : "Ce n'est pas juste un endroit où l'on vit, c'est véritablement en vous. Ici, chaque individu est fait de la ville, et la ville est faite de nous." S'il suffit d'errer au hasard des ruelles pour être émerveillé par la vieille ville, en discutant avec ses habitants dans leurs bars préférés, voire en vivant un peu ici si l'on peut travailler à distance, on découvre que l'endroit regorge de trésors méconnus et pourtant faciles à trouver.

Commencez par prendre un café au **Beach Bar Dodo**, au **Glam Bar** ou au **Bikers Caffe**, ou attendez le soir pour boire des bières à Gruž, où la **Dubrovnik Beer Company** est un lieu de rencontre apprécié des habitants. Découvrez la ville avec les scooters électriques Mynt (location en libre-service), ou faites

ORLANDO, EMBLÈME ET ÉTALON

La statue d'Orlando (ou "colonne d'Orlando"), dressée depuis 600 ans devant l'église Saint-Blaise et figurant sur de nombreuses cartes postales et affiches, est l'un des emblèmes de Dubrovnik. La statue a une signification importante pour les habitants. Elle représente en fait le chevalier Roland, célèbre pour avoir servi l'empereur Charlemagne et vénéré pour avoir défendu l'indépendance des cités libres – une sorte de roi Arthur.

Renommée Orlando par les Italiens, la statue est la représentation de Roland la plus méridionale d'Europe. Symbole de liberté, elle avait aussi une utilité plus pragmatique : l'industrie textile de Dubrovnik utilisa longtemps l'avant-bras d'Orlando, long de 51,25 cm, comme étalon pour les longueurs de tissu.

LE TOP DES RESTAURANTS DE LA VIEILLE VILLE

Trattoria Carmen
Petit restaurant près du vieux port. Délices de la mer, viande et pâtes à des prix défiant toute concurrence en ville. **€€**

Lady Pi-Pi
Petit restaurant abordable dominant les toits en tuile de la ville ; superbe plateau de fruits de mer. Réservez. **€€**

Restaurant 360
Adresse classée au Michelin dans la vieille ville, au-dessus du vieux port. Sublimes huîtres. **€€€**

HOTEL BELVEDERE

À 20 minutes de marche à l'est de la vieille ville, l'**Hotel Belvedere**, inauguré en 1985, était l'un des établissements les plus luxueux de toute la côte Adriatique. L'imposant édifice construit à flanc de falaise comptait 18 étages et plus de 200 chambres. Il est aujourd'hui un emblème des hôtels à l'abandon, victimes collatérales de la guerre des années 1990. L'endroit est apprécié des fans de *Game of Thrones* car son petit héliport fut l'un des nombreux lieux de tournage de la série. Les jeunes habitants aiment également venir se baigner au pied de l'imposante construction dressée au-dessus de la baie.

un tour aux expositions et fêtes du **Club Lazareti**, ancien lazaret (centre de quarantaine) magnifiquement reconverti en espace événementiel. Pour les fêtards purs et durs, cap sur le **Club Revelin**, la plus impressionnante discothèque de la ville. Passez à la galerie d'art **War Photo Limited**, qui présente le travail de photographes qui couvrent les conflits dans différents points du globe. Au dernier étage, une exposition permanente est consacrée aux guerres de l'ex-Yougoslavie.

L'effet Game of Thrones

La série qui a tout changé

Dubrovnik est un monde fantastique pour beaucoup, mais les fans de *Game of Thrones* l'apprécieront encore plus, puisqu'une bonne partie de la série télévisée a été tournée ici. D'ailleurs, presque tous les habitants que vous rencontrerez ont été figurants au moins une fois dans la série !

Les remparts ? C'est de là que Tyrion Lannister commande la défense de Port-Réal lors de la bataille de la Néra. Le fort Saint-Laurent ? C'est le célèbre Donjon rouge de Port-Réal. Le palais du Recteur ? Son atrium est le palais du roi des Épices de Qarth. Le parc Gradac ? C'est le décor même de la célèbre scène de mariage où le roi Joffrey a finalement ce qu'il mérite.

Pour en savoir plus, des circuits *Game of Thrones* de qualité variable sont proposés dans la vieille ville. Faites une visite groupée ou demandez à un spécialiste de l'audiovisuel comme Ivan Vuković pour vous guider (dubrovnik-tourist-guides.com).

Dubrovnik festive

Cette ville sait faire la fête

À la **Saint-Blaise** (Sveti Vlaho), le 3 février, toute la Croatie se retrouve dans la vieille ville en costumes traditionnels pour célébrer en grande pompe le patron de Dubrovnik, et l'on se presse pour voir défiler les reliques du saint sur le Stradun jusqu'à l'église Saint-Blaise.

Juste après la Saint-Blaise, généralement à la mi-février selon la date où tombe Pâques, Dubrovnik célèbre le **carnaval**. Au programme, pendant plusieurs jours : théâtre, spectacles, concerts et danses traditionnelles, avec en point d'orgue un bal masqué. Les festivités évoquent plus Venise et l'Italie que celles du carnaval de Rijeka (le plus grand de Croatie), dont les défilés s'inspirent de traditions typiquement croates (p. 152).

Inauguré en 1950, le **Festival d'été de Dubrovnik** est également synonyme d'élégance. Tout au long des

LE DUBROVNIK PASS

Valable 1, 3 ou 7 jours, le Dubrovnik Pass donne accès aux remparts (dont le billet d'entrée coûte à lui seul 35 €), aux musées et galeries de la ville, au palais du Recteur et au monastère franciscain. Vous aurez un accès illimité à tous les transports publics.

LA DUBROVNIK VEGAN EXISTE !

Nishta
Pilier de la scène vegan, plats aux saveurs asiatiques et mexicaines préparés par le chef Gildas Remy. **€€**

Vege Dub
Superbe menu de restauration rapide. Ses célèbres pizzas vegan sont les meilleures de Croatie. **€€**

Urban & Veggie
Restaurant vegan. Personnel charmant, immense jardin et plats délicieux. Allèchants petits déjeuners. **€€**

TRABANTOS/SHUTTERSTOCK ©

Île de Lokrum

mois de juillet et d'août, des artistes locaux et internationaux se produisent dans les magnifiques églises et palais de la ville (musique classique, poésie et théâtre sont au rendez-vous). Au fil des décennies, des artistes tels que Duke Ellington, Dizzy Gillespie, Ravi Shankar ou encore Daniel Day-Lewis, qui joua *Hamlet* au fort Saint-Laurent en 1989, ont participé aux festivités.

Enfin, le **marché de Noël** est une affaire sérieuse à Dubrovnik.

DUBROVNIK NOMADE

Dubrovnik propose un nouveau programme pour les travailleurs nomades appelé Digital Nomads-in-Residence (dnacroatia.com) : organisation d'événements, découverte de la ville, Dubrovnik Pass de 30 jours gratuit. Vous pouvez candidater auprès de l'office de tourisme de Dubrovnik en présentant une preuve que vous séjournerez en ville 28 jours ou plus.

Le programme a été testé hors saison, et les participants ont apprécié la qualité du Wi-Fi, le bon réseau de transports, les cafés où il fait bon travailler et les loyers raisonnables hors saison. Scannez ce QR-code pour en savoir plus.

Superbe Lokrum

Une île sacrée, protégée et pleine de caractère

À 10 minutes en ferry de Dubrovnik mais à mille lieues des foules, **Lokrum** est une île luxuriante et boisée, peuplée de paons altiers et de plus de 150 espèces d'oiseaux. L'île entière est une réserve naturelle protégée, pleine de chênes verts, d'eucalyptus, de pins et d'oliviers. Malgré ses plages rocheuses, c'est une destination appréciée des baigneurs.

Le cœur de l'île est son grand **monastère bénédictin**, du Moyen Âge, situé à une courte distance à pied de l'embarcadère.

TÉLÉTRAVAIL

Pour en savoir plus sur les travailleurs nomades à Dubrovnik, lisez notre zoom sur la vie nomade en Croatie (p. 336).

LES PLUS BELLES PLAGES DE DUBROVNIK

Sveti Jakov
L'escalier de 162 marches offre une vue majestueuse sur la vieille ville. Bar de plage, et parasols et transats à louer.

Dančе
Site très apprécié des habitants qui lézardent sur les rochers avant de plonger. Venez au soleil couchant.

Uvala Lapad
Plage de petits galets prisée des familles pour ses eaux sûres et peu profondes.

PROMENADE À DUBROVNIK

Commencez cette promenade dans la vieille ville de Dubrovnik par l'est à la belle **1 porte Ploče**. Entrez, faites quelques pas et profitez du **2 point de vue sur le vieux port**. Empruntez la rue de la porte Ploče, qui devient plus étroite à mesure que vous vous approchez du **3 monastère dominicain**, sur votre droite, une oasis de calme datant des XIIIe et XIVe siècles.

Ensuite, descendez l'escalier et faites une halte chez **4 Peppino's Gelato**, qui fait les meilleures glaces en ville, puis rejoignez le cœur de la vieille ville, la place Luža, où se dresse l'emblématique **5 colonne d'Orlando** et la majestueuse **6 église Saint-Blaise**, dédiée au patron de Dubrovnik. Prenez à gauche de l'église pour arriver devant le **7 palais du Recteur**, merveille gothique abritant un fabuleux musée d'Histoire culturelle.

Puis prenez à gauche pour atteindre le **8 Musée maritime**, qui possède une entrée par les remparts, avant de monter vers l'**9 église Saint-Ignace-de-Loyola** et le célèbre **10 escalier des jésuites**. Descendez tranquillement vers le **11 marché de Gundulićeva Poljana**, avant de traverser le Stradun pour voir la remarquable **12 synagogue de Dubrovnik**, érigée au XIVe siècle, l'un des joyaux de la vieille ville. Il est alors temps de vous attaquer au **13 Stradun**, l'artère principale de la ville. Prenez votre temps et arrêtez-vous à la galerie **14 War Photo Limited** ainsi qu'au **15 monastère franciscain**.

Rafraîchissez-vous le visage et remplissez vos bouteilles à la **16 grande fontaine d'Onofrio**, monument emblématique de la ville, avant d'achever votre promenade à la **17 porte Pile**, l'entrée la plus pratique pour visiter les remparts.

Les spécialistes pensent que des moines s'installèrent sur l'île au début du Xe siècle, mais la première mention écrite du monastère remonte à 1023. Les derniers moines furent expulsés en 1799, lorsque la République désargentée décida de vendre l'île pour récupérer des fonds. On raconte que les moines vouèrent à la damnation éternelle les futurs acquéreurs de l'île.

L'île finit par tomber aux mains de l'archiduc d'Autriche et futur empereur du Mexique Maximilien de Habsourg (qui deviendra Maximilien Ier). Il fit construire une villa d'été à l'intérieur du monastère au début des années 1860, réaménagea le superbe jardin du cloître et planta un important jardin botanique, avec agaves géants et palmiers exotiques.

Non loin du centre de l'île, perché sur son point le plus haut (97 m), se dresse le **fort Royal**. Les troupes napoléoniennes entreprirent la construction de ce fort rond peu après avoir pris le contrôle de Dubrovnik, en 1806. Depuis le toit se déploie une belle vue sur la vieille ville.

L'île est principalement entourée de hauts-fonds rocheux et ne possède presque pas de plages. La majorité des visiteurs se contentent de chercher un endroit tranquille où poser leur serviette. Au sud du monastère, un petit lac d'eau salée, baptisé la **mer Morte**, vaut le détour, mais il est très fréquenté.

Pour vous y rendre, des bateaux partent du vieux port de Dubrovnik à peu près toutes les heures en été (toutes les 30 minutes en juillet-août). Vérifiez l'heure du dernier retour pour le continent… il est interdit de passer la nuit sur l'île !

Dégustations de vin

Levez votre verre à la santé des vignobles de la Dalmatie du Sud

Il y a deux grandes zones viticoles dans la région de Dubrovnik : les collines de la vallée de Konavle (p. 290), à l'est de la ville, et les plaines de la péninsule de Pelješac (p. 283), au nord-ouest. On y pratique la viticulture depuis au moins 2 000 ans, une industrie particulièrement lucrative à la Renaissance, apogée de la république de Raguse. De nombreuses familles peuvent se targuer de produire du vin depuis des siècles.

Les possibilités de dégustations sont infinies. Si vous souhaitez rester dans la vieille ville, le bar à vin **D'vino** est convivial et son personnel, compétent. Vous pouvez y passer sur un coup de tête, mais mieux vaut réserver une table, surtout durant la haute saison. Pour des associations mets-vin, l'expert **Domagoj Žeravica** propose les meilleures visites gastronomiques de la ville (écrivez-lui à info@deliciousdubrovnik.com pour connaître ses disponibilités). Les visites ont lieu tous les jours à 16h et 19h.

De nombreux circuits organisés partent de Dubrovnik vers Pelješac et la vallée de Konavle, mais si vous préférez y aller

DESTRUCTION ET RECONSTRUCTION

De fin 1991 à mai 1992, Dubrovnik fut prise dans la tourmente de la guerre qui suivit la proclamation de l'indépendance de la Croatie. Elle fut pilonnée par quelque 2 000 obus de l'armée yougoslave, qui causèrent de nombreuses victimes et des dégâts considérables. Les obus frappèrent 68% des 824 bâtiments de la vieille ville, endommageant deux tiers des toitures. Neuf palais historiques furent complètement ravagés par les flammes. Le coût de la reconstruction fut estimé à 10 millions de dollars, en privilégiant les techniques traditionnelles et l'utilisation de matériaux d'origine. L'aide internationale a aussi permis de faire avancer les travaux. Depuis, Dubrovnik a recouvré sa splendeur. Les remparts sont à nouveau intacts, les rues sont pavées de marbre rutilant et les célèbres monuments ont été rénovés avec soin.

LE TOP DES BOUTIQUES DE SOUVENIRS DE DUBROVNIK

Life According to Kawa
Jon Kawaguchi vend de superbes souvenirs d'artistes locaux. Mention aux confiseries de l'arrière-boutique.

Discover Croatia
Souvenirs insolites d'artisans locaux. L'adresse sur le Stradun vend un peu de tout, des cartes postales aux huiles d'olive.

Suveniri Bačan
Broderies du Konavle, signets, sacs et bracelets. Des merveilles d'artisanat à ne pas manquer.

SAUVEGARDER L'ARTISANAT LOCAL

Ne manquez **Suveniri Bačan** sous aucun prétexte. La propriétaire Lena Bačan Janjalija et sa famille font vivre l'artisanat local dans leur boutique haute en couleur, y vendant chemisiers, sacs, signets et autres objets brodés de rares motifs traditionnels de la région cousus main.

La modeste boutique, nichée entre bars et restaurants au n°6 de la rue Prijeko, a fêté ses 50 ans en 2023.

La mère de Lena débarqua de la région du Konavle dans la ville en pleine modernisation pour ouvrir dans la vieille ville le magasin familial en 1953.

C'est aujourd'hui la dernière boutique de ce type.

par vous-même, réservez une visite au **vignoble Crvik**. La famille de Petar Crvik produit du vin sur son domaine de la vallée de Konavle depuis le début du XIXe siècle. Son merlot est fantastique, ce qu'il attribue au microclimat de la région et à ses sols peu acides. Mais c'est le *vilin ples*, récompensé de prix, mélange raffiné de cabernet sauvignon, de merlot et du cépage local *plavac mali*, que vous voudrez rapporter dans vos valises. Contactez Petar (crvik.vino@gmail.com) pour réserver une visite avec dégustation.

Sur les flots

Kayak au large de Dubrovnik

Les voyageurs amateurs de sports d'aventure trouveront leur bonheur sur les rives de Dubrovnik, le kayak étant une activité en pointe sur les plages de la ville. Des opérateurs proposent des départs des plages de **Banje**, de **Sveti Jakov** et de **Šulić**, petite plage au pied du fort Saint-Laurent où un guide vous fera faire une large boucle autour de la vieille ville et de l'**île de Lokrum**. La vue sur Dubrovnik depuis la mer vaut largement quelques courbatures aux bras. Il est conseillé de réserver pour une sortie en saison haute. Allez sur la plage ou demandez à votre hébergement de réserver pour vous.

Gruž, un quartier plein de vie

Ambiance locale dans le grand port maritime de Dubrovnik

Si vous arrivez en ferry de Split, Hvar, Korčula ou d'ailleurs, ou si votre bateau de croisière fait escale à Dubrovnik, Gruž est le premier aperçu que vous aurez de la ville. La plupart des visiteurs foncent vers la vieille ville, pourtant ce quartier périphérique est un lieu plaisant où vivent de nombreux habitants qui y sortent également le soir. Alors restez une journée et découvrez le **marché de Gruž**, l'un des plus grands de Dubrovnik, avant de visiter sans faute le **Red History Museum** pour voir une collection superbement présentée d'objets datant de la période yougoslave, entre nostalgie innocente et aspects plus sombres du quotidien sous un régime autoritaire.

Le soir, cap sur la **Dubrovnik Beer Company** (DBC pour les intimes) pour boire une ou deux bières, manger un morceau et pourquoi pas danser un peu. Vous préférez des cocktails avec vue sur la baie et de bons DJ ? Passez au **Love Bar**, juste à côté, pour voir ce qui s'y passe.

OÙ SE LOGER À DUBROVNIK

Karmen Apartments
Appartements séduisants, idéalement situés à deux pas du port de Ploče. Pensez à réserver longtemps à l'avance. **€€**

Hostel Angelina
Jolie auberge de jeunesse dans un recoin de la vieille ville. Terrasse et vue imprenable sur les toits. **€**

Villa Sigurata
Chambres dans une maison du XVIIe siècle, nichée dans une petite rue très calme, derrière la cathédrale. **€€€**

Rue de la vieille ville, Dubrovnik

Remparts de Dubrovnik

PATRIMOINE PRÉSERVÉ

Scannez ce QR-code pour découvrir l'association qui entretient les remparts.

INCONTOURNABLE

Remparts de Dubrovnik

Attraction touristique numéro 1 de toute la Croatie, les majestueux remparts de Dubrovnik ne s'oublient pas de sitôt. Encerclant totalement la vieille ville, l'impressionnant ouvrage offre à ses visiteurs des panoramas inoubliables sur les palais, églises, rues et ruelles de la vieille ville, avec à l'horizon les eaux azur de la mer Adriatique.

À NE PAS MANQUER

- Fort Minčeta
- Caffe Bar Salvatore
- Terrains de basket-ball
- Musée de la Fonderie
- Fort Saint-Laurent

Un ouvrage monumental

D'une longueur impressionnante de 1 940 m, les remparts de Dubrovnik sont les plus imposants et les mieux conservés d'Europe. Ces fortifications culminent à 25 m de hauteur depuis plus de 500 ans, et c'est en grande partie grâce aux habitants de Dubrovnik. Chaque fois qu'une modernisation ou un projet de développement a été envisagé par les autorités municipales, les habitants de la vieille ville se sont farouchement opposés à la destruction de tronçons des remparts. C'est ainsi que fut créée en 1952 la Société des amis des antiquités de Dubrovnik, association qui restaure, gère et entretient les remparts aujourd'hui.

Visite des remparts

Faire le tour complet des remparts de Dubrovnik prend environ une heure, si vous gardez un rythme régulier et que vous ne vous arrêtez pas trop pour prendre des photos ou un rafraîchissement.

Il y a trois accès : la porte Pile, la porte Ploče et le Musée maritime, où vous pourrez acheter votre billet si vous ne l'avez pas fait à l'avance ou que vous n'avez pas investi dans un Dubrovnik Pass. Afin d'éviter accidents, embouteillages et chaos généralisé, la boucle se parcourt uniquement dans le sens inverse des aiguilles d'une montre. Comme vous l'imaginez sans doute, il y a souvent foule, et mieux vaut donc prendre son temps.

L'histoire des remparts

Une première série de fortifications fut érigée autour de Dubrovnik au IXe siècle, mais c'est aux XIVe et XVe siècles que furent construits les premiers véritables remparts, avec des pierres de 1,50 m d'épaisseur et 15 tourelles.

Raguse (comme on l'appelait alors) était sous la menace constante d'attaques, même après s'être allié à l'Empire ottoman (plutôt qu'aux Vénitiens) en 1382. Les remparts furent alors épaissis, rehaussés et consolidés, aboutissant à la fortification intégrale de la ville au XVe siècle. Au cours des siècles suivants, ces défenses furent constamment renforcées avec les technologies de guerre les plus récentes. Des soldats patrouillaient les remparts en permanence jusqu'à la conquête de la république de Raguse par Napoléon en 1808.

Musée de la Fonderie

Au pied du **fort Minčeta**, l'un des plus beaux des remparts, se trouve un trésor caché : le **Gornji Ugao** ("coin supérieur" en croate), qui abrite un musée de la Fonderie et demeura enfoui pendant des siècles jusqu'à ce que ses vestiges soient mis au jour en 2008.

On y produisait toutes sortes d'armes en métal jusqu'au séisme qui frappa Dubrovnik en 1667. Le site fut alors scellé et tomba dans l'oubli, et c'est aujourd'hui l'une des fonderies médiévales les mieux conservées au monde. La visite, comprise dans le billet pour les remparts, vaut le détour.

Fort Saint-Laurent

Saint Blaise, patron et protecteur de Dubrovnik, orne les murs du colossal fort Saint-Laurent, construit sur une colline de 37 m de hauteur au-dessus de la portion des remparts qui fait face à la mer. Bâti en 1301 pour prévenir les invasions terrestres et maritimes par l'ouest, l'impressionnante forteresse a des murs allant jusqu'à 12 m d'épaisseur. L'intérieur est dépouillé mais offre une vue incroyable sur la vieille ville et la baie. L'entrée est comprise dans le billet pour les remparts.

PRÉSERVER LES REMPARTS

Les remparts sont en restauration constante depuis les années 1950. Mihaela Skurić, de l'Institut de la restauration de Dubrovnik, explique que les algues et le sel de la mer érodent l'ouvrage. Les remparts sont restaurés tronçon par tronçon, généralement pendant l'hiver. Les recettes des entrées servent à l'entretien du site et d'autres fortifications de la région.

À SAVOIR

- Visitez les remparts une heure avant le coucher du soleil pour profiter d'une lumière magique.
- Faire le tour des remparts prend au moins une heure : prévoyez de quoi vous rafraîchir.
- En été, évitez les heures les plus chaudes, car il y a très peu d'ombre sur le parcours.
- Repérez les deux terrains de basket nichés dans la ville.
- Le billet est valide 72 heures : vous pouvez visiter les forts extérieurs et le musée un autre jour.
- Le Caffe Bar Salvatore offre une vue magique sur la mer, mais l'addition est salée.

Environs de Dubrovnik

Si la vieille ville de Dubrovnik aimante l'attention de tous les visiteurs, les alentours sont riches en gastronomie, en architecture et en sites naturels.

Pour les infos pratiques, voir le Carnet d'adresses p. 302

À SAVOIR

En été et en automne, ne vous séparez jamais de votre maillot de bain – les occasions de tomber sur un endroit idéal pour faire trempette ne manquent jamais.

COMMENT S'Y RENDRE ET CIRCULER

Il y a deux façons d'explorer les paysages splendides de cette étroite péninsule : la voiture et le bus.

Si la voiture est une option tentante, vous devrez néanmoins vous concentrer sur la conduite, les routes côtières à flanc de montagne étant très sinueuses et très escarpées. Prenez plutôt le bus à la gare routière de Dubrovnik et admirez la vue. Horaires sur le site de Libertas Dubrovnik (libertasdubrovnik.hr/en).

À son apogée, la république de Raguse (l'actuel comitat de Dubrovnik-Neretva) s'étendait sur 100 km des remparts de Ston au nord jusqu'aux limites de la vallée de Konavle au sud-est.

Pour vous faire une idée de ce qui fut la prospérité de la république, que le monde entier enviait alors, ou simplement pour sortir un peu du centre et vous détendre dans les campagnes environnantes, passez quelques jours à explorer sans vous presser cette région montagneuse et riche en histoire. Savourez les vins succulents de la péninsule de Pelješac, nagez dans les sources d'eau douce de l'Ombla, plongez dans la mer près de Trsteno ou visitez son magnifique arboretum. Explorez enfin quelques-uns des saisissants palais Renaissance restaurés de Slano ou Sustjepan pour un aperçu de la richesse et des penchants artistiques de la grande thalassocratie ragusaine.

La grande muraille de Ston

Les plus longs remparts d'Europe

Plus longue structure défensive de Croatie (elle comprenait à l'origine 40 tours et 5 forts, et s'étirait sur 7 km), et même d'Europe, les remparts de **Ston** furent érigés au XIVe siècle pour protéger la république de Raguse des invasions, mais surtout pour défendre les exploitations salines incroyablement lucratives qui s'étendaient dans le bassin maritime en contrebas. Le sel valant parfois plus cher que l'or dans l'Europe médiévale, la défense des villages de Ston était indispensable pour garantir la prospérité économique de la république.

On peut aujourd'hui parcourir les remparts sur toute leur longueur, en commençant à **Mali Ston** ("petit Ston"), village proche des excellents restaurants de fruits de mer et fermes ostréicoles, ou à **Ston** même, bourgade préservée avec son **fort Kaštio** et ses routes dallées. La promenade sur les remparts prend une demi-heure, mais prenez le temps d'admirer la vue incroyable sur les baies et les villages en contrebas. Les escaliers ne sont pas trop raides, mais évitez quand même de vous y attaquer à midi en été.

DON MAMMOSER/SHUTTERSTOCK ©

Remparts de Ston

Vignobles de la péninsule de Pelješac

Une journée de dégustations de vins

La péninsule de Pelješac est une fine bande de terre de 70 km dominant les îles de Mljet et Korčula, que l'on peut rejoindre par de courtes traversées en ferry. L'endroit est réputé pour ses vignobles et de nombreuses excursions à la journée y sont organisées depuis Dubrovnik. La péninsule est notamment appréciée pour ses vins rouges généreux. Ainsi le *plavac mali,* un cépage endémique de la Dalmatie du Sud cultivé sur les collines autour de Dingač et Postup, donne un délicieux vin rouge aux notes de cerise et d'épices.

Si vous préférez découvrir la région par vous-même, ne manquez pas les vignobles réputés de **Grgić Vina** et de **Matuško**. Le mieux est de passer ensuite la nuit dans une des locations de vacances du coin, car vous serez sans doute un peu chancelant après vos sessions de dégustation.

Les sources de l'Ombla

Un lieu de baignade prisé des habitants

Sans doute l'un des secrets les mieux gardés de Dubrovnik, l'**Ombla** est l'une des rivières les plus courtes du monde, et le lieu de baignade favori des habitants de la ville en été. Longue de seulement 30 m, la rivière prend sa source dans une grotte karstique dans les entrailles d'une imposante montagne. La source elle-même est fermée au public : la compagnie d'électricité locale prévoit d'y installer une centrale hydroélectrique. Vous pouvez toutefois vous jeter dans les eaux délicieusement fraîches de la rivière, particulièrement agréables en été, depuis des petits pontons ou le moulin à eau abandonné. L'endroit est splendide, entouré de verdure et de maisons anciennes et abrité par le **pont de l'Ombla** avant que celle-ci ne se jette dans la Dubrovačka, infiniment plus

LE TOP DES LIEUX DE BAIGNADE HORS DE DUBROVNIK

L'Ombla
Le lieu de baignade le plus rafraîchissant et le plus ravissant de la Dalmatie du Sud. Venez pour la journée et sociabilisez avec les habitués des lieux.

Plage de Trsteno Brsečine
Une divine petite plage de galets à deux pas de Trsteno, dans une crique protégée des grosses vagues. On entre facilement dans l'eau peu profonde d'un bleu limpide.

Plage de Mali Ston (Rivijera Peljesac)
Un modeste petit coin de baignade en galets près du port et des restaurants de fruits de mer. Profitez-en après avoir arpenté les remparts.

Prapratno
C'est la plage la plus proche de Ston, un bijou de baie sablonneuse aux eaux claires et calmes où les familles adorent venir. À 4 km au sud-ouest de Ston, près du ferry pour Mljet.

OKFOTO/SHUTTERSTOCK ©

Palais du Recteur

grande, qui mène à son tour à la mer. Il n'y a aucun commerce à proximité, mais un véritable petit bijou de restaurant posé sur la rive de l'Ombla : **Fat Bâstard Smokehouse & BBQ**, tenu par un couple sympathique et leur adorable chien.

L'arboretum de Trsteno : un paradis de verdure

Bien plus qu'un décor de Game of Thrones

Créé à la fin du XVe siècle par la famille Gučetić, l'une des plus riches de l'aristocratie de Dubrovnik, l'immense **arboretum de Trsteno** est perché au sommet d'une colline dominant l'Adriatique et les îles Élaphites. Des sentiers y serpentent à travers des arbres, arbustes et plantes rares, commandés des quatre coins du monde par les comtes fondateurs à des marchands et des explorateurs, et qui continuent de s'y épanouir des siècles plus tard. Mais ce sont surtout les pièces d'eau qui impressionnent, notamment l'aqueduc qui irrigue les jardins et le ravissant étang dominé par une statue de Neptune.

Palais du Recteur de Slano

Un palais typique de Dubrovnik en pleine campagne

À une ou deux minutes de route du centre de Slano, joli petit village en bord de mer, se dresse un palais grandiose à l'étonnante architecture mêlant gothique et Renaissance, construit en 1447 pour servir de résidence secondaire au recteur (seigneur) de Raguse (Dubrovnik), lorsqu'il éprouvait le besoin de s'éloigner un peu de l'agitation du centre-ville. L'édifice restauré accueille désormais un fantastique **musée** géré par la Société des amis des antiquités de Dubrovnik, également en charge de la gestion des remparts de Dubrovnik. Si vous vous demandez où va l'argent de votre billet pour les remparts, vous avez la réponse sous les yeux.

GÂTEAU DE STON : UNE SPÉCIALITÉ À NE PAS MANQUER

On ne dirait pas comme ça, mais la *stonska torta*, spécialité de Ston et Mali Ston que l'on ne trouve nulle part ailleurs en Croatie, est un délice incontournable de la culture culinaire locale. L'ingrédient principal, des couches de penne, peut étonner, mais lorsque s'y ajoutent le chocolat, les noix et les amandes pilées, la cannelle et une pointe de rhum, on obtient un dessert délicieux et incroyablement rassasiant. Pensez à garder de la place pour le dessert lorsque vous enchaînerez huîtres et plateaux de fruits de mer.

LE TOP DES PRODUITS DE LA MER À STON

Barba Ston
Restaurant moderne près de la porte de la ville. Recettes de la mer originales et le meilleur gâteau de Ston en ville. **€**

Stagnum
Personnel accueillant, jardin arboré et prix raisonnables. Essayez le risotto à l'encre de seiche. **€**

Kapetanova Kuća
Institution locale depuis près de 50 ans, cet élégant restaurant de Mali Ston sert de succulents produits de la mer. **€€**

Îles Élaphites

RUINES MÉDIÉVALES | CROISIÈRES | PLAGES DE RÊVE

Le magnifique archipel des Élaphites séduit les visiteurs depuis des millénaires. Dès le Ier siècle, Pline l'Ancien décrivait avec enthousiasme la faune et la flore locales. Pourtant, ces 12 îles, dont trois seulement sont habitées, demeurent imperméables à la modernité et offrent depuis des siècles une échappatoire à l'agitation de Dubrovnik.

Šipan, Lopud et Koločep sont les principales îles. La plupart des bateaux arrivent à Šipan à l'heure du déjeuner. Plus grande île de l'archipel, Šipan est connue pour ses vastes oliveraies, sa végétation luxuriante et ses jolis villages où se promènent quelques chèvres. Lopud est quant à elle appréciée pour ses plages de sable et ses ruines médiévales. Vous y trouverez peut-être une vieille dame vendant de la dentelle tout juste tissée, l'île étant réputée depuis des siècles pour son artisanat textile.

Si vous voulez rester un peu et découvrir l'archipel par vous-même, des ferries desservent les trois îles depuis le terminal de Gruž, mais la plupart des visiteurs se contentent d'une excursion à la journée en bateau rapide depuis le vieux port de la vieille ville de Dubrovnik.

Détente à Lopud

Lopud et son ambiance médiévale

Interdite aux voitures, **Lopud** abrite le village le plus charmant de toutes les îles Élaphites, avec ses jolies maisons en pierre entourées de jardins exotiques et dominées par des forteresses en ruine. L'île est émaillée d'impressionnantes **ruines médiévales**, les **monastères** y ayant poussé comme des champignons à partir du XIIe siècle.

Le village a sa petite plage, mais mieux vaut traverser l'île pour rejoindre la plage de sable de **Šunj**, où un petit bar sert du poisson à la plancha. Il y en a pour 25 minutes de marche,

Pour les infos pratiques, voir le Carnet d'adresses p. 303

À SAVOIR

Une myriade d'excursions à la journée en bateau permettent d'explorer les îles Élaphites depuis Dubrovnik. La plupart se font sur de gros bateaux bon marché qui embarquent autant de touristes que possible. Si vous pouvez vous offrir une croisière privée, faites appel à des guides comme ceux de Rewind Dubrovnik (www.rewinddubrovnik.com).

COMMENT S'Y RENDRE ET CIRCULER

Plusieurs compagnies privées proposent des excursions en bateau dans les îles Élaphites. Si vous préférez découvrir l'archipel par vous-même, les car-ferries de Jadrolinija font deux traversées par jour du port de Gruž à Koločep, Lopud puis Šipan. Si vous êtes à pied, le catamaran de TP Line Dubrovnik (www.tp-line.hr/en/timetable) se rend directement à Šipan une fois par jour.

VOIR
1 Église Sainte-Marie-de-Spilice
2 Église Sainte-Marie-Madeleine
3 Église Saint-Léonard
4 Église Saint-Nicolas
5 Ferme de la famille Goravica
6 Grand Hotel Lopud
7 Lopud 1483
8 Plage de Šunj
9 Šipanska Luka
10 Suđurađ

LES OLIVES DE ŠIPAN

L'île de Šipan n'est pas seulement connue pour son atmosphère détendue, les bâtiments anciens de ses deux villages et ses eaux d'un bleu étincelant, c'est aussi le royaume de l'olive. C'est ici que sont produites certaines des meilleures huiles d'olive du pays, la plupart du temps dans des exploitations familiales se contentant d'une production restreinte mais où l'on peut acheter des bouteilles après une dégustation.

mais vous pouvez aussi vous y rendre en voiturette de golf. En chemin, vous verrez une chapelle minuscule, la très vieille et jolie **église Saint-Léonard**, ainsi que l'**église Sainte-Marie-Madeleine**, bel exemple d'architecture Renaissance. Dédiée au saint patron de marins, l'**église Saint-Nicolas** (crkva sv Nikole) témoigne de l'époque où Lopud était un important centre maritime. Située sur le front de mer, cette église (1482) arbore un intérieur modeste, mais offre un cadre paisible propice à un moment de calme et une vue incroyable sur la mer.

En suivant la promenade du bord de mer, s'étire le **parc Đorđić-Mayneri** (Obala Iva Kuljevana 31), très arboré, fondé à la fin du XIXe siècle par l'arrière-petite-fille du dernier recteur de Dubrovnik. Parmi les spécimens botaniques que l'on peut admirer, vous découvrirez des dattiers d'Afrique du Nord, des magnolias d'Amérique du Nord et des eucalyptus de Tasmanie.

Derrière la magnifique église Renaissance **Sainte-Marie-de-Spilice** se cache l'un des lieux de villégiature les plus exclusifs de Croatie, **Lopud 1483**. Ce monastère franciscain du XVe siècle, restauré par la célèbre designer Francesca Thyssen-Bornemisza, a notamment accueilli la famille Beckham dans l'une de ses cinq suites, réservées aux ultrariches. Ne pensez même pas aux tarifs des séjours, et contentez-vous d'admirer l'endroit depuis l'extérieur. Le commun des mortels se contente de la gamme d'appartements et de villas de vacances à prix raisonnables.

Ensuite, faites un bond de quelques siècles vers le présent pour voir le **Grand Hotel Lopud**, premier hôtel ouvert sur l'île en 1937, dont l'architecte Nikola Dobrović s'inspira clairement de Le Corbusier. Le bâtiment connut des années sombres, servant pendant la Seconde Guerre mondiale de centre de rétention pour les juifs de Dubrovnik avant de rouvrir pendant les années yougoslaves. Reconstruit dans les années 1970, cela fait désormais 30 ans qu'il est à l'abandon.

Šipan : le retour de la caroube

La renaissance d'une tradition agricole perdue

Šipan (16 km^2) est la plus grande des îles Élaphites, appréciée de l'aristocratie de Dubrovnik qui y a construit des résidences. La plupart des ferries accostent à **Suđurađ**, un petit port que bordent des maisons de pierres et la grande villa fortifiée du XVIe siècle de **Skočibuha**, fermée au public.

Dès la descente du ferry, on repère rapidement les panneaux parfois peints à la main promouvant des dégustations de vins et d'huiles d'olive dans de petites exploitations familiales de l'île. L'une de ces fermes sort du lot : natif de Šipan, où vit sa famille depuis 450 ans, Mato Goravica a mis de côté sa carrière de capitaine de navire pour faire revivre un produit local oublié : la caroube.

Les caroubiers sont des arbres endémiques de la Méditerranée, et poussent à travers toute la Dalmatie, où la caroube est connue sous le nom de *Šipanski rogač* (caroube de Šipan). Mais pendant des générations, les insulaires ont délaissé la caroube pour cultiver les olives et la vigne. Désireux de faire revivre la tradition de l'île, qui produisait jadis les plus belles gousses de caroube au monde, Mato est rentré au bercail pour en relancer la culture, achetant un moulin traditionnel en 2011. Il est désormais à la tête d'un petit empire de la caroube à travers l'archipel, produisant 15 tonnes de poudre de caroube par an, qu'il vend aux boulangeries et hôtels de la région. Sa ferme produit aussi du vin et de l'huile d'olive. Chapeau Mato ! Pendant votre séjour à Šipan, allez visiter la **ferme de la famille Goravica** et déguster ses délices (www.goravica.com/en).

De l'autre côté de l'île, vous trouverez au village de **Šipanska Luka** les vestiges d'une villa romaine et un palais ducal gothique du XVe siècle.

POURQUOI VISITER LES ÎLES ÉLAPHITES

Lukša Malohodžić, directeur de Rewind Dubrovnik, www.rewinddubrovnik.com

“Les îles sont plus fréquentées que lorsque j'étais enfant, mais l'atmosphère est restée la même. Il y a des écoles et les gens vivent encore ici. Ce sont des îles vivantes, avec leurs propres communautés. Nous, les habitants de Dubrovnik, y allons le week-end en 20 minutes de bateau pour y trouver une atmosphère et une énergie différentes.”

Snorkeling
La mer Adriatique y est limpide et cristalline. Allez faire du snorkeling dans les grottes de Koločep.

Plages
Lopud a de superbes plages de sable fin comme on n'en trouve nulle part ailleurs dans la région.

Gastronomie
Il faut aller à Šipan pour la gastronomie, et goûter notamment à de délicieux fromages et huiles d'olive.

OÙ SE RESTAURER SUR LES ÎLES ÉLAPHITES

Bowa, Šipan
Savourez des moules dans un décor élégant. Réservez une table dans un bungalow sur pilotis (traversée comprise). €€

Konoba Kod Marka, Šipan
Ce n'est pas donné mais la cuisine y est excellente, et le cadre, dans une jolie baie, magnifique. €€

Mandrac, Lopud
Restaurant pittoresque au bord d'un ponton, avec ambiance locale. Produits de la mer et desserts maison. €

Cavtat

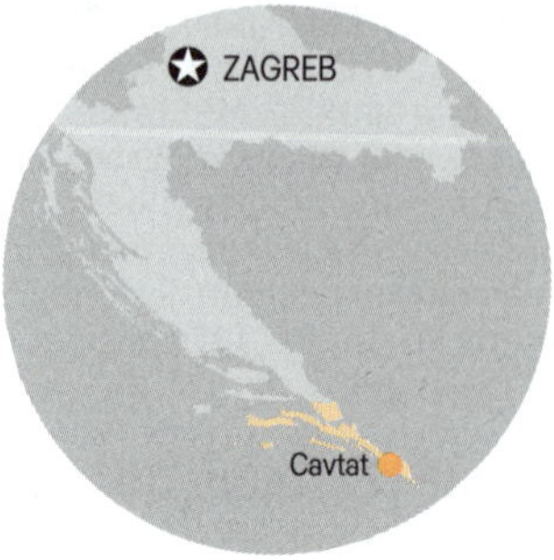

TRANQUILLITÉ | ARCHITECTURE | CHIC BALNÉAIRE

Pour les infos pratiques, voir le Carnet d'adresses p. 303

À SAVOIR

La route de Dubrovnik à Cavtat est facile, mais le trajet en bateau est plus beau, avec les coupoles italianisantes qui apparaissent peu à peu entre les arbres. La traversée n'est pas chère et les bateaux partent toutes les heures environ du vieux port de Dubrovnik à la saison haute. Le centre de Cavtat s'explore facilement à pied.

Ville la plus méridionale de Croatie, Cavtat est à mi-chemin entre Dubrovnik et la frontière monténégrine. C'est une ville paisible et très jolie, au rythme nettement plus détendu que sa voisine Dubrovnik, avec un front de mer jalonné de restaurants, des plages fantastiques et une superbe architecture du XIXe siècle. Plus ancienne que Dubrovnik, Cavtat est en quelque sorte la sœur aînée de la capitale régionale.

Epidaurus, comme l'appelaient les Grecs, est habitée depuis le VIe siècle av. J.-C. Rebaptisée Epidaurum puis Civitas Vetus par les Romains quelques siècles plus tard, la ville prospérait déjà près de 1 000 ans avant que Dubrovnik n'apparaisse sur la carte de l'Empire romain. Les historiens ne savent pas exactement pourquoi la ville fut totalement abandonnée au VIIe siècle ; ce n'est qu'au cours du Moyen Âge qu'une ville y fut reconstruite, connaissant un nouvel âge d'or au XIXe siècle, comme en attestent les édifices de cette époque bordant la promenade du front de mer.

COMMENT S'Y RENDRE ET CIRCULER

Des bus partent toutes les heures de Dubrovnik vers Cavtat. Le trajet peut aussi s'effectuer en bateau. Si vous arrivez de l'aéroport, prenez un taxi pour parcourir les 6 km jusqu'au village.

Les secrets de Cavtat

Un village côtier qui cache une riche culture

On vient surtout ici pour se prélasser sur les plages, mais il ne faudrait pas oublier les millénaires d'histoire de ce village côtier. Le joli centre, où vous ne manquerez pas de flâner, a conservé la configuration de rues tracée par les Grecs. Pour voir des vestiges de cette période, allez vers l'ouest de la promenade jusqu'à la péninsule bordant la baie, où les grosses pierres de la **nécropole d'Epidaurus** sont visibles entre les pins et les cyprès. Le site n'est pas vraiment excavé et la présentation minimaliste pourra frustrer les férus d'histoire, mais on peut tout de même s'y faire une idée de la taille de l'ensemble funéraire.

Traversez 2 000 ans d'histoire en gravissant la colline au-dessus de la nécropole pour rejoindre le célèbre **Hotel Croatia**,

l'un des rares hôtels modernistes construits sous Tito pendant le boom touristique des années 1960 et 1970 à avoir survécu à l'effondrement de la Yougoslavie. Les balcons en béton surplombent l'Adriatique, tandis que le majestueux vestibule présente un escalier en spirale tout aussi majestueux.

Mais Cavtat est avant tout connue pour sa somptueuse architecture Renaissance, comme en témoignent le **monastère de Notre-Dame-des-Neiges** (XVIe siècle), l'**église Saint-Nicolas** et le **palais du Recteur** (XVIe siècle) – ce dernier abrite désormais la collection de manuscrits de Valtazar Bogišić. Œuvre d'Ivan Meštrović, sculpteur croate majeur, le **mausolée de la famille Račić**, érigé dans les années 1920 dans le cimetière de Cavtat, sur la péninsule de Rat, mérite amplement la visite.

MAISON DE VLAHO BUKOVAC

L'un des peintres les plus connus et les plus appréciés de Croatie, Vlaho Bukovac, est né à Cavtat, et la maison où il vivait et travaillait est désormais un **musée** en son honneur, avec une reconstitution de son atelier.

Même si vous n'êtes pas amateur d'art, l'intérieur XIXe siècle restauré de la maison donne un aperçu de la vie à Cavtat à l'époque. Et si vous aimez l'art, vous serez enchanté par les émouvants portraits du peintre, dont beaucoup représentent des anonymes de la vallée de Konavle ; même après s'être installé à Prague, Bukovac continua à peindre les gens qu'il avait connus et aimés dans la région de son enfance.

OÙ SE RESTAURER À CAVTAT

Bugenvila
Le meilleur menu, le meilleur service et la meilleure ambiance sur le front de mer. Service impeccable. **€€**

Ludo More
Restaurant avec vue sur la mer à l'écart de l'artère principale, proposant des recettes de la mer locales. Pêche du jour. **€**

Spinaker
De l'autre côté de la baie, avec vue sur la vieille ville. Oubliez le menu et tenez-vous-en aux huîtres. **€€**

Vallée de Konavle

ARTISANAT UNIQUE | FOLKLORE ÉTONNANT | PLAGES ISOLÉES

Pour les infos pratiques, voir le Carnet d'adresses p. 303

À SAVOIR

L'aéroport de Dubrovnik (qui possède au passage la plus longue piste de Croatie) étant situé en plein cœur de la vallée de Konavle, il est intéressant de passer une nuit dans la région en arrivant ou juste avant de repartir, pour des raisons de commodité mais aussi pour profiter de la tranquillité des lieux.

COMMENT CIRCULER

Pour découvrir les charmants villages de cette région rurale, le mieux est de louer une voiture ou de participer à un circuit organisé. Vous pouvez aussi prendre un bus pour Cavtat, Čilipi, Dubravka, Molunat ou Vitaljina à la gare routière de Dubrovnik, mais les départs sont peu fréquents, de nombreuses lignes ne proposant qu'un bus par jour au mieux. Consultez les horaires sur le site de Libertas Dubrovnik.

On ne manque ni de cœur ni d'âme dans la vallée rurale de Konavle, région la plus orientale de Croatie qui s'étend le long de la frontière monténégrine à l'est de Dubrovnik. Les collines couvertes de vignes et d'oliveraies sont ponctuées d'une trentaine de villages peuplés depuis plus de 1 000 ans de fermiers et d'artisans.

Si vous demandez à un habitant de Dubrovnik d'où viennent ses parents ou ses grands-parents, la réponse sera probablement un village du Konavle (à l'exception peut-être d'éventuels insulaires des Élaphites). Les travailleurs de cette superbe région ont maintenu la république à flot en lui fournissant ses principaux produits d'exportation. En s'aventurant hors de Cavtat, la plus grande localité de la région, on découvre des musées, des spectacles de danse traditionnelle, de ravissantes églises et d'excellentes tables, illustrations de la riche culture de cette région où des sentiers discrets mènent à des plages secrètes d'une beauté sans pareille.

Les fils du temps

Les textiles uniques du Konavle

Pratiquée dans les 34 villages à l'est de Dubrovnik, la **broderie** du Konavle est un artisanat unique et fascinant, vieux de plusieurs siècles. Des motifs angulaires répétitifs et colorés, resplendissant de rouges, de jaunes et parfois de verts, ornent les vêtements cousus à partir de soies maison. Les femmes de la vallée portent ces tenues brodées par leurs soins lors d'occasions spéciales comme les mariages et les fêtes locales depuis des siècles, et la tradition se perpétue aujourd'hui. Pour voir ces femmes parées de leurs plus beaux atours, il suffit d'être à Dubrovnik le 3 février lors des célébrations de la Saint-Blaise, où elles viennent par milliers.

Si aujourd'hui la plupart de ces parures sont d'anciens objets de famille, certaines habitantes du Konavle font perdurer la broderie artisanale.

C'est dans des villages comme Čilipi que cet art s'est développé. Les aristocrates fortunés de la vieille ville ne cousaient pas eux-mêmes, préférant acheter leurs vêtements aux villageois qui en apportaient chaque jour en ville. Il est donc naturel que le **musée ethnographique du Konavle**, installé à Čilipi, soit le meilleur endroit pour découvrir ce fascinant artisanat local, ainsi que d'autres activités historiques comme la cordonnerie. Le musée d'origine fut détruit lors de la guerre des années 1990, mais des conservateurs dévoués ont reconstitué la collection grâce aux dons de la population locale ; le musée compte désormais 600 costumes traditionnels et autres objets artisanaux.

Kupari et les hôtels de la baie

Une journée idéale pour les amateurs d'édifices historiques

La baie de Župa, à Kupari, était jadis flanquée de cinq hôtels magnifiques, dont les structures angulaires de béton se délabrent aujourd'hui peu à peu. L'Hotel Pelegrin, l'Hotel Kupari, l'Hotel Goričina I et l'Hotel Goričina II étaient tous sortis de terre dans les années 1960 dans le cadre d'un projet de station balnéaire réservée à l'élite de l'Armée populaire yougoslave (JNA), encerclant de manière incongrue l'Hotel Grand, le plus ancien, ouvert dans les années 1920.

SOCIÉTÉ DES ARTS ET DE LA CULTURE DE ČILIPI

Pour vous imprégner de la culture du Konavle, ne manquez pas les spectacles donnés sur la jolie place arborée du village de Čilipi.

Tous les dimanches à 11h15 (juste après la messe) la Société des arts et de la culture de Čilipi, qui œuvre à la survie des danses locales depuis 1954, propose des démonstrations de danse, notamment de *potkolo* (la plus ancienne danse folklorique croate connue), de *poskočica* et enfin de *čičak*, une danse plus enjouée. Un mariage traditionnel du Konavle est ensuite mis en scène, suivi d'une *klapa*, un chœur de chants a cappella dalmates. À la fin du spectacle, les spectateurs sont invités à se joindre à une danse. Bon courage !

Ces spectacles ont lieu du dimanche de Pâques à début novembre, mais dépendent de la météo car ils se déroulent en plein air.

OÙ SE RESTAURER DANS LA VALLÉE DE KONAVLE

Kameni Mlin
Ne manquez pas ce restaurant, musée et école de cuisine près de Čilipi. Faites-vous servir ou mangez vos propres œuvres. €€

Konavoski Dvori
À Ljuta, au pied d'une cascade, une cuisine croate d'exception servie par un personnel en tenue traditionnelle. €€

Konoba Ivankovi
Modeste bistrot dans le village de Mihanići. Spécialités croates cuisinées par la grand-mère de la famille. €

PLAGE DE PASJAČA

La plage la plus prisée – et pourtant la mieux cachée – de la vallée de Konavle est celle de Pasjača. Isolée et loin de tout, c'est une plage sans ombre baignée des eaux les plus sublimes que vous ayez jamais vues.

Le seul hic est l'escalier de 500 marches à flanc de falaise qu'il faut descendre pour atteindre la plage. L'escalier et la rampe sont bien entretenus mais ne sont pas une mince affaire. Et une fois en bas, il n'y a rien – aucun réseau, aucun commerce – juste une tranquillité absolue.

Pour vous y rendre, passez par Popovići avant de suivre une route étroite – quelques panneaux indiquent le chemin.

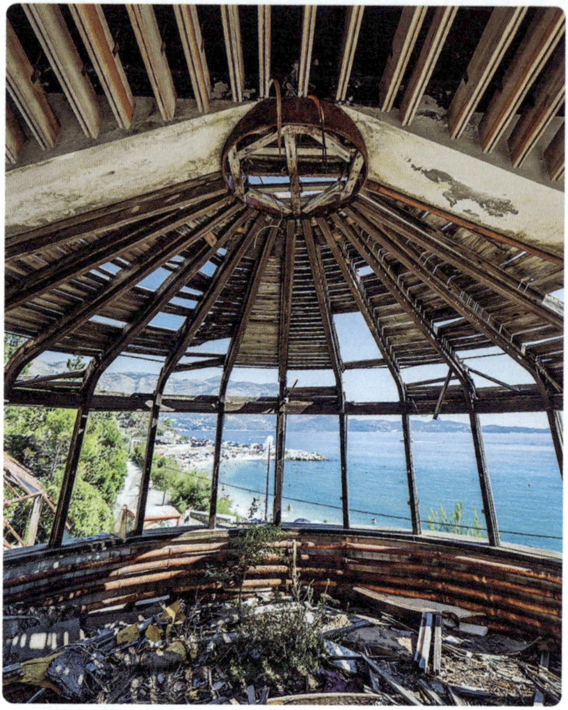

FOTOKON/SHUTTERSTOCK ©

Vue sur la mer Adriatique, Kupari **(p. 291)**

L'ensemble pouvait accueillir jusqu'à 1 600 clients, sans compter les campings installés parmi les bosquets où pouvaient loger 4 000 personnes supplémentaires. Le président Tito lui-même y avait une villa située à quelques centaines de mètres en retrait de l'Hotel Pelegrin. À partir des années 1980, le complexe accueillit également des touristes du nord de l'Europe, dont on se demande encore comment ils pouvaient tous tenir sur la minuscule plage.

Comme tant d'autres chefs-d'œuvre de l'architecture yougoslave, les hôtels de Kupari tombent aujourd'hui en ruine, laissés à l'abandon depuis la guerre. Moins impressionnant d'un point de vue architectural, mais plus ancien, l'**Hotel Grand** est classé monument national, tandis qu'on ne sait pourquoi, l'œuvre bien plus intéressante du célèbre architecte David Finci, originaire de Sarajevo et concepteur du splendide **Hotel Pelegrin** (sorte de pyramide inversée à l'extrémité nord de la baie, côté Dubrovnik), est complètement ignorée malgré ses contributions aux canons de l'architecture internationale, qui firent pourtant l'objet d'une grande exposition au MoMa de New York.

La rumeur court d'un rachat de l'ensemble de la baie par la chaîne hôtelière Four Seasons. Amateurs d'architecture, hâtez-vous – il ne vous reste peut-être plus beaucoup de temps pour admirer certaines des plus belles réalisations de l'architecture moderniste européenne.

Korčula

HISTOIRE | ÉDIFICES MAJESTUEUX | PRODUITS LOCAUX

L'île de Korčula, qui occupe une place de choix dans le cœur des Croates et des amoureux de la Croatie, est accessible en ferry depuis Split ou Dubrovnik, mais entretient avec cette dernière des liens plus étroits depuis plusieurs siècles, au point que sa vieille ville est parfois surnommée la "mini-Dubrovnik". C'est bien sûr un grossier raccourci, Korčula possédant des sites de l'âge du fer et des grottes mésolithiques datant de 20 000 ans avant notre ère, bien plus anciens donc que la "perle de l'Adriatique". La ressemblance est cependant palpable sur les remparts et dans les rues pavées de marbre de la vieille ville.

L'empire vénitien tint Korčula d'une main de fer de 1420 à 1797, laissant derrière lui de splendides édifices gothiques. Au-delà de l'impressionnante vieille ville, l'île est un trésor de vignobles, d'oliveraies et de petits villages aux cultures spécifiques bien vivantes. Cet arrière-pays peu exploré par les touristes est un bonheur à découvrir.

Pour les infos pratiques, voir le Carnet d'adresses p. 303

À SAVOIR

Réservez un hébergement hors de la vieille ville de Korčula ; l'île compte d'innombrables appartements de vacances fantastiques, aux propriétaires accueillants et aux prix bien moins élevés que ceux des hôtels et pensions de la vieille ville.

Première étape : la vieille ville

Une ville fortifiée splendide

La grandiose incarnation actuelle de la vieille ville de Korčula date du XVe siècle. Les forteresses à tourelles disséminées le long des remparts protégeaient ce poste avancé de la république vénitienne des invasions.

La **porte de la ville de Korčula**, entrée principale de la vieille ville, est une tour majestueuse ornée d'une imposante gravure du lion de Venise. Le pont-levis d'origine a disparu depuis longtemps, mais les larges marches en pierre qui l'on remplacé magnifient l'entrée de la ville (mais ne sont pas évidentes à négocier avec une lourde valise). Dans la vieille ville vous attendent de superbes édifices gothiques et Renaissance. Le plan des rues pavées de marbre suit une disposition ingénieuse permettant au *maestral* (vent du nord) de rafraîchir la ville en été tout en affaiblissant le souffle de la bora (vent froid du nord-est) en hiver.

COMMENT CIRCULER

Pour vous rendre sur Korčula, prenez un ferry Jadrolinija ou Krilo pour Vela Luka à l'ouest de l'île ou pour la ville de Korčula, à l'est. Des bus partent de la gare routière de Korčula (jouxtant le port des ferries) vers Blato, Lumbarda et Vela Luka. Consultez le site d'Arriva (www.arriva.com.hr/en-us/dalmatia/korcula) pour les horaires, variables selon la saison.

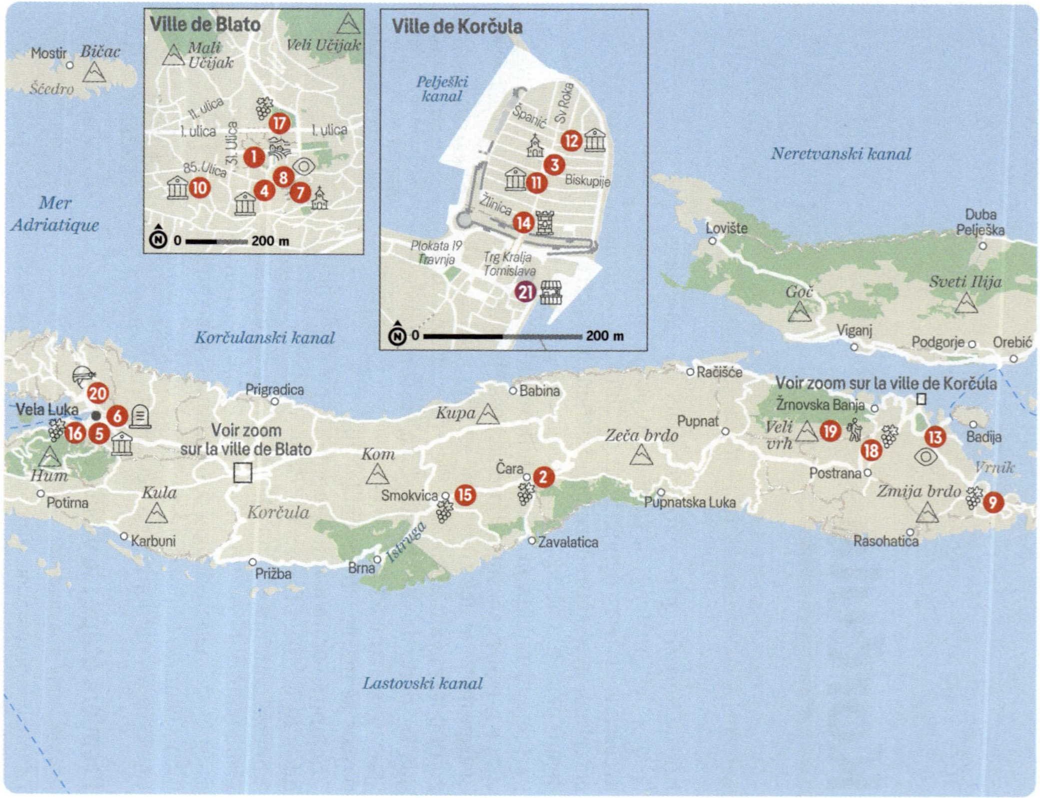

VOIR
1 Blato
2 Čara
3 Cathédrale Saint-Marc
4 Centre culturel de Blato
5 Centre culturel de Vela Luka
6 Cimetière Saint-Roch
7 Église de Tous-les-Saints
8 Loggia vénitienne
9 Lumbarda
10 Maison-musée Barilo
11 Musée de la Ville de Korčula
12 Musée Marco Polo
13 OPG Komparak
14 Porte de la ville de Korčula
15 Smokvica
16 Vela Luka
17 Vignoble Blato
18 Žrnovo

ACTIVITÉS, COURS ET CIRCUITS ORGANISÉS
19 Forêt de Kočje
20 Vela Spila

SORTIR
21 Nuit des pêcheurs

Ne manquez pas l'imposante **cathédrale Saint-Marc**, construite en calcaire par des artistes italiens et locaux au XVe siècle, dans un style mêlant gothique et Renaissance. Visitez également le **musée de la Ville**, installé dans le palais Gabrielis du XVIe siècle, qui retrace l'histoire et les cultures spécifiques de l'île.

Le berceau de Marco Polo ?

L'explorateur est-il né à Korčula ?

Impossible de passer à côté de ce mythe si vous visitez la vieille ville et notamment le **musée Marco Polo**. Marco Polo, l'un des explorateurs les plus célèbres de tous les temps, était à coup sûr vénitien, et à l'époque Korčula l'était également. S'il n'existe aucune preuve qu'il soit né à Korčula, des documents attestent qu'une famille du nom de Polo y a vendu la maison de la vieille ville identifiée comme la sienne. D'autre part, l'explorateur est enterré dans la section slave du cimetière de Venise, ce qui suggère qu'il était effectivement *schiavone* – terme vénitien désignant les personnes d'origine dalmate. Le doute est donc permis, mais n'évoquez pas le sujet en Italie.

Ravissante Lumbarda

Filez tout droit vers ce havre de paix

Au cœur du coin le plus idyllique de l'île, au sud-est de la ville de Korčula, Lumbarda possède un petit centre-ville construit autour de son vieux port de pêche. C'est là que tout l'été se tiennent chaque vendredi soir la **Nuit des pêcheurs**, un marché alimentaire le long du front de mer où les habitants vendent leurs produits, bavardent et mangent allègrement.

Lumbarda se caractérise avant tout par ses paysages constellés de vignobles. On y produit du vin en famille depuis des siècles, et certains vignobles ouvrent depuis quelques années leurs portes au public pour des visites et des dégustations. Le choix de vignobles à visiter est étourdissant, mais notez que comme tous les points de vente ne proposent que leurs vins maison, certains crus seront sûrement épuisés si vous arrivez trop tard dans la saison (à partir de fin septembre). Une fois qu'il n'y a plus de *grk*, il faut attendre l'année suivante.

Une île entièrement bio

L'agriculture moderne n'a pas sa place à Korčula

Le terme “agrotourisme” est parfois utilisé à la légère, mais pas à Korčula. L'agriculture n'a jamais été modernisée sur l'île, dont le vin, l'huile d'olive, le miel et même le gin sont

POURQUOI J'AIME KORČULA

Lucie Grace, auteure
“J'ai eu la chance de trouver en 2021 un super travail à Lumbarda, sur Korčula, et cette ville aura toujours une place à part dans mon cœur.

Au cours de trois étés de visites sur l'île, j'ai découvert des habitants créatifs, enthousiastes mais aussi humbles : conscients de vivre dans un endroit unique, ils ne s'en vantent pas plus que ça, préférant se contenter de vous faire découvrir leur île autant que possible.

L'atelier nautique Atelier/Studio Korčula et les apiculteurs/producteurs de gin d'OPG Komparak sont deux exemples de ce que j'aime à Korčula, même si j'aime aussi, je l'avoue, lézarder au soleil sur les plages de l'île”.

LE TOP DES RESTAURANTS DE KORČULA

LD Restaurant, Korčula
Restaurant étoilé au Michelin sur les remparts de la ville. Poisson de saison, bœuf local et incroyables gyozas. **€€€**

Atrij Žrnovo, Žrnovo
Cuisine croate traditionnelle et excellentes grillades. Goûtez les *žrnovski makaruni* (pâtes maison). **€**

Agroturizam Grubinjac, Žrnovo
Ferme perchée dans les collines surplombant la vieille ville et la côte. Tout est pêché ou fait sur place. **€€**

FORÊT DE KOČJE

La forêt de Kočje, où les habitants aiment à se promener, est une superbe étendue de nature sauvage. On s'y balade en toute sérénité grâce à des sentiers de petits cailloux bien entretenus et bien balisés de panneaux d'information.

La forêt fut jadis le théâtre d'une histoire tragique mais pleine de poésie. Pendant la Seconde Guerre mondiale, la population était divisée entre fascistes et communistes, et les tueries n'étaient pas rares. Un jour, un couple d'époux fut assassiné au fin fond de la forêt, et à l'endroit de leur mort poussèrent deux arbres qui grandirent entrelacés. La population en a conclu que l'esprit des amants avait survécu dans ces arbres mêlés.

GREENS AND BLUES/SHUTTERSTOCK ©

Vignoble sur l'île de Korčula

produits selon des méthodes traditionnelles ancestrales, sans pesticides ni équipements modernes. Les habitants sont fiers de cet état de fait, et ne demandent qu'à en parler, en particulier l'équipe d'**OPG Komparak**. Ce fantastique espace éducatif situé entre la vieille ville de Korčula et Lumbarda propose des dégustations - impossible de repartir les mains vides.

Vins de l'île

Korčula et le vin, une longue histoire

La viticulture est la principale activité agricole sur Korčula depuis le IVe siècle av. J.-C. Ce sont les Grecs qui commencèrent à cultiver la vigne sur l'île, profitant des sols fertiles et du climat propice. Il va donc sans dire que les vignobles ne manquent pas, et l'on y cultive souvent des cépages qu'on ne trouve nulle part ailleurs : le *grk* est un blanc fruité produit à Lumbarda et dans la partie orientale de l'île, tandis que le *pošip*, cultivé à Čara et Smokvica, donne des blancs plus corsés et légèrement épicés. Sans oublier la plus grande fierté de la Dalmatie, le *plavac mali*, un rouge divinement robuste produit sur l'île comme sur le continent.

Si **Čara**, **Lumbarda** et **Smokvica** concentre les vignobles les plus réputées, vous en trouverez d'autres, plus petits, dans les alentours de presque tous les villages de l'île. N'hésitez pas à découvrir ceux de **Blato**, **Vela Luka** ou **Žrnovo**.

La Vela Luka d'Oliver

Terre natale du plus célèbre crooner croate

Oliver Dragojević, le Sinatra croate, affectueusement surnommé "Oliver", a bercé des générations avec ses tubes

LE TOP DES BARS DE KORČULA

Mariola Wine Bar, Korčula
Marija sert les meilleurs vins de l'île et vous aidera à choisir quoi goûter et quoi acheter.

Do-Bar, Vela Luka
Idéalement situé sur le port, avec vue sur la mer, cocktails, dégustations et associations vins-plateaux de charcuterie.

Caffe Bar Prvi žal, Lumbarda
Changez un peu des caves et essayez ce bar en bord de mer pour siroter d'excellents cocktails entre deux plongeons.

pop, jazz et blues pendant 40 ans. Également apprécié de la diaspora croate à travers le monde, il fit notamment salle pleine à l'opéra de Sidney, au Royal Albert Hall de Londres et au Carnegie Hall de New York. Originaire de Vela Luka, petit port de pêche à l'extrémité occidentale de Korčula, Oliver immortalisa le village à travers des chansons émouvantes et sincères. Vous pourrez y voir sa tombe, toujours fleurie, dans le cimetière à flanc de colline de **Saint-Roch**, tandis qu'une maison commémorative avec une statue faisant face aux ferries doit ouvrir prochainement.

Les secrets ancestraux de Blato

Village gardien de la culture de Korčula

Le village méconnu de **Blato** est un petit joyau doté d'une riche histoire. Commencez votre visite par l'imposante **loggia vénitienne** et l'**église de Tous-les-Saints** avant une plongée dans le monde merveilleux du **centre culturel de Blato**. Le musée renferme poteries, bijoux et armes provenant d'une nécropole de l'âge du fer au nord-ouest du village, la **colline fortifiée de Kopila**. Ces objets furent enterrés par les Illyriens en compagnie de centaines d'enfants, ce que les archéologues ne s'expliquent pas, aucune autre nécropole d'enfants n'ayant jamais été découverte ailleurs en Méditerranée. Le site était ouvert aux visites pendant que des archéologues de Croatie et d'ailleurs travaillaient à y chercher des réponses, mais il a été recouvert depuis afin de protéger l'incroyable structure, dont des photos sont exposées dans le centre culturel.

Faites ensuite un bond de 2 000 ans vers le présent pour découvrir la collection ethnographique de la ravissante **maison-musée Barilo**, une déclaration d'amour au Blato d'antan. Plus de 60% des objets ménagers (datant de la fin du XIXe siècle et du début du XXe) proviennent de l'héritage familial des propriétaires, qui vous feront découvrir avec enthousiasme la maison dans laquelle ils sont nés. Grâce aux dons des habitants, la collection est riche d'objets illustrant la vie aristocratique à Blato.

En outre, si la **kumpanija**, danse traditionnelle avec des épées, est pratiquée dans de nombreux villages de Korčula, il est rare de la voir exécutée en dehors de spectacles spécialement organisés pour les touristes. Blato fait exception. À l'occasion de la Saint-Vincent, le 28 avril, tous les villageois des environs se retrouvent dès le matin sur la place où se produisent alors une fanfare et des majorettes. L'après-midi, la *kumpanija* investit les rues du village – un événement unique que vous n'oublierez pas de sitôt.

VELA SPILA, LA GRANDE GROTTE

Les captivants mystères de **Vela Spila**, la "grande grotte" en croate, fascinent les historiens. Qui l'habitait ? Comment vivaient-ils ? Tout ce que l'on sait, c'est que cette grotte à flanc de colline, au-dessus de Vela Luka, fut occupée par des humains à partir de 20 000 av. J.-C.

En 2006, des fouilles ont permis d'y retrouver des artéfacts en céramique vieux de 17 500 ans, qui sont les seuls exemples d'art figuratif en céramique de la période paléolithique jamais découverts dans le sud-est de l'Europe.

Visitez la grotte avant d'aller voir ces objets dans le petit **centre culturel de Vela Luka** (en cours de rénovation, mais doit rouvrir courant 2024).

OÙ DÉGUSTER DU VIN À KORČULA

Vignoble Popić, Lumbarda
Tenu depuis trois siècles par la même famille. Produit de délicieux *grk* à déguster sur une terrasse avec vue sur la mer.

Pošip 'PZ', Čara
Vignoble d'exception et coopérative où participe le village pour produire le meilleur *pošip* de Croatie.

Vignoble Tasovac, Žrnovo
Dégustez le *pošip* primé et le *grk* récemment ajouté à l'offre de votre hôte Sanja dans sa ravissante maison familiale.

Île de Mljet

RANDONNÉE | VIE LOCALE | PAYSAGES D'EXCEPTION

Pour les infos pratiques, voir le Carnet d'adresses p. 304

À SAVOIR

Le vélo électrique est idéal pour explorer le parc national (interdit aux voitures et motos). Vous pourrez en louer à Pomena et à Polače. Le chemin qui borde les lacs est facile et très pittoresque.

COMMENT CIRCULER

Mljet possède trois ports pour les ferries : Sobra, dans le centre de l'île, ainsi que Polače et Pomena, dans le parc national. Il y a deux lignes de bus, mais peu pratiques pour visiter l'île. Louez plutôt une voiture, un scooter ou un vélo. Vous pouvez aussi découvrir le parc en louant un kayak ou une barque.

Couverte de forêts, Mljet est l'une des îles les plus séduisantes de l'Adriatique. Si la création du parc national en 1960, à son extrémité ouest, l'a fait connaître aux touristes, Mljet n'est pas pour autant envahie par la foule. La plupart des visiteurs se contentent d'une excursion d'une journée dans le superbe parc national. Mais le reste de l'île – qui aurait, selon la légende, retenu Ulysse pendant sept ans –, est un havre de paix, où vous attendent des villages et des plages parmi les plus idylliques de toute la Croatie.

Les habitués prennent le car-ferry à Prapratno, sur le continent, et débarquent dans la jolie Sobra. De là, il est possible d'explorer les splendides villages figés dans le temps comme Babino Polje, Maranovići et Saplunara, reliés par l'une des plus belles routes du monde, la D120.

Mljet mérite amplement son surnom d'"île Verte" : ses paysages escarpés et sauvages semblent presque inhabitables. Pourtant les Romains s'y établirent en 35 av. J.-C., et développèrent Polače en construisant un palais, des thermes et des logements pour les serviteurs. Alors, prêt pour une virée hors des sentiers battus ?

Prenez racine au parc national de Mljet

Connectez-vous avec la nature

Le parc national de Mljet est une merveille. Avec 300 km de sentiers à parcourir à pied ou à vélo, cinq villages, deux

OÙ SE RESTAURER SUR L'ÎLE DE MLJET

Mali Raj, Govedari
En bord de lagune du parc national. Addition un peu salée, à régler en espèces. €€

Konoba Adio Mare, Pomena
Excellent restaurant local. Arrosez vos calamars ou votre risotto de fruits de mer d'un vin local en regardant la baie. €€

Stella Maris, Polače
Nika et Sandro sont des hôtes parfaits. Leurs ragoûts de poisson à la *peka* (sous cloche) sont exceptionnels. €€

superbes **lacs salés** (Malo Jezero, le "petit lac", et Veliko Jezero, le "grand lac") et une fantastique île à l'intérieur de l'île, on peine à comprendre pourquoi l'endroit ne suscite pas autant d'engouement que Plitvice (p. 202). L'entrée est moins chère, il est plus facile de s'y orienter et on peut s'y baigner un peu partout. Même les poulpes s'y sentent bien : la stratification de l'eau des lagunes, qui fait que la température de l'eau sous les 20 m de profondeur reste stable toute l'année, garantit une nourriture abondante dont profite une grande biodiversité.

Depuis l'arrivée des moines bénédictins, qui bâtirent au XIIe siècle un monastère sur l'**îlot Sainte-Marie** (Sveta Marija), au milieu du Veliko Jezero, les habitants s'efforcent de préserver l'environnement idyllique de Mljet, veillant à ce que l'île demeure aussi luxuriante, verdoyante et propre qu'au premier jour. Aujourd'hui, des bénévoles travaillent sans relâche à l'entretien des chemins et des murs de pierre sèche, et s'assurent que les lagunes restent vierges de tout déchet plastique. Quant aux pompiers, ce sont les habitants du parc. Lorsqu'un des innombrables pins d'Alep est touché par la foudre, ce qui arrive fréquemment, les flammes sont généralement maîtrisées en moins de 20 minutes grâce à la réactivité et à la détermination des 250 habitants répartis dans les cinq villages de **Babina Kuće**, **Goveđari**, **Polače**, **Pomena** et **Soline**.

À Polače, charmant village proche de l'entrée du parc, vous ne pourrez pas manquer le palais romain, un impressionnant édifice qui se dresse sur le front de mer. Construit vers le Ve siècle, ce palais présente un tracé rectangulaire au sol et des tours aux deux angles extérieurs, séparées par une digue.

SAINT PAUL

Arrêté à Jérusalem par les Romains, Paul de Tarse fut embarqué sur un bateau devant le conduire à Rome pour son procès. Selon les Actes des Apôtres, le navire s'échoua en route sur une île appelée Melita. Était-ce Mljet, ou Malte, comme l'affirment catégoriquement les Maltais ? Les deux îles étaient alors appelées Melita ("miel", en grec), et toutes deux étaient potentiellement sur le trajet. La plupart des traductions ont opté pour Malte. Pourtant, une référence faite à la mer Adriatique renforcerait l'argument en faveur de Mljet.

Carnet d'adresses

DUBROVNIK

Chemin de Croix
Voir p. 273 (Križni put ; Jadranska cesta, Srđ)

Église Saint-Blaise
Voir p. 272 (Crkva Sv Vlahe ; 020-323 459 ; entrée libre ; Luža Sq ; messe 17h lun-sam, 8h et 12h dim, horaires plus longs juin-sept)

Église Saint-Ignace-de-Loyola
Voir p. 276 (Crkva Sv Ignacija Lojolskoga ; 020-323 500 ; www.isusovcidubrovnik.com ; Poljana Ruđera Boškovića 6 ; entrée libre ; 7h-20h)

Fort Saint-Laurent
Voir p. 281 (Tvrđava Lovrjenac ; 020-638 800 ; dpds.hr ; Pile ; tarif plein/réduit avec billet des remparts 35/15 € mars-oct, 15/5 € nov-fév ; 8h-18h30 avr-oct, 9h-15h nov-mars)

Gornji Ugao
Voir p. 281 (Ispod Minčete 2 ; tarif plein/réduit avec billet des remparts 35/15 € mars-oct, 15/5 € nov-fév ; 10h-17h tlj mai-oct)

Grande fontaine d'Onofrio
Voir p. 276 (Velika Onofrijeva fontana ; Poljana Paska Miličevića)

Hotel Belvedere
Voir p. 274 (Vlaha Bukovca 27)

Mémorial des défenseurs de Dubrovnik
Voir p. 272 (Spomen soba poginulih Dubrovačkih branitelja ; 020-321 032 ; Palais Sponza ; entrée libre ; 9h-21h mai-oct, 10h-15h nov-avr)

Monastère bénédictin
Voir p. 275 (Benediktinski samostan ; 020-311 738; www.lokrum.hr ; Lokrum ; trajet bateau et visite de Locrum tarif plein/5-18 ans 27/5 € ; 24h/24, bateau sam-dim fév-mars, tlj avr-déc)

Monastère dominicain et musée
Voir p. 276 (Dominikanski samostan i muzej ; 020-322 200 ; Sv Dominika 4 ; tarif plein/réduit/-14 ans 5/3 €/gratuit ; 9h-18h Pâques-oct, 9h-16h nov- Pâques)

Monastère franciscain et musée
Voir p. 276 (Franjevački samostan i muzej ; 020-321 410, 020-641 111 ; Placa 2 ; tarif plein/réduit 6/3 € ; 9h-18h avr-oct, 9h-14h nov-mars)

Musée maritime
Voir p. 276 (Pomorski muzej ; 020-323 904 ; www.dumus.hr ; Tvrđava Sv Ivana ; tarif plein/réduit 10/7 € ; 9h-18h jeu-mar avr-oct, 9h-16h jeu-mar nov-mars)

Palais du Recteur
Voir p. 270 (Knežev dvor ; 020-321 497 ; www.dumus.hr ; Pred Dvorom 3 ; tarif plein/réduit 15/8 €, pass multi-musées 20/10 € ; 9h-18h tlj avr-oct, 9h-16h tlj sauf lun nov-mars)

Palais Sponza
Voir p. 272 (Palača Sponza ; 020-321 031 ; dad.hr ; Placa bb ; mai-oct/nov-avr gratuit/3,5 € ; 9h-21h mai-oct, 10h-15h nov-avr)

Red History Museum
Voir p. 278 (Muzej crvene povijesti ; 020-205 247 ; www.redhistorymuseum ; Svetog Križa 3, Gruž ; tarif plein/réduit/-10 ans 9/3,60 €/gratuit ; 10h-20h tlj avr-oct, 11h-17h tlj sauf dim nov-mars)

Remparts de la ville
Voir p. 280 (Gradske zidine ; 020-638 800 ; wallsofdubrovnik.com ; dpds.hr ; tarif plein/réduit 35/15 € mars-oct, 15/5 € nov-fév ; 8h-19h30 juin à déb août, 8h-19h mai et août, 8h-18h30 déb sept, 8h-18h avr et fin-sept, 8h-17h30 déb oct, 8h-17h fin-oct, 8h-15h nov-déc, 9h-15h jan-mars)

Synagogue
Voir p. 276 (Sinagoga i Židovski muzej ; carte p. 306 ; 020-321 204 ; Žudioska 5 ; 10 € ; 10h-20h lun-ven avr-nov, 9h-15h lun-ven nov-mars)

Téléphérique
Voir p. 263 (Žičara ; 020-414 355 ; www.dubrovnikcablecar.com ; Petra Krešimira IV bb, Ploče ; tarif plein/réduit aller-retour 27/7 €, aller simple 15/4 € ; 9h-minuit juin-août, 9h-23h mai et sept, 9h-21h avr, 9h-20h oct, 10h-17h mars)

War Photo Limited
Voir p. 274 (020-322 166 ; www.warphotoltd.com ; Antuninska 6 ; tarif plein/réduit 10/6 € ; 10h-22h mai-sept, 10h-17h avr et oct)

Crvik Winery
Voir p. 278 (020-771 230 ; www.crvik-wine.com ; Kotari 12, Komaji, Čilipi ; dégustation 17,50-110/22-140 €/pers, selon la taille du groupe ; sur rdv lun-ven avr à mi-nov)

Domagoj Žeravica
Voir p. 277 (info@deliciousdubrovnik.com ; 16h et 19h tlj)

KAMILA KOZIOL/ISTOCKPHOTO.COM ©

Clocher de l'église Saint-Nicolas, Cavtat (p. 289)

Ivan Vuković
Voir p. 274 (020-432 680, 098 328 554 ; dubrovnik-tourist-guides.com ; circuit 2 heures, 150 € ; tte l'année)

Caffe Bar Salvatore
Voir p. 281 (098 169 80 62 ; Braće Andrijića 7 ; 8h-minuit lun-dim avr-oct)

Lady Pi-Pi
Voir p. 273 (020-321 154 ; @lady_pi_pi ; Peline 25c ; 9h-21h30, fermé hiver)

Nishta
Voir p. 274 (020-322 088 ; www.nishtarestaurant.com ; Prijeko bb ; 11h30-23h30 lun-sam ;)

Peppino's Gelato
Voir p. 276 (peppinosgelato.com ; Od Puča 9 ; 11h-20h tlj)

Restaurant 360°
Voir p. 273 (020-322 222 ; www.360dubrovnik.com ; Sv Dominika bb ; 18h30-22h30 mar-dim avr-oct ;)

Trattoria Carmen
Voir p. 273 (098 943 86 30 ; www.trattoria-carmen-dubrovnik.com ; Kneza Damjana Jude 10 ; 11h-23h tlj sauf lun)

Urban & Veggie
Voir p. 274 (095 326 25 68 ; urbanveggie.restaurant ; Stjepana Radića 13 ; 8h-23h tlj sauf dim été, 10h-22h basse saison)

Vege Dub
Voir p. 274 (091 615 14 66 ; www.vegedub.com ; Vetranićeva 2 ; 10h-2h tlj)

Beach Bar Dodo
Voir p. 272 (099 689 84 95 ; dododubrovnik.com ; Od Kolorine Tabakarije 37 ; 9h-1h tlj mi-avr à oct)

Bikers Cafe
Voir p. 273 (091 764 69 19 ; www.facebook.com/bikerscaffedubrovnik ; Kralja Petra Krešimira IV. 39 ; 7h-tard, lun-ven, 8h-tard sam-dim)

Club Revelin
Voir p. 274 (020-436 010 ; www.clubrevelin.com ; Sv Dominika 3 ; 23h-6h tlj juin-sept, sam oct-mai)

Dubrovnik Beer Company
Voir p. 278 (095 356 96 20 ; www.dubrovackapivovara.hr ; Ivana Pavla II 15 ; visite 55 € ; 15h-23h dim-jeu, 15h-minuit ven-sam)

D'Vino
Voir p. 277 (020-321 130 ; dvino.net ; Palmotićeva 4a ; visite et dégustation 3 vins 15-30 €, visite et dégustation 60-100 € ; restaurant 10h-tard tlj, visite et dégustation sur rdv)

Glam Bar
Voir p. 272 (091 151 82 57 ; www.facebook.com/glamdu ; Palmotićeva 5 ; 9h-2h lun-sam, 10h-2h dim été, jusqu'à minuit en basse saison, fermé jan à fin-mars)

Love Bar
Voir p. 278 (095 227 56 83 ; lovebardubrovnik.com ; Andrije Hebranga 95 ; 12h-2h lun-sam, 14h-2h dim)

Soul Caffe & Rakhija Bar
Voir p. 272 (095 199 85 07 ; www.facebook.com/profile.php?id=100057341144840 ; Uska 5 ; 8h-2h tlj, fermé hiver)

Carnaval
Voir p. 274 (4 mars 2025)

Centre artistique Lazareti
Voir p. 274 (Art Radionica Lazareti ; 020-324 633 ; www.arl.hr ; Frana Supila 8 ; 11h19h lun-ven)

Club Lazareti
Voir p. 274 (095 791 50 33 ; www.facebook.com/lazaretidbk ; Frana Supila 8 ; 23h-5h ven-sam)

Festival d'été de Dubrovnik
Voir p. 274 (Dubrovačke ljetne igre ; 020-326 100 ; www.dubrovnik-festival.hr ; juil-août)

Fête de Saint-Blaise
Voir p. 274 (Festa sv. Vlaha ; festa.hr ; 3 fév)

Bačan Souvenirs
Voir p. 277 (Suveniri Bačan ; 020-321 121 ; www.facebook.com/souvenirs.bachan ; Prijeko 6 ; 9h30-15h30 tlj, 17h30-20h30 lun-sam)

Île de Mljet (p. 298)

Discover Croatia
Voir p. 277 (☎091 325 00 03 ; www.facebook.com/discovercroatia.shop ; Stradun 5 ; ⏲9h-21h tlj)

Life According to Kawa
Voir p. 277 (☎091 89 67 509 ; kawa.life ; Hvarska 2, Ploče ; ⏲9h-21h tlj sauf dim été, 10h-18h hiver)

Marché de Gruž
Voir p. 278 (Tržnica Gruž ; Stjepana Radica 21 ; ⏲7h-12 lun-sam)

Marché de Gundulićeva
Voir p. 276 (Gundulićeva poljana ; ⏲7h-18h lun-sam)

Marché de l'Avent
Voir p. 275 (Porte Pile et Stradun ; ⏲jan-déc)

ENVIRONS DE DUBROVNIK

Arboretum de Trsteno
Voir p. 284 (☎020-751 019 ; Potok 20, Trsteno ; tarif plein/réduit 10/7 € ; ⏲7h-19h mai-oct, 8h-16h nov-avr)

Forteresse de Kaštio
Voir p. 282 (Tvrđava sv Jeronima, Veliki kaštio ; ☎020-638 800, 020-754 452 ; citywallsdubrovnik.hr/walls-of-ston ; Ston ; tarif plein/réduit 10/5 € mars-oct, 5/2 € nov-fév ; ⏲8h-19h30 juin à déb août, 8h-19h mai et août, 8h-18h30 déb sept, 8h-18h avr et fin-sept, 8h-17h30 déb oct, 8h-17h fin-oct, 8h-15h nov-déc, 9h-15h jan-mars -mars)

Palais du recteur
Voir p. 284 (Knežev dvor u Slanome ; ☎020-638 800 ; citywallsdubrovnik.hr/rectors-palace-slano ; Uz dvor 2, Slano ; 5 € mars-oct, 2 € nov-fév ; ⏲8h-18h30 avr-oct, 9h-15h nov-mars)

Remparts de Ston
Voir p. 282 (Stonske zidine ; ☎020-638 800, 020-754 452 ; citywallsdubrovnik.hr/walls-of-ston ; tarif plein/réduit 10/5 € mars-oct, 5/2 € nov-fév ; ⏲8h-19h30 juin à déb août, 8h-19h mai et août, 8h-18h30 déb sept, 8h-18h avr et fin-sept, 8h-17h30 déb oct, 8h-17h fin-oct, 8h-15h nov-déc, 9h-15h jan-mars)

Grgić Vina
Voir p. 283 (☎020-748 090 ; www.grgic-vina.com ; Trstenik ; dégustation 2/3 vins 10-15 € ; ⏲9h-17h et sur rdv avr-oct)

Matuško
Voir p. 283 (☎020-742 393 ; matusko-vina.hr ; Potomje 5 ; dégustation 13-45 € ; ⏲8h-18h lun-sam, 9h-18h dim)

Barba Ston
Voir p. 284 (☎095 531 49 06 ; www.facebook.com/p/Barba-Ston-100083275452151 ; Trg kralja Tomislava, Ston ; ⏲11h-minuit tlj avr-nov)

Fat Bastard Smokehouse & BBQ
Voir p. 284 (☎099 340 56 56 ; www.fatbastardsmokehouse.com ; Gornji Rožat 1a, Dubrovnik ; ⏲19h-23h tlj sauf lun)

Kapetanova Kuća
Voir p. 284 (☎020-754 264 ; www.ostrea.hr ; Mali Ston ; ⏲11h-23h)

Stagnum
Voir p. 284 (☎020-754 158 ; Imena Isusova 23, Ston ; ⏲11h-23h mai-sept)

ÎLES ÉLAPHITES

Église de Sainte-Marie-Madeleine
Voir p. 286 (Crkva Sv. Magdalena ; 020-759 038, 020-324 911 ; www.facebook.com/dubiskupija ; Lopud)

Église Sainte-Marie-de-Splilice
Voir p. 286 (Crkva Sv. Marija od Špilice ; Od Šunja, Lopud ; horaires variables, tlj été)

Église Saint-Léonard
Voir p. 286 (Crkva Sv. Leonard ; Lopud)

Église Saint-Nicolas
Voir p. 286 (Crkva Sv Nikole ; Obala Iva Kuljevana bb, Lopud ; horaires variables)

Grand Hotel Lopud
Voir p. 287 (Lopud)

Rewind Dubrovnik
Voir p. 285 (099 211 41 26 ; rewinddubrovnik.com ; Jezuite 4 ; circuit bateau à partir de 150 €, tarifs réduits hiver ; tte l'année, selon météo)

Lopud 1483
Voir p. 286 (020-322 123 ; www.lopud1483.com ; Iva Kuljevana 1, Lopud ; visite guidée gratuite ; avr-oct, visites guidées sur rdv tte l'année ;)

Bowa
Voir p. 287 (091 636 61 12 ; bowa-dubrovnik.com ; Pakljena 3, Suđurađ, Šipan ; 11h-18h mi-avr à mi-oct)

Konoba Kod Marka
Voir p. 287 (020-758 00è ; konoba-kod-marka.com ; Šipanska Luka 180, Šipan ; 11h-23h, fermé hiver)

Mandrac Seafood Restaurant
Voir p. 287 (020-759 100 ; www.restaurantmandrac.com ; Iva Kuljevana 49, Lopud ; 7h-23h)

Ferme Goravica
Voir p. 287 (020-759 155 ; goravica.com/en ; Suđurađ 20, Šipan ; 11h-20h)

CAVTAT

Maison Bukovac
Voir p. 289 (Kuća Bukovac ; 020-478 646 ; www.migk.hr ; Bukovčeva 5 ; tarif plein/réduit 5/3 € ; 9h-19h lun-sam, 9h-14h dim avr-oct, 9h-17h mar-sam, 9h-12h dim nov-mars)

Mausolée de la famille Račić
Voir p. 289 (Mauzolej obitelji Račić ; 020-478 646 ; www.migk.hr ; Groblje sv Roka, Kvaternikova bb ; tarif plein/réduit 4/2,5 € ; 9h-16h lun-sam mi-mai à oct)

Monastère de Notre-Dame-des-Neiges
Voir p. 289 (Samostan Gospe od snijega ; 020-678 064 ; www.franjevacki-samostan-cavtat.com ; Šetalište Rat 2 ; 7h-21h tlj)

Nécropole d'Épidaure
Voir p. 288 (visit.cavtat-konavle.com/en/archaeological-sites ; Cavtat ; 24h/24)

Palais du Capitaine
Voir p. 289 (020-478 556 ; A. Starčevića 18, Cavtat ; tarif plein/réduit 2,65/0,66 € ; sur rdv 9h-13h lun-ven)

Hotel Croatia
Voir p. 288 (020-475 555 ; www.adriaticluxuryhotels.com/hotel-croatia-dubrovnik-cavtat ; Frankopanska 10, Cavtat ; P)

Bugenvila in Cavtat
Voir p. 289 (020-479 949 ; www.bugenvila.online ; Obala Ante Starčevića 9 ; 12h-23h tlj avr-oct ;)

Ludo More
Voir p. 289 (020-432 039 ; www.facebook.com/ludo.more.restaurant ; Tihe 22 ; 9h-minuit tlj)

Spinaker Restaurant & Lounge Bar
Voir p. 289 (020-475 682 ; www.adriaticluxuryhotels.com/hotel-croatia-dubrovnik-cavtat/restaurants-and-bars/spinaker-restaurant ; Frankopanska 10 ; 11h-23h mai-sept)

VALLÉE DE KONAVLE

Musée ethnographique du Konavle
Voir p. 291 (020-772 249 ; www.migk.hr ; Beroje 49, Čilipi ; tarif plein/réduit 4/3 €, visite guidée en français 15 € ; 9h-17h lun-sam et 9h-13h dim avr-oct, 9h-17h mar-sam et 9h-12h dim nov-mars)

Kameni Mlin
Voir p. 291 (098-309 820 ; www.kameni-mlin.com ; Bistroće 3, Čilipi ; dégustation 15-30 €, cours 40 € ; sur rdv)

Konavoski Dvori Eco Green Restaurant
Voir p. 291 (020-791 039 ; www.esculaprestaurants.com/restaurant-konavoski-dvori ; Ljuta bb ; 11h-23h tlj été, sam-dim hiver)

Konoba Ivankovi
Voir p. 291 (098 184 09 48 ; www.facebook.com/profile.php?id=100063790650354 ; Drvenik 9, Mihanići ; , tlj sur rdv)

KORČULA

Maison-musée Barilo
Voir p. 297 (Etno zbirka Barilo ; 020-851 623 ; www.facebook.com/etnozbirkaBarilo ; 90. Ulica 10 ; 4 € ; 9h-18h tlj mai-déc)

Cathédrale Saint-Marc
Voir p. 295 (Katedrala svetog Marka ; 099 242 21 33 ; Trg Sv Marka ; église 5 € ; clocher 5 € ; 9h-19h mai-oct, sur rdv Pâques-avr)

Centre culturel, Blato
Voir p. 297 (Kulturni centar Blato ; 020-851 850, 099 531 15 18 ; tzo-blato.hr/en/povijesna-bastina/kulturni-centar-blato ; Trg Dr. Franje Tuđmana 4, Blato ; entrée libre ; 9h-12h et 18h-21h tlj sauf dim)

Centre Culturel, Vela Luka
Voir p. 296 (Centar za kulturu ; 020-813 602 ; www.czkvl.hr ; Ul. 26 2, Vela Luka ; 8h-15h lun-ven)

Centre Marco Polo
Voir p. 295 (Marko Polo Centar ; 099 712 26 68 ; gradskimuzej-korcula.hr ; Trg Sv Marka 3 ; tarif plein/réduit/famille 8/3/20 € ; 9h-21h tlj mai-oct, 9h-17h lun-ven nov-avr)

Cimetière de Saint-Roch
Voir p. 297 (Groblje Sv. Roka ; 020-295 900 ; Vela Luka)

Église de Tous-les-Saints
Voir p. 297 (Crkva svih svetih ; 020-851 852 ; www.facebook.com/zupasvihsvetih.blato ; 85. Ul. 12, Blato ; 17h-19h tlj, 8h-12h dim et sur rdv)

Musée de la Ville
Voir p. 295 (Gradski muzej Korčula ; 020-711 420 ; gradskimuzej-korcula.hr ; Trg Sv Marka ; tarif plein 6 € ; 10h-19h lun-ven, 10h-15h sam)

Vela Spila
Voir p. 297 (020-813 602 ; www.velaspila.hr ; Vela Luka ; 2 € ; 8h-18h tlj sauf dim)

OPG Komparak
Voir p. 296 (091 434 34 13 ; www.opgkomparak.com ; Ul. 92 4, Korčula ; dégustation 5-15 €/pers ; 8h-15h lun-sam et sur rdv mi-mars à mi-nov)

Popić Winery
Voir p. 297 (092 327 52 12 ; @popicwinery ; Mala postrana 475, Lumbarda ; 10-20€ ; sur rdv mai-sept)

Pošip 'PZ' Čara
Voir p. 297 (020-833 146 ; posip.hr ; Čara bb ; dégustation 3/4 vins 6/8 €/verre ; 7h-14h lun-ven, dégustation juin-sept)

Tasovac Winery
Voir p. 297 (091 734 15 22 ; www.facebook.com/winerytasovac ; Žrnovo 263 ; dégustation 3/4/5 vins 18-24/24-30/30-36 €/pers ; 11h-14h et 18h-22h juin-sept, sur rdv avr-mai)

Agroturizam Grubinjac
Voir p. 295 (098 203 016 ; www.facebook.com/agroturizamgrubinjac ; Žrnovo ; 18h-minuit tlj juin-sept)

Atrij Žrnovo Simple Cuisine
Voir p. 295 (020-721 254 ; www.facebook.com/atrijzrnovo ; Žrnovo 248 ; 17h-23h tlj)

LD Restaurant
Voir p. 295 (020-601 726; www.ldrestaurant.com ; Don Pavla Poše 1-6, Korčula ; 8h-minuit avr-oct ;)

Caffe Bar Prvi žal
Voir p. 296 (098 888 279 ; @beachbar_prvizal ; Marina bb, Lumbarda ; 9h-tard tlj, fermé hiver)

Do-Bar
Voir p. 296 (097 661 96 66 ; @dobar.velaluka ; Obala 3 2, Vela Luka ; 8h30-13h30 et 18h30-23h30)

Mariola Wine Bar
Voir p. 296 (098 907 00 95 ; @mariola.winebar ; Antuna Rozanovića 13, Korčula ; 17h-minuit tlj mai-oct)

Atelier/Studio Korčula
Voir p. 295 (091 906 41 68 ; Svetog Nikole 5a, Korčula ; tlj mai-oct)

Fishermen's Nights
Voir p. 295 (020-712 005 ; Lumbarda ; 19h ven été)

ÎLE DE MLJET

Parc national de Mljet
Voir p. 298 (Nacionalni park Mljet ; 020-744 041 ; np-mljet.hr ; Pristanište 2 ; tarif plein/réduit juin-sept 25/8 €, oct-mai 15/5 €, réductions en ligne ; bureaux 9h-17h sam-dim mars, 8h-20h tlj avr-oct)

Konoba Adio Mare
Voir p. 298 (098 608 783 ; Pomena 7 ; 11h-23h tlj avr-sept)

Mali Raj
Voir p. 298 (091 584 49 40 ; maliraj-mljet.com ; Babine kuće, Goveđar ; 9h-23h fin-avr à mi-oct)

Stella Maris
Voir p. 298 (098 619 287 ; stellamaris-croatia.com ; Polače 22 ; 12h-23h)

Arboretum de Trsteno (p. 284)

CARNET PRATIQUE

Ce chapitre fournit toutes les informations pratiques essentielles dont vous aurez besoin pour voyager en Croatie.

Stari Grad, Île de Hvar (p. 250)

Arriver en Croatie

La plupart des voyageurs arrivent à l'aéroport de Zagreb, situé à environ 15 km du centre-ville. En été, des compagnies, généralement low cost, proposent des vols supplémentaires entre l'Europe et Brač, Dubrovnik, Osijek, Pula, Rijeka, Split et Zadar. En outre, des lignes de bus et de trains acheminent aussi les vacanciers jusqu'à la Croatie, et, en saison, des ferries font la jonction entre l'Italie et celle-ci via la mer Adriatique.

VISA

Non requis pour les pays de l'Union européenne (la Croatie est membre depuis 2013) et de l'espace Schengen (depuis le 1er janvier 2023). Pour en savoir plus, consultez le site de l'ambassade de France en Croatie : hr.ambafrance.org.

CARTES SIM

Les fournisseurs locaux de réseau mobile, tels A1, Bonbon, Iskon, Tomato, Telemach et T-Mobile, proposent aux touristes, dans leurs boutiques, des cartes SIM prépayées à des prix raisonnables et des solutions tout inclus.

WI-FI

Le Wi-Fi est disponible gratuitement dans la plupart des aéroports, hôtels et cafés, et dans les centres urbains et touristiques.

DAB

Depuis le 1er janvier 2023, la monnaie officielle en Croatie est l'euro. Les DAB sont nombreux et fiables. Évitez cependant les DAB Euronet, qui facturent d'importants frais et appliquent des taux de change très élevés.

LA CROATIE ACCUEILLE LES DIGITAL NOMADS

En 2021, la Croatie a créé un permis de séjour temporaire, valable un an, pour les *digital nomads* étrangers voulant résider dans le pays. Toute personne salariée en télétravail ou autoentrepreneur peut y prétendre tant qu'elle ne fournit pas de services à des entreprises croates. À expiration, une nouvelle demande peut être formulée après une interruption de six mois. La famille proche du *digital nomad* peut aussi solliciter un permis de séjour temporaire (voir p. 336). Les dossiers doivent être soumis après arrivée en Croatie pour les personnes qui n'ont pas besoin de visa pour entrer dans le pays.

DEPUIS/VERS L'AÉROPORT

	Zagreb	Split	Dubrovnik
NAVETTE	40 min 8 €	40 min 8 €	30 min 10 €
TAXI	30 min 33,50 €	30 min 33,50 €	20 min 35 €

Comment circuler

Si le réseau de bus reliant la plupart des villes et des villages de Croatie est efficace, les services ferroviaires laissent cependant à désirer. Une voiture est nécessaire pour explorer la plupart des zones rurales et des îles.

BUDGET

Location de voiture
À partir de 75 €/jour

Essence
À partir de 1,50 €/litre

Billet de train Zagreb-Rijeka
À partir de 7,70 €

Location de vélo
Environ 20 €/jour

Circuler en taxi

Les applications de VTC comme Uber, Eko Taxi, Taxi Cammeo et Radio Taxi fonctionnent à Zagreb et dans les principales villes. Quant aux taxis, vous trouverez dans les zones touristiques un panneau listant les tarifs officiels. Assurez-vous toutefois du prix avant de commencer une course.

Louer une voiture

Pièce d'identité, carte bancaire et caution seront demandées. Les jeunes de moins de 21 ans devront également s'acquitter d'un supplément jeune conducteur. La plupart des voitures de location sont manuelles. Pour une boîte auto, attendez-vous à payer plus cher.

À SAVOIR

Le site de l'Automobile Club de Croatie (hak.hr) fournit des informations en temps réel sur la circulation et l'état des routes.

LIVRAISON EXPRESS PAR BUS

Si vous voyagez en bus, vous remarquerez peut-être que ceux-ci font aussi office de coursiers. À la gare routière, les conducteurs se voient confier des colis accompagnés d'instructions sur leur destination. Cette tradition est une manière pratique et fiable de faire livrer un paquet en une journée, et permet aux conducteurs de bus de gagner un peu plus d'argent.

CODE DE LA ROUTE

30

La vitesse maximale autorisée est de 30 km/h dans les zones très centrales, 50 km/h en agglomération, 90-110 km/h sur les routes secondaires et 130 km/h sur les autoroutes.

0,5

Le taux maximal d'alcool est fixé à 0,5 g/l de sang et à 0,0 g/l pour les moins de 24 ans.

PÉAGES

Toutes les autoroutes sont payantes, de même que le tunnel d'Učka entre Rijeka et l'Istrie, le pont de l'île de Krk et la route reliant Rijeka à Delnice. Le premier péage que l'on franchit sur l'autoroute délivre un ticket qu'il faut présenter au péage de sortie, où il sert à calculer le montant à payer.

LIAISONS EN FERRY

Pour les Croates, *ferry* désigne exclusivement un car-ferry tandis que *catamaran* désigne un ferry plus rapide réservé aux piétons. Les ferries de la principale compagnie, Jadrolinija, relient les îles au continent.

VÉLOS EN LIBRE-SERVICE

L'application mobile Nextbike (nextbike.hr) permet de louer des vélos classiques et électriques en libre-service 24h/24. Si vous n'avez pas de téléphone, vous pouvez aussi louer un vélo à partir de leurs stations.

CI-DESSUS : GEORGE MDIVANIAN/EYEEM/GETTY IMAGES ©

Argent

MONNAIE : EURO (€)

Cartes bancaires

Si les hôtels et la plupart des restaurants acceptent les cartes bancaires, les établissements plus modestes, les cafés et les bars la refusent souvent. Assurez-vous donc d'avoir assez d'espèces sur vous. N'espérez pas non plus payer en carte dans les bus.

Pourboires

La Croatie n'a pas une culture du pourboire, mais ces derniers sont toujours appréciés. Dans les restaurants, les bars et les cafés, vous pouvez arrondir la note en donnant 5% ou 10% en plus, en fonction du service. Si vous payez par carte, laissez le pourboire en espèces.

TVA

Une taxe sur la valeur ajoutée, la PDV (*Porez na Dodanu Vrijednost*), de 25% s'applique à la plupart des biens et services. Les ressortissants hors UE peuvent réclamer le remboursement de cette TVA au moment de l'achat, dans les magasins arborant un logo "Tax free". Demandez le formulaire de remboursement (présentez votre passeport), à faire tamponner par la douane.

COMBIEN COÛTE...

un parking
0,5-5 €/heure

une carte SIM prépayée
8-12 €

une entrée dans un musée
5-10 €

un ticket de bus
1€

BONS PLANS

Les étudiants et les seniors peuvent bénéficier de réductions dans les bus et les trains sur présentation de leur carte d'identité ou d'un justificatif.

Les menus entrée-plat-dessert à moins de 10 € sont courants au restaurant. Appelées *marenda* ou *gableci*, ces formules, servies entre 11h et 15h, font le bonheur des travailleurs durant leur pause déjeuner.

Les péages sont souvent très chers en Croatie. Emprunter des routes secondaires vous offrira une expérience de *slow travel*.

LA CROATIE ET L'EURO

Peu de temps avant l'entrée de la Croatie dans la zone euro au 1er janvier 2023, de grandes inquiétudes ont pesé à propos d'une éventuelle inflation.

Beaucoup d'entreprises ont en effet augmenté leurs prix afin d'arrondir les montants en euro ou simplement pour répondre à l'importante inflation. De nombreux commerces touristiques ont aussi fortement accru leurs prix dans le but de compenser les pertes liées au Covid-19.

À SAVOIR

Si vous vous trouvez dans une zone rurale où les DAB sont rares, vous pouvez obtenir de l'espèce à la poste (moyennant une taxe).

Hébergement

Appartements touristiques

La location de logements privés est la forme la plus courante d'hébergement touristique en Croatie. Dans les zones rurales, ces logements sont des villas, parfois dotées d'une piscine, très convoitées par les familles avec jeunes enfants. Les réservations sont généralement possibles à partir du week-end, et une semaine de séjour minimum est souvent requise.

Campings

Vous pourrez trouver partout dans le pays des campings et terrains accueillant tentes, camping-cars et caravanes.

Les services varient du strict minimum au plus luxueux : la plupart des sites disposent de toilettes, douches, cuisines et barbecues, et les options plus haut de gamme peuvent comporter des piscines, restaurants et bars.

Auberges de jeunesse

De plus en plus d'auberges de jeunesse voient le jour dans les villes et les destinations balnéaires populaires, visant les jeunes et les voyageurs au budget restreint.

Elles offrent habituellement des lits en dortoirs partagés, mais quelques-unes proposent aussi des chambres privées. Certaines ajoutent des services comme une cuisine, un bar ou un café.

COMBIEN COÛTE UNE NUIT EN…

chambre d'hôtel
À partir de 60 €

meublé touristique
À partir de 40 €

camping
À partir de 20 €

TENTEZ LE GLAMPING

Le nombre de sites de *glamping* explose en Croatie. Cette pratique en vogue combine camping et confort d'un hôtel au travers de luxueuses tentes, yourtes ou cabanes en bois disposant de l'air conditionné, parfois de leur propre terrasse, et situées au cœur d'une splendide nature. Certains sites peuvent même inclure une piscine, un spa et un bar.

Hôtels

Des anciens complexes hôteliers yougoslaves rénovés aux chaînes hôtelières internationales, il existe un large éventail de possibilités pour se loger. La mode actuelle préfère les boutiques-hôtels chics aux B&B. Ce type d'hébergement est courant dans les destinations touristiques populaires comme les villes balnéaires. En été, une surtaxe peut être ajoutée pour les courts séjours.

CAMPER OU NE PAS CAMPER ?

La Croatie fait partie des nombreux pays européens interdisant le camping en dehors des espaces réservés. Cette règle concerne aussi les propriétés privées. Les Croates ont donc interdiction de camper dans leur propre jardin. En haute saison, dans les zones touristiques et les parcs nationaux, ces directives sont strictement appliquées et des amendes allant jusqu'à 400 € sont prévues. Durant la basse saison, dans les zones rurales et au bord des aires d'autoroutes, le camping sauvage peut être toléré.

Avec des enfants

La Croatie est très accueillante pour les familles avec enfants, généralement bienvenues dans les restaurants, hôtels et cafés. Côté activités, les bambins ne sont pas oubliés non plus : plages aménagées, pistes cyclables, trains touristiques, musées interactifs, parcs aquatiques, forteresses... En outre, les centres-villes étant souvent piétons, vous pourrez laisser courir vos enfants tranquillement dans les rues.

Où aller avec des enfants ?

Zagreb Explorez les musées, lacs et parcs de la capitale.
Croatie continentale Découvrez les châteaux médiévaux.
Istrie Cap sur les grottes, les plages et les parcs aquatiques.
Dalmatie du Nord Ils seront fascinés par les curiosités de Zadar.
Split et la Dalmatie centrale Reposez-vous sur les îles et les éblouissantes plages.
Dubrovnik et la Dalmatie du Sud Les petits adoreront gambader dans les vieilles villes de Dubrovnik et Korčula, interdites aux voitures.

Pratique

- Presque tous les hôtels proposent des lits pour bébé.
- Les grandes chaînes d'hôtels offrent des avantages comme des clubs et des activités, des aires et salles de jeux pour les enfants.
- Dans les restaurants, les menus enfants et les chaises hautes sont assez rares.
- Les supermarchés disposent de toilettes gratuites.
- Les pharmacies sont généralement fermées le dimanche.

NOTRE SÉLECTION

Parc national des îles Brijuni
Repérez les traces de dinosaures et sautez dans le train pour un safari animalier (p. 133).

Aquacolors, Poreč
Le plus grand parc aquatique de Croatie promet une bonne partie de plaisir (aquacolors.eu).

Salut au soleil, Zadar
Les enfants adoreront s'amuser sur cette installation (p. 189).

Forteresse Barone, Šibenik
Voyagez dans le temps grâce à une exposition en réalité virtuelle (tvrdjava-kulture.hr/en/barone-fortress/plan-your-visit).

Château de Trakošćan, Zagorje
Déambulez au cœur du parc de 87 ha et à travers les trois étages d'exposition d'épées et d'armurerie (p. 83).

AU RESTAURANT

Même s'ils n'ont pas de menu enfant, les restaurants servent généralement les plats préférés des petits, notamment des pizzas et des pâtes. Vous verrez souvent des enfants jouer dans les allées pendant que les parents déjeunent.

COMMENT CIRCULER

Les enfants bénéficient de tarifs réduits (50%) dans les bus et les trains, mais le moyen le plus pratique de circuler en famille reste la voiture. La plupart des agences de location proposent des sièges auto pour enfant.

PLAGES FAMILIALES

Les plages sont très nombreuses en Croatie, même si certaines sont simplement des criques rocheuses et pentues. La plupart des plages de sable sont peu profondes et idéales pour les tout-petits. Celles de galets sont souvent plus pratiques pour nager. Ne manquez pas, à Baška, sur l'île de Krk, la plage de 2 km dotée d'un petit parc aquatique ; le petit lac d'eau salée et chaude dans le parc national de Mljet ; à Rovinj, les deux îlots reliés par une digue, bordés de plages de galets ; les plages de sable, comme celle du Paradis, à Lopar, sur l'île de Rab ; la plage de Velika Punta, à Omiš, ou encore celle de Sotorišće, sur la côte est de l'île piétonne de Silba, près de Zadar.

Santé et sécurité

ASSURANCE

La carte européenne d'assurance maladie (CEAM) assure l'aide médicale d'urgence aux citoyens de l'Union européenne. Présenter cette carte permet de payer le tarif le plus bas dans le système public de soins. La demande peut être faite en ligne (ameli.fr) ; comptez un délai de 2 semaines pour la réception.

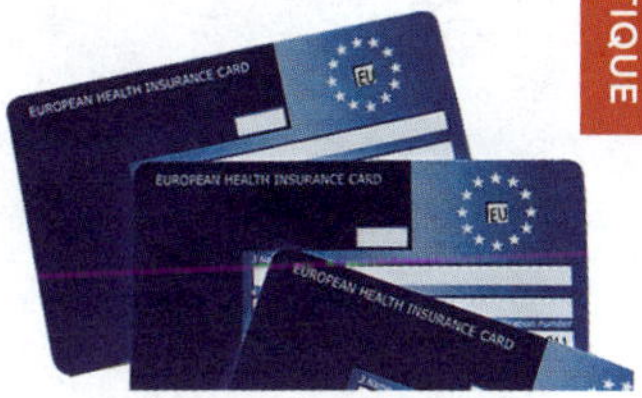

Méduses et oursins

Les conseils des habitants vous éviteront de faire la rencontre des méduses et de leurs tentacules urticants. Si leurs piqûres ne provoquent pas toutes des douleurs, il est préférable d'éviter de se baigner si vous en apercevez dans l'eau. Sur les plages de la mer Adriatique, gare aux oursins. Par précaution, portez des sandales en plastique pour vous baigner et marcher sur les rochers.

En cas d'incendie

En été, le risque d'incendie est élevé en Croatie, où les fortes chaleurs et les sécheresses sont courantes. Allumer un feu ou un barbecue en dehors des zones autorisées est strictement interdit. Si vous êtes témoin d'un incendie, appelez le 112.

À SAVOIR

La Croatie est connue pour ses abondantes ressources en eau de grande qualité. L'eau du robinet est parfaitement potable.

BAIGNADE EN TOUTE SÉCURITÉ

Drapeau vert
Baignade sans danger.

Drapeau jaune
Attention.
Vagues modérées.

Drapeau violet
Animaux marins repérés (méduses, par exemple).
Soyez prudent.

Drapeau rouge
Danger.
N'entrez pas dans l'eau.

Serpents

La Croatie est le territoire de nombreux serpents, dont des vipères très venimeuses. Évitez de marcher pieds nus dans des herbes hautes ou des zones boisées, et soyez vigilant en cueillant des asperges ou des champignons. En cas de morsure, appelez le 112 pour une aide médicale d'urgence.

TREMBLEMENTS DE TERRE DE 2020 ET 2021

Zagreb fut frappée par un tremblement de terre de magnitude 5,3 le 22 mars 2020 puis, neuf mois plus tard, Petrinja, près de Sisak, en connut un autre de magnitude 6,4. Ces deux séismes causèrent la mort de huit personnes et d'importants dommages matériels.

HAUT : ASCANNIO/SHUTTERSTOCK ©, BAS : BENNY MARTY/SHUTTERSTOCK ©

Manger, boire et sortir

Les repas

Doručak (petit-déj, 6h-8h). Généralement léger, composé d'un café et de tartines de confiture.

Marenda ou gableci (10h-12h). Pause des travailleurs dans certaines parties de la Croatie pour manger un repas chaud ou un sandwich.

Ručak (déjeuner, 14h-15h). Repas chaud pris à la maison. Les restaurants servent le déjeuner tout l'après-midi.

Večera (dîner, 18h-20h). Généralement un repas léger pour les Croates.

COMPRENDRE LA CARTE

Jelovnik Menu
Dječji jelovnik Menu enfant
Degustacijski meni Menu dégustation
Pola obroka Demi-portion
Domaći specijaliteti Spécialité locale/faite maison
Obareno Bouilli
Prženo Frit
Predjela Entrée. Peut inclure des plateaux de fromages ou de charcuterie
Glavna jela Plat principal
Prilozi Accompagnement – généralement des légumes ou des pommes de terre
Juhe Soupe
Salate Salade
Meso Viande
Piletina Poulet
Svinjetina Porc
Janjetina Agneau
Riba Poisson
Morska hrana Fruits de mer
Deserti Dessert – souvent des parts de gâteaux ou des crêpes (*palačinke*)
Pića Boisson
Topli napitci Boisson chaude
Bezalkoholna pića Boisson sans alcool
Piva Bière
Domaća vina Vin local
Gazirana voda Eau pétillante
Obična voda Eau plate

Où se restaurer

Restoran Restaurant classique proposant généralement un large choix de plats et de vins.

Konoba/gostionica Taverne traditionnelle et familiale au décor rustique. Propose des plats locaux.

Pekara/pekarnica Boulangerie où vous pouvez trouver du pain, bien sûr, mais aussi, souvent, des *burek* (feuilletés à la viande ou au fromage), des strudels et des parts de pizza.

Slastičarna Pâtisserie vendant divers gâteaux, et souvent du café et des glaces.

Pizzeria Restaurant décontracté qui sert parfois d'autres plats que des pizzas.

L'ART DE...

Apprécier la culture du café

Prendre un café pour discuter entre amis est l'un des passe-temps préférés des Croates. Les cafés sont souvent pleins dès leur ouverture, aux alentours de 7h, la clientèle étant alors assez âgée.

Il faut prendre son temps pour boire le café : commander à emporter est inconcevable. Les clients traînent autant qu'ils le souhaitent, sans pression de la part des serveurs.

Si vous commandez un *kava* simple, vous recevrez un expresso. Le *bijela kava* est un café au lait servi dans une grande tasse.

Le samedi matin, la place des fleurs (Cvjetni Trg), à Zagreb, devient l'endroit où il faut être et être vu avec des amis. Les habitants se mettent sur leur trente-et-un et se rendent dans leur café préféré pour ce rituel hebdomadaire que les Zagrébois appellent *špica*.

COMBIEN COÛTE...

un café
2 €

un *burek*
1 €

une pizza
7-10 €

formule entrée-plat-dessert
15-25 €

une bière
1,50 €

un verre de vin
2 €

une glace
1,50-3 €

L'ART DE... Manger végétarien ou vegan à l'extérieur

Le végétarisme et le veganisme ont progressé ces dernières années en Croatie, mais ils sont encore loin d'être aussi tendance que dans d'autres pays. Certaines personnes pensent d'ailleurs encore que les plats de poisson sont végétariens.

Bien qu'il y ait peu de restaurants vegan ou végétariens en dehors de villes comme Zagreb et Split, beaucoup se sont adaptés en intégrant à leurs menus au moins un plat à base de légumes. En composant avec divers plats de légumes grillés et de pommes de terre, on se régalera à coup sûr.

Les restaurants d'hôtels ou dans les zones touristiques offrent généralement tous des options végétariennes. Prévenez votre hôtel et il s'assurera de vous en proposer.

La glace vegan et les laits végétaux ne sont guère proposés en dehors des grandes villes.

L'HEURE DU THÉ

En Croatie, si vous demandez un thé, on vous servira un thé aux fruits. Pour boire un thé noir (*crni čaj*) ou un thé vert (*zeleni čaj*), précisez-le.

Ja sam vegan/veganka Je suis vegan
Ja sam vegetarijanac/vegetarijanka Je suis végétarien/végétarienne
Ne jedem životinjske proizvode Je ne mange pas de produits animaux
Ne jedem mliječne proizvode Je ne mange pas de produits laitiers
Sadrži li jaja ? Est-ce que cela contient des œufs ?
Imate li sojino mlijeko ? Avez-vous du lait de soja ?

DÎNER EN CROATIE

Si vous êtes invité à dîner au restaurant par un Croate, la personne qui a lancé l'invitation paye l'addition, même s'il est d'usage de proposer de la diviser en deux. Pour les anniversaires, la personne qui souffle les bougies paye le repas à l'ensemble des invités.

Après un repas au restaurant avec des amis, chaque personne autour de la table insistera pour payer la note.

Un dîner au restaurant est un moment tranquille qui dure toute la soirée. Il commence par une entrée. Suivent un plat et un dessert. Souvent, un digestif clôt le repas. Le vin étant un élément clé, la plupart des restaurants emploient des sommeliers qui vous aideront à choisir la meilleure variété locale en accompagnement de vos mets.

Les Croates préfèrent des dîners détendus dans des atmosphères décontractées. La présentation est cependant importante. Aussi feront-ils un effort vestimentaire pour l'occasion.

Si vous êtes convié à un dîner chez quelqu'un, votre hôte préparera un repas élaboré composé de plusieurs plats. Attendez-vous à voir beaucoup de nourriture et et à ce qu'on vous invite souvent à vous resservir. Habillez-vous élégamment et arrivez à l'heure avec un cadeau, par exemple une bouteille de vin ou une boîte de bons chocolats. Si vous décidez d'offrir un bouquet de fleurs, assurez-vous qu'elles soient en nombre impair, les nombres pairs étant réservés aux enterrements.

Voyage responsable

Voyage et changement climatique

L'impact des voyages sur l'environnement est aujourd'hui bien connu. Il nous impose de faire ce qui est en notre pouvoir pour le limiter. Lonely Planet recommande ainsi aux voyageurs de se renseigner sur l'empreinte carbone de leurs déplacements. Divers outils en ligne permettent de calculer les émissions de CO_2 générées par chaque trajet, notamment celui de l'Ademe. De nombreuses plateformes de réservation et compagnies aériennes proposent de compenser leurs émissions de gaz à effet de serre par une contribution financière à des projets respectueux de l'environnement, partout dans le monde. Chez Lonely Planet, nous continuons à compenser l'empreinte carbone de tous nos auteurs, tout en étant conscients que ce n'est qu'une solution partielle.

Achetez local

Chaque ville croate dispose de son marché où vous pouvez acheter des produits locaux frais directement aux producteurs. Une manière de réduire votre empreinte carbone tout en apportant un soutien aux agriculteurs locaux.

Évitez les bateaux de croisière

Les paquebots de croisière polluent les eaux de l'Adriatique et détruisent son fragile écosystème marin. Selon l'association Les Amis de la Terre, un séjour en croisière émet huit fois plus de dioxyde de carbone par jour que des vacances sur la terre ferme.

Donnez de votre temps pour protéger les oursons orphelins au Refuge pour ours de Kuterevo, dans le massif du Velebit (p. 204).

Renseignez-vous sur l'importance des abeilles dans notre écosystème à la miellerie Tvrdić (tvrdichoney.com), sur l'île de Šolta (p. 238).

Oubliez le steak

Un rapport de Greenpeace explique qu'en Europe, l'élevage industriel provoque plus d'émissions de gaz à effet de serre que l'ensemble des véhicules. Dégustez l'un des nombreux délicieux plats végétariens et faites un geste pour la planète.

Prenez part à une excursion responsable d'observation des dauphins avec l'Institut marin éducatif de Lošinj (blue-world.org), un organisme dédié à la conservation et au bien-être des dauphins de la mer Adriatique (p. 173).

Cherchez les bancs producteurs d'énergie solaire inventés par l'entreprise croate Steora et installés dans les villes du pays. Vous pourrez y recharger votre téléphone et vous y connecter à Internet.

Essayez le vélo électrique

Plutôt que de brûler de l'essence avec un scooter, essayez le vélo électrique. La planète vous en saura gré. De plus, vous ferez de l'exercice, tout en bénéficiant de l'assistance pour les montées.

Ne sortez jamais sans votre gourde

Inutile d'acheter des bouteilles en plastique : l'eau du robinet est propre et potable en Croatie. Remplissez plutôt votre gourde dans l'une des nombreuses fontaines.

Restez sur le chemin

Respectez les paysages naturels protégés et préservez les habitats des animaux et des plantes en évitant de sortir des sentiers ou des pistes cyclables lors de vos randonnées ou vos balades.

Le chemin de randonnée et de cyclisme Parenzana (p. 124) suit sur 78 km une ancienne voie ferrée à travers l'Istrie avant de traverser la Slovénie et d'atteindre l'Italie.

Renseignez-vous sur la vie des faucons et autres rapaces protégés au centre Sokolarski (sokolarskicentar.com), près de Šibenik (p. 208). Vous pourrez y participer à une activité éducative et aller à la rencontre des faucons et chouettes vivant à cet endroit.

Préférez un logement responsable

Examinez les critères écologiques de votre logement. Propose-t-il des équipements économes en énergie ? Des solutions de recyclage et de compost ? Des systèmes de chauffage et d'air conditionné fonctionnant aux énergies renouvelables ?

CARBURANTS ALTERNATIFS POUR LE TRANSPORT MARITIME

Pour garantir une croissance à long terme du tourisme durable, la Croatie cherche à réduire les émissions du transport maritime en passant aux carburants alternatifs pour les liaisons en ferry avec les îles.

RESSOURCES

dalmatia-green.com
Trouvez des hébergements responsables en Dalmatie.

istraecoxperience.com
Découvrez des activités touristiques responsables en Istrie.

prijatelji-zivotinja.hr
Consultez la liste de restaurants vegan du pays.

À PARTIR D'EN HAUT À GAUCHE : OLLY KISELEVA/SHUTTERSTOCK ©, NEIRFY/SHUTTERSTOCK ©, STOCKPHOTO-GRAF/SHUTTERSTOCK ©

Voyageurs LGBTQI+

Le classement plutôt bas (48e) de la Croatie dans le Spartacus Gay Travel Index 2023 par rapport aux autres pays européens s'explique par sa société encore conservatrice où les valeurs traditionnelles catholiques dominent, en particulier sur les questions de genre et de sexualité. Bien que les comportements changent progressivement, la communauté LGBTQI+ préfère s'y faire discrète, par peur du harcèlement.

Le PACS pour les partenaires de même genre

En 2014, le Parlement croate a approuvé la création d'une union civile pour les couples de même sexe, conférant aux partenaires les mêmes droits que les couples mariés à l'exception de l'adoption. Cette décision faisait suite au référendum de 2013, demandé par le groupe U ime obitelji (Au nom de la famille), portant sur l'interdiction constitutionnelle du mariage homosexuel (65% des votants était alors contre le mariage homosexuel).

ALLEZ ÉCOUTER LA CHORALE

Le Zbor (facebook.com/lezbor) est une chorale lesbienne, féministe et antifasciste de Zagreb. Les membres chantent a cappella des morceaux populaires de pop-rock croates et internationaux ainsi que des chants révolutionnaires traditionnels. Cette chorale a déjà donné plus d'une centaine de concerts en Croatie et à l'étranger.

PLAGES ET VISITE DES ÎLES

Il existe peu de lieux de rencontre LGBTQI+ en dehors de la capitale, mais beaucoup de stations balnéaires ont des plages gay-friendly non officielles, souvent situées en marge des plages naturistes. La plage naturiste de l'île de Lokrum est connue pour être ouverte à la communauté LGBTQI+ et un lieu de rencontre très apprécié. Les croisières Prince Charming Gay et Out Adventures proposent des voyages sur les îles, réservés aux voyageurs de la communauté LGBTQI+.

LE MILIEU LGBTQI+ À ZAGREB ET DUBROVNIK

La scène gay et lesbienne de Zagreb s'ouvre progressivement, avec une poignée de bars et de lieux de rencontre emblématiques au cœur de la ville, notamment le HotPot. Vous pouvez aussi jeter un œil au Funk Club, au Caffe Kolaž, au Kic Klub et au G-Bar. Dubrovnik a un seul bar LGBTQI+, le Milk, mais d'autres endroits comme le Culture Club Revelin et le Jazz Caffe Troubadour sont gay-friendly.

MARCHE DES FIERTÉS

Généralement programmée le deuxième samedi de juin, la **Marche des fiertés de Zagreb** (zagreb-pride.net) est *le* rendez-vous de la communauté LGBTQI+. Split, deuxième plus grande ville de Croatie, organise aussi son événement, la **Marche des fiertés de Split** (facebook.com/lgbt.pride.split), qui a lieu début juin. Elle est suivie d'un concert.

RENCONTRER DES MEMBRES DE LA COMMUNAUTÉ LGBTQI+

L'application Grindr est un bon moyen de connaître la communauté LGBTQI+ croate.

ROMEO (romeo.com) est une autre plateforme en ligne utilisée par les hommes gays, bis et personnes trans.

Voyage et handicap

De nombreuses villes croates œuvrent à l'amélioration de leur accessibilité. Des défis sont à relever : les bâtiments anciens manquent d'ascenseurs et les pavés rendent la circulation difficile pour les personnes à mobilité réduite. L'accessibilité étant désormais un critère pour les nouvelles constructions, les choses évoluent peu à peu.

Plages accessibles

Téléchargez l'application Plaja Beach Finder (plaja.hr), utile pour sa liste de plages accessibles aux personnes handicapées. Certaines, comme la plage de Borak, près de Bol, disposent de tapis d'accès à la plage pour aller jusqu'à l'eau.

Aéroport

Pour bénéficier d'une aide à l'aéroport, communiquez vos besoins à votre compagnie au moins 48 heures à l'avance. Des services d'enregistrement pour personnes malvoyantes et à mobilité réduite sont disponibles à l'aéroport de Zagreb.

Hébergement

Les hôtels situés dans des bâtiments anciens sont rarement équipés d'ascenseurs. Les installations plus récentes, conçues pour être accessibles, sont souvent une meilleure solution.

FERRIES

Les ferries des compagnies TP Line et Kapetan Luka sont pleinement accessibles et disposent de rampes. À l'inverse, quelques-uns seulement parmi ceux de la compagnie Jadrolinija sont équipés. Toutefois, les personnes à mobilité réduite y ont le droit à une assistance gratuite.

Toilettes gratuites et accessibles

La loi oblige tous les grands supermarchés de Croatie à mettre des toilettes à disposition de leurs clients, ce qui implique qu'ils soient accessibles pour les personnes à mobilité réduite.

Transports en commun

Dans beaucoup de villes, notamment Zagreb, Split et Dubrovnik, le système de transports en commun est accessible aux personnes en fauteuil roulant et à mobilité réduite grâce à un système d'abaissement dont sont dotés les bus dotés, ainsi qu'aux plateformes au même niveau que les tramways.

RESSOURCES

croatiaairlines.com/fr/categories-de-passagers/Passagers-ayant-des-besoins-speciaux
Voyagez avec Croatia Airlines.

visitzagreb.hr/theme/accessible-zagreb
Activités accessibles à Zagreb.

homerent.agency/en/croatia-travel-guide-wheelchair-users
Un guide de voyage pour les personnes en fauteuil roulant.

CARTE DE STATIONNEMENT POUR PERSONNES HANDICAPÉES

Si vous possédez une carte européenne de stationnement pour personnes handicapées, sachez qu'elle est valide dans tous les pays de l'Union européenne et vous donne les mêmes droits de stationnement que les personnes résidant en Croatie. Veillez à la laisser toujours visible.

80-20/SHUTTERSTOCK ©

Île de Hvar (p. 244)

À la découverte des îles

Si vous prévoyez de parcourir quelques-unes des nombreuses îles croates, vous prendrez inévitablement le bateau. Nous vous donnons des conseils pour voyager en ferry en tant que piéton ou avec votre voiture ou pour louer votre propre bateau.

Choix de la compagnie de ferry

Jadrolinija (jadrolinija.hr) est la compagnie nationale de ferry et la plus grande du pays, avec plus de 35 lignes saisonnières de bateaux pour piétons et voitures sur l'ensemble de la côte adriatique et deux destinations italiennes, Ancône et Bari.

TP Line (tp-line.hr) assure des liaisons saisonnières et annuelles en ferry pour piétons depuis Split, Makarska et Dubrovnik vers Šipan, Mljet, Korčula, Lastovo, Brač, et les îles de Hvar et Vis.

Kapetan Luka (krilo.hr/en) propose des liaisons express saisonnières pour piétons en Dalmatie ainsi qu'à partir de Pula, en Istrie, vers les îles du golfe de Kvarner et Zadar.

La flotte de ferries pour piétons **G&V Line** (gv-zadar.com) relie durant toute l'année Zadar à ses nombreuses îles voisines.

Mia Tours (miatours.hr) assure des liaisons pour piétons depuis Zadar et Šibenik vers les îles voisines.

Bura Line (buraline.com) offre des liaisons saisonnières pour piétons entre Split, Slatine et Trogir.

Rapska Plovidba (rapska-plovidba.hr) propose toute l'année des ferries pour piétons et voitures depuis Rab vers le continent et l'île de Pag.

Comment faire une réservation

Vous pouvez consulter les horaires et effectuer vos réservations en ligne. Vous pouvez aussi acheter des billets directement au port ou auprès d'un guichet de la compagnie. Les tarifs varient en fonction de la saison, de la taille du véhicule et du nombre de passagers. Les enfants de moins de 3 ans voyagent gratuitement.

À bord du ferry

Les ferries sont tous confortables et bien équipés (air conditionné, toilettes, Wi-Fi gratuit). Vous trouverez du café ou un bar proposant boissons et en-cas.

Louer un bateau

Louer un voilier ou un yacht, avec ou sans équipage, est une manière appréciée de faire le tour des îles de l'Adriatique. Cela permet de programmer son propre itinéraire et de le rendre le plus flexible possible.

UTILE À SAVOIR

Un *catamaran* est un ferry rapide réservé aux piétons. Un *trajekt* est un car-ferry (accessible aux voitures).

Certaines lignes de catamarans n'ouvrent qu'en été. La fréquence des ferries est plus élevée à cette période (juillet-août).

La bora (*bura*) est un vent fort du nord-est qui perturbe souvent les services. Les jours de vent violent, les catamarans (et parfois les car-ferries) peuvent être annulés ou retardés.

En haute saison, si vous voyagez en voiture, arrivez en avance. Les billets Jadrolinija sont toutefois valables pour une journée entière.

Voyager comme piéton sur un ferry est plus abordable. Nous vous conseillons de louer une voiture, un scooter ou un vélo sur le lieu de votre destination.

Bon à savoir

HEURES D'OUVERTURE

Ces horaires peuvent varier selon la période et la région. Une loi de juillet 2023 impose aux commerces de n'ouvrir que 16 dimanches, au choix, par an. Ils sont ainsi nombreux à choisir de ne pas fermer les dimanches de juillet et d'août.

Banques 8h-18h, lun-ven

Bars 10h-2h

Cafés 7h-23h

Restaurants 10h-22h

Centres commerciaux 9h-22h

Supermarchés 7h-21h

Accès à Internet

La plupart des villes, aéroports, transports en commun et commerces proposent du Wi-Fi gratuit.

POIDS ET MESURES

La Croatie utilise le système métrique.

CIGARETTES

Fumer est interdit dans les espaces publics clos, par exemple les restaurants, bars, boutiques et transports en commun.

EN BREF

Fuseau horaire
UTC+1

Indicatif du pays
385

Numéro d'urgence
112

Population
3,9 millions

ÉLECTRICITÉ

230 V/50 Hz

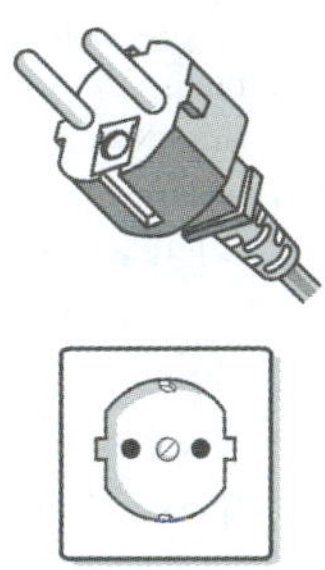

Type F
230V/50Hz

JOURS FÉRIÉS

Il y a 14 jours fériés en Croatie, pendant lesquels les banques ferment mais certains commerces restent ouverts. Les horaires des bus et des ferries peuvent être modifiés ces jours-là.

Nouvel An 1er janvier

Épiphanie 6 janvier

Pâques mars/avril

Lundi de Pâques

Fête du Travail 1er mai

Jour du Sabor 30 mai

Fête-Dieu 60 jours après Pâques

Journée de la Résistance antifasciste 22 juin

Journée du Souvenir national 5 août

Assomption 15 août

Toussaint 1er novembre

Journée du Souvenir des victimes de la guerre patriotique 18 novembre

Noël et la Saint-Étienne 25 et 26 décembre

Langue

En croate, chaque lettre se prononce et sa prononciation ne varie pas d'un mot à l'autre. Le croate fait partie de la famille des langues slaves du Sud (serbe, bosniaque, monténégrin).

Les essentiels

Bonjour Dobar dan
Au revoir Zbogom
Oui Da
Non Ne
S'il vous/te plaît Molim
Merci Hvala vam/ti (vous/tu)
Excusez-moi Oprostite
Pardon Žao mi je
Quel est votre/ton nom ? Kako se zovete/zoveš ?
Mon nom est... Zovem se...
Parlez-vous/Parles-tu français ? Govorite/Govoriš li francuski ?
Je ne comprends pas. Ja ne razumijem.

Demander son chemin

Où est (la station) ?
Gdje je (stanica) ?
Quelle est l'adresse ?
Koja je adresa ?
Pourriez-vous/Pourrais-tu l'écrire s'il vous/te plaît ?
Možete li to napisati ?/Možeš li to napisati ?
Pouvez-vous me montrer (sur la carte) ?
Možete li mi to pokazati (na karti) ?

Panneaux

Ulaz/Izlaz Entrée/Sortie
Otvoreno/Zatvoreno Ouvert/Fermé
Slobodna Mjesta Chambres disponibles
Bez Slobodnih Mjesta Complet
Informacije Information
Policijska Stanica Commissariat de police
Zabranjeno Interdit
WC Toilettes
Muški Homme
Ženski Femme
Toplo/Hladno Chaud/Froid

Heure et date

Quelle heure est-il ? Koliko je sati ?
Il est (10) heure(s). (Deset) je sati.
(10) heure(s) et demi. (Deset) i po.
matin jutro
après-midi popodne
soirée večer
hier jučer
aujourd'hui danas
demain sutra

Urgences

À l'aide ! Upomoć !
Partez ! Maknite se !
Je suis malade. Ja sam bolestan/bolesna. (m/f)
Appelez ...! Zovite...!
un médecin liječnika
la police policiju

Au restaurant

Que conseillez-vous ?
Što biste nam preporučili ?
Santé ! Živjeli !
Pourrais-je avoir l'addition, s'il vous plaît.
Mogu li dobiti račun molim.

CHIFFRES

1 **jedan** *yè*·dan
2 **dva** dva
3 **tri** tri
4 **četiri** t*chè*·ti·ri
5 **pet** pèt
6 **šest** chèst
7 **sedam** *sè*·dam
8 **osam** *o*·sam
9 **devet** *dè*·vèt
10 **deset** *dè*sèt

LA CRAVATE

La cravate tire son nom du mot croate *cravat*, contraction de *Croat* et de *Hrvat*, qui désignait une pièce de l'uniforme militaire conçu en Croatie et adopté par les Français au XVIIe siècle.

Parler comme un Croate

Šta ima ? – Quoi de neuf ?
Kužim./Ne kužim. – Je comprends./Je ne comprends pas.
To je fora ! – Génial !
To je mrak ! – C'est incroyable !
Idemo na cugu. – Allons boire un verre.
To je puno love. – Ça fait beaucoup d'argent.
Nema šanse ! – Pas possible !
Nema veze. – Laisse tomber.
Idemo na klopu. – Allons manger un morceau.
Nema frke. – Pas de problème.

À savoir

Certains mots croates ont des formes féminines et masculines. Il existe aussi des formulations formelles et informelles pour s'adresser à autrui, équivalents du vouvoiement et tutoiement français.

Pour aller plus loin

Indispensable pour mieux communiquer sur place : le *Guide de conversation français/croate de Lonely Planet*. Pour réserver une chambre, lire un menu ou simplement faire connaissance, ce manuel permet d'acquérir des rudiments de croate. Inclus : un minidictionnaire bilingue.

La prononciation : composer avec les consonnes

D'une manière générale, le č se prononce "tch", le š correspond à notre "ch", le đ au son "dj" et le ž équivaut au "j" (de "jeu"). Le j se prononce comme le "y" de "yoyo" et le nj se prononce comme le "ny" de "canyon". Ajoutons que le u se prononce toujours "ou", que la lettre c se prononce "ts" et que le g est toujours dur (comme dans "gare"). Pour faciliter la prononciation du r inséré entre deux consonnes, ajoutez un léger son "eu" juste avant : ainsi, par exemple, la ville de Krk se dit "keurk".

LE CROATE DANS LE MONDE

Le croate est la langue maternelle d'environ 6 millions de personnes dans le monde.

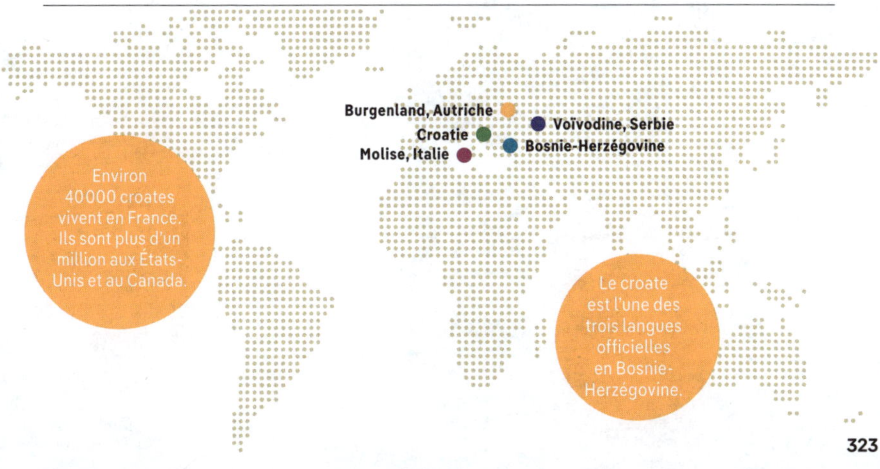

COMPRENDRE
LA CROATIE

Nos auteurs proposent une découverte des multiples facettes de la Croatie.

Une histoire de la Croatie en 15 lieux

Ceci n'est pas un itinéraire, mais une immersion dans les histoires foisonnantes et variées qui ont fait la Croatie, du Paléolithique à l'époque contemporaine.

Lucie Grace

p. 326

À la rencontre des Croates

Avec sa capitale dans les terres et la plupart de ses grandes villes sur la côte, la Croatie conjugue décontraction méditerranéenne et caractère plus sérieux de l'Europe centrale.

Anja Mutic

p. 334

Nomadisme numérique : le télétravail en Croatie

Split, Zadar et Dubrovnik séduisent les *digital nomads* du monde entier. Voyons pourquoi et comment la Croatie est devenue si attrayante pour les travailleurs à distance.

Lucie Grace

p. 336

Histoire du (sur)tourisme

Au XIXe siècle, le tourisme en Croatie était le fait de l'élite européenne, et plus particulièrement de la cour impériale de Vienne. Aujourd'hui, le pays bat des records de fréquentation touristique : il reçoit près de 20 millions de visiteurs chaque année.

Anja Mutic

p. 338

Arc de triomphe des Sergii, Pula (p. 110)

UNE HISTOIRE DE LA CROATIE EN 15 LIEUX

Envahie de tous bords, ballottée d'un empire à l'autre, divisée puis réunifiée selon différentes configurations, la Croatie a été façonnée par une histoire des plus mouvementées. Dans cette région du monde, le passé affleure à tout moment, omniprésent dans l'architecture, et sous-jacent dans toute discussion sur la situation actuelle et le devenir du pays. Par Lucie Grace.

1. Musée de l'Homme de Néandertal à Krapina

UN GRAND SITE PALÉOLITHIQUE EN EUROPE

Des fouilles effectuées sur le site préhistorique de Krapina ont révélé que cette région était habitée depuis le Paléolithique. Outre des outils et des armes en pierre de cette période, on découvrit 876 os humains, notamment 196 dents. Cette découverte reste la plus importante du genre en Europe.

Le fruit de ces fouilles est exposé au Muséum d'histoire naturelle croate de Zagreb, mais vous pouvez vous faire une idée de la vie des hommes de Néandertal en visitant le musée de Krapina.

Pour plus d'informations sur le musée de l'Homme de Néandertal à Krapina, voir p. 84

2. Le palais de Dioclétien à Split

EXPRESSION DU POUVOIR IMPÉRIAL

Split accéda à la notoriété dès le IIIe siècle. L'empereur romain Dioclétien (245-313) y a fait édifier à partir de 295 un palais où il vécut de son abdication en 305 à sa mort. Après lui, ce grandiose palais servit de nombreuses fois de retraite aux derniers maîtres de l'empire. Lorsque la colonie de Salone (Salona, l'actuelle Solin) fut détruite par les Avars et les Slaves, nombre de colons romains trouvèrent refuge à Split, barricadés derrière l'enceinte du palais, où leurs descendants vivent encore aujourd'hui. Se dressant près du port avec une superbe vue, le palais de Dioclétien est l'un des plus imposants vestiges romains encore debout, et la principale attraction touristique de la ville.

Pour plus d'informations sur le palais de Dioclétien, voir p. 226

3. L'Apoxyomène de Lošinj et son musée

UNE SCULPTURE UNIQUE AU MONDE

Ouvert en 2016, ce musée est l'un des seuls au monde à avoir été fondé pour une pièce unique. En l'occurrence, une sculpture grecque étonnamment détaillée représentant un athlète *apoxyomenos*, c'est-à-dire en train de se décrasser après un exploit sportif. Cette magnifique statue fut découverte en 1996, au large de l'île de Lošinj, par le photographe et plongeur belge René Wouters. Ce bronze, remonté à la surface en 1999, reposait dans les fonds marins depuis 2 000 ans, à 45 m de profondeur. Après sa restauration et avant d'intégrer le musée qui lui est consacré à Mali Lošinj, l'Apoxyomène fit le tour du monde. Il fut notamment exposé au Louvre et au British Museum.

Pour plus d'informations sur le musée de l'Apoxyomène, voir p. 173

4. Amphithéâtre romain à Pula

QUE LES JEUX COMMENCENT

Cet amphithéâtre remarquablement conservé, que les Istriens appellent l'Arena, est l'autre vestige important avec le palais de Dioclétien, de l'architecture romaine en Croatie. Il fut construit au Ier siècle sous les règnes d'Auguste et de Vespasien (lequel commanda par ailleurs le Colisée de Rome). Vaste ellipse dominant le port au nord-est de la vieille ville, cet amphithéâtre est le monument le plus emblématique de Pula. Après avoir accueilli des combats de gladiateurs et autres jeux du cirque il y a près de deux millénaires, il accueille aujourd'hui des projections lors du festival de cinéma, des événements sportifs, ainsi que des concerts (Elton John, Sting, Andrea Bocelli...).

Les habitants de Pietas Julia, alias Pula, parvinrent à éviter toute démolition ou déplacement de la structure. L'une des quatre tours porte d'ailleurs une plaque commémorative en l'honneur du sénateur Gabriele Emo, qui empêcha le déplacement de l'amphithéâtre à Venise au XVIe siècle.

Pour plus d'informations sur l'amphithéâtre, voir p. 109

5. Église Saint-Nicolas à Nin

LES PREMIERS ROIS DE CROATIE

Sous domination croate dès le VIIe siècle, Nin devint en l'an 900 le siège de l'évêché. Elle est aussi considérée comme la première et la plus ancienne ville royale de Croatie. C'est en effet dans son église Saint-Nicolas, magnifique petit édifice de style roman juché sur une colline, debout depuis neuf siècles, que les premiers rois de Croatie furent couronnés.

En 1409, Nin tomba sous domination vénitienne. Sa position était si stratégique que les Vénitiens choisirent en 1571 de la détruire plutôt que de l'abandonner aux Ottomans. Quant à la petite “église du couronnement”, symbole de Nin, mais surtout de l'identité croate, elle est demeurée intacte au fil des siècles, ce qui lui confère d'autant plus de valeur, aussi bien du point de vue historique que dans le cœur des Croates.

Pour plus d'informations sur l'église Saint-Nicolas, voir p. 196

Les remparts de Dubrovnik (p. 280)

PURWANTO LIM/SHUTTERSTOCK ©

6. Remparts et fortifications de Dubrovnik

INCONTOURNABLES (DANS TOUS LES SENS DU TERME)

Site le plus visité de Croatie, et merveille d'architecture médiévale, l'enceinte fortifiée de la vieille ville de Dubrovnik, extraordinairement intacte, relève d'une prouesse d'ingénierie. Les premiers murs défensifs, construits dès le IXe siècle, étaient suffisamment solides pour tenir un siège de 15 mois par les Sarrasins. Mais c'est au XIVe siècle que les remparts, de 1,50 m d'épaisseur, furent renforcés par 15 tours carrées.

Raguse (le nom de Dubrovnik jusqu'en 1918) étant constamment sous la menace d'attaques ottomanes, les murs s'épaissirent au cours des siècles, gagnant en hauteur et en force, jusqu'à ce que la ville soit entièrement fortifiée.

Pour plus d'informations sur les remparts de Dubrovnik, voir p. 280

7. Inscriptions glagolitiques à Krk

ÉCRITURES SAINTES

L'alphabet glagolitique est le plus ancien alphabet slave connu. Inventé au IXe siècle par les frères Cyrille et Méthode pour traduire la Bible et évangéliser les populations des Balkans, il fut progressivement remplacé par l'alphabet cyrillique, qu'il a marqué de son empreinte.

L'île de Krk fut un bastion glagolitique : en témoigne la stèle de Baška (XIe siècle), l'une des premières inscriptions connues rédigées dans cet alphabet. Y figure la toute première référence à un roi de Croatie dans la langue croate. Cette dalle de pierre sculptée de 800 kg fut découverte en 1851 dans l'église Sainte-Lucie, sur l'île de Krk, où l'on peut en voir une reproduction. L'original se trouve dans la Galerie Strossmayer des Maîtres anciens, à Zagreb.

Pour plus d'informations sur les inscriptions glagolitiques et la stèle de Baška, voir p. 167

8. Les vieilles villes de Zagreb

DEUX VILLES VALENT MIEUX QU'UNE

L'histoire de Zagreb débute sur deux collines. Une communauté religieuse s'implanta au XIe siècle sur celle de Kaptol, où se dresse aujourd'hui la cathédrale. Un autre petit bourg prospérait sur celle de Gradec. Les deux localités furent dévastées lors de l'invasion mongole de 1242. Afin d'attirer des artisans étrangers dans cette région en ruine, le roi Béla fit construire des remparts autour de Gradec et transforma l'endroit en une sorte de "paradis fiscal" sous contrôle royal, gratifié de nombreux privilèges. En revanche, Kaptol ne bénéficia d'aucun traitement de faveur et demeura sous la juridiction de l'Église.

Au fil des siècles, une rivalité opposa les deux cités, dégénérant souvent en affrontements violents. À plusieurs reprises, les évêques de Kaptol excommunièrent la population de Gradec, qui ripostait en pillant et incendiant Kaptol. Ce n'est qu'en 1850 que Kaptol et Gradec furent réunies, sur ordre du *ban* (vice-roi) croate Josip Jelačić.

Pour plus d'informations sur Zagreb, voir p. 42

9. Cathédrale Saint-Jacques de Šibenik

CHEF-D'ŒUVRE GOTHIQUE

Chef-d'œuvre de l'architecte et sculpteur zadarois Juraj Dalmatinac, la cathédrale Saint-Jacques est le joyau de la côte dalmate. Entièrement bâtie avec des pierres blanches des îles de Brač, Korčula, Rab et Krk, elle illustre la fusion de styles architecturaux de différentes époques, du gothique à la Renaissance. Elle se caractérise par une frise de 71 têtes grimaçantes dont l'expression va de l'hilarité à l'effroi, représentations caricaturales des citoyens du XVe siècle.

Contrairement à de nombreuses villes du littoral dalmate, Šibenik ne fut pas fondée par les Illyriens, les Grecs ou les Romains, mais par le roi croate Petar Krešimir IV, au XIe siècle, en raison de la position défensive du site, niché dans une crique.

Pour plus d'informations sur la cathédrale Saint-Jacques de Šibenik, voir p. 205

10. Vieille ville de Varaždin

LE BAROQUE PAR-DELÀ LES SIÈCLES

Varaždin, ville frontalière du nord-est du pays située à 81 km de Zagreb, recèle certaines des plus belles expressions des architectures baroque et rococo. Son passé de capitale de la Croatie et de ville la plus prospère du pays explique l'extraordinaire raffinement de ses édifices. Ravagée par un incendie en 1776, elle fut restaurée avec soin.

Les palais de la vieille ville témoignent ainsi de la richesse de la Slavonie et de son importance au sein de l'Empire austro-hongrois. Incontournable, sa cathédrale, construite par les jésuites en 1646, se distingue par son portail et son autel dans le plus pur style baroque.

Pour plus d'informations sur Varaždin, voir p. 85

11. Splendeur des Habsbourg à Opatija

OPULENCE IMPÉRIALE

Les Habsbourg, à la tête de l'Empire austro-hongrois, prenaient la convalescence très au sérieux. Leurs médecins furent mis au défi de trouver le lieu parfait pour édifier une station balnéaire. Opatija fut choisie pour son ensoleillement permanent, ses températures hivernales douces et son air frais iodé, excellent pour le système respiratoire. Cette ville devint *la* destination de bord de mer à la mode pour les têtes couronnées de toute l'Europe jusqu'à la Première Guerre mondiale. L'hôtel Kvarner, érigé en 1884, puis l'Heritage Hotel Imperial en 1885 en témoignent aujourd'hui, tout aussi distingués qu'à leur inauguration sous le règne austro-hongrois. Ils donnent à la ville son atmosphère désuète et son charme intemporel.

Pour plus d'informations sur Opatija, voir p. 156

12. Moulins à vent et centrale hydroélectrique au parc national de la Krka

ÉNERGIE NATURELLE

La Krka, rivière longue de 73 km, traverse la Dalmatie. Les habitants exploitent ses ressources depuis le XIe siècle, comme

La vieille ville de Varaždin (p. 85)

l'attestent la présence de moulins mais aussi d'autres constructions plus récentes. Ainsi, près des chutes de Skradinski Buk se trouvent les vestiges d'une des premières centrales hydroélectriques du monde. Une énorme roue rappelle que Šibenik fut la troisième ville au monde à bénéficier d'un éclairage public alimenté par le courant alternatif et la première à disposer d'un système complet de production, de distribution et de transmission d'électricité.

Pour plus d'informations sur la centrale hydroélectrique, voir p. 210

13. Gilet de sauvetage du Titanic à Rijeka

SOUVENIR DU TITANIC

Au Musée maritime et historique de Rijeka est exposé un objet très rare : un gilet de sauvetage du *Titanic.*

Qu'a Rijeka à voir avec le naufrage du célèbre paquebot ? Une grande partie de l'équipage du *RMS Carpathia,* le navire qui répondit à l'appel de détresse du *Titanic* et secourut les survivants, était de Rijeka. L'un des marins héroïques du *Carpathia* conserva un gilet récupéré lors de cette expédition traumatisante, gilet que sa famille trouva des décennies plus tard et donna au musée.

Pour plus d'informations sur le Musée maritime et historique, voir p. 150

14. Musée Staro Selo, Kumrovec

MUSÉE À CIEL OUVERT ET MÉMOIRE DE TITO

Le musée Staro Selo est un musée ethnographique en plein air. Reconstitution d'une bourgade du XIXe siècle, il compte 40 maisons et granges, restaurées, en torchis et en bois, pleines de meubles, mannequins et jouets, ainsi qu'un pressoir à vin et des outils de boulanger évoquant les coutumes, arts et artisanats traditionnels locaux.

Le village abrite aussi la maison natale du dirigeant yougoslave Josip Broz Tito (1892-1980). Y sont conservés le mobilier d'origine, des effets personnels, ainsi que des lettres de dirigeants étrangers.

Le musée se situe dans le charmant village de Kumrovec, dans la vallée de la Sutla, près de la frontière slovène.

Pour plus d'informations sur le musée Staro Selo, voir p. 82

15. Parc national des îles Brijuni

LE SANCTUAIRE DE TITO

Aujourd'hui parc national, l'archipel des Brijuni fut jadis la résidence privée du président yougoslave Tito. De somptueuses maisons d'hôtes et sa propre "Maison-Blanche" (*Bijela Vila*) y accueillirent des dirigeants du monde entier venus parler politique et remplir son parc d'animaux exotiques, qui se visite encore.

Le 19 juillet 1956, en pleine guerre froide, c'est entre les murs de la *Bijela Vila* que se réunirent les présidents d'Égypte (Nasser), d'Inde (Nehru) et de Yougoslavie (Tito) pour affirmer leur neutralité. Et ainsi est né le mouvement des non-alignés.

Pour plus d'informations sur le parc national des îles Brijuni, voir p. 113

BRÈVE HISTOIRE DE LA CROATIE

LES PREMIERS HABITANTS

Des fouilles effectuées sur le site préhistorique de Krapina ont révélé que cette région était habitée depuis le Paléolithique. À partir du premier millénaire av. J.-C. arrivèrent dans la région les Illyriens, redoutables guerriers qui limitèrent l'influence des Grecs. Deux siècles plus tard, l'invasion celte repoussa cependant les Illyriens, puis les Romains s'implantèrent peu à peu pour finir, en 168 av. J.-C., par vaincre Genthius, le dernier roi illyrien.

L'EMPIRE ROMAIN

Le siège du pouvoir romain fut établi à Salone (Solin), apportant enfin paix et prospérité à la région. Plusieurs villes, comme Iader (Zadar), Felix Arba (Rab), Curicum (Krk), Tarsaticae (Rijeka), Parentium (Poreč), Polensium (Pula) et Siscia (Sisak) se dotèrent de tous les attributs culturels de la vie romaine, notamment des temples, des bains et des amphithéâtres. Les Romains construisirent un réseau de routes menant à la mer Égée, à la mer Noire et au Danube, afin de faciliter le commerce et l'expansion de leur culture. Par la suite, ces routes accélérèrent également l'essor de la chrétienté.

LES SLAVES REMPLACENT LES AVARS

À la suite de l'effondrement de l'Empire romain d'Occident en 476, plusieurs tribus slaves quittèrent leur ancien territoire, au nord des Carpates, pour aller vers le sud. Vers la même époque, les Avars (un peuple nomade d'Asie centrale) lançaient des assauts contre la Dalmatie byzantine. Les Avars ravagèrent les anciennes villes romaines de Salone et d'Épidaure, dont les habitants se réfugièrent respectivement dans le palais de Dioclétien (Split) et à Raguse (Dubrovnik). Deux tribus slaves apparentées s'installèrent le long de la côte adriatique et dans son arrière-pays : les Croates et les Serbes.

CHRISTIANISME ET ROIS DE CROATIE

La prise de la Dalmatie par les armées franques de Charlemagne entraîna la christianisation des païens croates. Après la mort de Charlemagne en 814, les Croates de Pannonie tentèrent sans succès de se débarasser des Francs. Au IXe siècle, le duc Branimir se révolta contre le joug byzantin et en retira la reconnaissance du pape Jean VIII : le catholicisme devint ainsi une part importante de l'identité nationale croate. Trpimir, qui fut *knez* de 845 à 864, est considéré comme le fondateur de la première dynastie croate, mais c'est à Tomislav, son petit-fils, premier souverain à se proclamer *kralj* (roi) en 925, que l'on doit l'unification de la Pannonie et de la Dalmatie.

LA CONVOITISE DES HONGROIS ET DES VÉNITIENS

Au XIe siècle, le royaume de Hongrie eut la mainmise sur la Croatie. En réalité, alors que cette dernière maintenait un *ban* (vice-roi ou gouverneur) et un *sabor* (Parlement), les Hongrois continuaient à marginaliser la noblesse croate. Sous le règne hongrois, la Pannonie prit le nom de Slavonie. En 1107, Koloman, le roi hongrois, réussit à convaincre la noblesse dalmate d'accepter sa suzeraineté sur la côte croate, convoitée depuis longtemps.

Mais, après la mort de Koloman en 1116, les Vénitiens revinrent à la charge et imposèrent tant bien que mal leur joug pendant plusieurs siècles. La Sérénissime renforça ses positions sur la côte dalmate au sud de Zadar, puis les conserva jusqu'à l'invasion napoléonienne de 1797. Seuls les citoyens de Raguse, dont la république avait été fondée en 1358, purent garder leur indépendance.

L'OFFENSIVE OTTOMANE

Au XIVe siècle, l'essor de l'Empire ottoman fit peser des menaces sur la Croatie. Sentant qu'un vent mauvais soufflait de l'est, la noblesse croate sollicita en vain l'aide des puissances étrangères. Mais rien ne put enrayer l'avancée ottomane ni le sacrifice de l'élite croate sur le champ de bataille Le puissant évêché de Zagreb fortifia la cathédrale de Kaptol, qui demeura inviolée, mais la ville frontière de Knin tomba en 1521. La côte adriatique, malgré la menace des Turcs, ne tomba en revanche jamais sous leur joug, et la république de Raguse conserva son indépendance durant toute cette période d'instabilité.

LE POUVOIR DES HABSBOURG

Les Croates trouvèrent protection auprès des Autrichiens. Les Habsbourg, depuis Vienne, intégrèrent à leur empire un étroit territoire autour de Zagreb, Karlovac et Varaždin. En 1683, la déroute ottomane après le siège de Vienne marqua le début de la fin de l'hégémonie turque sur la Croatie et sur une bonne partie de l'Europe. Le règne de Marie-Thérèse d'Autriche (1740-1780) marqua le retour de la stabilité dans la région. Si la production agricole s'intensifia, la culture et la langue croates ne se développèrent guère.

NAPOLÉON ENTRE EN SCÈNE

En 1805, la victoire de Napoléon à Austerlitz contre les forces autrichiennes et prussiennes contraignit l'Autriche à abandonner la côte dalmate à la France. Dix ans plus tard, la chute de l'Empire napoléonien donna lieu au congrès de Vienne, lequel reconnut les prétentions austro-hongroises sur la Dalmatie et plaça le reste de la Croatie sous la juridiction du royaume de Hongrie.

VERS L'AUTONOMIE

Traditionnellement, les Dalmates de la bonne société parlaient italien, tandis que la noblesse de la Croatie du Nord parlait allemand ou hongrois. Mais, sous l'influence des Lumières et de Napoléon naquirent les prémices d'une identité nationale au sein des populations slaves du Sud.

À la suite de la révolution de 1848 en France, les Hongrois réclamèrent des réformes à l'intérieur de l'Empire austro-hongrois. Les Croates y virent une chance de reprendre un peu de contrôle et d'unifier la Dalmatie, la Krajina et la Slavonie. Cherchant un appui en Croatie, les Habsbourg acceptèrent de nommer comme *ban* Josip Jelačić (une imposante statue le représentant trône aujourd'hui au cœur de Zagreb), un réformateur qui appela immédiatement à des élections et partit combattre les rebelles hongrois en échange, entre autres revendications, de l'affranchissement de la Croatie de la juridiction hongroise. Mais ses demandes restèrent lettre morte.

La désillusion qui succéda aux espoirs de 1848 fut amplifiée par la mise en place, en 1867, de la double monarchie austro-hongroise. Celle-ci plaça la Croatie du Nord et la Slavonie sous administration hongroise, tandis que la Dalmatie demeurait rattachée à l'Autriche.

LA PREMIÈRE GUERRE MONDIALE ET LA PREMIÈRE YOUGOSLAVIE

Le déclenchement de la Première Guerre mondiale exposa de nouveau la Croatie aux convoitises. L'effondrement de l'Empire austro-hongrois, en 1918, vit la naissance du Conseil national des Slovènes, des Croates et des Serbes. Celui-ci décida rapidement de la création d'un royaume des Serbes, des Croates et des Slovènes (rebaptisé plus synthétiquement royaume de Yougoslavie en 1929), qui aurait pour capitale Belgrade.

En 1929, le roi Alexandre Ier de Yougoslavie proclama une dictature royale. Les partis politiques furent supprimés et le système parlementaire, suspendu. Le début des années 1920 vit également la naissance du Parti communiste yougoslave, dirigé par Josip Broz, dit Tito, à partir de 1937.

LA SECONDE GUERRE MONDIALE ET LE RÈGNE DES OUSTACHIS

Au lendemain de la proclamation de la dictature royale, Ante Pavelić, un Croate de Bosnie, fonda à Zagreb un mouvement de libération croate inspiré du mouvement fasciste de Mussolini et appelé l'Oustacha (Ustaša, les Insurgés). Celui-ci avait pour but avoué de créer, au besoin par la force, un État croate indépendant.

Lorsque l'Allemagne entreprend l'invasion de la Yougoslavie, le 6 avril 1941, elle plaça immédiatement au pouvoir les Oustachis, avec le soutien de l'Italie, qui espérait voir satisfaites ses propres revendications territoriales en Dalmatie. En quelques jours, l'État indépendant de Croatie, dirigé par Pavelić, signa une série de décrets visant à persécuter et à éliminer les "ennemis" du régime, soit principalement les Juifs, les Roms et les Serbes. Entre 1941 et 1945, la majeure partie de la population juive fut déportée dans des camps d'extermination.

TITO ET LES PARTISANS

Tous les Croates ne soutenant pas une telle politique, la résistance armée au régime s'organisa. La lutte antifasciste la plus efficace fut le fait des unités partisanes de libération nationale menées par Tito. Les partisans acquirent un large soutien populaire grâce à leur premier programme, qui envisageait une Yougoslavie d'après-guerre organisée en une fédération souple. Grâce à l'appui diplomatique et militaire fourni par le Premier ministre britannique Churchill et par les autres puissances alliées, le mouvement réussit à contrôler une bonne partie de la Croatie en 1943. Il installa des gouvernements locaux dans les zones libérées par ses soins, ce qui facilita plus tard son accession au pouvoir. Le 20 octobre 1944, Tito entra dans Belgrade avant l'Armée rouge et fut proclamé Premier ministre. Puis, après la reddition de l'Allemagne en 1945, Pavelić et les Oustachis prirent la fuite, laissant les partisans entrer dans Zagreb.

LA DEUXIÈME YOUGOSLAVIE

Si les tentatives de Tito pour récupérer la ville italienne de Trieste et plusieurs territoires d'Autriche méridionale se heurtèrent à l'opposition des Alliés, la Dalmatie et la plus grande partie de l'Istrie furent en revanche définitivement intégrées à la Yougoslavie de l'après-guerre. Tito entendait fonder un État au sein duquel aucun groupe ethnique n'occuperait de position dominante, mais il comptait aussi conforter cet équilibre délicat par l'instauration d'un parti unique et l'étouffement de toute forme d'opposition. La Croatie devint l'une des six républiques de la Fédération yougoslave, aux côtés de la Macédoine, de la Serbie, du Monténégro, de la Bosnie-Herzégovine et de la Slovénie.

Dans les années 1960, la concentration du pouvoir à Belgrade (Serbie) suscita une irritation grandissante. L'agitation atteignit son apogée avec le "Printemps croate" de 1971. Intellectuels et étudiants, menés par des réformateurs du Parti communiste croate, demandèrent alors un assouplissement des liens avec la Yougoslavie, en vue d'une plus grande autonomie économique et d'une réforme constitutionnelle. La riposte de Tito fut féroce. Une purge écarta des leaders du mouvement, qui furent incarcérés ou expulsés du parti. Les Serbes virent là une résurgence du mouvement de l'Oustacha, tandis que, du fond de leur prison, les réformateurs accusaient les Serbes d'être responsables de tous leurs maux. Le décor était planté pour la guerre des années 1990.

LA FIN DE LA YOUGOSLAVIE

À la mort de Tito en mai 1980, la Yougoslavie chancelait. L'autorité du gouvernement central s'effondra en même temps que l'économie, et la méfiance longtemps réprimée entre les différents groupes ethniques de Yougoslavie refit surface, s'accompagnant de la montée du nationaliste Slobodan Milošević en Serbie.

En 1989, la sévère répression de la majorité albanaise dans la province serbe du Kosovo réveilla la crainte d'une hégémonie serbe et sonna le glas de la Fédération yougoslave. Face aux bouleversements politiques qui secouaient l'Europe de l'Est et aux provocations de Milošević, la Slovénie s'engagea dans la lutte pour l'indépendance. Pour la Croatie, une Yougoslavie sous domination serbe, amputée du contrepoids slovène, n'était pas une solution viable.

Les élections libres d'avril 1990 donnèrent 40% des voix à l'Union démocratique croate de Franjo Tuđman. Une nouvelle Constitution croate fut promulguée le 22 décembre 1990. Les Serbes de Croatie y étaient désignés non plus comme une "nation constitutive", mais comme une "minorité nationale".

L'absence de garanties constitutionnelles quant au respect des droits des minorités et les licenciements massifs de fonctionnaires serbes incitèrent les 600 000 Serbes établis en Croatie à demander leur autonomie. Au début de l'année 1991, des extrémistes serbes fomentèrent des provocations destinées à susciter une intervention militaire fédérale. Le référendum de mai 1991 (boycotté par les Serbes) donna un score de 93% en faveur de l'indépendance de la Croatie. Mais, le jour de la proclamation de cette indépendance, le 25 juin 1991, les séparatistes serbes de Krajina firent à leur tour sécession.

LA GUERRE EN CROATIE

À la suite d'une médiation de la Communauté européenne (future Union européenne), la Croatie accepta de retarder sa déclaration d'indépendance de trois mois afin d'éviter les effusions de sang. Mais de violents combats éclatèrent dès juin 1991. Au cours de l'été, un quart de la Croatie tomba aux mains des milices serbes et de l'Armée populaire yougoslave.

Au terme du moratoire de trois mois, la Croatie proclama son indépendance. Peu après, le 19 novembre, Vukovar se rendit ; la bataille de Vukovar fut l'une des plus sanglantes de toute la guerre. En six mois, la guerre fit 10 000 victimes en Croatie. Des centaines de milliers d'habitants s'enfuirent et des dizaines de milliers de foyers furent détruits.

À la fin de 1991, l'armée fédérale et les milices monténégrines attaquèrent Dubrovnik, et le palais présidentiel de Zagreb fut touché par des tirs de roquettes de l'aviation yougoslave.

L'INTERVENTION DES NATIONS UNIES

Au début du mois de décembre 1991, les Nations unies entamèrent avec la Serbie des négociations qui allaient être couronnées de succès. Un cessez-le-feu entra en vigueur le 3 janvier 1992. Au cours du même mois, sous la pression de l'Allemagne, la Communauté européenne reconnut la Croatie. La reconnaissance américaine suivit en mai 1992 et la Croatie fit son entrée à l'ONU (22 mai 1992).

En janvier 1993, l'armée croate lança une offensive soudaine dans le sud de la Krajina, repoussant les Serbes et reprenant des points stratégiques. En juin de la même année, les Serbes de la Krajina votèrent massivement en faveur d'une union avec les Serbes bosniaques, dans l'espoir d'une annexion à une future Grande Serbie. Les derniers Croates de la Krajina furent presque tous expulsés en masse.

TROUBLES EN BOSNIE-HERZÉGOVINE

Au même moment, en Bosnie-Herzégovine, Croates et musulmans s'allièrent face à la progression des Serbes, mais cette union cessa en 1993. Les deux camps finirent même par s'affronter. Les forces croates bosniaques se rendirent responsables de nombreuses atrocités en Bosnie. La situation s'apaisa finalement en 1994 lorsque, sous l'influence des États-Unis, un accord déboucha sur la naissance de la Fédération croato-musulmane, alors que le monde assistait avec horreur à l'interminable siège de Sarajevo.

À la même époque, le gouvernement croate s'attacha à se procurer discrètement des armes. Le 1er mai 1995, l'armée et la police pénétrèrent dans le territoire occupé de la Slavonie occidentale et prirent le contrôle de la région. Près de 15 000 Serbes fuirent la région. Le 4 août, les Croates lancèrent un assaut sur la capitale rebelle de Knin. Écrasée, l'armée serbe s'enfuit vers le nord de la Bosnie, accompagnée par 150 000 civils issus de familles implantées en Krajina depuis plusieurs siècles.

Les accords de paix de Dayton, signés à Paris en décembre 1995, reconnurent les frontières de la Croatie, définies à l'époque de la Yougoslavie. Ils prévoyaient en outre le rattachement de la Slavonie orientale, qui devint effectif en janvier 1998. La transition se fit avec moins de violence qu'on aurait pu le craindre, mais la méfiance et l'hostilité subsistent aujourd'hui encore entre les Croates et les Serbes.

LA CROATIE DE L'APRÈS-GUERRE

Depuis la fin des hostilités, la Croatie a retrouvé une certaine stabilité. Toutefois, le gouvernement croate est encore loin d'avoir satisfait sa promesse de faciliter le retour des réfugiés serbes. La Croatie, officiellement invitée à rejoindre l'OTAN lors du sommet de Bucarest au printemps 2008, est entrée dans l'Alliance l'année suivante.

La guerre terminée et leur indépendance acquise, les Croates franchirent une nouvelle étape en juillet 2013 en adhérant officiellement à l'UE. En janvier 2012, près de 44% d'entre eux avaient participé au référendum sur cette adhésion, et répondu oui à 66%. Pourtant, le scepticisme était grand quant aux bénéfices de l'entrée dans l'UE, notamment parmi les jeunes.

DERNIÈRES NOUVELLES

En janvier 2020, le social-démocrate Zoran Milanović, Premier ministre de 2011 à 2016, a succédé à la tête du pays à Kolinda Grabar-Kitarović, qui était devenue en 2015 la première femme présidente de Croatie. Les prochaines élections présidentielles ont lieu en 2024.

Le 1er janvier 2023, la Croatie a adopté l'euro comme monnaie nationale. Elle a aussi intégré l'espace Schengen de libre circulation.

Enfin, le 14 mars 2024, la Croatie est devenue le troisième pays européen à inscrire le féminicide dans sa législation.

EN HAUT À GAUCHE, PUIS SENS HORAIRE : LEA RAE/SHUTTERSTOCK ©, MARTIN.H76/SHUTTERSTOCK ©, JAZZMANY/SHUTTERSTOCK ©, LUMI IMAGES/HUDOLIN-KURTAGI/GETTY IMAGES ©

À LA RENCONTRE DES CROATES

Difficile de briser la glace avec les Croates. Ils peuvent paraître timides et froids, mais une fois la gêne des premiers échanges passée, ils vous accueilleront à bras ouverts et riront de bon cœur avec vous. Par Anja Mutic.

"BIENVENUE, VOICI LA PLUS BELLE MER AU MONDE !" Vous savez certainement de laquelle je parle : la fameuse mer Adriatique. Les Croates sont patriotes et extrêmement fiers du patrimoine naturel de leur pays, notamment de la côte et des îles. En général, ils ne manquent pas de superlatifs pour décrire les succès de leurs compatriotes (surtout ceux des hommes, le pays a encore beaucoup de progrès à faire en matière d'égalité des sexes). Pour moi, ce chauvinisme s'explique d'abord par un complexe d'infériorité, typique des pays de petite taille. En même temps, entre les Croates du Sud, affichant une personnalité méditerranéenne, et ceux du Nord, imprégnés d'influences germaniques et au caractère plus sérieux de la *Mitteleuropa* (Europe centrale), difficile de croire que tous les habitants sont issus du même moule. Certaines constantes se profilent tout de même : la famille et la religion sont prépondérantes, un certain conservatisme social est de mise, le sport est une obsession nationale et le café se boit en quantités industrielles.

Vous le verrez au cours de votre voyage, la mentalité croate oscille selon les régions que vous traversez. Voilà sans doute pourquoi certains touristes sont enchantés de l'accueil très chaleureux qu'on leur réserve quand d'autres déplorent le manque de courtoisie de leurs hôtes. Il y a sans doute du vrai dans les deux cas. Pour commencer, sachez que les Croates n'aiment pas vraiment échanger des banalités ou faire la conversation, ce qui rend les interactions parfois un peu abruptes. Cet état de fait s'explique aussi par l'atmosphère quasi clanique régnant dans le pays : les Croates forment une communauté très soudée, où la famille occupe une place énorme, la vie sociale se concentrant autour d'un cercle assez restreint. Ils peuvent se montrer chaleureux avec des inconnus, mais vous ne ferez jamais partie de leurs proches.

Cela dit, si vous arrivez à briser la glace, vous rencontrerez un peuple très chaleureux, ouvert, loyal et sympathique. Les Croates ont un grand sens de l'humour et apprécient l'autodérision, même si vous aurez certainement du mal à comprendre leurs blagues, qui n'ont plus beaucoup de sens une fois grossièrement traduites en français. Au moment de payer l'addition au café ou au bar, ils insistent souvent pour régler la note. La fois suivante, il faudra vous précipiter au comptoir avant qu'ils puissent le faire de nouveau. Mieux vaut éviter de les contrarier, sans quoi vous risquez de les entendre se plaindre inlassablement, un véritable sport national en Croatie.

Population en baisse

Le pays fait face à un déclin démographique parmi les plus rapides du monde. Entre 2011 et 2021, date du dernier recensement effectué, la Croatie a perdu près de 10% de ses habitants.

JE SUIS CROATE, MAIS C'EST COMPLIQUÉ

Je suis née à Zagreb, où j'ai grandi dans une famille serbo-croate, mais j'ai quitté le pays pour poursuivre mes études en Angleterre quatre années durant. Ensuite, j'ai eu la chance de voyager dans le monde entier, puis de m'installer aux États-Unis, où j'ai vécu pendant seize ans.

J'ai donc passé toute ma vie d'adulte en dehors de la Croatie. Et un beau jour, je suis rentrée au pays, tel un saumon qui remonte la rivière, et je suis devenue maman.

Voilà dix ans que je redécouvre la Croatie et j'avoue que c'est une sensation étrange. Socialement, je me sens souvent un peu en marge, ou différente. Mon fils est à la fois croate et afro-portugais. Pendant les repas de famille, on peut parler jusqu'à cinq langues différentes.

Beaucoup de Croates ont du mal à me placer dans une catégorie, mais j'ai la chance d'être multiculturelle et de me sentir un peu citoyenne du monde.

En haut à gauche, puis sens horaire : femmes en costume traditionnel, Konavle (p. 335) ; le café, une religion en Croatie (p. 314) ; marché à Split (p. 224) ; vendanges en Slavonie (p. 89)

NOMADISME NUMÉRIQUE : LE TÉLÉTRAVAIL EN CROATIE

Ces dernières années, la Croatie est devenue la destination privilégiée des nomades digitaux. Retour sur les raisons de ce phénomène. Par Lucie Grace.

Voilà plusieurs années que la Croatie s'est imposée comme une destination phare pour les télétravailleurs du monde entier. En décembre 2020, elle est devenue l'un des premiers pays à annoncer la mise en place d'un "visa de télétravail". Ce permis de séjour, accessible aux voyageurs non membres de l'Union européenne, permet de venir travailler dans une ville croate pour un an maximum (en emmenant avec soi sa famille proche). La seule condition est que l'entreprise pour laquelle on travaille soit une société étrangère. Il faut dire que les villes croates n'avaient pas attendu cette nouvelle mesure pour faire figure de véritables repaires de téléravailleurs. À commencer par Split. On comprend pourquoi cette ville d'origine romaine séduit autant les *digital nomads*. Débordant d'énergie, elle concentre de nombreux bars et restaurants en bord de mer. On y trouve de nombreux cafés et espaces chaleureux où il fait bon travailler, comme Cookie Lab, ou le Daltonist, sans oublier les espaces de coworking comme The Works, Scaleup ou encore Smartspace, qui proposent des bureaux modernes à louer au mois, à la semaine ou même à la journée.

En haut à gauche, puis sens horaire : front de mer, Split (p. 224) ; Zadar (p. 188) ; massif du Velebit (p. 197) ; *glamping* au bord de l'Adriatique (p. 311)

Tanja Polegubic, grande spécialiste de la question, a fondé en 2015 Saltwater Nomads, devenu depuis une véritable institution dans le domaine de l'accueil de la communauté des *digital nomads* en Croatie. "Chaque pays a ses propres atouts : en Croatie, on a la chance d'avoir des sites magnifiques offrant une proximité avec la nature recherchée par les *digital nomads*. Les événements que l'on organise pour eux sont plus modestes que dans d'autres pays. On ne fait pas de conférences pour des milliers d'employés. Ici, l'ambiance est intimiste, et c'est un modèle plus durable qui plaît."

Une randonnée pour déconnecter

Située un peu plus au nord, toujours sur le littoral dalmate, la ville portuaire de Zadar est également très prisée des travailleurs nomades. Les parcs nationaux des alentours y sont évidemment pour quelque chose. Gillie Sutherland, professeure de yoga à Zadar, anime également des séjours bien-être pour les télétravailleurs : "Par exemple, on a accueilli pendant cinq mois un groupe de 56 télétravailleurs, au sein du superbe camping écoresponsable Falkensteiner. Leurs retours sont très positifs, en particulier ceux concernant les excursions dans le parc national de Paklenica et dans le massif du Velebit. Ils ont adoré les randonnées : elles permettent de se déconnecter, de sortir des bureaux, de faire du sport en pleine nature, de rencontrer les habitants, etc. On a même organisé une rencontre avec les gens du coin pour installer des panneaux solaires."

Au-delà des événements écoresponsables et des sorties au grand air, c'est surtout l'atmosphère décontractée qui attire les télétravailleurs : "Ici, tout est très calme. Le mot d'ordre, c'est *polako*, soit 'doucement', ou 'sans stress'. C'est la plus grande leçon que je tire de mon arrivée à Zadar, les habitants nous apprennent à prendre les choses avec plus de légèreté."

Plus récemment, Dubrovnik a elle aussi développé son accueil des *digital nomads*. Mita Carriman, ambassadrice du programme de nomadisme digital de la ville, nous confie : "Je suis nomade depuis 6 ans. Je dirige la start-up Adventurely, soutenue par Google et Backstage Capital. Il s'agit d'une agence de voyages spécialement conçue pour les professionnels nomades et les télétravailleurs."

Mita considère que Dubrovnik a largement autant de points forts que Split et Zadar pour accueillir les nomades digitaux du monde entier. "C'est une ville qui me plaît énormément. J'aime entendre les oiseaux et le bruit de la mer, j'aime cette atmosphère sereine et les deux orangers devant mon appartement. Venir travailler ici hors saison, quand la ville est moins fréquentée, est un véritable enchantement. Quand on travaille dur, il est agréable de le faire dans un cadre plus calme, de façon à équilibrer les choses."

Les séjours organisés par Mita font également la part belle aux sites naturels croates. "Chez Adventurely, on s'intéresse au nomadisme durable. C'est comment j'ai eu l'idée de créer un événement à l'occasion du Jour de la Terre (célébré le 22 avril dans le monde entier depuis 1970). On a organisé une rencontre pour planter des arbres sur l'île de Lokrum. Tout le monde a mis la main à la pâte, un habitant nous a même raconté l'histoire de l'île. C'était incroyable."

Dubrovnik attire les plus de 35 ans

Dubrovnik est-elle plus adaptée aux télétravailleurs qui cherchent un pied-à-terre pour un séjour prolongé ? Mita en est convaincue : "Je ne pense pas que Dubrovnik intéresse un nomade de 25 ans qui souhaite séjourner en auberge de jeunesse. En revanche, cette ville aura davantage de succès auprès des plus de 35 ans qui souhaitent profiter des bons restaurants, du vin de la région et de l'atmosphère ambiante."

Pour les personnes ne venant pas d'un pays membre de l'Union européenne, l'obtention d'un visa de télétravail est assez facile. Une fois installé en Croatie, vous aurez besoin d'un contrat de location (votre hôte Airbnb peut vous en fournir un, par exemple). Attention, vous devez séjourner à la même adresse durant les formalités, qui peuvent prendre jusqu'à plusieurs mois. Naturellement, vous êtes autorisé à rester sur le territoire durant la procédure. Pensez à consulter les conditions à l'avance : il vous faudra fournir un extrait de casier judiciaire (beaucoup plus facile à obtenir avant votre séjour).

EN HAUT À GAUCHE, PUIS SENS HORAIRE : WIRESTOCK CREATORS/SHUTTERSTOCK ©, XBRCHX/SHUTTERSTOCK ©, MGERECI/SHUTTERSTOCK ©, ROBERT PETROVIC/SHUTTERSTOCK ©

HISTOIRE DU (SUR)TOURISME

En 2023, la Croatie a battu des records de fréquentation touristique (20,9 millions de visiteurs). Le défi est aujourd'hui de continuer à développer l'industrie du tourisme tout en préservant les richesses naturelles et culturelles qui font de ce pays une destination si attrayante. Par Anja Mutic.

Les gens se sont toujours déplacés pour émigrer, commercer, ou encore partir en pèlerinage. Le tourisme tel que nous le connaissons – se trouver dans un endroit différent de celui de son quotidien pour se détendre et découvrir le monde –, est bien plus récent. En Croatie, il date du début du XIXe siècle, lorsque des visiteurs ont commencé à affluer en thalassothérapie ou en cure dans des villes thermales comme Varaždinske Toplice.

La véritable aubaine pour le tourisme croate se produisit pendant l'ère austro-hongroise : des aristocrates découvrirent alors qu'il y avait ici un littoral de toute beauté, et qu'il devenait plus aisé de s'y rendre. C'est en effet à cette période que l'on vit la construction de lignes de chemin de fer, de routes, et l'apparition de liaisons maritimes. Son atmosphère paisible, son microclimat doux et ses plantes médicinales ont fait du golfe de Kvarner la destination prisée d'un certain tourisme de santé. Rapidement, l'élite européenne et la cour impériale de Vienne prirent d'assaut la région. La première résidence d'été, la Villa Angiolina (p. 156), fut construite dans les années 1840 à Opatija, qui devint la première ville balnéaire de Croatie. Aujourd'hui, cette villa abrite le musée croate du Tourisme (p. 156), et la Riviera d'Opatija est considérée comme le berceau du tourisme croate.

Ce phénomène continua à s'amplifier : l'Esplanade (p. 64), l'hôtel historique de Zagreb, fut bâti en 1925 sur le trajet de l'*Orient-Express* (le charme et le faste d'antan de cet édifice en font aujourd'hui un emblème de la capitale). Il est également drôle de rappeler que les pionniers du naturisme dans l'Adriatique furent le roi Édouard VIII et sa future épouse Wallis Simpson, qui lancèrent la mode sur l'île de Rab en 1936. Ce mouvement a toujours du reste beaucoup de succès en Croatie.

Dans les années 1960, la croissance économique permit l'essor du tourisme de masse. Dès lors, l'hôtellerie côtière se développa à un rythme effréné.

En 1979, trois sites croates furent inscrits au Patrimoine mondial de l'Unesco (le palais de Dioclétien à Split, la vieille ville de Dubrovnik et le parc national des lacs de Plitvice). Ils sont aujourd'hui au nombre de 10.

Un vent de changement

Avec la guerre des années 1990, le tourisme s'effondra. Mais au début des années 2000, la Croatie vit le retour des touristes, attirés par "la Méditerranée telle qu'elle était jadis", pour reprendre l'un des slogans visant à promouvoir le tourisme. Lentement mais sûrement, ce pays devint une destination phare au cœur de l'Europe. Les revenus touristiques devinrent l'un des principaux piliers de son économie (ils représentent actuellement 20% du PIB). Le gouvernement et le secteur privé comprirent le potentiel du littoral et les profits qui pouvaient en résulter. S'ensuivit un déferlement de constructions

Vue de la vieille ville de Hvar (p. 244)

côtières incontrôlées. "Construisez et ils viendront" fut le principe directeur, sans égard pour l'environnement ni stratégie à long terme, ce qui mena à l'urbanisation et à la privatisation du littoral.

Puis il y eut *Game of Thrones*. Dès 2011, des millions de fans de cette série se rendirent à Dubrovnik pour voir "le débarquement du roi". Les paquebots de croisière déchargèrent des hordes de vacanciers dans le quartier historique, engorgeant ses rues sans vraiment injecter d'argent dans l'économie locale. Arrivèrent enfin des groupes de touristes alcoolisés venus fêter des enterrements de vie de garçon à Split et à Hvar. Et les lacs de Plitvice sont littéralement envahis durant l'été.

La "Croatie, pleine de vie" (dernier slogan en date du tourisme croate), n'est-elle pas devenue... un peu trop pleine de vie ?

Comment en est-on arrivé là ?

Quelles solutions apporter au tourisme de masse, et pourquoi s'en préoccuper ? D'abord, disons qu'il existe des tentatives pour freiner ce phénomène, mais qu'elles rencontrent plus ou moins de succès : on régule le nombre de croisiéristes à Dubrovnik ; on demande aux touristes de ne pas faire rouler leurs valises sur le pavé ; on instaure des amendes pour comportement inadéquat (à Split, vomir sur la voie publique est passible d'une amende de 150 €) ; et on essaie de faire la promotion de la Croatie continentale et des voyages hors saison.

De plus, d'incroyables initiatives en matière de tourisme durable et de *slow travel* ont vu le jour, telles que la création de nouveaux parcs naturels, de nombreux itinéraires de randonnée ou d'hôtels familiaux et écologiques. On peut aussi constater un regain de petits producteurs locaux.

Quant à savoir pourquoi s'en préoccuper, vous vous en rendrez bien compte en arrivant sur la côte. En pleine saison, celle-ci est noire de monde et très chère. Les habitants sont stressés et lassés des foules de touristes. En effet, quoi de plus affreux que de se trouver à Dubrovnik à la mi-août ? La ville est surpeuplée et perd littéralement de son charme. Mais qui suis-je pour vous dire de ne pas aller voir la beauté saisissante de son centre historique et de ses remparts ? Comment pourrais-je ne pas vous dire de vous précipiter à Split pour admirer le merveilleux palais de Dioclétien au petit matin ? Je sais que ce sont des moments magiques et que vous vous en souviendrez toute votre vie.

Pour un autre tourisme

C'est vrai, il existe des listes de choses à faire, à voir, à photographier, sans quoi vous n'aurez pas l'impression d'avoir profité de vos vacances. J'ai conscience aussi que nous disposons tous d'un temps de vacances limité et que nous voulons voir avant tout les sites incontournables. Néanmoins, sans vouloir vous culpabiliser, rappelez-vous que nous ne sommes pas contraints de tous voyager de la même manière. En tant que simple touriste, on ne peut pas régler le problème du surtourisme en Croatie, mais il existe des façons de passer des vacances plus enrichissantes et authentiques tout en participant à un tourisme plus durable et responsable.

Voici quelques idées. Venez hors saison, en mars ou en novembre (même s'il y a moins de vols et que les ferries passent moins souvent). Bravez la météo – sur laquelle on ne peut de toute façon plus compter. Prenez des congés plus longs et visez des endroits moins fréquentés et plus authentiques, par exemple les régions de Lika et de Gorski Kotar. Oubliez la liste des choses à faire et allez plutôt en Slavonie. Non seulement vous pourrez être fier de découvrir des territoires peu visités, mais vous soutiendrez aussi des endroits qui ont besoin de visiteurs. Tout le monde veut faire la triade Split-Dubrovnik-Hvar. Évitez Split et découvrez plutôt Rijeka, une ville portuaire bourdonnante. Allez à Hvar en avril et visitez l'archipel de Zadar en septembre. Renoncez aux selfies sur la plage paradisiaque que l'on a vus mille fois, aventurez-vous plutôt au plus profond du pays et côtoyez les Croates.

Voyagez en respectant le train de vie local et le besoin de paix, d'intimité et de calme que nous partageons tous. Rappelez-vous que des gens habitent toujours ces vieilles villes, même si vous voyez celles-ci comme des musées. Rencontrez les petites mains qui font vivre la Croatie, tous ceux qui agissent dans l'ombre du tourisme de masse, car ce sont eux qui font la fierté et l'authenticité du pays.

Venez en Croatie, mais venez différemment.

INDEX

Référence des cartes **000**

Référence des cartes **000**

Référence des cartes **000**

Référence des cartes **000**

W

Y

Z

LES GUIDES LONELY PLANET

Une vieille voiture déglinguée, quelques dollars en poche et le goût de l'aventure, c'est tout ce dont Tony et Maureen Wheeler eurent besoin pour réaliser, en 1972, le voyage d'une vie : rallier l'Australie par voie terrestre via l'Europe et l'Asie. De retour après un périple harassant de plusieurs mois, et forts de cette expérience formatrice, ils rédigèrent sur un coin de table leur premier guide, *Across Asia on the Cheap*, qui se vendit à 1500 exemplaires en l'espace d'une semaine. Ainsi naquit Lonely Planet, dont les guides sont aujourd'hui traduits dans le monde entier.

À PROPOS DE CET OUVRAGE

Traduction
Tommy Bonnevialle, Jade Le Bellego, Elsa Levy-Albaric et Antoine Thibault

Direction éditoriale
Dominique Bovet

Responsable prépresse
Jean-Noël Doan

Coordination éditoriale et adaptation française
Geoffrey Durand

Maquette
Pierre Brégiroux

Cartographie
Eduardo Yanes Banch, pour l'adaptation des cartes en français

Couverture
adaptée en français par Laurent Briard et Laure Wilmot

Remerciements à
Basile Mariton pour ses carnets d'adresses, Maya Camus et Michel Mac Leod pour leur contribution au texte, Laurent Palet et Julien Lannoy pour leur relecture attentive et Hugo Gadroy pour son travail de référencement. Merci aussi à toute l'équipe de Lonely Planet à Paris. Enfin, merci à Luan Angel, Kim Else et Nigel Longuet à Londres, et à Jean-Pierre Masclef à Melbourne.

Croatie
11e édition
Traduit et adapté de l'ouvrage *Croatia, 12th edition, March 2024*

92 avenue de France - 75013 Paris

Dépôt légal Mai 2024
ISBN 978-2-38492-459-2
Photographes © comme indiqué 2024
Imprimé par ESTIMPRIM, Autechaux, France

En Voyage Éditions | un département édi8

Imprimé sur du papier issu de forêts gérées durablement.
www.lisez.com
Plus d'information ci-dessus